与自主武器系统
AND AUTONOMOUS WEAPON SYSTEMS

褚家玮 ◎ 著

时事出版社
北京

图书在版编目（CIP）数据

国际法与自主武器系统／褚家玮著. -- 北京：时事出版社，2024.12. -- ISBN 978-7-5195-0636-0

Ⅰ. D99

中国国家版本馆 CIP 数据核字第 20242YA525 号

出 版 发 行：时事出版社
地　　　　址：北京市海淀区彰化路 138 号西荣阁 B 座 G2 层
邮　　　　编：100097
发 行 热 线：(010) 88869831　88869832
传　　　　真：(010) 88869875
电 子 邮 箱：shishichubanshe@ sina. com
印　　　　刷：北京良义印刷科技有限公司

开本：787×1092　1/16　印张：21.25　字数：292 千字
2024 年 12 月第 1 版　2024 年 12 月第 1 次印刷
定价：198.00 元

（如有印装质量问题，请与本社发行部联系调换）

推荐序一

本书是作者褚家玮对其所提交的博士学位论文的扩展和细化，原论文已于2023年在清华大学法学院通过了博士学位答辩。

本书题目是"国际法与自主武器系统"，在国内外的研究都比较有限，系统性研究处于初步阶段。本书研究资料较为翔实、全面，对细节的把握比较突出，包括法律问题与研究资料的细节；全书覆盖的资料范围广泛，以国家实践为主要证据，是国内研究所欠缺的方面，也是国际上现有研究中尚未开发的领域。全书结构比较合理，聚焦实践中突出的问题进行构建，对主要发展予以较为充分的发掘和探讨，这是其首要特点。同时，从国际人道法出发，本书对现有国际法对此类武器的规制进行了梳理，其中的问题进行了归纳、分析，并在后半部分对具体战争环境中使用此类武器的特殊问题进行了讨论。在题目、选材、结构、问题研讨、具体适用的把握与分析上，本书都具有创新性内容。另外，作者研究的系统性也是现有研究中比较突出的。

作为褚家玮博士的指导老师，我在此祝贺本书的出版！也希望作者在此基础上再进一步，找到自己研究的特色，取得更大成就。

清华大学法学院教授
国际法研究院联系院士
贾兵兵
于法律图书馆楼
2024年6月

推荐序二

家玮博士从我的母校获得博士学位，在不长时间内就将其博士学位论文打磨好作为专著出版，而且嘱我作序。作为校友，深感骄傲；作为同行，为之欣喜。

一册读罢，两个字形容感受：可靠。凡作者认为重要的资料，我猜家玮都老老实实读过，然后在此老老实实汇报，不弄表面功夫的脚注，不自欺，亦不欺人，而且我猜家玮应该也没有欺负人工智能，假手于GPU。文海无涯苦作舟，对数量浩繁的研究文献和政府文件，家玮也能耐心细致地爬梳。因此，我会毫无顾虑地信任、参考家玮这本书中已经做过的工作，不用自己重新从研究地基挖起。这本书的覆盖面超过了同题材的部分英文专著，因此不仅是一个可靠的地基，而且是宽广的地基，诸多其他研究可以以此为基础。如果中文专著对中文国际法学的突破发展可以起到重要作用的话，那么这本书会以可靠性赢得一席之地。

如果仔细一点体会，我觉得家玮还埋有一些春秋笔法，试图与读者沟通：这些词语、概念、模式、原则之中层出不穷的学说和观点，实际上是涉及哪些利益的法律话语表达。这些表达是如何经由"密码转译"成那些看起来普通平常，但实际含义颇深的说法。那闪现的妙笔灵光是不是作者与她理想中读者的隐微对话，各位读者可以自行体会。

这是一本充满雄心的著作。凡是需要雄心的伟大事业，就必然包含了漫长征途。之所以这么说，是因为家玮的工作已经呈现了这个问题的四重难点：

一、漂移黑匣

国际法中的自主武器系统问题是典型的"漂移黑匣",对这个问题不同的处理进路,自然地就体现了对国际法的不同理解。

之所以说漂移,是因为所谓自主武器的技术在不断发展,传统人文社会科学的研究速度可能跟不上技术迭代的速度,所以法律工作者一直在追逐一个漂移的标靶。同时,这个标靶还是一个黑盒子。之所以说是黑盒子,是因为由于技术的迭代发展,武器的相关信息及其在战场上所能获得的优势在使用曝光之前大多数处于保密状态。一般法律研究人员由于没有涉密许可,只能主要依靠非常有限的信息来"脑补"场景,研究自己创造出来的法律问题,因此常常被嘲笑"严重脱离实践"。"脑补"的现实难以触及痛点,因此与自主武器系统相关的法律讨论可能反而成为了盲人摸象的诱导术——在不了解关键技术信息的情况下,越研究国际法,可能就越偏离核心问题。

二、系统复杂

除了武器技术、战场经验等外部对法律的知识限制,在国际法之内也有需要面对的经典难题。任何希望以一本书来解决问题的尝试,背后都需要付出数倍的努力。要从国际法的整体来处理自主武器系统的问题,就需要意识到国际法体系与武器规制体系的双重复杂性。对于武器来说,研制、生产、装备、使用等环节都可能涉及法律规制,而在国际法的角度,武装冲突法、使用武力法、国际人权法、军备控制以及专门机制等分支可能都要涉及这个问题。一方面,国际法分支如何面对影响重大的"闯入者"话题,例如人权公约怎么解释规制与武器相关的问题,本身可能就要诉诸其领域内的非常规解释技术。对研究经验和精力都是不低的要求。另一方面,更为重要的是,国际法在各个分支之间的关系上没有作出结构性的安排。换句话说,国际法整体作为机制,具有复杂性。这就突出地体现在自主武器系统的问题上。例如国际人权法,要处理国际人权法与国际人道法的关系,要处理武力使用法和国际人道法的关系。在这些问题上，国际司法机构很少给出明确的答案，而是倾向于作出一次一案的务实安排，但同时就增加了国际法作为体系的复杂性。比如责任问题，目前关于责任真空的讨论几乎没有区分初级规则与次级规则，在初级规则不明确的情况下讨论责任问题，因而出现了在讨论责任真空时混合初级规则的问题。

三、张力解释

当重大创新涉及法律问题时，法律专家还要面临法律解释和机制创设之间的恒久抉择。（某些）条约恒久不衰，但现实总有新发展。经由条约解释，使得旧瓶能装进新酒，以保持（字面上）规则的稳定性，这是流传已久的法治策略。但问题是，解释者不可肆意，解释需要经由法律共同体的接受才能在法律体系中获得地位。而对于"交叉学科"来说，共同体的边界在哪就有不少值得说道的问题。国际人道法的原则能够仅仅通过解释，就超越国家同意，就对新武器进行规制？"人格尊严"这个概念可以作多大一篇文章？如果律师希望用法律解释在原则上开出规则之花，甚至都不能定位到具体的条约条款义务，而只能诉诸概括的原则时，这种操作必定会招致共同体之内和之外的质疑。国际法专家懂编译语言吗？国际人权法专家懂作战吗？要接受某种法律解释，这个共同体是画到国际法的小圈子，让（这些实际什么都不懂的）律师来独断，还是需要军事专家在内的共同体认可才有意义？而且，如果一个人号称既懂军事又懂法律，还懂技术（大多数人都不懂），面对这种专业知识上的卓越形成的壁垒，以至于没有任何人可以进行专业同行评审的时候，这种人的专业解释是更可信，还是更危险？

四、政治成熟

如果迈向国际立法，尝试就新问题缔结新条约，国际法学者则进入了外交和多边政治程序。法律专家如果参与其中，则可能更加明确地体会到第一要务是能够将国家利益翻译成规则语言，同时将其他规则提案翻译为对国家利益的影响分析。诚然，总有纯粹的"国际主义者"，这样的学者超越具体国家，服务于其认为的整体利益。但不论是为了谁的利益，法律专家明白，政治过程争议的核心是利益，而不是规则。在这一过程中，法律人不仅需要会用规则提案表述国家利益，而且可能参与研究怎么界定国家利益。来到这个时刻，意味着法律人的工作就已经超越了一般意义上的法律工作，走向了政治成熟。

著作从一个具体问题出发，如果能够触及重大问题，就有重大贡献，就是旅程中的成功一站。有鉴于此，我为家玮博士的成果表示衷心祝贺。这本书开启了一段旅程，并且呼唤大家共同投入其中。

刘洋
中国人民大学助理教授
2024 年 7 月 5 日

前　　言

本书的选题始于2019年8月准备博士生申请规划书期间，当时笔者提出了关于该书的初步想法。自2019年底至2023年底，笔者一直进行着相关资料的整理、阅读和撰写工作。在此，笔者要向培养我成长的清华大学法学院致以最诚挚的谢意！感谢清华大学法学院提供的各种学习资源和宝贵的机会！这些都使笔者在理论与实践中明确了本书的研究方向和框架。

笔者选择自主武器系统作为研究对象，主要源于自主武器系统的研发和使用已经引发了法律、伦理等问题，但中国学者相关的研究比较少。另外，许多聚焦于自主武器系统的学术著作和文章，仍援引较旧的资料，不能切实地反映当下国际社会关注的焦点，其实践价值降低。事实上，国家实践以及组织的立场和观点其实是不断发展变化的。尤其是自2022年俄乌冲突以来，一些欧洲国家对于自主武器系统的政策和立场已经悄然发生转变。

笔者立足于国际法视角，基于最新的资料，重新梳理了近年来国际社会关注的热点问题，分析、探索了与自主武器系统有关的、未被广泛关注和深入讨论的问题。当前，自主武器系统自身和使用过程中合法性问题极为重要，并且这些问题未被国内学界所广泛关注。诸如国际人权法对自主武器系统的合法性评估的作用、自主武器系统的使用对武装冲突定性的影响以及在特殊武装冲突背景下自主武器系统的使用可能会引发的具体的法律问题等，鲜有文章和著作对此进行论述和分析。此外，值得注意的是，与自主武器系统有关的概念和范围的界定，也是国际社会在制定专门用于规范自主武器系统的条约过程中所面临的首要问题。有鉴于此，本书将总目标限定在研究、总结对自主武器系统的合法性评估的标准和国际法对其使用所施加的限制条件。具体而言，包括以下三个方面。

其一，自主武器系统能够在无须人类干预的情况下，识别、选择和攻击目标。自主武器系统的定义和范围是开启本书相关国际法问题讨论的关键，但各国政府以及学界对自主武器系统的定义缺乏共识，专门对自主武器系统予以禁止或限制的条约尚未形成。这一方面的国家实践构成现有国际实践的主要组成部分，也是研究的主要目标之一。

其二，在国际人道法下选择作战手段和作战方法的权利不是无限的，那么对于自主武器系统是否属于被禁止的作战手段或作战方法的问题——合法性问题，需要参考国际人道法的基本原则进行讨论。同时，在武装冲突中国际人权法同样适用，与自主武器系统合法性问题的联系也十分紧密，尤其是面对此系统是否构成对生命权、人格尊严的侵犯这一类争议问题的时候。潜在的"问责真空"问题也是自主武器系统备受质疑之处。对此类争议的分析也是本书的研究内容。

其三，在武装冲突中，自主武器系统的使用已经并还会继续影响和挑战现有武装冲突法的定性规则、区分原则、比例原则和预防措施原则等国际人道法的基本原则。在海战、反恐行动和网络作战中，自主武器系统的使用会对现存国际法体系产生更为具体的影响和挑战，但仍会面临国际法所施加的限制条件。这些都是自主武器系统开始渗透、关联国际人道法体系的最新体现。

概言之，本书聚焦于分析和探索自主武器系统的合法性及这一系统对现存法律规则的影响。本书通过考察各国以及政府间组织的实践，对自主武器系统相关概念的界定提供了一个相对全面且更具说服力的解释。这在一定程度上为国际实践和学界厘清自主武器系统所提出的新问题提供了有益的参考。相较于其他文献而言，笔者从更加全面的国际法视角出发，探究了国际人道法、国际人权法、海战法等规则之间的相互作用，较为深入地剖析了自主武器系统的合法性问题。本书也更进一步探索了自主武器系统的使用可能会对国际人道法体系产生的影响和挑战，并对特殊作战背景下自主武器系统的应用和面临的限制条件等问题提供了具有更深层次的分析。此外，本书引用了大量一手的、权威的和新颖的文献，使得论证充分严谨，各项研究结论具有说服力，具有一定的创新性和实践意义。

本书也存在一定的局限性，这主要源自国际法功能的局限性，以及本人认知的局限。一方面，作为一门社会性学科，国际法在国际社会的事务中发挥着有限的作用。并且，国际法有其特定的适用条件和效力范围。仅在国际法的框架内考虑自主武器系统的问题难免会存在局限性。笔者并不否认伦理规范、国家政策、行业行为守则等在治理自主武器系统方面同样发挥着不可替代的重要作用。另一方面，与任何其他作品一样，本书来自笔者具有局限性的生活和研究经历。法律工作者的任务不是简单地理解和描述法律，而是在实践中创造和改造法律；由于笔者一直进行文字工作，本书的重点仍落实在法律的适用和解释。在一个连贯的结构中包含完全不相干的论点也是有问题的，必然会舍弃和忽略一些潜在的、具有研究价值的问题。本书的目标不是创建一个完整的、精通所有相关领域的跨学科研究——这个想法本身也并不现实。所以，本书将基于笔者有限的观察和理解，分析阐释与自主武器系统相关法律问题的见解，虽然企图创造新的观点，但这些观点，可能在其他专业领域的专家看来是片面的。

笔者对书中的笔误和模糊之处承担一切责任，也欢迎读者指正。

于海德堡
2024 年 6 月 20 日

目　　录

绪　论　1
　　第一节　问题的提出　1
　　第二节　国内外研究动态　9
　　第三节　研究问题　24

第一章　**自主武器系统的界定**　27
　　第一节　与自主武器系统近似的名词辨析　30
　　第二节　各国定义自主武器系统的方法及立场　42
　　第三节　对自主武器系统的拟定义及构成要素　70
　　第四节　小结　94

第二章　**自主武器系统的合法性**　96
　　第一节　国际人道法下自主武器系统的合法性　102
　　第二节　自主武器系统与生命权　116
　　第三节　自主武器系统与人格尊严　145
　　第四节　"问责真空"与自主武器系统的合法性　170
　　第五节　小结　186

第三章　**武装冲突中使用自主武器系统的影响及挑战**　189
　　第一节　自主武器系统的使用对武装冲突定性的影响　192

第二节 自主武器系统的使用对国际人道法
基本原则的挑战 213
第三节 小结 246

第四章 特定武装冲突背景下使用自主武器系统的限制条件 249
第一节 海战中使用自主武器系统的限制条件 251
第二节 反恐中使用自主武器系统的影响及限制条件 271
第三节 网络空间作战中使用自主武器系统的
限制条件 293
第四节 小结 314

结　语 317

后　记 323

绪　　论

第一节　问题的提出

自主武器系统能够在没有人为干预的情况下选择和攻击目标。[①] 人工智能领域的专家将自主武器系统视为继火药和核武器发明之后的第三次军事革命。[②] 自主武器系统既给各国带来了军事竞争优势，也给各国军事带来了风险与挑战，其将颠覆未来战争形态，重构传统军队兵种的结构和作战力量的组成单元。[③] 由此引发的法律、伦理等

[①] 首先，需要说明的是，国际社会对于自主武器系统的定义还没有达成共识。此处援引了红十字国际委员会的说法以明确自主武器系统的特征。2016年3月，红十字国际委员会就"增强武器关键功能的自主性带来的影响"等问题举办了第二次专家会议，将自主武器系统定义为，"在没有人为干预的情况下能够选择和攻击目标的武器系统"。这与美国国防部给出的定义相类似。依据美国《国防部第3000.09号指令》，自主武器系统是指"一种武器系统，一旦激活，就可以选择和交战目标，而无需操作员进一步干预"。关于自主武器系统概念和范围的界定，本书第一章将会详细探讨。See ICRC, "Expert Meeting on 'Autonomous Weapon Systems: Implications of Increasing Autonomy in the Critical Functions of Weapons'", Mar. 15 – 16, 2016, p. 8; U.S. Department of Defense, "Directive 3000.09: Autonomy in Weapon Systems", Nov. 21, 2012, Incorporating Change, Jan. 25, 2023, p. 21.

[②] Johannes Lang, Robin May Schott and Rens van Munster, "Four Reasons Why Denmark Should Speak Up About Lethal Autonomous Weapons", Danish Institute for International Studies, Policy Brief, Mar. 13, 2018.

[③] 庞宏亮：《21世纪战争演变与构想：智能化战争》，上海社会科学院出版社2018年版，第162页。

方面的问题已经被各国政府、研究人员、私营部门和民间社会所关注。

自主武器系统的合法性一直以来都是各方争论的焦点。自主武器系统可能因两种原因而具有非法性：一是自主武器系统本身被国际法明确禁止，或者不能以符合国际法的方式使用；二是具体使用自主武器系统的方式或方法非法。有鉴于此，围绕自主武器系统的讨论也呈现出两种趋势：一是认为自主武器系统本身非法，应直接对自主武器系统实施禁令；二是根据现有规则或制定新的规则，在研发、部署和使用等阶段，逐步规范自主武器系统。

自主武器系统逐渐去人类控制化，但因其潜在的技术缺陷而备受争议。该类武器系统利用人工智能中的数据挖掘、语音识别、图像处理和机器学习等子领域技术，自行识别、选择和攻击目标，而不受人类干预。复杂的软件系统往往具有潜存的技术缺陷。[1] 同时，软件系统容易受到外界因素的干扰，使得决策结果变得不可预测。[2] 例如，2003 年伊拉克战争期间，美国"爱国者"防空系统发生了两起自相残

---

[1] 业内人士称之为"脆性"（brittleness），指的是当面对外部挑战时，系统常出现失误，这并非设计失误导致的。Hong Zhang, Changzhen Hu and Xiaojun Wang, "Application of Complexity and Brittleness on Software Architecture", Journal of Shanghai Jiaotong University (Science), Vol. 22, No. 1, 2017, p. 51; Benjamin Kastan, "Autonomous Weapons Systems: A Coming Legal 'Singularity'?", Journal of Law, Technology and Policy, Vol. 45, 2013, p. 51; Tim McFarland, "Autonomous Weapon Systems and the Law of Armed Conflict: Compatibility with International Humanitarian Law", Cambridge University Press, 2020, pp. 62 – 64.

[2] 人工智能本身容易受到一些外界因素的影响，使得行动结果不可预测，这些因素包括：人为错误、人机交互故障、故障、通信降级、软件编码错误、敌人的网络攻击、对工业供应链的渗透、干扰、欺骗、诱饵以及其他敌人的反措施或行动。理论上讲，人在回路中，可以确定系统表现出的异常行为，并采取适当的应对措施。See Recep Benzer1 et al., "Using Artificial Intelligence for the Improvement of Weapon Efficiency", in Numan M. Durakbasa and M. Güneş Gençyılmaz eds., "Proceedings of the International Symposium for Production Research 2019", Springer, 2020, p. 17.

杀事故。① "爱国者"防空系统其实是一种受人类监督的半自主武器系统，即人在回路中的武器系统②，每次交战都需要人类的批准。③ 这两次事故中，人类操作员"过度地"信任半自主武器系统，没有及时地发现系统存在目标识别错误和敌我识别失败等问题，接受了系统作出的不正确的决策。目前，各国正在不断利用高新技术提高和改进武器系统的精确性，比如进行更完善的设计、测试、操作员培训等。这在一定程度上可以降低故障发生的可能性，但并不能完全消除。④ 可以预见的是，自主武器系统以不可预测的方式运行，未来极有可能受其内在技术缺陷和外界复杂因素的影响，给遭受武装冲突影响的平民带来难以估计的损害。同时，自主武器系统还存在引发武装冲突升级的风险。这些问题使得国际社会不断质疑自主武器系统的合法性。

因此，一部分国家、组织和学者主张，应当对自主武器系统予以全面禁止。根据制止杀手机器人联盟的统计，截至2020年3月，已经有30个国家明确表示，禁止开发、测试、生产、部署和使用全自主武

---

① U. K. Ministry of Defence, "Aircraft Accident to Royal Air Force Tornado GR MK4A ZG 710", Mar. 22, 2003; Thomas E. Ricks, "Investigation Finds US Missiles Downed Navy Jet", Washington Post, Dec. 11, 2004.

② 人权观察根据人的控制程度，区分了三种武器类型：一是人在回路中的武器，这种武器仅能够在人类的控制下，选择和攻击目标；二是人在回路上的武器，这种武器能够在人类操作员的监督下选择和攻击目标，人类操作员可以控制武器的行动；三是人在回路外的武器，这种武器能够在没有任何人类输入或干预的情况下选择目标和攻击目标。See Human Rights Watch, "Losing Humanity: The Case Against Killer Robots", 2012, p. 2.

③ "爱国者"（Patriot）防空系统是以"观察、定位、决策、行动"模式运行。在手动模式下，操作员必须采取积极的行动才能发射导弹。在自主模式下，操作员对系统进行监督，在必要时进行干预。如果人员不介入，"爱国者"防空系统系统也可以自行发射导弹。在这两种模式下，操作员都可以终止导弹的发射。

④ Paul Scharre, "Autonomous Weapons and Operational Risk", Center for a New Security, 2016, p. 38.

器系统。① 其中，多数是发展中国家，包括古巴、巴勒斯坦、伊拉克等。除了制止杀手机器人联盟外，还有一些极为活跃的非政府组织正在推动对自主武器系统施加禁令，例如人权观察②、国际机器人武器控制委员会③、生命未来研究所④等。生命未来研究所曾发布公开信，呼吁国际社会"禁止人类无法控制的进攻性自主武器系统"，已有近4502名人工智能领域的研究人员参与签署。⑤ 此外，在学界，已有学者从国际人权法和国际人道法的角度，建议各国尽快采取行动来禁止自主武器系统。⑥

然而，要求先发制人地禁止自主武器系统似乎是不现实的。军事需求始终是自主武器系统开发的原动力。各国不断地提高武器系统的自主性，主要源于自主武器系统潜藏的军事优势。在作战中，自主武

---

① 制止杀手机器人联盟是一个不断壮大的全球联盟，由60多个国家或地区的180个国际、区域和国家非政府组织组成。该联盟致力于先发制人地禁止全自主武器系统。目前，该联盟倡导在使用武力方面要确保存在一定程度的人类控制，并且呼吁制定关于自主武器系统的新的国际法规则。"The Campaign to Stop Killer Robots, Country Views on Killer Robots", Mar. 11, 2020.

② See Human Rights Watch, "Losing Humanity: The Case Against Killer Robots", 2012; Human Rights Watch, "Making the Case: The Dangers of Killer Robots and the Need for a Preemptive Ban", 2016.

③ 国际机器人武器控制委员会是一个非政府组织。该委员会是由机器人技术、人工智能、机器人伦理、国际关系、国际安全、军备控制、国际人道法、国际人权法和公共运动领域的专家组成的国际委员会，关注军用机器人对和平构成的紧迫危险，国际安全以及武装冲突中的平民保护。该组织建议禁止开发、部署和使用自主武器系统，禁止用核武器武装无人系统，以及禁止开发、部署和使用机器人空间武器等。

④ 生命未来研究所成立于2014年，该所致力于确保未来最强大的技术对人类有益。

⑤ FLI, "Autonomous Weapons: An Open Letter from AI & Robotics Researchers", Jul. 28, 2015; FLI, "An Open Letter to the United Nations Convention on Certain Conventional Weapons", Aug. 21, 2017.

⑥ For example, Peter Asaro, "On Banning Autonomous Weapon Systems: Human Rights, Automation, and the Dehumanization of Lethal Decision-Making", International Review of the Red Cross, Vol. 94, No. 886, 2012, pp. 687–709.

器系统比人类具有更高的灵敏度、准确性、持久性和协调性等优势。① 自主武器系统不仅可以减少人类士兵的暴露时间,减少伤亡人数;而且更容易部署,更容易长时间集中注意力,以使军队能够更长时间地留在前线作战。② 虽然半自主武器系统的使用引发了一系列意外事件,但并未阻碍现代战争不断向自主化、智能化转变的进程。例如,2020年9月27日至11月9日,阿塞拜疆和亚美尼亚两国为争夺纳卡地区控制权爆发了武装冲突,双方使用大量的无人机作为作战主力。此次冲突被认为是一场真正的后现代战争。③ 在这场冲突中,阿塞拜疆充分利用武装无人机的作战优势,在媒体发布了大量基于无人机视角拍摄的、极具震撼力的作战视频片段。④ 根据荷兰分析师斯汀·米策对每一段视频的详细分析和统计可知,亚美尼亚地面武器装备损失惨重。⑤

---

① 例如,俄罗斯指出,实践表明,自主武器系统能够在动态的环境中进行人类通常无法达到的高效率的操作;另外,其精准性有助于减少对平民和民用设施的附带损害。See "Russia's Approaches to the Elaboration of a Working Definition and Basic Functions of Lethal Autonomous Weapons Systems in the Context of the Purposes and Objectives of the Convention", CCW/GGE. 1/2018/WP. 6, April 4, 2018, p. 3; See also V. Boulanin and M. Verbruggen, "Mapping the Development of Autonomy in Weapon Systems", SIPRI, 2017, pp. 61–63.

② Arkapravo Bhaumik, "From AI to Robotics", Taylor and Francis, 2017, p. 277.

③ 陈浩天、聂玉宝、郭海龙:《纳卡冲突中无人机攻防及其启示》,《航天电子对抗》2020年第6期,第61—64页;Uzi Rubin, "The Second Nagorno-Karabakh War: A Milestone in Military Affairs", Mideast Security and Policy Studies, No. 184, 2020.

④ 陈黎:《纳卡冲突中的无人机攻防战点评》,《空天防务观察》,2020年12月30日,https://mp.ofweek.com/uav/a756714908047。

⑤ 斯汀·米策(Stijn Mitzer)统计出亚美尼亚地面部队损失了185辆坦克、89辆装甲车、182门火炮、73套火箭发射器、451辆卡车、26套防空系统和14部雷达,真实的数字可能更高。其中,亚美尼亚在战争中损失了大约一半的坦克。另外,亚美尼亚机动防空系统的损失更大。战前亚美尼亚大概拥有40套机动防空系统,而战后,只剩下1/3。See Stijn Mitzer and Joost Oliemans, "The Fight for Nagorno-Karabakh: Documenting Losses on The Sides of Armenia and Azerbaijan", Oryx (blog), Sep. 27, 2020.

此次冲突证实了逐渐去人类化的武器系统所具备的较高的军事价值，至少从战绩上，无人机完成了从配角到主角的转变。其中，阿塞拜疆使用的"哈洛普"自杀式无人机因击毁亚美尼亚的 S-300PS 远程地空导弹系统受到高度关注。"哈洛普"自杀式无人机安装了光电传感器，配备了卫星通信系统，能够将侦察到的图像传送给操作员用于选择攻击目标。① 可见，此类无人机仍保留人在选择目标中的决策权。值得一提的是，2020 年 3 月，利比亚政府军与利比亚国民军发生的武装冲突中，利比亚政府军使用的"卡古-2"型无人机则是完全自主的。② "卡古-2"型无人机配带杀伤性弹药，在实际作战中，自主追击利比亚国民军后勤车队和后撤部队，并与之发生远程交火。因为利比亚政府军已对"卡古-2"型无人机进行了程序设置，使其在无须操作者和弹药之间联通数据的情况下选择、攻击目标，真正具有了"开火、忘记和找到"能力。③ "卡古-2"型无人机所具备的这种自主作战技术，使得利比亚政府军地面部队战力倍增，也逐渐地削弱了利比亚国民军的行动能力。事实证明，利比亚国民军无法抵御这种新技术的有效使用，因此只能在混乱中撤退，扭转了利比亚政府军在冲突中所处的形势。

此外，自主武器系统在自主搜索、自主识别、自主决策等能力方面是日趋完善的，这给未来战争形态的演变带来了深远的影响。例如，

---

① 虹摄：《纳卡冲突中的无人机对抗》，中国军网，2020 年 10 月 20 日，http://www.81.cn/wj_208604/jdt_208605/9921747.html。

② 《独立报》援引土耳其军事科技公司（STM）介绍，"卡古-2"型无人机是一款多旋翼无人机，土耳其军事科技公司生产，重约 6.8 千克（15 磅），最高时速约 145 公里（90 英里），续航时间约 30 分钟，可携带 1.36 千克的杀伤弹头，用以对付人员、轻型车辆、建筑物和装甲目标等。Vishwam Sankaran, "Military Drones May Have Attacked Humans for First Time without Being Instructed to, UN Report Says", The Independent, Jun. 1, 2021.

③ "Letter dated 8 March 2021 from the Panel of Experts on Libya established pursuant to resolution 1973 (2011) addressed to the President of the Security Council", S/2021/229, Mar. 8, 2021, p. 17, para. 63.

2021年5月中旬,以色列国防军使用一群人工智能无人机,对哈马斯成员进行地理定位、瞄准和打击。① 这是第一次在实际作战中使用自主式无人机群。此类无人机利用人工智能技术收集的数据进行导航,不依赖于全球定位系统,这是由于全球定位系统容易受到网络攻击。② 目前,许多军事大国正在加速推进自主武器系统相关技术的研发。美国已明确表示将提高武器自主性作为其军事现代化的基石。③ 2018 年,在 1980 年《特定常规武器公约》④ 会议上,美国提交给政府专家组的报告详细分析了自主武器系统的优势,并指出,使用自主武器系统能够更精确、更有效地执行任务,从而降低对平民及民用物体造成损害的概率。⑤ 俄

---

① Bhargav and Aveek Sen, "AI Powered Drone New Tool for Warfare", The Pioneer, Nov. 28, 2021.

② Bhargav and Aveek Sen, "AI Powered Drone New Tool for Warfare", The Pioneer, Nov. 28, 2021.

③ 2018 年 8 月,美国国防部公开了新版《无人系统综合路线图 (2017—2042)》,表明美国将围绕互操作性、自主性、安全网络、人机协同四个关键主题,指导军用无人机、无人潜航器、无人水面艇、无人地面车辆等平台的全面发展,以获得军事竞争优势。See U. S. Department of Defense, "Unmanned Systems Integrated Roadmap (2017–2042)", Aug. 28, 2018.

④ 1980 年《特定常规武器公约》全称为《禁止或限制使用某些可被认为具有过分伤害力或滥杀滥伤作用的常规武器公约》(CCW) 于 1980 年 10 月 10 日在日内瓦获得通过,1983 年 12 月 2 日生效,无限期有效。截至 2024 年 6 月,共有 127 个缔约国。1980 年《特定常规武器公约》旨在禁止或限制使用某些被认为具有过分伤害力或滥杀滥伤作用的常规武器,包括地雷、饵雷、燃烧武器、激光致盲武器以及战争遗留爆炸物的清除。1980 年《特定常规武器公约》作为常规军控领域的重要的条约,在解决常规武器滥用引发的人道主义问题等方面发挥重要作用。

⑤ "Humanitarian Benefits of Emerging Technologies in the Area of Lethal Autonomous Weapon Systems", submitted by the United States of America, CCW/GGE.1/2018/WP. 4, Apr. 3, 2018, paras. 5–6.

罗斯①、以色列②和澳大利亚③等军事强国也发表了类似的立场。

全面禁止自主武器系统这一提案面临难以攻克的现实问题。因为包括人工智能在内的自主技术已被广泛应用于工业、经济、医疗等社会的各个领域，限制研发自主武器系统很可能会阻碍民用部门技术的发展和创新。因此，即使有部分国家和组织主张禁止自主武器系统的研发和使用。但从长远来看，自主技术有望继续发展下去，自主武器系统也将随着自主技术的不断进步而更为先进。所以，从当前的技术发展趋势来看，要求先发制人地禁止自主武器系统似乎为时尚早。自主武器系统是一把"双刃剑"。世界各国均面临着获取自主武器系统军事竞争优势的压力。武器和平台不断走向自主化是一个不可避免和不可逆转的趋势。考虑到自主武器系统不断发展的必然性，避免不良后果的最佳方式是像对化学武器、生物武器那样，对自主武器系统进行合理的监管和限制。

从国际法角度分析，自主武器系统的合法性是一个不能回避的首要问题。目前，特别令学界关切的是，在使用中，自主武器系统是否能够满足1949年"日内瓦四公约"④及其附加议定书所规定的区分原

---

① "Russia's Approaches to the Elaboration of a Working Definition and Basic Functions of Lethal Autonomous Weapons Systems in the Context of the Purposes and Objectives of the Convention", submitted by the Russian Federation, CCW/GGE. 1/2018/WP. 6, Apr. 4, 2018; "Potential Opportunities and Limitations of Military Uses of Lethal Autonomous Weapons Systems", submitted by the Russian Federation, CCW/GGE. 1/2019/WP. 1, Mar. 15, 2019.

② See Israel's Commentaries on the Guiding Principles in "Chairperson's Summary", CCW/GGE. 1/2020/WP. 7, Apr. 19, 2021, pp. 51 – 53.

③ "Australia's System of Control and Applications for Autonomous Weapon Systems", submitted by Australia, CCW/GGE. 1/2019/WP. 2/Rev. 1, Mar. 26, 2019.

④ 本书所提及的1949年"日内瓦四公约"具体包括：1949年《改善战地武装部队伤者病者境遇之日内瓦公约》（简称1949年《日内瓦第一公约》）；1949年《改善海上武装部队伤者病者及遇船难者境遇之日内瓦公约》（简称1949年《日内瓦第二公约》）；1949年《关于战俘待遇之日内瓦公约》（简称1949年《日内瓦第三公约》）；1949年《关于战时保护平民之日内瓦公约》（简称1949年《日内瓦第四公约》）。

则、比例原则、预防措施原则等习惯国际人道法原则，以及自主武器系统是否会带来问责难题。这些问题当然值得讨论。然而，与其他武器系统相比，有些问题可能是自主武器系统所独有的，有些问题会因自主武器系统的特殊性质而加剧。现行许多规则在起草之初，并未预见到未来自主武器系统可能带来的影响和挑战。因此，有许多国家和组织支持制定新的规则。对自主武器系统采用禁止或限制的立场并不完全对立。问题的关键在于禁止和限制的程度如何。无论是采用全面禁止的条约，抑或通过条约对自主武器系统施加限制，都需要漫长的谈判过程。不过，首要的过程仍然是结合现行规则对自主武器系统所引发的合法性问题进行考察和分析，即明确现行国际法规则对自主武器系统能够发挥的禁止和限制功能及其程度，以及这些相关规则自身面临哪些局限。只有如此，才能有效地建立起限制自主武器系统的规范框架。需要强调的是，自主武器系统涉及的国际法问题并不局限于国际人道法这一个领域。诸如国际人权法、海洋法、中立法等领域的国际法规范，与自主武器系统引发的法律问题联系也极为紧密。不同国际法分支领域适用的前提条件会有所不同。因此，在上述背景之下，为了应对自主武器系统已经或者即将带来的法律问题，本书将首先对自主武器系统的相关概念加以界定，然后，更进一步考察自主武器系统对现行国际法规则体系带来的影响及挑战。

第二节　国内外研究动态

一、政府和非政府组织的辩论

2013年起，自主武器系统正式在国际舞台受到讨论，并且一直备受重视。各国注意到自主武器系统所引起的争论和影响，并不局限于军事、外交层面，对国际法的冲击尤为强烈。2014—2016年，在1980年《特定常规武器公约》的框架下，经过三轮非正式专家组会议，将自主武器系统的问题逐渐归纳为技术、法律、道德和伦理四个层面的问题。2016年12月23日，1980年《特定常规武器公约》缔约方第五次审查会议决定设立不限成员名额的政府专家组，在1980年《特定常规武器公约》目标和宗旨下，专门讨论自主武器系统领域的新技术所引发的法律问题，以及可能采取的应对举措。① 政府专家组根据每届会议的会议目标，已向1980年《特定常规武器公约》缔约方会议提交了五份实质性报告。② 其中，2019年，政府专家组会议达成了重要的阶段性成果，即《致命性自主武器系统领域的新技术问题政府专家组确认的指导原则》（以下简称2019年《指导原则》）。③ 2019年《指导原则》共11项，为各缔约国提供了一个适当的参考框架，处理自主武器系统所带来的问题。2020年至2021年，包括5个联合国安理会常任理事国在内的36个国家，对2019年《指导原则》分别提交了一般性的评论意见。④ 在国际法适用问题上，各国逐渐达成基本共识，即自主武器系统受到现行的国际法规则的约束。⑤ 此外，1980年《特定常规武器公约》政府专家组梳理出了自主武器系统所面临

---

① "Fifth Review Conference of the High Contracting Parties to the Convention on Prohibitions or Restrictions on the Use of Certain Conventional Weapons Which May Be Deemed to Be Excessively Injurious or to Have Indiscriminate Effects", CCW/CONF. V/10, Dec. 23, 2016, pp. 9 – 10.

② 2020年，由于受新冠疫情的影响，政府专家组无法编写和商定一份实质性报告提交到1980年《特定常规武器公约》缔约方会议。See "Chairperson's Summary", CCW/GGE. 1/2020/WP. 7, Apr. 19, 2021; "Report of the 2022 session of the Group of Governmental Experts on Emerging Technologies in the Area of Lethal Autonomous Weapons System", CCW/GGE. 1/2022/2, Aug. 31, 2022.

③ "Consideration and Adoption of the Final Report", CCW/MSP/2019/9, Dec. 13, 2019.

④ "Chairperson's Summary", CCW/GGE. 1/2020/WP. 7, Apr. 19, 2021, pp. 19 – 107.

⑤ 例如，对于2019年《指导原则》（a）项——"国际人道法继续完全适用于所有武器系统，包括致命性自主武器系统的可能开发和使用"——几乎所有提出评论意见的国家均赞同这一项关键的原则。See "Consideration and Adoption of the Final Report", CCW/MSP/2019/9, Dec. 13, 2019, p. 10.

的国际法方面的核心问题,具体包括:自主武器系统的定义及特征;自主武器系统是否合法,以及它的使用是否符合国际法,特别是国际人道法的要求;什么是人机交互、人类控制或人类判断。截至目前,国际法应当如何具体应对和作用于自主武器系统仍不够明晰。又因 2022 年俄乌冲突的影响,有关讨论一直未有实质性的进展。2022 年 7 月和 11 月召开的政府专家组会议,围绕自主武器系统的规范框架有关方案进行了初步讨论。参与讨论的各方积极提出立场观点。阿根廷、厄瓜多尔等 10 余个国家集体表示,应在 1980 年《特定常规武器公约》框架内制定有约束力的法律文件来限制自主武器系统的研发和使用,并且提交了"第六议定书草案"。① 2023 年 3 月,澳大利亚、韩国、加拿大、美国、日本、英国等国也联合提交了规范自主武器系统的草案。② 可以看出,已经有许多国家的立场从起初的全面禁止自主武器系统转为通过国际法逐步规范和限制自主武器系统的研发和使用。

与此同时,红十字国际委员会紧随着 1980 年《特定常规武器公约》框架下的讨论。在研究问题上,红十字国际委员会对自主武器系统的关注点与 1980 年《特定常规武器公约》会议大体重合。③ 有趣的是,红十

---

① "Draft Protocol on Autonomous Weapon Systems (Protocol VI)", submitted by Argentina, Colombia, Costa Rica, Ecuador, El Salvador, Guatemala, Kazakhstan, Nigeria, Palestine, Panama, Peru, Philippines, Sierra Leone and Uruguay, CCW/GGE. 1/2023/WP. 6, May 10, 2023.

② "Draft Articles on Autonomous Weapon Systems——Prohibitions and Other Regulatory Measures on the Basis of International Humanitarian Law", submitted by Australia, Canada, Japan, the Republic of Korea, the United Kingdom, and the United States, CCW/GGE. 1/2023/WP. 4, Mar. 6, 2023.

③ 红十字国际委员会从人道主义、法律和道德的角度来看,特别关注使用自主武器系统中所带来的风险和挑战。具体而言,包括三个方面,分别是自主武器系统运行的过程:第一,给受武装冲突影响的平民和战斗员带来附带损害的风险,以及存在引发冲突升级的潜在风险;第二,对于遵守国际法,包括国际人道法,特别是关于保护平民的敌对行为规则提出了挑战;第三,引发了伦理问题,因为自主武器系统实际上是用传感器、软件和机器代替了人类对生死的决策过程。

字国际委员会和其他具有代表性的非政府间国际组织使用的均是"自主武器系统"一词,并没有区分"致命性自主武器系统"和"非致命性自主武器系统"。① 事实上,随着 1980 年《特定常规武器公约》政府专家组会议讨论的不断深入和扩展,"致命性"与"非致命性"的区分逐渐被弱化。另外,自 2016 年起,斯德哥尔摩国际和平研究所②大力关注和研究自主武器系统的发展,成果也较为显著。以文森特·布拉宁③为首的研究员连续发布了多份报告。④ 2017 年,该所发布的《映射武器系统自主性的发展》报告,从科学技术、地理等较为客观的基础事实出发,指出在 1980 年《特定常规武器公约》框架内继续使用"致命性自主武器系统"这一概念是有问题的。研究重点应当聚焦于武器系统功能上的"自主性"。⑤ 另外,"人类控制"也是一个重要的问题。

---

① ICRC, "Expert Meeting on 'Autonomous Weapon Systems: Technical, Military, Legal and Humanitarian Aspects'", Mar. 26-28, 2014; ICRC, "Expert Meeting on 'Autonomous Weapon Systems: Implications of Increasing Autonomy in the Critical Functions of Weapons'", Mar. 15-16, 2016; ICRC, "Ethics and Autonomous Weapon Systems: An Ethical Basis for Human Control?", Apr. 3, 2018; ICRC, "Artificial Intelligence and Machine Learning in Armed Conflict: A Human-Centred Approach", June 6, 2019; "ICRC's Position on Autonomous Weapon Systems", May 12, 2021.

② 斯德哥尔摩国际和平研究所成立于 1966 年,是一个致力于研究冲突、军备、军备控制和裁军的独立国际研究机构,主要为政策制定者、研究人员、媒体和感兴趣的公众提供数据、分析和建议。

③ 文森特·布拉宁(Vincent Boulanin)于 2014 年 10 月在巴黎高等社会科学学院获得政治学博士学位,文森特·布拉宁的研究着眼于欧洲军火工业安全领域的多元化。自毕业后,文森特·布拉宁就加入了斯德哥尔摩国际和平研究所,担任新兴军事和安全技术的高级研究员。目前,文森特·布拉宁的研究领域集中于新兴军事和安全技术的生产、使用和控制相关的问题,特别是有关自主武器系统和网络安全技术等问题。

④ V. Boulanin, "Mapping the Innovation Ecosystem Driving the Advance of Autonomy in Weapon Systems", SIPRI, 2016; V. Boulanin, "Mapping the Development of Autonomy in Weapon Systems: A Primer on Autonomy", SIPRI, 2016.

⑤ V. Boulanin and M. Verbruggen, "Mapping the Development of Autonomy in Weapon Systems", SIPRI, 2017, p. 119.

2020年,斯德哥尔摩国际和平研究所和红十字国际委员会共同出台了一份报告,从法律、道德和实际操作的角度,探究了自主武器系统为什么需要人类控制以及如何实现人类控制。[1] 这为后续的研究者理解和整合"人类控制"相关的问题提供了较新的参考资料。

综合上述国际层面的讨论,在1980年《特定常规武器公约》框架下,无论是非正式会议还是正式的政府专家组会议,各国的参与度都很高,给了自主武器系统充分的关注。政府专家组会议报告提出的分析及建议,较为真切地反映了近年来讨论各方关注的问题及立场,具有前沿性和相当高的借鉴价值。此外,红十字国际委员会的会议及报告视野也很宽阔,有利于对当下的研究趋势及问题进行梳理。在技术问题上,斯德哥尔摩国际和平研究所绘制的研究地图,能够为读者们提供有益的参考。但由于机构或平台本身的限制,意见较为纷繁,在具体问题上仍缺乏共识。也因此,历次报告多是停留在大刀阔斧式地总结和梳理争议,仍然存在不少疏漏,并且缺乏对具体问题的深入剖析。但整体而言,上述会议报告还是为本书提供了一个很好的研究基础和起点。

二、国内外学界研究综述

在学术辩论中,围绕自主武器系统的话题开启得相对较早。2009年,学界就涌现了少量著作和文章[2],但没有引起广泛关注。在法律问题上,2011年美国军方曾针对新兴军事技术组织过讨论,但关于自主武器系统的相关问题没有进行过于深入的探索。[3] 针对自

---

[1] Vincent Boulanin et al., "Limits on Autonomy in Weapon Systems: Identifying Practical Elements of Human Control", SIPRI and ICRC, 2020.

[2] P. W. Singer, "Wired for War: The Robotics Revolution and Conflict in the 21st Century", New York: Penguin, 2009; R. C. Arkin, "Governing Lethal Behavior in Autonomous Robots", Boca Raton, 2009.

[3] Raul A. "Pete" Pedrozo and Daria P. Wollschlaeger eds., "International Law and the Changing Character of War", Naval War College Press, 2011.

主武器系统所引发的国际法问题，鲜有论述较为全面的专著，仅散见于部分编著的章节以及期刊论文当中，已经呈现出较为体系性的分析和讨论。① 2022 年，阿方索·塞沙努内斯（Afonso Seixas-Nunes）所著的《自主武器系统的合法性和责任问题》从国际人道法视角，专门对使用自主武器系统过程中所涉及的合法性问题进行了分析，但忽略了自主武器系统自身的合法性问题。② 娜塔莉佳·耶夫格列夫斯卡娅（Natalia Jevglevskaja）在最新出版的《国际法与武器审查》一书中，专列一个章节，从法律审查的角度，论述了与自主武器系统相关的法律审查问题。③ 不过，法律审查问题不是本书的研究重点。亨德里克·赫尔斯（Hendrik Huelss）所著的《自主武器系统与国际规则》从国际关系的角度，论述自主武器系统对使用武力的演变可能产生的影响。④ 亨德里克·赫尔斯的核心论点是，提高自主武器系统的自主性不是未来设想，已经成为战争事实。另外，一些零星的章节和期刊论文围绕自主武器系统的国际法问题进行了相对全面的论述。例如，马库斯·瓦格纳（Markus Wagner）发表在《马克斯·普朗克国际公法百科全书》中的《自主武器系统》一文，

---

① For instance, Andrew P. Williams and Paul D. Scharre eds., "Autonomous Systems: Issues for Defence Policymaker", NATO Communications and Information Agency, 2015; Nehal Bhuta et al. eds., "Autonomous Weapons Systems: Law, Ethics, Policy", Cambridge University Press, 2016; William H. Boothby ed., "New Technologies and the Law in War and Peace", Cambridge University Press, 2019.

② Afonso Seixas-Nunes, "The Legality and Accountability of Autonomous Weapon Systems: A Humanitarian Law Perspective", Cambridge University Press, 2022.

③ Natalia Jevglevskaja, "International Law and Weapons Review: Emerging Military Technology under the Law of Armed Conflict", Cambridge University Press, 2022, pp. 207-238.

④ Hendrik Huelss, "Autonomous Weapon Systems and International Norms", McGill-Queen's University Press, 2022.

概述了自主武器系统的定义以及存在的法律问题。[1] 也有不少国内学者围绕自主武器系统的国际法问题进行了相关讨论,例如,董青岭[2]、管建强等[3]、何蓓[4]、李寿平[5]、马光[6]、杨成铭等[7]。但大多都是短篇论文,也可能是由于篇幅的限制,大多都停留在较为浅层的问题上,缺乏对具体问题的深入剖析。

关于自主武器系统可能涉及的国际人道法问题,相关的论述比较多。其中,一部分国际人道法教科书将自主武器系统单列为一种武器类型进行讨论;并且,随着时间的推移,相关的章节内容也在不断地更新。例如,加里·索利斯(Gary D. Solis)教授在2016年出版的《武装冲突法:战争中的国际人道法》(第2版)一书中,专门列了一个章节(第14章)讨论自主武器系统相关的国际人道法问题,包括:如何定义自主性,自主武器系统的法律审查,自主武器系统能否遵守相关的国际人道法原则(区分原则、比例原则等),以及定点清除等

---

[1] Markus Wagner, "Autonomous Weapon Systems", in Frauke Lachenmann and Rüdiger Wolfrum eds., "The Law of Armed Conflict and the Use of Force: The Max Planck Encyclopedia of Public International Law", Oxford University Press, 2017, pp. 105 – 111.

[2] 董青岭:《新战争伦理:规范和约束致命性自主武器系统》,《国际观察》2018年第4期,第51—66页。

[3] 管建强、郑一:《国际法视角下自主武器的规制问题》,《中国海洋大学学报》(社会科学版)2020年第3期,第105—114页。

[4] 何蓓:《性质与路径:论自主性武器系统的国际法规制》,《西安政治学院学报》2016年第4期,第97—103页。

[5] 李寿平:《自主武器系统国际法律规制的完善和发展》,《法学评论》2021年第1期,第165—174页。

[6] 马光:《论自主武器的国际法规制》,《福建江夏学院学报》2020年第4期,第36—43页。

[7] 杨成铭、魏庆:《人工智能时代致命性自主武器的国际法规制》,《政法论坛》2020年第4期,第133—143页。

问题。① 加里·索利斯还对与自主武器系统可能导致的战争罪问题提出了许多假设。另外，加里·索利斯强调，无论是遥控式无人机还是半自主式无人机，都应当是国际人道法重点考察的对象。② 作为教材，加里·索利斯所做的研究工作多是描述性的，呈现的也是其本人以及少部分国家对于自主武器系统的理解及实践。在 2022 年版本中，加里·索利斯教授更新了该书的框架，拓展了自主武器系统的讨论内容，并且增加了人工智能技术方面的论述。③ 值得另外补充的是，关于自主武器系统技术方面的论述，昆士兰大学法学院研究员蒂姆·麦克法兰（Tim McFarland）研究得较为深入。蒂姆·麦克法兰具有技术和法律双重学科背景，研究重点集中于国防科技和技术安全应用领域，并且特别关注自主武器系统所带来的法律方面的影响。蒂姆·麦克法兰于 2020 年出版了《武装冲突的制度和法律：符合国际人道主义法》一书。④ 该书解释了自主武器系统对国际人道法产生的作用和影响。其中，该书对于自主武器系统相关技术原理的解释比较清晰。不过，针对具体的法律问题，尤其是武装冲突中自主武器系统的使用限制和问责问题，该书的架构和观点略显粗糙，没有体现出读者想要看到的、对关键问题的创新性解答。如蒂姆·麦克法兰所言，此书更像是一个案例研究，用于阐释各方使用自主武器系统可能产生的法律后果。

从国际人道法着手，其实是一个非常重要的研究视角。在武装冲突中，冲突各方使用自主武器系统所引发的国际人道法问题，已

---

① 加里·索利斯教授在第 1 版中，没有关于自主武器系统的讨论。Gary D. Solis, "The Law of Armed Conflict: International Humanitarian Law in War", Cambridge University Press, 2nd edn., 2016; Gary D. Solis, "The Law of Armed Conflict: International Humanitarian Law in War", Cambridge University Press, 1st edn., 2010.

② Gary D. Solis, "The Law of Armed Conflict: International Humanitarian Law in War", Cambridge University Press, 2nd edn., 2016, pp. 535 – 566.

③ Gary D. Solis, "The Law of Armed Conflict: International Humanitarian Law in War", Cambridge University Press, 3rd edn., 2022, pp. 464 – 497.

④ Tim McFarland, "Autonomous Weapon Systems and the Law of Armed Conflict: Compatibility with International Humanitarian Law", Cambridge University Press, 2020.

成为一部分学者研究的主题。① 尤其是自主武器系统是否能够满足1949年"日内瓦四公约"及其附加议定书②所规定的区分原则、比例原则和预防措施原则等问题。因为现行的国际人道法规则体系对

---

① See Hin-Yan Liu, "Categorization and Legality of Autonomous and Remote Weapons Systems", International Review of the Red Cross, Vol. 94, No. 886, 2012, pp. 627-652; Peter Asaro, "On Banning Autonomous Weapon Systems: Human Rights, Automation, and the Dehumanization of Lethal Decision-Making", International Review of the Red Cross, Vol. 94, No. 886, 2012, pp. 687-709; Chantal Grut, "The Challenge to Autonomous Lethal Robotics to International Humanitarian Law", Journal of Conflict and Security Law, Vol. 18, No. 1, 2013, pp. 5-23; Marco Sassòli, "Autonomous Weapons and International Humanitarian Law: Advantages, Open Technical Questions and Legal Issues to be Clarified", International Law Studies, Vol. 90, 2014, pp. 308-340; Kenneth Anderson, Daniel Reisner and Matthew Waxman, "Adapting the Law of Armed Conflict to Autonomous Weapon Systems", International Law Studies, Vol. 90, 2014, pp. 386-411; William H. Boothby, "Autonomous Attack—Opportunity or Spectre?", in Terry D. Gill ed., "Yearbook of International Humanitarian Law (2013)", Vol. 16, 2015, pp. 71-88; Dan Saxon, "What is 'Judgment' in the Context of the Design and Use of Autonomous Weapon Systems?", in Robin Geiß ed., "Lethal Autonomous Weapons Systems: Technology, Definition, Ethics, Law and Security", German Federal Foreign Office, 2016, pp. 261-267; Duncan B. Hollis, "Setting the Stage: Autonomous Legal Reasoning in International Humanitarian Law", Temple International and Comparative Law Journal, Vol. 30, 2016, pp. 1-15; Thompson Chengeta, "Measuring Autonomous Weapon Systems against International Humanitarian Law Rules", Journal of Law and Cyber Warfare, Vol. 5, No. 1, 2016, pp. 66-146; Sasha Radin and Jason Coats, "Autonomous Weapons Systems and the Threshold of Non-International Armed Conflict", Temple International and Comparative Law Journal, Vol. 30, No. 1, 2016, pp. 133-150; Michael W. Meier, "Lethal Autonomous Weapon Systems: Conducting A Comprehensive Weapon Review", Temple International and Comparative Law Journal, Vol. 30, No. 1, 2017, pp. 119-132.

② 1949年"日内瓦四公约"包含三项附加议定书，分别是：1977年《日内瓦四公约关于保护国际性武装冲突受难者的附加议定书》（简称1977年《第一附加议定书》）；1977年《日内瓦四公约关于保护非国际性武装冲突受难者的附加议定书》（简称1977年《第二附加议定书》）；2005年《日内瓦四公约关于采纳一个新增特殊标志的附加议定书》（简称2005年《第三附加议定书》）。

冲突各方提出了明确的要求,即攻击应当符合区分原则①、比例原则②,并遵守预防措施原则要求。③一部分组织和学者推测自主武器系统可能无法满足这些要求。例如,彼得·阿萨罗(Peter Asaro)认为,履行上述原则需要有人类判断介入,而自主武器系统不具备这样的条件。④另外,也有学者指出,当前的技术不够先进,自主武器系统无法落实上述国际人道法原则的要求。耶罗恩·范登布加德(Jeroen van Den Boogaard)通过评估自主武器系统无法履行比例原则的各个方面,得出结论,自主武器系统无法单独在作战和战略层面完成比例原则测试,所以我们不应当对未来的"无人战场"抱有太大期望。⑤还有学者进一步指出,现有的法律框架不足以应对自主武器系统带来的国际人道法问题。⑥但也有学者持相反观点,认为现有的国

---

① 参见1977年《第一附加议定书》第48条规定。
② 参见1977年《第一附加议定书》第51条第5款第2项和第57条第2款第1项第3目规定。
③ 参见1977年《第一附加议定书》第57条和第58条规定。
④ Peter Asaro, "On Banning Autonomous Weapon Systems: Human Rights, Automation, and the Dehumanization of Lethal Decision-Making", International Review of the Red Cross, Vol. 94, No. 886, 2012, pp. 700-703.
⑤ Jeroen van Den Boogaard, "Proportionality and Autonomous Weapons Systems", Journal of International Humanitarian Legal Studies, Vol. 6, No. 2, 2015, pp. 247-283; See also Noel Sharkey, "Saying 'No!' to Lethal Autonomous Targeting", Journal of Military Ethics, Vol. 9, No. 4, 2010, pp. 369-383; Bonnie Docherty, "Human Rights Watch, Losing Humanity: The Case Against Killer Robots", 2012, p. 23; PAX, "Stop Killer Robots While We Still Can", PAX Blog, Feb. 26, 2014; Mark Roorda, "NATO's Targeting Process: Ensuring Human Control Over (and Lawful Use of) 'Autonomous' Weapons", in A. Williams and P. Scharre eds., "Autonomous Systems: Issues for Defence Policymakers", Capability Engineering and Innovation, 2015, pp. 152-168; Thompson Chengeta, "Measuring Autonomous Weapon Systems against International Humanitarian Law Rules", Journal of Law and Cyber Warfare, Vol. 5, No. 1, 2016, pp. 66-146;张卫华:《人工智能武器对国际人道法的新挑战》,《政法论坛》2019年第4期,第144—155页。
⑥ Hin-Yan Liu, "Categorization and Legality of Autonomous and Remote Weapons Systems", International Review of the Red Cross, Vol. 94, No. 886, 2012, 627-652.

际人道法规则足以应对目前存在或不久的将来可能存在的自主武器系统所引发的法律问题。[1] 邓肯·霍利斯（Duncan B. Hollis）较为客观地看待自主武器系统可能带来的国际人道法挑战。[2] 当然，也有部分实务工作者从本国利益出发，较为积极地看待自主武器系统可能引发的国际人道法问题。例如，迈克尔·梅尔（Michael W. Meier）[3]、克里斯托弗·福特（Christopher M. Ford）[4] 等。

---

[1] See Kenneth Anderson, Daniel Reisner and Matthew Waxman, "Adapting the Law of Armed Conflict to Autonomous Weapon Systems", International Law Studies, Vol. 90, 2014, pp. 386 – 411; Markus Wagner, "The Dehumanization of International Humanitarian Law: Legal, Ethical, and Political Implications of Autonomous Weapon Systems", Vanderbilt Journal of Transnational Law, Vol. 47, No. 5, 2014, pp. 1371 – 1424; Peter Margulies, "Making Autonomous Targeting Accountable: Command Responsibility for Computer Guided Lethal Force in Armed Conflicts", in Jens David Ohlin ed., "Research Handbook on Remote Warfare", Edward Elgar Publishing Limited, 2017, pp. 405 – 442; Christopher M. Ford, "Autonomous Weapons and International Law", South Carolina Law Review, Vol. 69, No. 2, 2017, pp. 413 – 478.

[2] Duncan B. Hollis, "Setting the Stage: Autonomous Legal Reasoning in International Humanitarian Law", Temple International and Comparative Law Journal, Vol. 30, No. 1, 2016, pp. 1 – 15.

[3] 迈克尔·梅尔目前担任美国陆军军法部战争法事务的高级文职顾问。在其文章中，他概述了美国国防部对未来部队中使用自主武器系统使用场景的构想，阐明了适用于自主武器系统的法律原则，并强调在武器审查过程中，通过有效的测试和评估，能够增强对自主武器系统的可预测性和可靠性的信心。See Michael W. Meier, "Lethal Autonomous Weapons, Is It End of the World as We Know It… Or Will We Be Just Fine?", in Winston S. Williams, and Christopher M. Ford. eds., "Complex Battlespace: The Law of Armed Conflict and the Dynamics of Modern Warfare", New York: Oxford University Press, 2019, pp. 289 – 316.

[4] 克里斯托弗·福特中校现任美国陆军总检察长。他的研究结合了其在美国海军战争学院斯托克顿国际法研究中心任教期间的经验，以及来自自主武器系统领域前沿研究机构和学者的观点。福特认为，现有的国际人道法规范框架足以保障大多数类型的自主武器系统合法使用。See Christopher M. Ford, "Autonomous Weapons and International Law", South Carolina Law Review, Vol. 69, No. 2, 2017, pp. 413 – 478.

谈到这里，会有读者发现，无论是在政府间的正式或非正式的辩论中，还是在学术讨论中，已经涌现出许多与"自主武器系统"这一表述相关，但又似是非是的表述。例如，"人工智能武器"①"致命性自主机器人"②"杀手机器人"③"自主武器"④ 等。这些名词是否与"自主武器系统"等同？为何本书选用"自主武器系统"这一表述，而非其他？这其实是厘清自主武器系统的定义和范围之前有待解决的重要问题。因为名称上的不一致极易引起混淆。因而，对相关的名称概念进行辨析、筛选和统一是必不可少的前置步骤。

另外，也有一少部分非政府组织和学者探究了国际人权法是否以及

---

① 我国有的学者习惯使用人工智能武器、人工智能装备此类表述。参见张卫华：《人工智能武器对国际人道法的新挑战》，《政法论坛》2019 年第 4 期，第 144—155 页；傅瑜、陈定定：《人工智能在反恐活动中的应用、影响及风险》，《国际观察》2018 年第 4 期，第 119—137 页；周璞芬、王一泓：《浅谈人工智能军事应用的国际法风险及对策》，《国防》2019 年第 10 期，第 22—26 页。

② 学者里斯托夫·海恩斯曾在 2013 年 5 月提交给人权理事会的报告中使用"致命性自主机器人"一词，后来考虑到自主武器系统也会应用到国家执法中，继续使用"致命性自主机器人"这一名词可能会不适当的限制讨论，所以之后改用"自主武器系统"这一表述。See Christof Heyns, "Report of the Special Rapporteur on Extrajudicial, Summary or Arbitrary Executions", A/HRC/23/47, Apr. 9, 2013; Christof Heyns, "Human Rights and the Use of Autonomous Weapons Systems (AWS) During Domestic Law Enforcement", Human Rights Quarterly, Vol. 38, 2016, pp. 350 – 378.

③ 一些呼吁禁止自主武器系统的组织和媒体大多倾向于使用"杀手机器人"，这与本书谈到的自主武器系统同义。See Bonnie Docherty, "Losing Humanity: The Case against Killer Robots", 2012; PAX, "Stop Killer Robots While We Still Can", Feb. 26, 2014.

④ Christopher M. Ford, "Autonomous Weapons and International Law", South Carolina Law Review, Vol. 69, No. 2, 2017, pp. 413 – 478.

如何约束自主武器系统。① 例如，克里斯托夫·海恩斯指出，国际人权法在三种情况下可以用于规范自主武器系统：一是国家执法行动；二是反恐行动；三是国家使用武力，但不上升到武装冲突的情形。克里斯托夫·海恩斯②重点关注自主武器系统在国家执法应用中所面临的人权问题，例如，自主武器系统对生命权和人格尊严的潜在影响。值得强调的是，在武装冲突背景下，国际人权法是继续适用的，但是与此相关的讨论却非常少。莱顿大学法学院丹·撒克逊（Dan Saxon）教授2022年出版的《战斗机器：自主武器和人格尊严》一书专门分析了自主武器系统与人格尊严的问题。③ 丹·撒克逊的观点是，自主武器系统在使用过程中夺取人的生命，构成了对生命权和人格尊严的侵犯。但是丹·撒克逊的论点侧重于价值层面的考量，其所推导的结论其实与实证法存在一定程度的脱节。

除上述问题外，学界围绕自主武器系统合法性问题的另一个重要话题是"问责真空"问题。国际人道法、国际人权法以及国际刑法的有关规定，国家和个人应当对违法行为负责。④ 与此类义务相联系的前

---

① Amnesty International, "Autonomous Weapons Systems: Five Key Human Rights Issues for Consideration", Amnesty International Publications, ACT 30/1401/2015, 2015; Peter Asaro, "On Banning Autonomous Weapon Systems: Human Rights, Automation, and the Dehumanization of Lethal Decision–Making", International Review of the Red Cross, Vol. 94, No. 886, 2012, pp. 687–709; Rebecca Crootof, "The Varied Law of Autonomous Weapon Systems", in Andrew P. Williams and Paul D. Scharre eds., "Autonomous Systems: Issues for Defence Policymaker", NATO Communications and Information Agency, 2015, pp. 98–126; Christof Heyns, "Human Rights and the Use of Autonomous Weapons Systems (AWS) During Domestic Law Enforcement", Human Rights Quarterly, Vol. 38, 2016, pp. 350–378.

② Christof Heyns, "Autonomous Weapons Systems and Human Rights Law", presentation made at the informal expert meeting organized by the state parties to the Convention on Certain Conventional Weapons 13–16 May 2014, May 13, 2014.

③ Dan Saxon, "Fighting Machines: Autonomous Weapons and Human Dignity", Philadelphia: University of Pennsylvania Press, 2022.

④ 参见1949年《日内瓦第四公约》第146条；1977年《第一附加议定书》第85条、第86条。

南斯拉夫问题国际刑事法庭（简称"前南刑庭"）、卢旺达问题国际刑事法庭、国际刑事法院等对战争罪、灭绝种族罪和危害人类罪均具有管辖权。[1] 基于任务的重新分配、决策时间和决策信息基础的转变[2]，自主武器系统在一定程度上取代了传统战斗员和指挥官的角色和功能。[3] 因此，在使用自主武器系统的过程中严重违反国际人道法和其他相关规则，很可能会造成"问责真空"问题。对此，人权观察和哈佛大学法学院国际人权诊所联合发布了一份报告，并指出，自主武器系统在问责问题上面临着重大障碍，应当对自主武器系统予以禁止。[4] 但有的学者对此质疑。[5] 例如，凯莉·麦克杜格尔（Carrie McDougall）认为，自主武器系统的"问责真空"问题只是虚构的假设。[6] 关于问责

---

[1] Article 1 of Statute of the International Tribunal for the Prosecution of Persons Responsible for Violations of International Humanitarian Law Committed in the Territory of the Former Yugoslavia Since 1991 (ICTY Statute), adopted by Security Council May 25, 1993, U. N. Doc. S/Res/827; Article 1 of Statute of the International Criminal Tribunal for Rwanda (ICTR Statute), adopted by Security Council November 8, 1994, U. N. Doc. S/Res/955; Article 1 of Rome Statute of the International Criminal Court (Rome Statute), A/CONF. 183/9, July 17, 1998.

[2] Tim McFarland, "Factors Shaping the Legal Implications of Increasingly Autonomous Military Systems", International Review of the Red Cross, Vol. 97, No. 900, 2015, pp. 1313 – 1339.

[3] Hin-Yan Liu, "Categorization and Legality of Autonomous and Remote Weapons Systems", International Review of the Red Cross, Vol. 94, No. 886, 2012, p. 629.

[4] Human Rights Watch and Harvard Law School's International Human Rights Clinic (IHRC), "Mind the Gap: the Lack of Accountability for Killer Robots", Apr. 9, 2015, p. 5.

[5] See Michael Schmitt, "Regulating Autonomous Weapons Might be Smarter than Banning Them", Just Security, Aug. 10, 2015; Charles J. Dunlap Jr., "Accountability and Autonomous Weapons: Much Ado About nothing?", Temple International and Comparative Law Journal, Vol. 30, 2016, pp. 63 – 76.

[6] Carrie McDougall, "Autonomous Weapon Systems and Accountability: Putting the Cart before the Horse", Melbourne Journal of International Law, Vol. 20, No. 1, 2019, pp. 1 – 30.

问题的讨论有许多，比如，杰克·比尔德（Jack M. Beard）、斯瓦特·马利克（Swati Malik）、马克·奇宁（Mark Chinen）[1]、加里·索利斯[2]、蒂姆·麦克法兰[3]等人的文章均有涉及。其中，杰克·比尔德曾担任美国国防部的法律顾问，对美国关于自主武器系统的应用和发展比较了解。[4] 杰克·比尔德认为，问责机制的关键是自主武器系统能够获得有效的人类判断，这是履行国际人道法义务的前提。因为无论未来机器人的能力如何，它们都不具备"理性人"的资格。值得注意的是，人类判断是否是国际人道法下的要求，其实是有争议的。虽然杰克·比尔德提出此结论，但没有给出详细的论述。鉴于自主武器系统可能造成"问责真空"问题，斯瓦特·马利克建议通过现有法律或通过提议制定，引入新框架来弥合这一差距。比如，将心理要件中的"故意"降低到"疏忽大意"或"放任"。[5] 内哈·贾恩（Neha Jain）、玛尔塔·博（Marta Bo）也提出过类似的观点。[6] 另外，"问责真空"与自主武器系统合法性之争，还源于一个重要的问题，即问责

---

[1] Mark Chinen, "Law and Autonomous Machines: The Co-evolution of Legal Responsibility and Technology", Edward Elgar Publishing Limited, 2019, pp. 41–44.

[2] Gary D. Solis, "The Law of Armed Conflict: International Humanitarian Law in War", Cambridge University Press, 3rd edn., 2022, chapter 15.6.

[3] Tim McFarland, "Autonomous Weapon Systems and the Law of Armed Conflict: Compatibility with International Humanitarian Law", Cambridge University Press, 2020, pp. 127–174.

[4] Jack M. Beard, "Autonomous Weapons and Human Responsibilities", Georgetown Journal of International Law, Vol. 45, No. 3, 2014, pp. 617–681.

[5] Swati Malik, "Autonomous Weapon Systems: The Possibility and Probability of Accountability", Wisconsin International Law Journal, Vol. 35, No. 3, 2018, pp. 609–642.

[6] Neha Jain, "Autonomous Weapons Systems: New Frameworks for Individual Responsibility", in Nehal Bhuta et al. eds., "Autonomous Weapons Systems: Law, Ethics, Policy", Cambridge University Press, 2016, pp. 303–324; Marta Bo, "Autonomy in Weapons and Targeting: The Responsibility Gap in Light of the Mens Rea of the War Crime of Attacking Civilians", Journal of International Criminal Justice, Vol. 19, No. 1, 2021, pp. 1–25.

主体范围的多重性。由于有各种各样的人员实际参与着自主武器系统的研发和使用，如设计师、程序员、工程师、操作员和军事指挥官等。① 但自主武器系统的研发者并非传统意义上的问责主体。② 关于自主武器系统的问责问题，已出现许多争议，此问题是否还有解决的路径，值得进一步研究。

综合上述学界的研究，可以发现，关于自主武器系统的争论，有不少问题有待进一步地深入和发掘。西方学者多是聚焦于与自主武器系统相关的局部问题进行分析，这也导致西方学者的观点呈现为两极化发展：要么认为自主武器系统具有非法性，应当全盘禁止；要么肯定自主武器系统的合法性，国际社会无须制定新的规则进行限制。相较而言，我国学者更加关注自主武器系统的综合性和整体性的问题，因此在论述上呈现为较为单一的规制问题，鲜有对细节性问题的分析。整体而言，自主武器系统的合法性是有待进一步深入探究的问题。自主武器系统相关的概念、范围有待进一步澄清和解释。另外，国际社会对自主武器系统的讨论不断推进，也有了新的立场和观点，所以有必要立足于最新的资料对自主武器系统所涉及的法律问题进行阐述。在专门处理自主武器系统的条约形成之前，厘清自主武器系统可能引起的国际法问题和挑战，对国际社会处理和解决此类问题具有重要的实践意义。

第三节　研究问题

国际组织机构和学界的讨论已经证实了自主武器系统的研究潜力

---

① 这里需要指出的是，有必要对程序员和工程师进行区分，因为二者负责的工作是不同的。程序员主要负责软件开发，工程师主要负责硬件设备的制造。

② 这里"研发者"（developers）泛指在定义自主武器系统的行为中发挥重要作用的人，包括程序员和工程师；这些人员与"操作员"不同，操作员是指那些在武装冲突期间负责使用自主武器系统的人员。T. McFarland and T. McCormack, "Mind the Gap: Can Developers of Autonomous Weapons Systems Be Liable for War Crimes?", International Law Studies, Vol. 90, 2014, pp. 361 – 385.

和研究价值,但是还有许多重要问题有待进一步深入分析。本书将分析比较,并且吸收上述文献资料中的不同观点、思路和研究方法上的优势,对自主武器系统在国际法领域所提出的挑战和问题,展开深入分析和论述。根据上述讨论,这些重要的、有待深入的问题共有三项。

第一,自主武器系统的概念和范围应当如何限定。明确自主武器系统的概念和范围本身是一项重要的法律问题。这也是国际社会对自主武器系统不断产生争论的首要症结。国际社会对于自主武器系统的讨论已经进行了近 10 年,但是收效甚微。其中,影响讨论推进的一个关键阻碍就是国际社会对自主武器系统的概念、定义和范围缺乏共识。自主武器系统带有一定的技术属性,对于此概念有着许多不同的表述。将自主武器系统纳入法律语境中进行规范性的讨论,首先需要对研究的客体有一个相对清晰且具有基础的共识。如果对自主武器系统的基本概念和范围都缺乏较为统一的认识,那么谈论自主武器系统的合法性及使用限制等问题将显得过于草率,结论也会似是而非。因此,有必要对自主武器系统的相关概念"去神秘化",将其拆解为简单的、精准的、可理解的法律语言。

第二,在武装冲突背景下,自主武器系统自身的合法性有待追问和解答。自主武器系统有着独特的技术优势,但也存在着不可忽略的缺陷。自主武器系统兼具两面性,使得自主武器系统像一把"双刃剑",能够在作战中给冲突方带来一定的军事优势,同时也会给冲突中受保护的人员带来消极影响。国际社会各界之间的争议也由此而来。计算机领域的科学家并不否认,当前我们仍处于弱人工智能时代,所谓的人工智能超越人类的"奇点"仍未到来。[①] 长远来看,自主技术有望继续发展下去,自主武器系统也将随着自主技术的不断进步而变得更为先进。但由于时间跨度较远,自主武器系统未来发展的各种可

---

① "奇点"即人工智能超越人类智力极限的时间点。奇点代表人工智能将达到人类水平的智能。按照科学家们的预测,奇点将于 2045 年之前到来。Ray Kurzweil, "The Singularity Is Near", New York: Viking Press, 2005; Margaret A. Boden, "AI: Its Nature and Future", Oxford University Press, 2016, pp. 147 – 149.

能性不在本书的研究范围之内。可以预见的是，未来的自主武器系统仍将包括弹药和平台，并且二者将不断提高自主性，成为非常有效的作战组合。需要强调的是，自主武器系统所引发的法律问题无法单纯依靠技术手段予以解决。无论是自主武器系统自身还是使用中的合法性当前仍取决于现行的国际法规则。已有部分学者围绕自主武器系统的使用问题进行了相关的研究，但多集中于国际人道法领域。在武装冲突中，国际人权法也有着一定的适用空间，对此是否能够适用于自主武器系统合法性的评估有待考察。鉴于国际社会围绕是否应当对自主武器系统予以禁止或限制的问题争论不休，本书将扩大研究视野，更加全面地考察国际法各分支领域之中可以适用的规则，进一步探究和解答自主武器系统的合法性问题。

第三，在武装冲突中，冲突各方使用自主武器系统时，自主武器系统会对国际人道法体系产生哪些影响？在更为具体的武装冲突情形中，冲突各方使用自主武器系统时，将面临哪些限制条件？诸如此类的问题都有待进一步研究和回应。如前所述，2019年《指导原则》已经反映出参与辩论各方的基本共识，即自主武器系统受现行国际法规则的制约。然而，自主武器系统会对现存规则产生何种作用和影响，仍缺乏详尽的分析和解答。虽然，许多学者侧重于武装冲突中自主武器系统的使用可能引发的问题，但大多都局限于表面，相关视角的深度和广度均略显不足。目前，仍有许多重要的问题有待解答，比如自主武器系统的使用对武装冲突的定性产生何种影响。此外，法律义务来源于多重法律制度的相互作用，具体到特殊的作战情境中，如海战、反恐行动和网络空间作战，适用的规则将不再单一，而对此类问题有待进一步深入分析。

第一章　自主武器系统的界定

迄今为止，自主武器系统缺乏一个相对明确的定义，这直接影响自主武器系统相关法律文件的谈判和制定。随着自主武器系统受到国际社会越来越多的关注，在各方讨论中涌现了许多与自主武器系统相类似的名词和术语，比如"杀手机器人""人工智能武器""高度自动化武器系统""自主网络武器"等。这些术语的混乱使用并没有引起国际社会广泛关注，但导致各方对自主武器系统存在多种不同的解读。基于对自主武器系统的不同认知，各方在其定义和范围，以及可能引发的法律和伦理问题上，立场亦不尽相同。将自主武器系统纳入法律语境之下进行讨论，首先需要对研究客体有着一个相对清晰的共识。因而，梳理并比较分析各方使用的不同名词表述，确定为何本书选用"自主武器系统"这一表述，是首要的。

与此同时，解决自主武器系统的定义和范围问题极为重要，但目前国际社会对于自主武器系统概念的理解仍处于探索阶段。在1980年《特定常规武器公约》框架内的辩论中，对于自主武器系统的规范路径已经进行了近10年的谈判，但各国对自主武器系统的定义和范围并未达成一致。这也是国际社会推进自主武器系统相关法律文件制定的首要阻碍。不过，从历年的会议报告中可以发现，关于自主武器系统的界定，各方关注的重点问题包含三个方面：第一，如何理解自主武器系统的关键特征——自主性。第二，如何诠释"人类干预"或"人类控制"这些理念或概念。第三，是否有必要对自主武器系统进行"致命性"与"非致命性"的区分。这些问题构成了推进自主武器系统谈判进程的关键难点。

首先,"自主武器系统"这一概念中的"自主"是最能体现其特征的关键表达,其具体含义有待进一步解释和界定。"自主的"或"自主性"是自主武器系统的关键特征,这是国际社会目前达成的基本共识。人工智能、自动目标识别技术等技术,使得自主武器系统具有更高的自主性和精准打击能力。特别是先进的人工智能技术在军事科技领域的应用,不断加强和提高自主武器系统的自主性水平。受技术水平的限制,自主武器系统仍未达到完全自主的完美状态。另外,自主武器系统所引发的挑战,不能通过弥补技术的不足而彻底解决。人工智能技术是实现自主性的重要技术之一。为了厘清自主武器系统的含义,有必要结合一定量的技术方面的背景知识进行分析,以说明自主性与人工智能技术之间的联系。试图对人工智能技术进行全面的介绍和阐述,可能是徒劳的。本书所提及的"自主性""人工智能"应当作何解释,有必要作出澄清。

其次,"人类控制"或"人类干预"等概念是国际社会关注的热点问题之一。近年来,国际社会逐渐用一种更加温和、中庸的方式来处理自主武器系统的禁止或限制问题。目前,已经从全面禁止自主武器系统支持者和反对者之间的正面对抗,向加强对自主武器系统"人类控制"这一理念进行转变。各方逐渐统一其追求,逐渐使得"人类控制"的重要性不断被强调。本书绪论曾提及,在1980年《特定常规武器公约》框架内的辩论中,各国对于"人类控制"已经逐渐呈现出共识,但仍然存在分歧。有观点认为,"人类控制"的概念含混不清,难以在实质上促进各国遵守国际法。[1] 并且,"人类控制"这一

---

[1] Kevin Neslage, "Does 'Meaningful Human Control' Have Potential for the Regulation of Autonomous Weapon Systems?", University of Miami National Security and Armed Conflict Law, Vol. 6, 2015, pp. 176 – 177; See also Rebecca Crootof, "A Meaningful Floor for 'Meaningful Human Control'", Temple International and Comparative Law Journal, Vol. 30, No. 1, 2016, pp. 53 – 62; Thilo Marauhn, "Meaningful Human Control—and the Politics of International Law", in Wolff Heintschel von Heinegg et al. eds., "The Dehumanization of Warfare", Springer, 2018, pp. 207 – 218.

概念没有给现行国际人道法增加任何内容，甚至可能会模糊相关的规则。①"人类控制"这一概念的提出，确实在一定程度上转移了各方的注意力，淡化了分歧。"人类控制"或"人类干预"的概念是否应当架构到自主武器系统的定义当中？如果是，那应当对"人类控制"或"人类干预"作何解释？这些都有待进一步深入和研究。

最后，关于"致命性"和"非致命性"区分的价值和意义有待澄清。在国际法中，并不存在一般意义上的"致命性"与"非致命性"的区分，甚至可以说没有这种区分。对于哪些武器属于"致命性"或者"非致命性"武器，缺少一个相对统一的、客观的标准。事实上，"致命性"和"非致命性"区分是一个在技术以及医学方面都难以解决的问题。在关于武器的多边条约中，对于"致命性"或"非致命性"没有明确的区分和解释。鉴于国际社会对于自主武器系统是否应当施加"致命性"这一限定的问题上争议不断，有必要对于"致命性"和"非致命性"这两个限定词的含义和区分的意义进行说明。

鉴于此，本章的目标是摸清自主武器系统不断受到争论的症结，厘定自主武器系统的概念和范围，并为解决这一首要问题提供可参考的解答。本章结构安排如下：本章第一节介绍与自主武器系统近似的名词辨析，考察各方使用这些不同名词的倾向，以及术语使用不当，可能造成的问题，进一步证明本书选用"自主武器系统"这一表述的客观合理性。多种相近名词的混乱使用，也从侧面反映各国对于自主武器系统的定义和范围的共识基础之薄弱。本章第二节从国家实践入手，梳理各国对自主武器系统定义的立场和采用的定义方法，重点考察典型的实践和最新的发展，寻求各国对于自主武器系统具有普遍性的理解和共识。在基于前文论述的基础之上，本

---

① Thilo Marauhn, "Meaningful Human Control—and the Politics of International Law", in Wolff Heintschel von Heinegg et al. eds., "The Dehumanization of Warfare", Springer, 2018, p. 207.

章第三节重点探讨本书拟采用的自主武器系统的定义，并针对定义的关键构成要素进行拆解和解读，也将对本书所讨论的自主武器系统的范围予以限定。本章第四节概述上述讨论，作出总结和评价。

第一节　与自主武器系统近似的名词辨析

一、杀手机器人

"杀手机器人"这一概念经常被反对自主武器系统的组织和媒体使用。[1] 2009 年，国际机器人武器控制委员会成立，正式开启了"阻止杀手机器人运动"。国际机器人武器控制委员会的组织成员重点关注"武装战斗机器人""武装自主无人系统"的发展。2013 年，制止杀手机器人联盟成立后，开始呼吁禁止和规范自主武器系统的使用。这些组织的不断推动引起了社会各界的关注，与自主武器系统相关的问题被全面提上了国际议程。与此同时，这些组织使用的相关术语、表述直接影响了国际层面的讨论。2013 年 4 月，联合国法外处决、即决处决或任意处决问题特别报告员克里斯托夫·海恩斯教授向联合国人权理事会提交的报告，使用的是"致命性自主机器人"这一表述。[2] 2013 年 11 月，在日内瓦举行了 1980 年《特定常规武器公约》缔约方会议，并且将关于自主武器系统的议题正式提上日程，会议报告使用的称谓是"致命性自主武器系统"。[3] 随着讨论的不断推进，"自主武器系统"逐渐成为一部分学者和组织使用

---

[1] For instance, Human Rights Watch and International Human Rights Clinic, "Losing Humanity: The Case against Killer Robots", 2012.

[2] See Christof Heyns, "Report of the Special Rapporteur on Extrajudicial, Summary or Arbitrary Executions", A/HRC/23/47, Apr. 9, 2013.

[3] "Consideration and Adoption of the Final Report", CCW/MSP/2013/10, Dec. 16, 2013.

最为频繁的术语，但"杀手机器人"仍作为其同义词而被使用。[1]虽然，一开始克里斯托夫·海恩斯使用"致命性自主机器人"一词，后来考虑到使用这一术语可能会限制讨论的范围，之后便改用"自主武器系统"这一表述。[2] 也有部分学者将"杀手机器人"等同于"致命性自主武器系统"[3]，或者将"杀手机器人"与"自主武器系统"互换使用。[4] 除此之外，也有少部分学者使用"机器人武器"这一表述。[5]

然而，"机器人"这一后缀带有一定的拟人化倾向，在学术讨论中容易引起歧义。首先，"机器人"本身是一个缺乏明确定义的、有争议的概念。根据国际标准化组织创建的术语集，"机器人

---

[1] For example, Peter Asaro, "On Banning Autonomous Weapon Systems: Human Rights, Automation, and the Dehumanization of Lethal Decision – Making", International Review of the Red Cross, Vol. 94, No. 886, 2012, pp. 687 – 709; Eliav Lieblich and Eyal Benvenisti, "The Obligation to Exercise Discretion in Warfare: Why Autonomous Weapons Systems Are Unlawful", in N. Bhuta et al. eds., "Autonomous Weapons Systems: Law, Ethics, Policy", Cambridge University Press, 2016, pp. 245 – 283.

[2] See Christof Heyns, "Report of the Special Rapporteur on Extrajudicial, Summary or Arbitrary Executions", A/HRC/23/47, Apr. 9, 2013; Christof Heyns, "Human Rights and the Use of Autonomous Weapons Systems (AWS) During Domestic Law Enforcement", Human Rights Quarterly, Vol. 38, 2016, pp. 350 – 378.

[3] Armin Krishnan, "Killer Robots: Legality and Ethicality of Autonomous Weapons", Ashgate Publishing Limited, 2009; Robert Sparrow, "Killer Robots", Journal of Applied Philosophy, Vol. 24, No. 1, 2007, pp. 62 – 77; R. Crootof, "The Killer Robots Are Here: Legal and Policy", Cardozo Law Review, Vol. 36, 2015, pp. 1837 – 1915.

[4] Eliav Lieblich and Eyal Benvenisti, "The Obligation to Exercise Discretion in Warfare: Why Autonomous Weapons Systems Are Unlawful", in N. Bhuta et al. eds., "Autonomous Weapons Systems: Law, Ethics, Policy", Cambridge University Press, 2016, pp. 245 – 283.

[5] See Robert Sparrow, "Robotic Weapons and the Future of War", in Paolo Tripodi and Jessica Wolfendale eds., "New Wars and New Soldiers: Military Ethics in the Contemporary World", Publisher Ashgate Publishing Limited, 2011, pp. 117 – 133.

是指可以在两个或多个轴上编程并具有一定程度的自主性的驱动机体，在环境中移动，以执行预期任务"①。根据这一解释，不难发现，"杀手机器人"这一术语其实默认了自主武器系统是一种物理性的系统。这导致的后果是，国际社会对机械或者机器的过分关注，忽略了对实际作出决策的计算机软件部分的管控。自主武器系统既包括软件，也包括硬件。因此，自主武器系统并不限于纯物理性质的武器系统。或者说，纯虚拟的软件也可以构成自主武器系统。比如，自主智能代理可以是纯软件，也可以集成到物理系统中（如机器人），主要区别在于其运行的环境。纯软件代理主要活在我们所谓的"网络空间"中，而机器人可以感知我们生活的相同物理环境，并与之交互。软件代理和机器人之间是相联系的。在机器人中，嵌入式软件是其行为和能力的核心。② 因此，将"杀手机器人"等同于自主武器系统并不妥当，这在一定程度上限缩了自主武器系统实际所涵盖的范围。

二、无人武器系统

"无人武器系统"是一个被广泛使用的表述，有不少学者将"无人"与"自主"视为同义词。甚至在一些期刊中，"无人"一词被使用的频率比"自主"更高，但本质上仍是将无人武器系统与自主

---

① According to ISO, robots is "actuated mechanism programmable in two or more axes with a degree of autonomy moving within its environment, to perform intended tasks", International Organization for Standardization (ISO), Robots and robotic devices—Vocabulary, ISO 8373: 2012 (en).

② Alessandro Guarino, "Autonomous Intelligent Agents in Cyber Offence", in K. Podins, J. Stinissen and M. Maybaum eds., "5th International Conference on Cyber Conflict", NATO CCD COE Publications, 2013, pp. 377–388.

武器系统等同。① 然而，无论在词义还是技术方面，"无人"直接等同于"自主"是欠缺考量的。平台的"无人"特性并不能直接说明该平台具有自主性。② 大多数无人平台都依赖某种程度的人类控制，例如遥控式无人机。③ 武装冲突和执法中所使用无人武器系统可以使

---

① For instance, Stuart Casey - Maslen, "Development, Use, and Transfer of Unmanned Weapons Systems", in Stuart Casey - Maslen et al. eds. , "Drones and Other Unmanned Weapons Systems under International Law", Brill, 2018, pp. 8 - 45; M. Jahanzeb Butt and Yen - Chiang Chang, "Regulation of Autonomous Maritime Weapons Systems under the Governance Framework of International Law", in Keyuan Zou and Anastasia Telesetsky eds. , "Marine Scientific Research, New Marine Technologies and the Law of the Sea", Brill Nijhoff, 2021, pp. 105 - 126; Ling Zhu and Richard W. W. Xing, "Development of Unmanned and Autonomous Merchant Ships: Legality under the UNCLOS", in Keyuan Zou and Anastasia Telesetsky eds. , "Marine Scientific Research, New Marine Technologies and the Law of the Sea", Brill Nijhoff, 2021, pp. 127 - 152; Gary E. Marchant et al. , "International Governance of Autonomous Military Robots", The Columbia Science and Technology Law Review, Vol. 12, 2011, pp. 272 - 315; Robert Veal, Michael Tsimplis and Andrew Serdy, "The Legal Status and Operation of Unmanned Maritime Vehicles", Ocean Development and International Law, Vol. 50, No. 1, 2019, pp. 23 - 48; Michael N. Schmitt and David S. Goddard, "International Law and the Military Use of Unmanned Maritime Systems", International Review of the Red Cross, Vol. 98, No. 2, 2016, pp. 567 - 592.

② Andrew Williams, "Defining Autonomy in Systems: Challenges and Solutions", in Andrew P. Williams and Paul D. Scharre eds. , "Autonomous Systems: Issues for Defence Policymaker", NATO Communications and Information Agency, 2015, p. 30.

③ 遥控式系统属于广义上的无人系统。"遥控"（remote control）是指一个人在不同的地方操作一个系统或活动，通常是通过无线电或超声波信号或通过电线传输的电信号。遥控是用远程"驾驶"（piloting）来表达的；比如，北约对"遥控飞机"（remotely piloted aircraft）的定义是，"一种无人驾驶飞机，由经过培训，并获得与有人驾驶飞机飞行员相同标准认证的飞行员，从远程飞行员/引航员站进行控制"。See National Institute of Standards and Technology (NIST), "Autonomy Levels for Unmanned Systems (ALFUS) Framework: Volume 1—Terminology", Version 2. 0. NIST Special Publication 1011 - I - 2. 0, 2012; NATO Standardization Office, "NATO Glossary of Terms and Definitions", Allied Administrative Publication (AAP) - 06, 2021, p. 111.

己方部队和执法人员免受伤害。① 这也是强调平台无人特性的依据之一。

然而，当判定一个武器系统是否具有自主性时，专注于它的"无人"性质极具误导性。许多无人驾驶平台，实际完全由引航员控制。通常，自主性越低的无人平台越需要远程控制，自主性越高的平台可以不需要引航员或飞行员控制。例如，《美国国防部军事及相关术语词典》将无人驾驶飞机定义为，"不搭载人类操作员且能够在遥控或自主编程下飞行的飞机或气球"②；无人驾驶航空器指"不搭载人类操作员的动力飞行器，使用空气动力提供车辆升力，可以自主飞行或远程驾驶，可以是消耗性或可回收的，并且可以携带致命性或非致命性有效载荷。弹道或半弹道飞行器、巡航导弹和炮弹不被视为无人驾驶飞行器"③。从此类定义可以直观地发现，武器系统的无人特性并不能直接表明武器或平台具有自主性。无人武器系统是一个比自主武器系统更为宽泛的概念，并且容易引起混淆。如无特别说明，本书将不会使用"无人武器系统"指代"自主武器系统"。

---

① Christof Heyns, "Human Rights and the Use of Autonomous Weapons Systems (AWS) During Domestic Law Enforcement", Human Rights Quarterly, Vol. 38, 2016, p. 358.

② Accordingly, "unmanned aircraft" is "an aircraft or balloon that does not carry a human operator and is capable of flight under remote control or autonomous programming". US Department of Defense, "JP 1 – 02 Department of Defense Dictionary of Military and Associated Terms", 2010, p. 494.

③ An "unmanned aerial vehicle" is "a powered, aerial vehicle that does not carry a human operator, uses aerodynamic forces to provide vehicle lift, can fly autonomously or be piloted remotely, can be expendable or recoverable, and can carry a lethal or nonlethal payload. Ballistic or semiballistic vehicles, cruise missiles, and artillery projectiles are not considered unmanned aerial vehicles". US Department of Defense, "JP 1 – 02 Department of Defense Dictionary of Military and Associated Terms", 2010, p. 494.

三、人工智能武器

许多文献倾向于使用"人工智能武器"指代自主武器系统。① 我国外交部官方文件也习惯使用"人工智能武器"一词②,但对采用这一表述的原因未作详细的说明。在军事技术领域,除了常用的"人工智能武器"表述外,还有"智能武器装备""智能化武器"③"人工智能武器装备"等近似的称谓。其中,"智能武器装备"被解释为利用人工智能技术研制的,具有某种智能特征,用于实施和保障作战行动的武器、武器系统和与之配套的其他军事技术器材的统称。④ 例如,智能地雷就属于其中一种,这种地雷带有引信,具有识别目标的能力,能够主动跟踪和攻击目标。2022年俄乌冲突中,俄方使用的"POM-3"智能地雷就可以归类为智能武器装备。⑤ 此类术语使用"智能"二

---

① 我国的一些学者习惯使用"人工智能武器""人工智能装备"此类表述。参见张卫华:《人工智能武器对国际人道法的新挑战》,《政法论坛》2019年第4期,第144—155页;傅瑜、陈定定:《人工智能在反恐活动中的应用、影响及风险》,《国际观察》2018年第4期,第119—137页;周璞芬、王一泓:《浅谈人工智能军事应用的国际法风险及对策》,《国防》2019年第10期,第22—26页。

② 参见中国外交部条约与法律司:《基于国际人道法的人工智能武器争议》,《信息安全与通信保密》2019年第5期,第25—27页。

③ 智能化武器指的是具有人工智能技术的高科技武器装备,通常由信息采集与处理系统、知识库系统、辅助决策系统和任务执行等组成,具备感知、决策和反馈能力,能够自行完成侦察、搜索、瞄准、攻击目标和收集、整理、分析、综合情报等军事任务,通过感知自身状态及战场环境变化,实时替代人类完成中间过程的分析和决策,最终形成反馈,实施必须机动,完成作战使命。赵睿涛等编著:《智能化武器装备及其关键技术》,国防工业出版社2021年版,第2页。

④ 周健:《智能武器装备》,《科技术语研究》2004年第1期,第42—43页。

⑤ 与其他同类型的地雷相比,"POM-3"地雷最突出的特点就是采用了"智能"控制单元。通过感受地面的振动,确定目标的类型和位置,并判断对其构成的杀伤效果。不需要与目标进行接触,就能够确定作战方式,这提高了作战效果,减少附带损害。Mick F. & N. R. Jenzen-Jones, "Russian POM-3 Anti-Personnel Landmines Documented in Ukraine (2022)", Armament Research Services, Apr. 15, 2022.

字很大可能是为了强调这类具有高度自主性的武器系统是以人工智能为技术基础的,但在学术讨论中使用这一表述似乎不太妥当。

  自主性和人工智能相关,但并不完全等同。"智能"是衡量代理在广泛的环境中确定最佳行动路线以实现其目标的能力[1];而"自主"是系统在实现其目标时的自由。[2] 智能和自主是两种不同的属性。一个高度智能的系统可能完全没有自主性。例如,一个双手被束缚的国际象棋大师可能知道赢得比赛的最佳行动路线,但缺乏行动的自由。机器拥有更大的自主权意味着会有更多的自由,更少的监督。在当前阶段,人工智能技术不能使机器自发地具备自主性,而是来自人类决策权利的让与。所以,自主性本质上体现的是一种人机控制关系。

  人工智能是随着科技进步而不断发展的概念,盲目地给自主武器系统贴上"人工智能"的标签,是欠缺考虑的。计算机和机器人是人工智能的主要载体。[3] 人工智能涉及多个学科领域,包括生物学、心理学、社会学、计算机、数学、医学等学科及其分支,有鉴于此,很难给"人工智能"一个精确的定义。通俗的解释是,人工智能是致力

---

[1] 该定义包含三个基本组成部分:代理(agent)、环境(environment)和目标(goal)。"代理"可以是任何东西,在人工智能领域,"代理"可以是一台机器,也可以是一个可计算的函数。"代理"和"环境"必须能够相互交互。具体而言,"代理"能够向"环境"发送信号,并接收从"环境"发来的信号。同样,"环境"必须能够接收和发送信号给"代理"。从"代理"发送信号到"环境"的过程称为动作,将从"环境"发送信号到"代理"的过程称为感知。Shane Legg and Marcus Hutter conclude that, "intelligence measures an agent's ability to achieve goals in a wide range of environments", Shane Legg and Marcus Hutter, "A Collection of Definitions of Intelligence", Technical Report IDSIA – 07 – 07, June 15, 2007, p. 9; See also Shane Legg and Marcus Hutter, "Universal Intelligence: A Definition of Machine Intelligence", Minds and Machines, Vol. 17, No. 4, 2007, p. 405.

[2] UNIDIR, "The Weaponization of Increasingly Autonomous Technologies: Artificial Intelligence", Mar. 28, 2018, p. 5.

[3] 陈小平主编:《人工智能伦理导引》,中国科学技术大学出版社2021年版,第19页。

于使机器智能化的研究领域。① 人工智能技术的早期探索始于 20 世纪 40 年代，至今共经历了三次浪潮。2017 年，引起巨大轰动的围棋人工智能程序"阿尔法狗"，是人工智能第三次浪潮的里程碑。人工智能发展的第三次浪潮与前两次显著不同，主要区别在于第三次浪潮中人工智能能够生成自身的规则，而不再完全依赖于由人类编制的规则。② 人工智能的重要子领域机器学习由此产生。③ 深度学习已被用于执行各种任务，如对象识别、自然语言处理和语言翻译等。机器学习经常被用作人工智能的同义词，以至于有学者认为任何不使用机器学习的系统都不应该被称为人工智能系统。④ "人工智能"越来越多地被用于营销，许多机器通常被贴上"智能"的标签，包括一些科研人员为了寻求资金支持，刻意地使用人工智能这一术语。对于"智能"的标准正在不断变化，却没有一个公认的、明确的界限来界定一台机器是否应该被贴上"智能"的标签。无人机、汽车巡航控制、智能手机等许多软件工具，都具有一定程度的智能，但只是具备了简单的"计算机程序"。这类知识系统本质上是计算机程序员和相关领域的专家合作开发的软件。几乎所有的机器都可以被纳入一个"智能"系统的范围内。人工智能技术发展处于第三次浪潮之中，但这并不表明所有的武器技术都达到了这一阶段。许多"过时"的人工智能技术仍被应用于军事和民事领域。美国国防创新委员会认为，"人工智能"是用来"表示用于执行面向目标的任务的各种信息处理技术和技术，以及在

---

① Nils J. Nilsson, "The Quest for Artificial Intelligence: A History of Ideas and Achievements", Cambridge University Press, 2010.

② 陈小平主编：《人工智能伦理导引》，中国科学技术大学出版社 2021 年版，第 4 页。

③ 人工智能许多子领域，包括机器学习、数据挖掘、语音识别和图像处理等，也可以将任何一个子领域称为人工智能。Recep Benzer1 et al., "Using Artificial Intelligence for the Improvement of Weapon Efficiency", in Numan M. Durakbasa and M. Güneş Gençyılmaz eds., "Proceedings of the International Symposium for Production Research 2019", Springer, 2020, p. 17.

④ Michael Xie, "Not All AI Is Created Equal", Forbes, Dec. 9, 2019.

追求该任务时进行推理的手段";"人工智能系统"表示在整个系统或"系统中的系统"中具有人工智能组件。① 按照这样的标准,美国已经使用数十年的飞机自动驾驶仪、导弹制导系统和信号处理系统等都属于人工智能武器的范畴。② 如果将所有利用人工智能技术的"自主武器系统"都归纳到这一范畴,那么它们也将不再属于"新武器"。③

不可否认的是,在自主武器系统背景下讨论人工智能技术是有意义的。于本书而言,"人工智能"仅作为一个纯粹的技术概念。如本小节所述,"人工智能"是一个宽泛的术语,机器被认为是"智能"的标准也在不断变化。因为没有一个明确的界限,几乎所有的利用人工智能技术的武器都可能被贴上"智能"的标签。人工智能与"自主性"相关,自主武器系统处于人工智能武器的大范围内,但"智能"并不是独有的、显著的特征。对于人工智能技术的过多强调,不得不让人质疑,自主武器系统引起争议的焦点到底在哪里,是自主性,抑或人工智能技术?这需要进一步考察"自主武器系统"的关键特征——自主性,与人工智能的关系。

四、高度自动化武器系统

在有关自主武器系统的研究中,经常会有学者或国家将"自主的""自动的""自动化"等词语放在一起讨论。然而,这些限定词有着不同的含义。约拉姆·丁斯坦(Yoram Dinstein)教授参与制定的2020年《奥斯陆武装冲突法专题手册:规则和评论》中(简称《奥

---

① US Department of Defense, Defense Innovation Board, "AI Principles: Recommendations on the Ethical Use of Artificial Intelligence by the Department of Defense", Oct. 31, 2019, p. 10.

② Greg C. Allen, "Understanding AI Technology", 2020, pp. 3, 6-7.

③ 1977年《第一附加议定书》第36条规定:"在研究、发展、取得或采用新的武器、作战手段或方法时,缔约一方有义务断定,在某些或所有情况下,该新的武器、作战手段或方法的使用是否为本议定书或适用于该缔约一方的任何其它国际法规则所禁止。"按照该条规定,各缔约国有义务对新武器进行法律审查。

斯陆手册》）区分了"高度自动化武器系统"和"自主武器系统"。按照2020年《奥斯陆手册》的解释，"高度自动化武器系统"是"一种系统，一旦激活，无需进一步人工输入即可识别和交战目标，同时受到算法的约束，该算法通过强加交战规则来确定其响应设置限制其独立行动的参数"。① 根据《奥斯陆手册》第38项规则，自主武器系统是"一种能够运用类人化推理确定攻击目标、如何攻击，以及何时进行攻击的武器系统"。② 这与下文即将谈及的英国所采用的定义相类似。一部分技术领域的专家也认为自主性是比自动化更复杂和更智能的形式，如大卫·明德尔（D. A. Mindell）。③ 美国国防科学委员会将"自动化系统"描述为"不允许任何偏差的规范性"的系统。"自动化系统"在逻辑上遵循一组预定的规则，所以行动结果是预测的。相比之下，"自主系统"能够"根据其对世界、自身和环境的认识和理解，独立地组合和选择不同的行动方案来实现目标"。④ 显然，"自主的"和"自动的"有着不同的含义。将"自主的"与"自动的"互换使用是一种不够严谨的做法，甚至是错误的。明确区分这两个概念是有

---

① Accordingly, "for the purposes of this Manual, a 'highly automated' weapon system is a system that, once activated, is capable of identifying and engaging a target without further human input, while being constrained by algorithms that determine its responses by imposing rules of engagement and setting mission parameters which limit its ability to act independently". Yoram Dinstein and Arne Willy Dahl, "Oslo Manual on Select Topics of the Law of Armed Conflict: Rules and Commentary", Springer, 2020, Rule 37, p. 33.

② According to the rule 38, for the purposes of this Manual, an "autonomous weapon system is a weapon system that is programmed to apply human-like reasoning to determine whether an object or person is a target, whether it should be attacked, and if so, how and when". Yoram Dinstein and Arne Willy Dahl, "Oslo Manual on Select Topics of the Law of Armed Conflict: Rules and Commentary", Springer, 2020, p. 34.

③ D. A. Mindell, "Our Robots, Ourselves, Robotics and the Myths of Autonomy", Viking, New York, 2015, p. 12.

④ US Department of Defense, Defense Science Board, "Report of the Defense Science Board Summer Study on Autonomy", DOD: Washington, D. C., Jun., 2016, p. 4.

价值的。虽然，从宏观尺度上考虑系统的功能时，"自动的"可以认为与"自主性"属于同一类概念。① 不过，如果将二者重叠使用，可能会引起歧义和混淆，进而掩盖了自主武器系统的关键特征。如无特别说明，本书不会将"自主武器系统"与"高度自动化武器系统"相互替换使用。

五、自主网络武器

自主网络武器与自主武器系统均依赖于先进的计算机技术，二者之间存在交叉。国际社会对于自主武器系统的讨论主要集中在1980年《特定常规武器公约》框架内，讨论的范围局限于常规武器领域，对于自主武器系统在相关领域的应用多是集中在陆地、海洋、空中、太空和海底等领域，忽略了自主武器系统在网络空间中的应用。② 对于网络安全问题，各国也在联合国框架内进行了相关的讨论。与1980年《特定常规武器公约》框架下设立的政府专家组不同，关于网络安全政府专家组规模相对较小，并且相对封闭，缺乏民间社会的参与。③ 不过，这一情形在近几年举行的会议中得到了改善。例如，在2024年5月举行的会议中，华为就作为非政府公司代表发表了意见。④ 在议题

---

① Andrew Williams, "Defining Autonomy in Systems: Challenges and Solutions", in Andrew P. Williams and Paul D. Scharre eds., "Autonomous Systems: Issues for Defence Policymaker", NATO Communications and Information Agency, 2015, p. 32.

② 2016年，在《特定常规武器公约》的非正式专家会议上，有专家提出了自主网络武器与自主武器系统之间的联系，但没有引起广泛的重视和讨论。"Report of the 2016 Informal Meeting of Experts on Lethal Autonomous Weapons Systems (LAWS)", Submitted by the Chairperson of the Informal Meeting of Experts, CCW/CONF. V/2, June 10, 2016.

③ For more information about the composition and working methods of the cyber GGEs, see UNIDIR and CSIS, "Report of the International Security Cyber Issues Workshop Series", 2016, pp. 4-7.

④ Presentation on confidence-building measures by Mr. Martin Xie and Mr. Panhai Wang (Huawei), May 16, 2024.

上,"有意义的人类控制""1977年《第一附加议定书》第36条下的法律审查义务"等问题都不在网络安全专家组讨论的议题之中。自主武器系统与自主网络武器之间的讨论一直平行进行。

为何不将自主网络武器和自主武器系统的讨论合并进行?对此,联合国裁军研究所认为,关于自主武器系统的国际讨论和关于网络安全层面的讨论不应合并。自主网络武器的讨论中有许多内容不适用于自主武器系统,例如网络行动将会挑战1945年《联合国宪章》之中的概念,例如,"领土""武装攻击";自主武器系统作为有形的武器系统则不会造成这样的困难。[1] 但如果过多强调自主武器系统的物理属性,忽略软件部分,难免会局限讨论范围,忽略具有交叉性的问题。人工智能技术主要依赖于软件。如果不解决网络安全问题,很难保证人工智能拥有安全的使用环境。加州理工学院伦理学与新兴科学组主任帕特里克·林从伦理角度指出,自主网络武器可能是自主武器系统辩论的"缺失环节","有意义的人类控制"概念一直是自主武器系统讨论背景下的一个重要话题,但迄今为止在网络安全问题的讨论中一直处于缺失状态。[2] 新兴人工智能技术,并不是孤立地、在某一特定领域单独地发展。况且,自主网络武器在作战中,也会产生与物理性的自主武器系统相类似的损害效果。美国陆军出台的军事手册曾指出,网络武器通过网络效应,可以伤害或杀死人员,也可以造成物理性损坏。[3] 因此,自主网络武器与自主武器系统之间不仅存在许多技术上的共性,二者对国际法的影响和挑战很大程度上也是相类

---

[1] UNIDIR, "The Weaponization of Increasingly Autonomous Technologies: Autonomous Weapon Systems and Cyber Operations", Nov. 16, 2017, pp. 15 – 16; David Midson, "Geography, Territory and Sovereignty in Cyber Warfare", in Robert McLaughlin et al. eds., "New Technologies and the Law of Armed Conflict", T. M. C. Asser Press, 2014, pp. 75 – 93.

[2] UNIDIR Side Event Agenda, "Cyber and Autonomous Weapons: Potential Overlap, Interaction and Vulnerabilities", Oct. 9, 2015.

[3] US Department of the Army, "Army Regulation 27 – 53: Legal Review of Weapons and Weapon Systems", Sep. 23, 2019, p. 8.

似的。笔者认为自主网络武器属于自主武器系统的一种，二者存在重叠。

通过上述分析，我们可以发现，在各方的讨论中，自主武器系统有着许多相近的表述。例如，"杀手机器人"这一概念被反对自主武器系统的组织和媒体经常使用，这一概念也被用来指代"致命性自主武器系统"。目前，很少有国家在其官方文件中使用"杀手机器人"这一概念，但将其与"致命性自主武器系统"交替使用并不会引起太大的歧义。常见的名称还包括"人工智能武器""无人武器系统"等，但此类称谓本身就存在模糊性，并且没有统一的技术标准对其进行界定。如果将此类术语与自主武器系统替换使用，不仅会引起混淆，还很可能会无意义地扩大或限缩自主武器系统的范围。此外，也有部分国家和学者倾向于使用"高度自动化武器系统"。值得一提的是，自主武器系统并不限于物理性的武器或武器系统，"自主网络武器"也可以视为自主武器系统的一种。通过比较分析，本书认为，自主武器系统这一名词相对客观中立，能够更直观地体现出自主武器系统的关键特征。因此，为了统一用语，尤其是考虑到后文对于自主武器系统的定义的解释问题，如无特别说明，本书将统一使用"自主武器系统"这一表述。对于采用"自主武器系统"的原因以及"自主武器系统"的具体含义，下文也会作更进一步的说明。

第二节　各国定义自主武器系统的方法及立场

在1980年《特定常规武器公约》框架下，各国政府尚未就自主武器系统的通用定义达成一致。2023年3月，1980年《特定常规武器公约》政府专家组主席在其报告中，列举了各国关于自主武器系统的定义和特征；可以明显看出，各国虽然积极提交本国所主张的自主武器系统的定义和范围，但中间的差别非常明显。① 制定任何切实可行的法律文件和规范措施都绕不开自主武器系统的定义问题。通过比较分析各国对于自主武器系统的定义所发表的立场，以及各国发布的军事手册和政策文件，可以发现各国在界定自主武器系统的定义和特征方面，主要采用四种分类方法：一是以技术为侧重的定义方法；二是以人类控制为中心的定义方法；三是以能力参数或功能为导向的定义方法；四是累积组合上述方法，即排列两种或三种定义方式，以界定自主武器系统。② 然而，但这四种分类方法并非绝对严格，彼此之间存在一定程度的交叉。以下结合典型的国家实践进行归纳与说明。

一、以技术为侧重

德国和丹麦侧重于描述自主武器系统的技术属性。虽然丹麦没有在国际论坛上表达对自主武器系统定义的立场，但在其政策文件中提出自己的定义和标准。

（一）丹麦

丹麦是1980年《特定常规武器公约》的缔约国，但并未积极参与该框架内关于自主武器系统的讨论。丹麦仅在2015年提交了一份声明，此后没有提交相关的报告和观点，也没有为会议提供财政支持。这一做法与多数北欧国家（挪威、瑞典和芬兰）不同，也招致了国际社会的批评。③ 有分析指出，这背后的原因可能是，丹麦与其军事同

---

① "Non-exhaustive Compilation of Definitions and Characterizations", submitted by the Chairperson, CCW/GGE. 1/2023/CRP. 1, Mar. 10, 2023.

② 需要说明的是，本书所采用的这四种分类方法参考了联合国裁军研究所2017年所作的报告中的分类。不过，本书没有完全依据联合国裁军研究所的分类标准，并且也对相关的国家实践进行了更新和重新归纳。UNIDIR, "The Weaponization of Increasingly Autonomous Technologies: Concerns, Characteristics, and Definitional Approaches", Nov. 9, 2017, pp. 19 - 22.

③ Johannes Lang, Robin May Schott and Rens van Munster, "Four Reasons Why Denmark Should Speak Up About Lethal Autonomous Weapons", Danish Institute for International Studies, Policy Brief, Mar. 13, 2018.

盟已经开始研发和使用自主武器系统。①

2020年10月出版的《丹麦武装部队在国际行动中的国际法军事手册》公开了丹麦国防部对自主武器系统的定义。根据该手册,"自主武器系统"一词是指:"能够通过电子设备自行选择和攻击目标的武器"。② 丹麦国防部提供的这一定义强调了自主武器系统功能方面,如选择和攻击目标的能力,但着重强调了自主武器系统是通过"电子设备"而达成的这些能力。具体而言,自主武器系统可以使用带有内置的全球定位系统进行导航和定位,同时也具备数字火控系统的控制开火功能。丹麦认为自主武器系统的优势在于反应速度更快,计算射击数据的误差范围更小,以及对人员的需求更少。另外,丹麦2015年所作的声明认可"有意义的人类控制"作为讨论的核心,并指出自主武器系统使用武力必须在"有意义的人类控制"之下。③ 但该声明整体是比较笼统的。丹麦没有对"有意义的人类控制"的确切含义发表过意见。值得一提的是,丹麦对自主武器系统的认识与其他国家有所相同。虽然,丹麦的定义强调自主武器系统所依靠的技术,但却没有提及人工智能技术或者算法。此外,美国、阿根廷明确反对从技术角度定义自主武器系统。

(二)德国

自2014年起,德国一直参与1980年《特定常规武器公约》框架内的讨论。德国在1980年《特定常规武器公约》框架内的讨论中,没有提出针对自主武器系统的具体定义,但也没有完全保持沉默。德

---

① Ingvild Bode, "The Future of the GGE and Denmark's Silence in the Debate about Autonomous Weapons Systems", AutoNorms, Jan. 17, 2022.

② Accordingly, the term autonomous weapons system refers to weapons capable of selecting and engaging targets automatically by means of electronic (often GPS – based) equipment. Danish Ministry of Defence, "Military Manual on International Law Relevant to Danish Armed Forces in International Operations", Oct. 12, 2020, p. 676.

③ Denmark, "General Statement by Susanne Rumohr Hækkerup, Ambassador for Disarmament, Non – proliferation and Arms Control", Apr. 13 – 17, 2015.

国侧重于从技术角度理解自主武器系统的关键特征,即"自主性"的实现有赖于人工智能、机器学习技术。

在 2018—2019 年关于自主武器系统的定义和概念的讨论中,德国发表了自己的理解和评论意见。① 在技术方面,德国认为"自主性"是一种运行模式。自主性可以与整个武器系统有关,也可能与武器系统的单个单元有关。另外,自主武器系统主要基于算法技术。"自主性"不同于"自动化"。"自主性"可以理解为:感知和解释环境的能力;在不参考一组预定任务的情况下评估不断变化的情况;推理并决定最适合实现目标的方法;根据这些结论采取行动;一旦系统运行,上述所有操作均无须人类介入。德国指出,学习和发展自我意识的能力是"自主性"不可或缺的属性。在一定程度上,系统的自我学习能力可以提高"人在回路"的决策水平。这有助于确保国际人道法的实施,最大限度地减少战争的不利影响,并加强对平民的保护。但人类必须在生死攸关的问题上保持最终决定权。在德国看来,自主武器系统基于人工智能、机器学习技术;② 自主武器系统一旦启动,将完全脱离人类控制。

二、以人类控制为中心

许多国家倾向于从人类控制的角度定义自主武器系统。例如,阿根廷、比利时、荷兰、加拿大、以色列等国家虽然没有提出明确具体的定义,但是仍是积极参与 1980 年《特定常规武器公约》框架下的

---

① "Statement Delivered by Germany on Working Definition of LAWS 'Definition of Systems under Consideration'", Apr., 2018; "Statement by Germany—On Agenda Item 5 (d) Characterization of the Systems Under Consideration in Order to Promote A Common Understanding on Concepts and Characteristics Relevant to the Objective and Purpose of the Convention", Mar. 25, 2019.

② 德国外交部曾公开表示自主武器系统的技术基础是人工智能技术。German Federal Foreign Office, "Foreign Minister Maas on agreement of Guiding Principles Relating to the Use of Fully Autonomous Weapons System", Nov. 15, 2019.

讨论，并且一再强调"人类控制"的重要性。以人类控制为中心的定义方法，根据人类在其操作中的角色定义系统自主的级别，也侧重于责任归结方面的考量。

（一）阿根廷

阿根廷是积极参与1980年《特定常规武器公约》框架内讨论的拉美国家之一。早在2015年非正式专家组会议上，阿根廷就对自主武器系统能否符合国际人道法的问题表示了担忧。阿根廷建议有必要保留"有意义的人类控制"①。对于是否应当禁止自主武器系统，阿根廷并未表明明确的立场。在后续的讨论中，阿根廷把重点放在了对武器、作战手段以及法律审查方面，并且提交了正式的法律审查建议。② 阿根廷认为，应当禁止全自主武器系统。③ 但阿根廷并未对如何理解或定义自主武器系统发表过意见。截至2022年3月，包括阿根廷在内的十余个拉美国家向政府专家组提交了两份集体意见。其中，一份题为"自主武器系统新协议路径图"，针对自主武器系统的基本特征、"有意义的人类控制"、伦理问题等方面作了基本阐述。④

---

① 在2015年《特定常规武器公约》非正式专家组会议上，阿根廷代表发表的意见（西班牙语）可查阅：https://www.reachingcriticalwill.org/images/documents/Disarmament-fora/ccw/2015/meeting-experts-laws/statements/13April_Argentina.pdf。

② "Strengthening of the Review Mechanisms of A New Weapon, Means or Methods of Warfare", Working Paper drafted by Argentina, CCW/GGE.1/2018/WP.2, Apr. 4, 2018.

③ Human Rights Watch, "Stopping Killer Robots: Country Positions on Banning Fully Autonomous Weapons and Retaining Human Control", Aug. 10, 2020.

④ "Roadmap Towards New Protocol on Autonomous Weapons Systems, Submitted by Argentina, Costa Rica, Guatemala, Kazakhstan, Nigeria, Panama, Philippines, Sierra Leone, State of Palestine, Uruguay", CCW/GGE.1/2022/WP.3, Aug. 8, 2022; See also "Draft Protocol on Autonomous Weapon Systems (Protocol VI)", submitted by Argentina, Colombia, Costa Rica, Ecuador, El Salvador, Guatemala, Kazakhstan, Nigeria, Palestine, Panama, Peru, Philippines, Sierra Leone and Uruguay, CCW/GGE.1/2023/WP.6, May 10, 2023.

根据阿根廷等国提交的议案，自主武器系统能够"在没有人类干预的情况下，自主选择目标，并对目标使用武力"[1]。由于自主性足以描述出自主武器系统的关键功能，所以不需要给自主武器系统下一个纯粹的技术定义。另外，该提案指出，"致命性"不是自主武器系统的固有特征，而是一种效果或使用方式。任何武器系统的使用都可能违反国际法，无论其是否具有杀伤力。"有意义的人类控制"是基于上下文的、动态的、多维的，并且依赖于情境的。为了确保攻击的可接受性，应当由人作出符合道德和法律的判断；换言之，从道德和法律的角度来看，应确保有人对攻击的结果承担责任。有意义的人类控制包括人类判断和人类干预。[2]"人类判断"是指由人作出任何有关使用武器的决定；"人类干预"是指人类操作员对武器行使有效监督，并与武器进行指令性的或预防性的互动。

（二）比利时

在1980年《特定常规武器公约》框架内的讨论中，比利时强调自主武器系统应当具备的六个构成特征，具体包括：一是自主武器系统在作出致命决策的过程中，拥有完整的自主决策权；二是自主武器系统在识别、选择、致残或杀害目标时，没有人类干预；三是在判定主观责任要件时，不能精确地划分人与自主武器系统之间的责任；四是在自主模式下，人不能改变或者停用自主武器系统；五是自主武器系统的结果具有不确定性、不可预测或不可靠性；六是自主武器系统能够自主定义它们的任务和标准。[3]

---

[1] The Proposal submitted by by Argentina affirmed that "a weapon system may be characterized as an AWS if it incorporates autonomy into the critical functions of selecting and engaging to apply force against targets, without human intervention".

[2] "Roadmap Towards New Protocol on Autonomous Weapons Systems, Submitted by Argentina, Costa Rica, Guatemala, Kazakhstan, Nigeria, Panama, Philippines, Sierra Leone, State of Palestine, Uruguay", CCW/GGE. 1/2022/WP. 3, Aug. 8, 2022, p. 3.

[3] "Towards a Definition of Lethal Autonomous Weapons Systems", submitted by Belgium, CCW/GGE. 1/2017/WP. 3, Nov. 7, 2017, para. 8.

比利时对自主武器系统的特征描述得非常具体，采用的标准也非常严格。在比利时看来，自主武器系统与其他不具有自主功能的武器系统相比而言，是性质不同，而不是程度不同。对于后者，最终决定权仍然掌握在人类手中。自主武器系统决策过程完全独立于人的控制，并且决策结果不可预测。地雷、反导弹系统等自动武器系统不在此列。因为自动武器系统的运作结构是可预测的。根据第三点特征，可以推断出比利时认为自主武器系统具有主观意识，以至于人与自主武器系统之间的责任不能精确地划分。

（三）荷兰

2015年4月7日，荷兰外交部和国防部要求国际事务咨询委员会（AIV）和国际公法问题咨询委员会（CAVV）提交一份报告，国际事务咨询委员会于2015年10月2日通过了该报告，国际公法问题咨询委员会于2015年10月12日通过了该报告。[1] 2016年3月2日，荷兰政府对该报告做出了回应。该报告重要结论之一是，"在部署自主武器系统时，需要有意义的人类控制"——荷兰政府同意这一观点。[2] 荷兰政府虽然指出"目前还没有国际公认的自主武器系统定义"，但支持咨询委员会通过的自主武器系统的工作定义。[3] 2021年，应荷兰政府要求，国际事务咨询委员会和国际公法问题咨询委员会联合更新关于自主武器系统的报告。2022

---

[1] Advisory Council of International Affairs (AIV) & Advisory Committee on Public International law (CAVV), "Autonomous Weapon Systems: The Need for Meaningful Human Control", No. 97 AIV/No. 26 CAVV, 2015.

[2] "Netherlands Opening Statement at the General Debate", 3rd Informal meeting of experts on LAWS Geneva, by His Excellency Ambassador Henk Cor van der Kwast Permanent Representative of the Kingdom of the Netherlands to the Conference on Disarmament, Apr. 11 – 15, 2016.

[3] Advisory Council on International Affairs, "Autonomous Weapon Systems: The Need for Meaningful Human Control", No. 97 AIV/No. 26 CAVV, 2015, p. 11.

年的报告中,保留了此定义。① 在 1980 年《特定常规武器公约》框架的讨论中,荷兰提出的自主武器系统工作定义为:"一种武器,在没有人类干预的情况下,根据人类决策进行部署、选择和攻击符合特定预定目标的武器,前提是攻击一旦启动,不能被人类干预而终止。"②

荷兰所提出的工作定义强调人类参与和问责的重要性,相对狭窄。在自主武器系统的运作过程中,人类仍在"更广泛的回路"中。在规划将要攻击的目标,以及部署武器决策方面,人类仍发挥突出作用。③ 在人类考虑了诸如目标选择、武器选择、实施计划、对潜在附带损害的评估之后,才能部署自主武器系统。在荷兰看来,这对遵守国际人道法的基本原则和问责问题至关重要。

(四) 加拿大

加拿大对自主武器系统的相关议题一直都很关注。根据加拿大议会信息和研究服务中心的研究报告,自主武器系统具有两个普遍特征:一是可以在没有人类干预的情况下运行;二是可以根据预先建立的算法自行选择和攻击目标。④ 自主武器系统是深度学习的高级

---

① Advisory Council of International Affairs (AIV) & Advisory Committee on Public International law (CAVV), "Autonomous Weapon Systems: The Importance of Regulation and Investment", Advisory Report 119, CAVV – advisory report 38, Apr. 11, 2022, p. 11.

② Government of the Netherlands, "Examination of Various Dimensions of Emerging Technologies in the Area of Lethal Autonomous Weapons Systems, in the Context of the Objectives and Purposes of the Convention", CCW/GGE. 1/2017/WP. 2, Oct. 9, 2017, para. 5.

③ "Netherlands Opening Statement at the General Debate", 3rd Informal meeting of experts on LAWS Geneva, by His Excellency Ambassador Henk Cor van der Kwast Permanent Representative of the Kingdom of the Netherlands to the Conference on Disarmament, Apr. 11 – 15, 2016.

④ Canada, Library of Parliament & Parliamentary Information and Research Service, "Autonomous Weapon Systems: Selected Implications for International Security and for Canada", Publication No. 2019 – 55 – E, Dec. 20, 2019, p. 1.

应用，可以在机器暴露于大量数据后创建自己的算法，并根据这些算法作出决策。① 自主武器系统与传统武器系统的区别更多在于其软件部分。关于自主性的程度划分，加拿大更倾向于采用三分法，即：半自主系统——由人类操作员授权使用武力；受监督系统——系统可独立运行，但人类操作员能够随时监督和停止系统；完全自主系统——在启动或激活点后，系统与人类操作员不再通信。② 自主程度不是一成不变的。人类操作员可以指示武器系统根据环境切换自主操作模式。另外，自主武器系统可以采取多种形式、各种大小，在空中、海上、陆地进行作战。自主武器系统也可以单独运行或作为"集群"运行，能够选择和攻击目标的自主网络武器也属于自主武器系统的范畴。

此外，加拿大主张"致命性自主武器系统"和"全自主武器系统"是有区别的，后者包括前者。具体而言，全自主武器系统存在两种变体："致命性自主武器系统"和"非致命性自主武器系统"。这两个概念是相关的，但又是有区别的。③ 至于二者的具体区别及必要性，加拿大并未作解释。加拿大认为，致命性自主武器系统应当被禁止。加拿大指出，自主武器系统不能以符合国际人道法的方式使用。因此，加拿大致力于推动禁止自主武器系统的研发和使用这一方案。然而，根据2023年3月，加拿大和澳大利亚、美国、英国等国一起提交的规

---

① Canada, Library of Parliament & Parliamentary Information and Research Service, "Autonomous Weapon Systems: Selected Implications for International Security and for Canada", Publication No. 2019 – 55 – E, Dec. 20, 2019, p. 1.

② Canada, Library of Parliament & Parliamentary Information and Research Service, "Autonomous Weapon Systems: Selected Implications for International Security and for Canada", Publication No. 2019 – 55 – E, Dec. 20, 2019, p. 2.

③ "Commentary by Canada on the Operationalization of the Guiding Principles Affirmed by the Group of Governmental Experts on Emerging Technologies in the Area of Lethal Autonomous Weapons Systems", Jun., 2021, p. 1.

范自主武器系统的草案①,可以发现,加拿大从早期的全面禁止武器系统的立场,转为通过国际法逐步规范和限制自主武器系统。

(五)美国

美国《国防部第 3000.09 号指令》多次更新了关于自主武器系统的定义。根据 2023 年 1 月更新的《国防部第 3000.09 号指令》,自主武器系统是:"一种武器系统,一旦激活,就可以选择和攻击目标,无需操作员进一步干预。"② 相较于 2017 年版本的指令③,2023 年版本的指令在自主武器系统的定义上并没有作出实质性修改。在表述上,2023 年版本的指令删除了"操作员"前的"人类"一词,将"操作员"定义为"操作平台或武器系统的人"。此外,美国《国防部第 3000.09 号指令》以人类控制水平为基准,区分了"有操作员监督的自主武器系统"和"半自主武器系统"。有操作员监督的自主武器系统是指"在武器系统发生故障、造成严重损失之前,允许操作员干预和解除其功能的自主武器系统";④ 半自主武器系统是指"一旦激活,便能够与操作员选择的特定目标或者目标群进行交战的武器系统"。⑤ 半自主武器系统具备自主执行与交战相关的功能,包括但不限于"获取、跟踪和识别潜在目标;向操作员提示潜在目标;优先选择选定的目标;何时开火;或提供最终指导以锁定选定的目标,前提是保留对

---

① "Draft Articles on Autonomous Weapon Systems – Prohibitions and Other Regulatory Measures on the Basis of International Humanitarian Law", submitted by Australia, Canada, Japan, the Republic of Korea, the United Kingdom, and the United States, CCW/GGE.1/2023/WP.4, Mar. 6, 2023.

② U. S. Department of Defense, "Directive 3000.09: Autonomy in Weapon Systems", Nov. 21, 2012, incorporating change 1, Jan. 25, 2023, p. 21.

③ U. S. Department of Defense, "Directive 3000.09: Autonomy in Weapon Systems", Nov. 21, 2012, incorporating change 1, May 8, 2017, pp. 13 – 14.

④ U. S. Department of Defense, "Directive 3000.09: Autonomy in Weapon Systems", Nov. 21, 2012, incorporating change 1, Jan. 25, 2023, p. 22.

⑤ U. S. Department of Defense, "Directive 3000.09: Autonomy in Weapon Systems", Nov. 21, 2012, incorporating change 1, Jan. 25, 2023, p. 23.

选择单个目标和特定目标群体进行交战的决定的人为控制"[1]。依据美国的实践，指挥官和操作员可以在自主武器系统使用武力的过程中进行适当程度的人类判断。在具体操作上，应当确保自主武器系统与指挥官、操作员的意图一致；如若不能，则应终止操作，寻求操作员的介入。[2]

另外，2022年3月新修订的美国《海军作战法指挥官手册》第9章最后增设了"自主武器系统"一节，并且援引了2017年《国防部第3000.09号指令》中的定义。《海军作战法指挥官手册》对自主武器系统的开发和使用提出了要求，指出应当确保指挥官和操作员能够对自主武器系统使用武力时施加适当水平的人类判断。[3] 需要指出的是，美国《国防部第3000.09号指令》仅说明"允许"适当的人类判断，这其实也表示，对于自主武器系统施加人类判断不是必需的。

值得一提的是，美国《国防部第3000.09号指令》明确该指令"不适用于网络空间操作的自主或半自主网络系统、非武装的无人平台、非制导弹药、由操作者手动引导的弹药（例如激光弹药）、地雷和未爆炸的爆炸物"[4]。这与俄罗斯的实践相类似。美国《国防部第3000.09号指令》将网络空间作战排除于适用的范围之外，并不是想要割裂或者否认自主武器系统与自主网络武器之间的联系。这只是一项工作安排。美国国防部在起草《国防部第3000.09号指令》时，考虑到自主武器系统和网络武器交织起来可能会增加问题的复杂性，所以将与网络空间作者相关的问题排除在《国防部第3000.09号指令》

---

[1] U. S. Department of Defense, "Directive 3000.09: Autonomy in Weapon Systems", Nov. 21, 2012, incorporating change 1, Jan. 25, 2023, p. 23.

[2] U. S. Department of Defense, "Directive 3000.09: Autonomy in Weapon Systems", Nov. 21, 2012, incorporating change 1, Jan. 25, 2023, p. 4.

[3] U. S. Department of the Navy, "Commander's Handbook on the Law of Naval Operations", Edition Mar., 2022, NWP 1 – 14M/MCTP 11 – 10B/COMDTPUB P5800. 7A, § 9.12.

[4] U. S. Department of Defense, "Directive 3000.09: Autonomy in Weapon Systems", Nov. 21, 2012, incorporating change, 25 Jan., 2023, p. 3.

的适用范围外。①

（六）瑞士

2016 年，在《特定常规武器公约》非正式专家组会议上，瑞士政府将自主武器系统描述为："能够遵照国际人道法执行任务的武器系统，在使用武力时部分或全部替代人类，特别是在瞄准阶段。"②

瑞士采用的是"基于合规的方法"定义自主武器系统，但本质上仍是以人类控制为中心。这一定义扩大了潜在自主武器系统的范围，不仅没有区分"致命性"和"非致命性"，而且没有明确自主武器系统执行的具体任务类型。瑞士政府指出，"致命性"因素尤为令人关注，但在概念上不应被视为自主武器系统的先决特征。瑞士建议应以更全面的视角理解自主武器系统，涵盖未必导致肉体死亡的作战手段和方法，比如：造成除死亡之外的肉体伤害；对物体的破坏；非动力性影响，如通过网络行动。③ 瑞士政府的宗旨是应当给予"自主武器系统"一个具有包容性的定义。瑞士政府所使用的"基于合规的方法"相对宽泛，几乎任何利用信息通信技术的武器系统都包括在自主武器系统的范畴内，包括自动武器系统（如地雷）。

瑞士对自主武器系统的发展秉持相对审慎的态度，并且反对研发完全自主的武器系统。2022 年 2 月，瑞士发布的《2022—2025 年瑞

---

① Paul Scharre, "Army of None: Autonomous Weapons and the Future of War", W. W Norton & Company, 2018, pp. 227 – 8; see also Maaike Verbruggen, "Side E-vent on Cyber and Autonomous Weapons", Oct. 14, 2015.

② Switzerland describes "autonomous weapons systems" as "weapons systems that are capable of carrying out tasks governed by IHL in partial or full replacement of a human in the use of force, notably in the targeting cycle". Government of Switzerland, "Towards A 'Compliance – Based' Approach to LAWS", Informal Working Paper, Mar. 30, 2016, para. 6.

③ Government of Switzerland, "Towards A 'Compliance – Based' Approach to LAWS", Informal Working Paper, Mar. 30, 2016, para. 5.

士军备控制和裁军战略》》①文件指出，自主武器系统带来了提高安全性的机会，也给人类带来了风险。完全自主的武器系统可能会破坏现行法律规则体系，影响世界的和平与稳定。瑞士表示将促进达成一项协议，以确保人类控制并禁止不符合国际人道法的自主武器系统。

（七）以色列

以色列作为研发和制造自主武器系统的军事大国，积极参与1980年《特定常规武器公约》框架内的讨论。以色列一直对自主武器系统实施先发制人的禁令的主张表示反对。②以色列的基本立场是，国际人道法适用于致命性自主武器系统领域新兴技术的研发和使用，但应在自主武器系统的整个生命周期（研究、开发、编程、测试、审查、批准和决定部署阶段）中保留必要的人类判断，人类将始终对自主武器系统的使用负责。以色列认为，自主武器系统只会按照人类设计和编程的方式运行，作为实现指挥官和操作者意图的一种手段。③

以色列指出，无论从事实还是法律上，都不应将自主武器系统拟人化。④这说明，自主武器系统只能作为工具，由人类设计和使用，以实现人类意图。因此，提及"决策"或独立判断时，不能将自主武器系统等同于人。在以色列看来，不将自主武器系统拟人化是任何法律和政策措施讨论的前提。

除上述内容外，值得一提的是，欧盟所提出的自主武器系统定义，也是以人类控制为中心。根据2018年12月欧盟议会对自主武器系统

---

① Federal Department of Foreign Affairs FDFA, "Innovative Impetus For Greater Security: Federal Council Adopts Arms Control and Disarmament Strategy 2022 – 25", Feb. 2, 2022.

② "Statement on Lethal Autonomous Weapons Systems (LAWS)", by Mrs. Maya Yaron, Counsellor, Deputy Permanent Representative to the Conference on Disarmament, Apr. 11 – 15, 2016.

③ See "Israel Considerations on the Operationalization of the Eleven Guiding Principles, Adopted by the Group of Governmental Experts", Aug. 30, 2020.

④ "Israel Considerations on the Operationalization of the Eleven Guiding Principles, Adopted by the Group of Governmental Experts", Aug. 30, 2020.

作出的立场文件,欧盟指出自主武器系统是指"在选择和攻击单个目标的关键功能上,没有有意义的人类控制的武器系统"。自动化、远程操作和遥控系统不应被视为自主武器系统。虽然各方均指出缺乏人类控制的自主武器系统会引发基本的伦理和法律问题,但对于"人类控制"的认识各方并没有相对一致的说明和解释。

三、以功能为导向

澳大利亚和英国倾向于从能力参数或功能角度定义自主武器系统。这些具体功能包括自主武器系统可以执行哪些特定的任务,以及是否具备人类意识、理解更高层次的目标和任务。英国所采取的定义较为狭窄,并且存在争议;后来,英国在《特定常规武器公约》的辩论中放宽了自己的要求,这有利于自主武器系统定义尽快达成共识。

(一)澳大利亚

澳大利亚认为,自主武器系统不同于自动武器和遥控武器系统,它是一种"无须进一步指示即可承担战斗功能的武器或武器系统"[1]。澳大利亚所提出的定义基于人类操作员与机器之间的控制关系。

在术语解释上,澳大利亚国防部区分了"自动系统"和"自主系统"。这在一定程度上受到美国、英国的影响。澳大利亚认为,"自动系统"是一种预先编程的系统,以确定性方式对外部刺激作出响应,在无须进一步人工输入的情况下实现其目标。[2] 这与英国国防部的区

---

[1] "Autonomous weapon systems" refers to a weapon or weapon system that can undertake combat functionality without further direction. "Australia's System of Control and applications for Autonomous Weapon Systems", submitted by Australia, CCW/GGE.1/2019/WP.2/Rev.1, Mar. 26, 2019, para. 5.

[2] Automated Systems are, "in response to inputs from one or more sensors, programmed to logically follow a predefined set of 'if – x – then – y' deterministic rules in order to provide an outcome. Knowing the set of operating rules means that the systems outputs are constant and predictable". Australia, Department of Defence, "ADF Concept for Command and Control of the Future Force", 2019, p. 44; Royal Australian Navy, "RAS – AI Strategy 2040, Warfare Innovation Navy", 2020, p. 26.

分方法十分类似。① 澳大利亚认为，自主系统"能够独立运行，无需其他实体的输入或指导，以实现既定目标"。这与美国国防部对"自主的"这一术语的解释类似。② 澳大利亚国防部认为，自主武器系统能够理解更高层次的意图，并且能够利用概率系统从一系列备选方案中决定行动方案。虽然自主武器系统的整体活动结果是可预测的，但单个行为的结果可能无法预测。此外，澳大利亚要求自主武器系统具有认知能力，这一点与英国的看法相一致。澳大利亚指出，全面禁止自主武器系统为时过早。③ 因为对于自主武器系统概念和特征的认识还不清楚，如果禁止可能会影响其他领域（如民用领域）自主技术的发展。

（二）英国

英国国防部主要在无人驾驶飞机系统领域，探讨与自主武器系统相关的问题。英国国防部于2011年3月30日颁布了关键文件——《联合原则说明2/11：英国无人机系统方法》，该文件将"自主系统"定义为"能够理解更高层次的意图和指示"的系统。④ 英国认为，自主系统应具有自我意识，能够达到与人类相同水平的情境理解。⑤ 2017年《联合准则出版物（0-30.2）无人驾驶飞机系统》更新了《联合原则说明2/11：英国无人机系统方法》。但2017年《联合准则出版物（0-30.2）

---

① U. K. Ministry of Defence, Development, Concepts and Doctrine Centre, "Joint Doctrine Publication 0 - 30: Unmanned Aircraft System", dated, Aug., 2017, last updated Jan. 15, 2018, p. 13.

② U. S. Department of Defence, "Modelling and Simulation Glossary", Oct. 1, 2011, pp. 74 - 75.

③ "Australia's System of Control and Applications for Autonomous Weapon Systems", submitted by Australia, CCW/GGE. 1/2019/WP. 2/Rev. 1, Mar. 26, 2019, para. 41.

④ U. K. Ministry of Defence, "Joint Doctrine Note 2/11: The UK Approach to Unmanned Aircraft Systems", Mar. 30, 2011, para. 205.

⑤ U. K. Ministry of Defence, "Joint Doctrine Note 2/11: The UK Approach to Unmanned Aircraft Systems", Mar. 30, 2011, para. 206.

无人驾驶飞机系统》保留了之前的定义。① 自主系统能够从许多备选方案中决定行动方案，而不依赖于人类的监督和控制。英国国防部对于自主系统的解释，直接影响着英国对自主武器系统的理解。2018年，英国向政府专家组提出了英国所认为的自主武器系统的定义，即"一个自主系统能够理解更高层次的意图和方向。根据这种理解及其对环境的感知，这样的系统能够采取适当的行动来实现所需的状态。它能够从许多备选方案中决定行动方案，而不依赖于人类监督和控制"②。

在英国看来，自主武器系统"能够理解更高层次意图的机器，能够在不依赖人类监督和控制的情况下决定行动方案"③。该定义侧重自主武器系统的认知能力，应当能够理解行动、目标、意图，并进行推理。自主武器系统具有情景意识和感官知觉。英国的定义来源于对人工智能在未来战场上的潜在能力的前瞻性思考。然而，现有的、可预见的武器系统都不能真正理解更高层次的目标和意图。英国表示，英国所拥有的武器类型始终处于人类控制之下。④ 在2015年非正式专家

---

① U. K. Ministry of Defence, Development, Concepts and Doctrine Centre, "Joint Doctrine Publication 0-30: Unmanned Aircraft System", dated, Aug., 2017, last updated Jan. 15, 2018, p. 13, 42.

② According to U. K., autonomous weapon system is, "an autonomous system is capable of understanding higher level intent and direction. From this understanding and its perception of its environment, such a system is able to take appropriate action to bring about a desired state. It is capable of deciding a course of action, from a number of alternatives, without depending on human oversight and control, although these may still be present". U. K., "Statement For Discussion on Characterisation of the Systems Under Consideration at the Meeting of the Group of Government Experts on Lethal Autonomous Weapons Systems, 10 April 2018", para. 2.

③ U. K. Ministry of Defence, Development, Concepts and Doctrine Centre, "Joint Doctrine Publication 0-30: Unmanned Aircraft System", dated, Aug., 2017, last updated Jan. 15, 2018, p. 43.

④ U. K. Ministry of Defence, Development, Concepts and Doctrine Centre, "Joint Doctrine Publication 0-30: Unmanned Aircraft System", dated, Aug., 2017, last updated Jan. 15, 2018, p. 42.

组会议上，英国表示自主武器系统（意指完全自主的武器系统）尚不存在，其无意开发此类武器系统。①

此外，英国强调，区分"自动的"和"自主的"非常重要。但英国对于"自动的"和"自主的"的区分解释，与其他国家所采用的解释并不相同。在无人驾驶飞机的背景下，英国认为自动化系统是一种"来自一个或多个传感器的输入，在逻辑上遵循一组预定规则"的系统。② 自动化系统运行的结果是可预测的。以"方阵近迫武器系统"为例③，此类系统自动模式在非常有限的参数内使用自毁弹摧毁来袭火箭。英国认为，自动化系统能够遵守国际人道法的要求。④ 应当提高的是自动化程度，而不是自主性。英国认为，自主武器系统应当"能够理解更高层次的目标和意图"，不过它们的发展前景和时间表充满不确定性。依据英国的观点，自主武器系统的技术水平尚无法实现，关于自主武器系统的法律和伦理问题的讨论为时尚早。

澳大利亚和英国对"自主武器系统"的定义实际上与北约当前的实践相一致。在北约2021年更新的《北约术语和定义词汇表》中，"自主的"被解释为"与一个系统有关，该系统根据获得的知识和不断发展的态势感知，在定义的参数范围内决定并采取行动以实现期望的目标，遵

---

① "Possible Challenges to IHL due to Increasing Degrees of Autonomy", U. K. Statement to the Informal Meeting of Experts on Lethal Autonomous Weapons System, Apr. 13 – 17, 2015.

② U. K. Ministry of Defence, Development, Concepts and Doctrine Centre, "Joint Doctrine Publication 0 – 30: Unmanned Aircraft System", dated, Aug., 2017, last updated Jan. 15, 2018, p. 42.

③ "方阵近迫武器系统"（Phalanx Close – In Weapon System）是一种以反制导弹为目的而开发的近程防御武器系统。英国认为，此类系统属于自动化系统。

④ U. K. Ministry of Defence, Development, Concepts and Doctrine Centre, "Joint Doctrine Publication 0 – 30: Unmanned Aircraft System", dated, Aug., 2017, last updated Jan. 15, 2018, p. 42.

循最佳但可能不可预测的行动过程"①。其中,术语"自主性"是指"系统根据所获得的知识和不断发展的态势感知,在编程设定的参数范围内,在没有外部干预的情况下,按照预期目标运行的能力"。② 术语"自动化"意指,"与一个系统有关,该系统响应输入,遵循一组预定的规则以提供可预测的结果"。③ 可以看出,《北约术语和定义词汇表》所采用的定义与英国对"自动系统"和"自主系统"的解释相似。自动化系统能够响应输入,遵循预定的规则提供可预测的结果;而自主系统则是根据获得的知识和不断发展的态势感知,在规定的参数范围内决定并采取行动以实现预期目标的系统,但结果不可预测。北约是英国最重要的战略联盟,英国采用与北约一致的解释是可以理解的。并不是所有的北约成员都是如此,如美国就没有采用与之相类似的定义。

四、累积组合上述方法

与此同时,也有许多国家通过累积组合技术、人类控制或者功能的方式定义自主武器系统,但没有突出强调哪一因素最为重要。

(一) 巴勒斯坦

2023年3月,关于自主武器系统的定义,巴勒斯坦向自主武器系统领域新兴技术问题政府专家组提交了正式的意见,巴勒斯坦认为:"自主武器系统是在被人类激活后,通过处理传感器数据选择和攻击目标,而无需人类干预的系统。"④ 巴勒斯坦所提出的定义,集合了人

---

① NATO Standardization Office,"NATO Glossary of Terms and Definitions", Allied Administrative Publication (AAP) – 06, 2021, pp. 16 – 17.
② NATO Standardization Office,"NATO Glossary of Terms and Definitions", Allied Administrative Publication (AAP) – 06, 2021, p. 17.
③ NATO Standardization Office,"NATO Glossary of Terms and Definitions", Allied Administrative Publication (AAP) – 06, 2021, pp. 16 – 17.
④ "State of Palestine's Proposal for the Normative and Operational Framework on Autonomous Weapons Systems", submitted by the State of Palestine, CCW/GGE.1/2023/WP.2, Mar. 3, 2023, para. 3.

类控制、技术和功能这三个方面。根据巴勒斯坦的定义,"人类控制"应当体现在自主武器系统激活之时,在自主武器系统激活后的人工输入不属于有意义的人类控制。在技术方面,巴基斯坦强调了自主武器系统是借助"传感器"处理数据,这与丹麦的定义方法有些类似。但对于"传感器",巴勒斯坦没有作更进一步的解释。另外,巴勒斯坦直接使用了自主武器系统这一统称,没有强调"致命性"和"非致命性"的区分。

(二) 俄罗斯

俄罗斯积极参与政府专家组的工作,分别于2018年和2022年提交了相关的文件,并对自主武器系统的定义提出了建议和说明。俄罗斯指出,自主武器系统的定义在措辞上不应局限于对自主武器系统的现有理解,还应考虑到自主武器系统未来发展的可能性;而且,自主武器系统的定义对包括科学家、工程师、技术人员、军事人员、律师和伦理学家在内的专家群体的理解而言,应当具有普遍性。俄罗斯列举了俄罗斯国防部所采用的定义。俄罗斯国防部将自主武器系统分为自主武器系统和半自主武器系统。其中,"自主武器系统"是指"一种非弹药的无人技术设备,在操作员的远程控制下,自主执行军事任务"。① 俄罗斯提出的定义侧重人类控制以及功能这两个方面,并且强调自主武器系统平台的无人特性。

2022年7月俄罗斯提交的工作文件强调,自主武器系统是一种完全自主的无人技术手段,旨在执行战斗和支援任务时不需操作员参与,不包括军械。② 对于"军械"的范围俄罗斯没有过多的解释。根据

---

① "Russia's Approaches to the Elaboration of a Working Definition and Basic Functions of Lethal Autonomous Weapons Systems in the Context of the Purposes and Objectives of the Convention", submitted by the Russian Federation, CCW/GGE. 1/2018/WP. 6, Apr. 4, 2018, para. 2.

② "Working Paper of the Russian Federation 'Application of International law to Lethal Autonomous Weapons Systems(LAWS)'", submitted by the Russian Federation, Jul., 2022.

2018年俄罗斯提交的报告,"军械"应该指的是包括弹药在内的武器。俄罗斯强调,自主武器系统不包括无人驾驶飞行器以及现有的高度自动化的军事系统。

俄罗斯根据自主武器系统应用的不同领域,区分了"自主无人水下航行器"和"自主航天器"。自主无人水下航行器可以按照既定程序执行任务,不需操作员直接参与。[1] 自主航天器能够在其有效存在期间内以设定的效率运行而无须管理地面辅助设备。自主武器系统不包括非制导弹药、由操作人员控制的弹药(例如激光制导弹药、有线制导弹药)、地雷、未爆炸的炸弹。另外,俄罗斯认为,仅通过目标识别和命中目标的功能来定义自主武器系统是不恰当的。因为这会使得高度自动化武器系统也被纳入自主武器系统的讨论范畴。[2]

(三)法国

法国提出的自主武器系统的定义和分类经历了一个较为明显的转变。目前,法国特别区分了"部分自主的致命性武器系统"和"完全自主的致命性武器系统"。此种转变也表明,法国对于自主武器系统持有一个更加开放的立场。

在2016年关于"致命性自主武器系统"的非正式专家组会议上,法国发表了一份非正式文件,阐述了法国对于自主武器系统的认识。法国认为,自主武器系统是"完全没有人类监督,即与军事指挥链没有任何联系(通信或控制)……没有任何人类干预或验证的情况下,能够瞄准和发射致命效应器(子弹、导弹、炸弹等)的

---

[1] "Russia's Approaches to the Elaboration of a Working Definition and Basic Functions of Lethal Autonomous Weapons Systems in the Context of the Purposes and Objectives of the Convention", submitted by the Russian Federation, CCW/GGE.1/2018/WP.6, Apr.4, 2018, para.2.

[2] "Russia's Approaches to the Elaboration of a Working Definition and Basic Functions of Lethal Autonomous Weapons Systems in the Context of the Purposes and Objectives of the Convention", submitted by the Russian Federation, CCW/GGE.1/2018/WP.6, Apr.4, 2018, para.9.

武器或武器系统"①。法国提出的自主武器系统的定义，主要强调了人类控制和功能这两个方面。具体而言，法国所提出的定义具有以下三个特点。

第一，自主武器系统应当是完全自主的，遥控武器系统、有人监督的武器系统和自动武器系统等都不属于自主武器系统的范畴。因为这类武器系统在瞄准和发射阶段都有人类操作员参与其中。2019年8月，法国在《特定常规武器公约》的辩论中再次强调，"自主武器系统是完全自主的武器系统，能够定义或改变其任务框架的系统，无需人工验证，并在没有任何形式的人类控制或监督的情况下使用致命武力"②。因此，不能将自主武器系统与远程操作、自动化或使用人工智能赋能的武器系统混淆在一起。

第二，该定义提出了一条清晰的界限，排除了"非致命性自主武器系统"。这表示，自主武器系统以人类为攻击目标，不适用于反材料武器、对抗系统和非动能系统。但法国没有明确说明，用于防御目的自主武器系统是否被排除在外。

第三，根据该定义，法国表示尚不存在此种类型的自主武器系统。2021年，在《特定常规武器公约》正式专家组会议上，法国重申了自己的立场。③值得注意的是，在2021年法国提交的文件中，对自主武

---

① France, "Characterization of a LAWS (non‐paper)", CCW Meeting of experts on Lethal Autonomous Weapons Systems (LAWS), Apr. 11–15, 2016.

② 2019年8月，法国在1980年《特定常规武器公约》辩论中再次表示："自主武器系统不能和当前仅远程操作、自动化或使用人工智能赋能的武器系统混淆在一起；自主武器系统应被视为完全自主的武器系统，即能够定义或改变其任务框架的系统，无须人工验证，并在没有任何形式的人类控制或监督的情况下使用致命武力。" See France, Defense Ethics Committee, "Opinion on the Integration of Autonomy into Lethal Weapon Systems", Apr. 29, 2021, p. 14.

③ "Possible Consensus Recommendations in Relation to the Clarification, Consideration and Development of Aspects on the Normative and Operational Framework on Emerging Technologies in the Area of LAWS", Written contribution by France, Aug., 2021, para. 2.

器系统的态度发生了转变。最明显的是，法国提出了"完全自主的致命性武器系统"和"部分自主的致命性武器系统"的区分。对于前者，应当完全禁止；对于后者，可以进行监管，以确保以符合法律和道德的方式使用它们。

  法国采用的上述二分法与法国国防伦理委员会于2021年4月29日发布的《关于将自主性融入致命性武器系统的意见》相类似。[①] 这项报告明确区分了"完全自主的致命性武器系统"和"部分自主的致命性武器系统"，并且提出了更具体的定义，法国国防伦理委员会将致命性自主武器系统定义为："一种致命性武器系统，被编程为能够改变自己的操作规则，特别是在目标交战方面，超出确定的使用框架，并且能够计算决策以执行行动，而无需人类军事指挥官对情况进行任何评估。"[②] 法国国防伦理委员会在报告中重点介绍了这一区分的必要性，指出部分自主的致命性武器系统是一重要类别，即"一种集成自动化和软件的致命性武器系统：一是在评估情况后并在其职责范围内，可以分配计算和执行与关键功能相关的计算和执行任务，例如在有限制的时间和空间限制内，识别、分类、拦截和交战；二是包括技术保障或内在特性，以防止故障滥用和放弃两项重要职责，即情况评估和报告"[③]。与部分自主的致命性武器系统不同，完全自主的致命性武器系统可以是嵌入的软件，通过构建可

  [①] 法国国防伦理委员会（French Defense Ethics Committee，法语：Le Comité d'éthique de la défense）是一个常设机构，主要考虑国防领域新技术带来的伦理问题。由法国武装部队部长弗洛伦斯·帕利安（Florence Parlyand）于2020年1月成立，汇集了在行动、科学、医学、哲学、历史和法律领域提供专业知识的合格文职和军事人士。该委员会负责向法国武装部队部长提供有关军事科技创新引发的伦理问题以及有关军事领域发展的问题的见解。官方法语介绍参见：https://www.defense.gouv.fr/comite-dethique-defense。

  [②] France, Defense Ethics Committee, "Opinion on the Integration of Autonomy into Lethal Weapon Systems", Apr. 29, 2021, p.16.

  [③] France, Defense Ethics Committee, "Opinion on the Integration of Autonomy into Lethal Weapon Systems", Apr. 29, 2021, p.16.

以改变自己的决策规则,并超越任务规定的框架。这将会产生作战优势,因此在某些情况下是军事指挥部可接受的选择。① 因此,"部分自主的致命性武器系统"和"完全自主的致命性武器系统"之间的分界线必须基于技术或组织保障措施,例如设备、技术资格和技术认证措施,或防止故障、误用和放弃人类特权的内在设计措施。"安全自主的致命性自主武器系统"和"部分自主的致命性武器系统"的区别在于它们的性质,即人类是否参与某些关键功能。②

因此,根据法国的立场,自主武器系统包含两种类型:一是"完全自主的致命性武器系统",能够在没有人为干预的情况下选择目标并发起攻击,包括修改其战略任务;二是"部分自主的致命性武器系统",能够在人类操作员定义的框架内选择和攻击目标,但无法自行作出更进一步的决策。2021 年,德国和法国联合发布了立场文件,德国赞成"完全自主的致命性武器系统"和"部分自主的致命性武器系统"的这一区分,并且认为应该禁止完全自主的致命性武器系统。③

(四) 日本

2016 年,在 1980 年《特定常规武器公约》非正式政府专家组会议中,日本政府指出,(致命性)自主武器系统是"一种能够在没有人类干预的情况下,自行部署和复原,识别目标,以及自行决定攻击目标,特别是人类目标的武器"④。日本提出的这一定义,主

---

① France, Defense Ethics Committee, "Opinion on the Integration of Autonomy into Lethal Weapon Systems", Apr. 29, 2021, p. 16.

② France, Defense Ethics Committee, "Opinion on the Integration of Autonomy into Lethal Weapon Systems", Apr. 29, 2021, p. 17.

③ "Outline For A Normative And Operational Framework On Emerging Technologies in the Area of LAWS", Franco – German contribution, Aug., 2021.

④ "Statement by Japan", the Third Informal Meeting of Experts on LAWS to The CCW (Apr. 11, 2016), Apr. 7, 2016.

要结合了人类控制的程度以及自主武器系统的功能这两个角度进行解释。

日本认为,自主武器系统是"完全自主的致命性武器系统"。自主武器系统与现有武器的不同之处在于它在激活后,不需人类干预即可识别、选择和攻击目标。此外,致命性是自主武器系统的重要特征。2019年,日本向政府专家组提交的工作文件进一步指出,致命性是讨论致命性自主武器系统定义的重点,并且这一限定是必要的。[1] 将非致命性自主武器系统纳入讨论范围,将会扩大讨论的范围,也会驱使各国为了本国的国家安全而规避应遵守的规则。[2] 因此,日本认为,将讨论限于致命性自主武器系统是合理的。在定义上,"自主性"和"有意义的人类控制"这两个概念都是定义自主武器系统的关键要素。日本曾多次强调,日本没有计划研发"人在回路外"的自主武器系统。[3]

（五）中国

中国采用也是累积组合方式,既侧重人机关系,又强调了技术方面的特性;此外,还增加了一些要素,如"滥杀性""进化性"。

2018年,中国正式向1980年《特定常规武器公约》政府专家组提交了立场文件,并指出"致命性自主武器系统"应该被理解为"完全自主的致命性武器系统"。[4] 具体而言,应包括但不限于以下五个基本特征:"致命性,即具有足以致命的载荷和手段;全自主的,即

---

[1] "Possible Outcome of 2019 Group of Governmental Experts and future actions of international community on Lethal Autonomous Weapons Systems", submitted by Japan, CCW/GGE.1/2019/WP.3, Mar. 22, 2019, para. 5.

[2] "Possible Outcome of 2019 Group of Governmental Experts and future actions of international community on Lethal Autonomous Weapons Systems", submitted by Japan, CCW/GGE.1/2019/WP.3, Mar. 22, 2019, para. 14.

[3] For instance, "Statement by Japan", the Second Informal Meeting of Experts on LAWS to The CCW (Apr. 13, 2015), Apr. 7, 2015.

[4] "China's Position Paper", CCW/GGE.1/2018/WP.7, Apr. 11, 2018, para. 3.

在执行任务整个过程中均无人介入和控制；无法终止，即启动后没有终止手段；滥杀性，即不分条件、场合和对象，自行执行杀伤任务；进化性，即在与环境交互过程中，通过自主学习，实现功能扩展和能力进化，且超出人类预测。"中国几乎集合了技术、人类控制和功能这三个方面来界定自主武器系统，并且提出了其他的考虑因素，如滥杀性。

中国对于自主武器系统特征的概括相对比较严格。第一，中国认为1980年《特定常规武器公约》讨论的自主武器系统必须限定于致命性自主武器系统。理由是与自主武器系统相关的技术具有两用性，讨论角度越是发散，各方的关切与分歧就会越多。因此，中国建议将讨论聚焦于具有自主杀伤功能的武器系统，尤其是搭载致命性任务载荷的自主武器系统（平台）。[①] 第二，中国强调自主武器系统指的是全自主的武器系统，在执行任务整个过程中均无人员介入和控制。对于"任务"的类型，中国政府没有具体说明。第三，中国认为自主武器系统一旦启动将无法终止，这排除了有人监督的自主武器系统。第四，中国认为自主武器系统具有滥杀性质。第五，中国认为自主武器系统可以通过与环境交互、学习进化，逐渐超出人类期望的方式扩展其能力。这与英国对自主武器系统的理解相类似，即要求自主武器系统技术上具有自我意识。中国认为，机器学习、人工智能等新兴技术是自主武器系统的技术基础。[②] 另外，中国建议1980年《特定常规武器公约》政府专家组区分遥控式武器、自动武器与自主武器、进攻性自主武器和防御性自主武器、反装备自主武器和杀伤人员自主武器等基本概念。这有助于各方更加科学、准确地确定讨论对象，推动讨论取得实质性进展。

此外，中国将自主武器系统分为两个类别："可接受的"和"不

[①] "Working paper on Lethal Autonomous Weapons Systems", submitted by the People's Republic of China, CCW/GGE. 1/2022/WP. 6, Aug. 9, 2022, para. 5.

[②] "China's Position Paper", CCW/GGE. 1/2018/WP. 7, Apr. 11, 2018, para. 3.

可接受的"。"可接受的"自主武器系统具有较高的自主程度，但始终处于人类控制之下，且可被安全、可信、可靠、可控地使用，人类可随时终止其运行。在军事行动中应当能够遵循区分原则、比例原则、预防措施原则等国际人道法基本原则。"不可接受的"自主武器系统即满足上述五个基本特征的自主武器系统。对于"不可接受的"部分自主武器系统应当加以禁止，对"可接受的"自主武器系统加以规范，以确保有关武器系统安全、可靠、可控，遵循国际人道法及其他适用的国际法。① "可接受的"自主武器系统和"不可接受的"自主武器系统，并不是一个新的提法。2018 年，英国提出，有效的人类控制可以作为一个标准来考量什么是"可接受的"自主武器系统和"不可接受的"自主武器系统。② 按照中国的分类，"不可接受的"自主武器系统尚不存在，这也是多数国家主张反对的一种自主武器系统。中国作出的这一区分是法律、政策上的考虑，还是出于伦理方面的考量，可能需要进一步澄清。

五、小结与评析

综合上述，各国在定义自主武器系统方面有着不同的侧重点和方法，这也导致各国提出的定义之间存在一些差异；同时，基于这些不同的认识，也反映出各国对于自主武器系统持有不同立场的原因所在。

---

① "Working paper on Lethal Autonomous Weapons Systems", submitted by the People's Republic of China, CCW/GGE. 1/2022/WP. 6, Aug. 9, 2022, paras. 9 – 15.

② U. K., "Statement for Discussion on Characterisation of the Systems Under Consideration at the Meeting of the Group of Government Experts on Lethal Autonomous Weapons Systems", Apr. 10, 2018, para. 5. 另外，关于"可接受的"自主武器系统和"不可接受的"自主武器系统能否作为一种定义标准，有的国家代表对此表示质疑。参见："Report of the 2016 Informal Meeting of Experts on Lethal Autonomous Weapons Systems（LAWS）", submitted by the Chairperson of the Informal Meeting of Experts, CCW/CONF. V/2, Jun. 10, 2016, para. 37；Government of Switzerland, "Towards a 'Compliance – Based' Approach to LAWS", Informal Working Paper, Mar. 30, 2016, para. 4。

目前，各国之间定义存在的差异主要有以下四点：

第一，关于自主性是技术性质问题，还是程度问题，各国没有相对一致的看法。以人类控制为中心的定义方法，强调自主性体现的是性质问题，而不是技术上的程度不同，如比利时。这也是为何包括地雷在内的自动化武器系统被排除在讨论的范围之外。英国和法国所采用的定义方法不同，但是均认为自主武器系统能够理解更高层次的意图，这其实也是将自主性理解为机器本身或者技术上的自主性。另外，关于自主性是否以机器学习、人工智能技术为基础，各国并没有一致的意见。以阿根廷为代表的拉美国家反对从技术角度出发对自主武器系统进行界定。我国则认为，自我进化、机器学习等技术应当作为自主武器系统技术上具有的特征之一。以人类控制为中心的定义方法，倾向于依据自主程度对自主武器系统进行分类。其中，美国的做法相对比较典型。美国《国防部第3000.09号指令》依据人类控制水平为基准，区分了"有操作员监督的自主武器系统"和"半自主武器系统"。此种做法本质上也是将自主性视为程度问题，但又不完全依据技术上的自主程度为标准。完全从技术角度定义自主性，不仅使技术领域的专家都难以统一，还会使得法律问题的讨论更复杂。

第二，"人类控制"或"人类干预"如何定性存在不同的做法。"人类控制"或"人类干预"等概念是国际社会关注的热点问题之一。其中，比较有争议的问题是，"人类控制"或"人类干预"是否是国际法的要求。各国对此没有一致的看法。俄罗斯反对"人类控制"这一提法。以美国为首的多数国家认为，解释自主性的关键在于如何定义人机间的控制关系。在之后的辩论中，英国也增加了"人类控制"等此类概念解释自主武器系统。近年来，国际社会逐渐以一种更加温和、中庸的态度来看待自主武器系统的禁止或限制问题。各方为了缓解分歧，使得"人类控制""人类干预"的概念不断被强调。然而，不可否认的是，各国提出的加强人类控制非但不能完全化解分歧，而且还增加了新的争议问题。一部分国家采用人类控制为中心的定义方法，并且直接使用了"人类控制"或"人类干预"此类定义要素。例如，美国则强调无须人类干预即可运作，而英国侧重无须人类控制即可运行。关于"干预"与"控制"是否有本质上的差别，其并未作出更进一步的解释。在阿根廷等拉美国家看来，"有意义的人类控制"包括"人类判断"和"人类干预"两个要素。"人类判断"是指运用人类能动性来作出使用武器的决定；"人类干预"指的是操作者对武器的使用过程进行有效的监督。

第三，在"致命性"是否保留的问题上，各国缺乏一致的立场。中国和日本认为，"致命性"这一限定是必要的，能够缩小讨论范围。日本指出，如果将非致命性自主武器系统纳入讨论范围，会将国际法规则适用的范围扩得太广，最终会使得各国为了本国安全而规避适用这些规则。瑞士等国对"致命性"主张提出了不同的看法。瑞士认为，"致命性"这一特征在概念上不应被视为自主武器系统的先决特征，应当从更全面的角度理解自主武器系统，包括不一定造成肉体死亡的作战手段和作战方法，例如除致死外的伤害、网络行动等。

第四，在具体的范围上，各国的基本共识是"自主"不同于"自动"武器系统、"遥控"武器系统，但仍存在些许差别。例如，英国提出，自主武器系统是能够理解更高层次的意图和指示的武器系统，目前尚不存在。英国的做法与其北约同盟国的立场不一致，也受到了英国上议院任命的人工智能特别委员会的质疑。英国所理解的"自主""自动"的含义与国际上普遍认为的定义不一致。[①] 依据英国的看法，目前所有的自主武器系统都将属于"自动武器系统"的范畴，或者说，英国也将其他国家所认为的自主武器系统推向了自动化武器系统的范畴。此外，对于自主武器系统是否包括自主网络武器，各国没有明确一致的立场。根据美国、瑞士、以色列等国的实践，自主武器

---

① House of Lords, Select Committee on Artificial Intelligence, "AI in the UK: Ready, Willing and Able?", Apr. 16, 2018, para. 345.

系统可以包括自主网络武器。

需要强调的是，本节列举的国家实践并非详尽无遗，且上述定义很可能随着国内外讨论的深入而不断演变。然而，毫无疑问，上述实践足以用来说明当前各国在处理自主武器系统定义和特征问题上的分歧，以及采用的不同定义方法和策略。通过上述国家实践，我们可以发现，各国在自主武器系统的界定问题上已经显现出了较为明显的分歧。这些分歧很可能是由战略、政治和伦理等复杂因素所造成的。相互竞争的利益和不同的价值导向导致了辩论的两极分化。构建一个具有普遍性的概念和认识，是各国目前面临的关键问题，也是后续进一步讨论规范措施的前提。不过，通过分析政府专家组的报告和各国的立场实践，还是能够看到各方界定自主武器系统的两个重要方向，即"自主性"与"人类控制"。这两个概念或许能够作为解决自主武器系统界定问题的关键。

第三节　对自主武器系统的拟定义及构成要素

一、对自主武器系统的拟定义

在称谓上，"自主武器系统"一词已被广泛使用。相较于其他术语，"自主武器系统"是相对客观中立的表述。作为一个广义上的术语，自主武器系统涵盖了从部分自主到完全自主的多种不同类型的武器系统。本书对"自主武器系统"的拟定义为：

> 能够在决策过程中，无需人类干预的情况下，识别、选择和攻击目标的武器或武器系统。[1]

---

[1] 对应的英文翻译为：The term "autonomous weapon systems" is "a weapon or weapon system that has the capability to identify, select, and engage targets without intervention by humans in that decision-making process"。

第一章 自主武器系统的界定

本书主要是从人类控制和功能角度定义自主武器系统。首先，本书没有采取"基于合规的方法"（如瑞士）定义自主武器系统。有两点原因：其一，如果将自主武器系统是否有能力遵守国际人道法等纳入定义当中，存在将自主武器系统拟人化的风险，即将遵守法律的责任主体由人转嫁给自主武器系统；其二，"基于合规的方法"会默认现行的国际法框架适用于自主武器系统，也将导致自主武器系统被过早地合法化。

其次，本书在概念中强调了"自主的"或"自主性"，但没有在定义中强调"自主性"的技术属性。因为如果将"自主性"视为武器系统所附带的一项技术，那么"自主武器系统"将演变为一个涵盖多种武器系统的"伞式术语"。之后的问题会演变为"'自主武器系统'+'某一武器'"的问题，加剧了问题的复杂性。具体而言，放在一起讨论可能会诱发其所造成后果的因果关系不明，这将会导致自主武器系统引发的法律问题被弱化或边缘化。因此，本书的讨论集中于具有自主功能的常规武器，这里"武器系统"包括弹药和（或）平台（如军舰）。核武器、化学武器等大规模杀伤性武器不在本书进行讨论。本书并不排除这些大规模杀伤性武器在未来也会兼具自主性。

最后，在关键功能上，本书着重于强调识别、选择和攻击这三个阶段。从技术上讲，"自主性是指将环境中的数据转化为有目的的计划和行动"[1]。自主性存在于整个目标选定周期以及不同阶段。在寻找自主武器系统关键功能的过程中，本书选取多数国家在定义中强调的"选择"和"攻击"目标阶段。另外，本书认为"识别"目标也是一项有别于"选择"目标的关键功能，并且与现行的国际人道法关于识别和区分原则的规定相呼应。因而，对"识别"目标阶段同样有必要加以强调和限制，确保冲突各方使用自主武器系统时能够符合国际法

---

[1] V. Boulanin and M. Verbruggen, "Mapping the Development of Autonomy in Weapon Systems", SIPRI, 2017, pp. 7–11.

的要求。

二、"自主的"或"自主性"

（一）"自主的"或"自主性"的含义

"自主的"包含在"自主武器系统"这一概念之中。"自主性"[①]体现的是自主武器系统的关键特征，其所体现的即"无需人类干预"。"自主性"不是法律体系中所创造的词语。关于自主性的含义需要从其产生的背景和基本含义出发进行解释。从汉语词源上看，"自主"与"自由"同义，意为"（按照）己意行动，不受限制"。[②] 根据语言的发展历史，英语中的"autonomy"一词自古希腊时代产生的"αὐτονομία"一词，而形容词"autonomous"源于

---

① 各类英汉词典几乎都将"autonomy"译为"自主"，将"autonomous"译为"自主的""独立自主的"。"automatic"一词通常被译为"自动"或"自动的"。在有关技术类的词典中，也是如此翻译。因此，在西方社会的语言体系中，与"自主"或"自主性"一词相对应的英语单词是"autonomy"，形容词"自主的"对应的是"autonomous"。［英］J. 克利曼，于海江编：《牛津·外研社英汉汉英词典》，外语教学与研究出版社2010年版，第41页；曹亚民主编：《汉英大辞海》，中国中医药出版社2002年版，第4824页；李华驹主编：《21世纪大英汉词典》，中国人民大学出版社2002年版，第171—172页；《牛津当代大辞典》，世界图书出版公司1997年版，第104页；薛波主编：《元照英美法词典》（精装重排版），北京大学出版社2017年版，第120—121页；孙复初主编：《精编新英汉科学技术词典》，国防工业出版社2013年版，第159页；孙复初主编：《汉英科学技术辞海》（下册），国防工业出版社2003年版，第4179-4180页。在哲学语境下，也有学者将"autonomy"翻译为"自律"。参见：［英］J. B. 施尼温德著，张志平译：《自律的发明：近代道德哲学史》，上海三联出版社2012年版。

② 根据《辞海》中的解释，"自主"一词汉语意思为："自己做主，不受别人支配。"何九盈等主编：《辞源》（第3版），商务印书馆2015年版，第3411页。夏征农等主编：《辞海》（1999年版彩图缩印本），上海辞书出版社2001年版，第2860页。

古希腊语"αὐτόνομος"。① 随着社会的发展,"自主性"被赋予更加多元的含义。首先,"自主性"适用于个人,也适用于无生命的物体。依照现代的用语习惯,"自主性"一词可以用于形容具有理性和自由意志的人,也用于没有理性和自由意志的无生命的存在物。② 其次,在不同的学科中,"自主"又有着不同的应用背景。在技术上,"自主"通常用来形容"自主技术",并且常见于机器人学和计算机科学领域。③ 在法学语境下,"自主"通常是指行动或行为上的自由。④ 但自主性并不限定于个人。一般意义上,"自主的"或"自主性"的含义可以理解为一种不受外界干预、支配或控制的状态或过程。但自主性并不代表完全不受任何影响。只有在这样的前提下,我们才能讨论技术的自主性,武器功能的自主性,以及自主武器系统。

自主性是一个程度问题,与人类控制水平成反比。人类控制水平越低,武器系统功能上的自主性就越高。从技术角度考量,"自主性"可以被视为一种技术理念。关于自主性的辩论,既是现在的,

---

① 其中,"αὐτό"对应"auto-",意思为"自己""自身"(self),"νόμος"对应"nomos",意思为"规则"(包括"usage, custom; law, ordinance"),合并在一起,即"自由使用自己的法律、独立性"。"αὐτονομία"译为"独立自主";"αὐτόνομος"译为"在自己的法律下生活的,独立自主的"。Henry George Liddell and Robert Scott, "A Lexicon: Abridged from Liddell and Scott's Greek - English Lexicon", Oxford: Clarendon Press, 1949, p. 117; 罗念生、水建馥编:《古希腊语汉语词典》,商务印书馆2004年版,第134页。

② 梅其君:《技术自主论研究纲领解析》,东北大学出版社2008年版,第14页。

③ Michael Funk and Mark Coeckelbergh, "(Technical) Autonomy as Concept in Robot Ethics", in J. L. Pons ed., "Inclusive Robotics for a Better Society", Springer, 2020, pp. 59-65.

④ 根据《布莱克法律词典》的解释,"自主"作为名词的含义是"自治权""自治国家""个人的自决能力"。Bryan A. Garner ed., "Black's Law Dictionary", West, A Thomson Business, 9th edn., 2009, p. 154; see also Diego Gracia, "The Many Faces of Autonomy", Theoretical Medicine and Bioethics, Vol. 33, No. 1, 2012, pp. 59-60.

又是未来的。多数国家认为完全自主的武器系统尚不存在，并且无意开发这样的武器系统，例如英国、日本等。事实上，关于自主武器系统技术方面的争论并不在于自主技术的理想水平，而是人类控制的理想水平。自主性表示自主武器系统具有在没有人为干预的情况下独立运行的能力。但自主性和人类控制并不是相互排斥的关系，自主性使人类控制变得不必要，不会使人类控制变得不可能。这也是自主武器系统与"自动武器系统"相区别的地方。主张自主武器系统完全没有人类监督，或者与军事指挥链没有任何联系（通信或控制），这具有一定的误导性。如果认为自主武器系统问题根源在于人类控制的缺失，那么所有自动武器系统也面临同样的问题。自主性并不必然等于人类控制的缺失。例如，美国所定义的"半自主武器系统"具备自主执行与交战功能，可以向人类操作员提示潜在的目标和可以优先选定的目标，但在选择和攻击目标时保留了一定程度的人类控制。[1] 自主性可以被限定在与作战相关的功能范围内，人类操作员可以在识别、选择和攻击目标的过程中进行干预。自主武器系统能够代替人类作出决策，问题不仅仅在于武器系统技术本身，而是在于将属于人类的酌处权交给了机器。

笔者认为，"自主性"不是一个完全技术意义上的概念，并且不要求能够理解更高层次的意图。如前所述，英国等国对自主武器系统提出了较高的技术门槛。英国主张真正意义上的自主武器系统应具有自我意识，必须达到和人类一样的情景理解水平。英国国防部采用的定义其实与其他各方所认为的"自主""自动"的定义并不相同。[2] 英国对自主武器系统设置如此高的标准，是在走另外一个极端，即将现有的、其他国家所认为的自主武器系统推向了自动化武器系统的范畴。将自主武器系统的标准设置得如此之高，对于解决当前的法律问

---

[1] U. S. Department of Defense, "Directive 3000. 09: Autonomy in Weapon Systems", Nov. 21, 2012, incorporating change, 25 Jan., 2023, p. 21.

[2] House of Lords, Select Committee on Artificial Intelligence, "AI in the UK: Ready, Willing and Able?", Apr. 16, 2018, para. 345.

题是没有意义的。① "自主性"是一个相对的,并非纯粹的技术性概念。因此,对于自主武器系统中"自主"这一限定词的理解,既不能完全仅从技术角度出发,又不能完全脱离于技术。

(二)"自主性"与"人工智能"

本书没有采用人工智能相关的术语命名或者定义自主武器系统。一方面,因为人工智能不能准确地体现出自主武器系统的特征。人工智能与自主性相关,但并不必然导致机器自主。"智能"和"自主性"是两个不同的属性。"智能"反映的是计算机系统实现目标所采用的最佳行动方案的能力;"自主性"是系统在实现目标时的自由。② "自主性"意味着更多的自由,更少的人类监督。一个高度智能的系统可能没有自主性。如同一个国际象棋大师尽管知道赢得比赛的最佳方案,但如果双手被束缚,就缺乏行动的自由。随着机器变得更加智能,人类可以选择给予机器更多的自主权。例如,自动驾驶汽车随着智能程度越来越高,可以在更少的人工监督下运行。

另一方面,因为各国对人工智能存在不同的认识,将人工智能与自主武器系统直接联系起来,会使问题变得更加复杂。本质上,人工智能是一种赋能技术,应用领域广泛,如同电力、内燃机一样。③ 目前,人工智能赋能的武器系统和人工智能增强的网络行动均是联合国正在进行的多边军备控制讨论的主题。④ 按照联合国裁军研究所的观

---

① House of Lords, Select Committee on Artificial Intelligence, "Corrected Oral Evidence: Artificial Intelligence", Nov. 28, 2017, Q155 (Professor Noel Sharkey).
② UNIDIR, "The Weaponization of Increasingly Autonomous Technologies: Artificial Intelligence", Mar. 28, 2018, p. 5.
③ Marc Benioff, "Marc Benioff: We're on the cusp of an AI revolution", World Economic Forum, Sep. 15, 2016.
④ See UNIDIR, "Framing Discussions on the Weaponization of Increasingly Autonomous Technologies", 2014; UNIDIR, "The Weaponization of Increasingly Autonomous Technologies: Considering how Meaningful Human Control Might Move the Discussion Forward", 2014.

点，自主武器系统属于"人工智能赋能的武器系统"的范畴。① 如本章第一节所述，机器学习是自主武器系统具备自主性的关键技术之一，确定自主武器系统是否使用机器学习技术非常重要。不过，各国对于人工智能的看法存在差异。例如，俄罗斯武器制造商通常将自动化武器系统称为人工智能武器，即便此类武器没有使用机器学习技术。② 从法律角度考量的一个潜在的重要问题是，如果将人工智能与自主武器系统联系在一起，那么规范人工智能技术的政策、法律，是否适用于规范自主武器系统？因为目前已经有不少国家出台了关于人工智能的指导原则、行为守则等，如美国国防部于2020年2月发布的《人工智能伦理原则》。③ 2021年5月26日，美国公开的《五角大楼高级领导备忘录》重申了该原则。④ 从实践来看，美国国防部发布的《人工智能伦理原则》适用于人工智能赋能的武器系统，可以用来约束和美国国防部合作的公司，以及自主武器系统的研发人员。2023年1月25日，美国国防部修订的《国防部第3000.09号指令》再次重申了《人工智能伦理原则》，并且要求自主武器系统在设计、开发、部署和使用的过程中，都应当符合《人工智能伦理原则》的要求。⑤ 自主武器系统识别、选择和攻击目标的功能一般都会运用人工智能和

---

① G. Persi Paoli, K. Vignard, D. Danks and P. Meyer, "Modernizing Arms Control: Exploring Responses to the Use of AI in Military Decision-making", Aug. 30, 2020, p. 1.

② Gregory C. Allen, "Russia Probably Has Not Used AI-Enabled Weapons in Ukraine, but That Could Change", CSIS, May 26, 2022.

③ C. Todd Lopez, "DOD Adopts 5 Principles of Artificial Intelligence Ethics", DOD NEWS, Feb. 25, 2020.

④ "Memorandum For Senior Pentagon Leadership Commanders of the combatant commands Defense Agency and DoD Field Activity Directors", May 26, 2021.

⑤ U. S. Department of Defense, "Directive 3000.09: Autonomy in Weapon Systems", Nov. 21, 2012, incorporating change, 25 Jan., 2023, p. 5.

机器学习技术。① 按照美国当前的实践，用于规制人工智能的政策性文件适用于自主武器系统。尽管美国没有将人工智能、机器学习等术语纳入自主武器系统的定义中，但值得注意的是，欧盟的实践似乎与美国不同。例如，欧洲委员会2021年4月关于人工智能的立法提案明确指出，该提案"不适用于专门为军事目的开发或使用的人工智能系统"②。人工智能技术具有军民两用的性质，适用于人工智能领域的规则、原则，并不能直接用来解决自主武器系统所引起的问题和挑战。美国国防创新委员会提出的规范人工智能的报告中明确表示，"人工智能与自主性不是一回事"③。自主武器系统的软件架构往往依赖于人工智能技术，但不可忽略的是，自主武器系统所面临的挑战是源于"自主性"这一关键特征。鉴于上述原因，本书没有将人工智能相关的专业术语纳入自主武器系统的概念和定义中。但这并不表示人工智能技术与自主性无关。

三、"武器"或"武器系统"

（一）"武器"的含义

条约和习惯国际法都没有对"武器"（weapon）的定义提供指导，一些早期的公约甚至没有使用"武器"一词。例如，1907年《海牙第五公约》没有使用"武器"这一术语，而是使用了"战争弹药"和"供应品"。④ 1907年《海牙第五公约》第7条特别将

---

① Gregory C. Allen, "DOD Is Updating Its Decade-Old Autonomous Weapons Policy, but Confusion Remains Widespread", CSIS, Jun. 6, 2022.

② European Commissions, "A European Approach to Artificial Intelligence", last update at Jan. 26, 2023.

③ U. S. Department of Defense, Defense Innovation Board, "AI Principles: Recommendations on the Ethical Use of Artificial Intelligence by the Department of Defense", Oct. 31, 2019, p. 5.

④ 参见1907年《海牙第五公约》第2条规定。

"武器"与"战争弹药"区分开来。供应品包括武器,① 武器包括步枪和大炮等,弹药包括子弹和炮弹。② 可见,以往的条约规范对于"武器"和"弹药"的理解是相对狭义的。按照中国《辞海》和《中国军事大辞海》的定义,"武器"又称为兵器,是指直接用于杀伤有生力量、破坏敌方作战设施以及防御敌方袭击的装备、器械与设施的统称。③ 例如,长矛、大刀、枪械、火炮、坦克、导弹、作战飞机、军舰、核武器、激光武器等。在英语词典中,"武器"一词一般包括两层含义,一是用于造成身体伤害或物质损害的东西;二是(在斗争或竞争中)获得利益或保卫自己的工具和手段。④ 因此,武器可以被直观地理解为,一种旨在或用于造成伤害或损害的工具,无论是进攻性的还是防御性的。⑤ 本书主要讨论属于常规武器范畴的自主武器系统,不涉及大规模杀伤性武器。⑥ 另外,如果对研发或取得的装置或系统是否属于武器存在疑问时,应当由一国的国家主管当局审

---

① 参见1907年《海牙第五公约》第14条第1款规定。

② Jeffrey T. Biller and Michael N. Schmitt, "Classification of Cyber Capabilities and Operations as Weapons, Means, or Methods of Warfare", International Law Studies, Vol. 95, 2019, p. 196.

③ 辞海编辑委员会:《辞海》(第6版缩印本),上海辞书出版社2010年版,第2015页;《中国军事大辞海》编写组编:《中国军事大辞海》,线装书局2010年版,第1854页;《中国军事辞典》编纂组编:《中国军事辞典》,解放军出版社1990年版,第560页。

④ 牛津大学出版社编,上海外语教育出版社译:《新牛津英汉双解大词典》(第2版),上海外语教育出版社2013年版,第2468页;英国柯林斯出版公司编著,柯克尔等译:《柯林斯COBUOLD高阶英汉双解学习词典》,外语教学与研究出版社2011年版,第3014页。

⑤ S. Casey – Maslen, "Weapons", in B. Saul and D. Akande eds., "The Oxford Guide to International Humanitarian Law", Oxford University Press, 2020, p. 261.

⑥ "大规模杀伤性武器"通常是指其破坏能力来自动能、燃烧或爆炸性能量的武器,例如核武器、生物武器、放射性武器和化学武器等。For example, US Department of Defense, "JP 1 – 02 Department of Defense Dictionary of Military and Associated Terms", 2010, p. 106.

查决定。①

（二）"武器系统"的含义

一般而言，"武器系统"是由若干相互关联的武器和技术装备组成并具有一定作战功能的有机整体，② 是武器及其运行所需各部件的总称，其必备部分是在作战中用于毁伤各种目标的武器。③ 它包括武器及其发射或投掷工具、观瞄装置和指挥、控制、通信等技术装备。④ 另外，它可以分为战略武器系统和战术武器系统。其中，每一类又可分为进攻武器系统和防御武器系统。根据功能的不同，武器系统又可分为许多子系统。例如，坦克武器系统，是由坦克武器（坦克炮、坦克机枪和弹药）与坦克火控子系统（观察瞄准仪器、测距仪、火控计算机、坦克稳定器和操纵装置）组成；防空反导武器系统，是由地空导弹、目标搜索、识别、跟踪系统、导引系统与指挥控制中心组成；等等。⑤ 因此，武器系统包括所有旨在伤害、破坏人或财产的武器、弹药、材料、工具、机制或装置。这意味着武器系统包括武器本身及其操作所需的对人员或财产造成直接伤害或损害的相关要件。

需要说明的是，"武器装备"是比"武器系统"更宽泛的概念，武器装备是用于实施和保障军事行动的武器、武器系统、信息系统及

---

① ICRC, "A Guide to the Legal Review of New Weapons, Means and Methods of Warfare: Measures to Implement Article 36 of Additional Protocol I of 1977", 2006, p. 10.

② 辞海编辑委员会：《辞海》（第6版缩印本），上海辞书出版社2010年版，第2015页；《中国军事大辞海》编写组编：《中国军事大辞海》，线装书局2010年版，第1857页。

③ 张相炎主编：《武器系统与工程导论》，国防工业出版社2014年版，第3页。

④ 辞海编辑委员会：《辞海》（第6版缩印本），上海辞书出版社2010年版，第2015页。

⑤ 张相炎主编：《武器系统与工程导论》，国防工业出版社2014年版，第4页。

其配套系统的统称，通常分为战斗装备和保障装备。① 因此，在军事领域提及的"智能化武器装备"或"人工智能武器装备"，是指利用人工智能技术研制的，具有某种智能特征，用于实施和保障战斗行动的武器、武器系统和与之配套的其他军事技术器材的统称。② 人工智能武器装备包括自主武器系统，但并不完全等同。

此外，为了更好地理解"武器系统"，还需要简单地解释一下"系统""平台""弹药"等相关概念的含义。字面上，"系统"指同类事物为某种目的、按一定关系组成的整体。③ 在国防背景下，"系统"视为总体能力，而不是履行作战职责的具体部分。④ 它通常用于描述物理军事硬件（例如导弹系统）、特定平台（例如无人驾驶飞行器、坦克、船只）以及部件（例如电子、计算机系统）等。"弹药"和"平台"也需要进行补充解释，因为也是经常会被提及的概念。作为主战装备的基本类别，弹药和平台有着不同的范围，也发挥着不同的功能。一般意义上，"弹药"指代炸药、火器和发射物，用于或能够用于制造炸药、火器或发射物的任何物品。⑤ 弹药主要是用于摧毁

---

① 辞海编辑委员会：《辞海》（第6版缩印本），上海辞书出版社2010年版，第2015页。
② 周健：《智能武器装备》，《科技术语研究》2004年第1期，第42—43页。
③ 《中国军事大辞海》编写组编：《中国军事大辞海》，线装书局2010年版，第1697页。从系统工程理论角度讲，系统是具有特定功能的、相互间具有有机联系的许多要素所构成的一个整体。参见薄玉成主编：《武器系统设计理论》，北京理工大学出版社2010年版，第3页；张相炎主编：《武器系统与工程导论》，国防工业出版社2014年版，第3页。
④ Andrew Williams, "Defining Autonomy in Systems: Challenges and Solutions", in Andrew P. Williams and Paul D. Scharre eds., "Autonomous Systems: Issues for Defence Policymaker", NATO Communications and Information Agency, 2015, p. 37.
⑤ The term "munitions" means "(a) explosives, firearms and ammunition, and (b) anything used or capable of being used in the manufacture of an explosive, a firearm or ammunition". See U. K., "Terrorism Act 2000", Schedule 10, Interpretation, para. 1 (3). See also "The Longman Dictionary of Law", Pearson Education Limited, 8th edn., 2011, p. 312.

单一目标的单向固体武器,一般不可回收。①"平台"在《中国军事大辞海》中的定义,"为某种需要而设置的平面工作台,如试验平台等"②。平台包括飞机、坦克、军舰、航行器等,主要用于发射弹药,是可回收的系统。③ 简言之,平台是武器系统中除火器之外的部分。这两种类型的武器系统都可以通过集成适当的传感器和控制软件来实现自主化。例如,具有自主游荡弹药"哈佩"④"卡古-2"型无人机⑤。这些武器系统可以单独或集体作战。简言之,"系统"可以是硬件,也可以指软件,是一个可以被不断扩展的概念。自主武器系统属于系统的一部分,包括弹药、平台等表现形式。

(三) 二者区分的意义

"武器"和"武器系统"两个概念不是相互排斥的关系,一般意义上讲,武器系统包括武器。有些研究中,采用了"自主武器"和"自主武器系统"这些不同的称谓,但未作出具体说明。因而,还需结合各国实践考察这些不同称谓是否在范围上真的有所不同。

---

① Michael C. Horowitz, "Why Words Matter: The Real World Consequences of Defining Autonomous Weapons Systems", Temple International and Comparative Law Journal, Vol. 30, 2016, pp. 94-97.

② 《中国军事大辞海》编写组编:《中国军事大辞海》,线装书局2010年版,第604页。

③ Michael C. Horowitz, "Why Words Matter: The Real World Consequences of Defining Autonomous Weapons Systems", Temple International and Comparative Law Journal, Vol. 30, 2016, pp. 94-97.

④ "哈佩"(Harpy)经常被称为无人驾驶飞行器或无人作战飞行器,但"哈佩"本质上是一种广域巡航导弹或自主弹药。"哈佩"由以色列以色列航空航天公司(Israel Aerospace Industries, IAI)生产,它能够探测并打击特定的雷达发射物体,并提供负面视觉确认选项。因此,不应将其与遥控驾驶的可回收无人机平台混为一谈。See Paul Scharre and Michael C. Horowitz, "An Introduction to Autonomy in Weapon Systems", CNAS Ethical Autonomy Series Working Paper, Feb., 2015) pp. 15-16.

⑤ See Vishwam Sankaran, "Military Drones May Have Attacked Humans for First Time without Being Instructed to, UN Report Says", The Independent, Jun. 1, 2021.

在武器审查方面，很多国家都有专门的法律，但对于"武器"，包括"武器系统"的区分存在不同的实践。例如，美国海军、美国海军陆战队和美国海军陆战队海岸警卫队的《海军作战指挥官手册》将"武器和武器系统"统一定义为"所有武器、弹药、材料、仪器、机制、装置及其操作所需的部件，旨在造成人员或财产受伤、损坏、摧毁或致残，包括非致命性武器"。① 该手册将审查要求延伸到"武器和武器系统"。这其实与红十字国际委员会《新武器、作战手段和方法法律审查指南》的意见相一致。② 美国《海军作战指挥官手册》没有区分"武器"和"武器系统"。在有关禁止跨越中立国领土运输的条款中，也没有使用"弹药"或"武器"的字眼，而是选择了"军队或战争物资和供应品"。③ 这与前文提及的1907年《海牙第五公约》的规定相类似。同样，在法律审查的背景下，美国空军选择区分了"武器"和"武器系统"，认为武器是一种"旨在杀死、伤害、使人丧失能力或暂时丧失能力，或摧毁、损坏、使财产或材料丧失能力或暂时丧失能力的装置"。④ 这不包括为训练

---

① The original text reads, "for the purposes of this program, weapons and weapons systems are defined as 'all arms, munitions, materiel, instruments, mechanisms, devices, and those components required for their operation, that are intended to have an effect of injuring, damaging, destroying, or disabling personnel or property, to include nonlethal weapons'". See U. S. Department of the Navy, "Commander's Handbook on the Law of Naval Operations", Edition Mar., 2022, NWP 1 - 14M/MCTP 11 - 10B/COMDTPUB P5800. 7A, § 9. 1.

② ICRC, "A Guide to the Legal Review of New Weapons, Means and Methods of Warfare: Measures to Implement Article 36 of Additional Protocol I of 1977", 2006, p. 9.

③ See U. S. Department of the Navy, "Commander's Handbook on the Law of Naval Operations", Edition Mar., 2022, NWP 1 - 14M/MCTP 11 - 10B/COMDTPUB P5800. 7A, § 7. 3. 1.

④ Accordingly, the "weapon" is "a device designed to kill, injure, disable or temporarily incapacitate people or destroy, damage, disable or temporarily incapacitate property or materiel". See U. S. Secretary of the Air Force, "Instruction 51 - 401: The Law of War", Aug. 3, 2018, p. 13.

或发射而研发和使用的设备,包括飞机和洲际弹道导弹。另外,美国空军参考《国防部军事及相关术语词典》①将武器系统定义为"一种或多种武器与自给自足所需的所有相关设备、材料、服务、人员以及运载和部署手段(如适用)的组合"。② 有趣的是,美国《国防部军事和相关术语词典》中没有"武器"(以及作战手段、作战方法)的条目。美国陆军则区分了"武器"和"武器系统",并且与美国空军提出的定义相类似。③ 由此可见,美国各军事单位对"武器""武器系统"划分并没有统一的做法。总体而言,"武器系统"是比"武器"更宽泛的概念。

有的国家实践则与美国相反。根据丹麦的做法,"武器"包括"武器系统"。丹麦国防部认为,"武器"一词"包括常规武器、化学、生物和细菌武器、弹药、武器系统、运载系统、平台,以及旨在杀死、摧毁、伤害或以任何其他方式使人或设备丧失能力的工具"。④ 澳大利亚也认为"武器"和"武器系统"有所区分,但是在

---

① 美国《国防部军事和相关术语词典》阐述了标准的美国军事和相关术语,以涵盖美国武装部队的联合活动。这些军事和相关术语,连同它们的定义,构成了国防部批准的术语,供所有国防部组织部门使用。

② A "weapon system" is "a combination of one or more weapons with all related equipment, materials, services, personnel, and means of delivery and deployment (if applicable) required for self-sufficiency". U. S. Secretary of the Air Force, "Instruction 51-401: The Law of War", Aug. 3, 2018, p. 14; see also U. S. Department of Defense, "Dictionary of Military and Associated Terms", Nov. 8, 2010, As Amended Through Feb. 15, 2016, p. 259.

③ U. S. Department of the Army, "Army Regulation 27-53: Legal Review of Weapons and Weapon Systems", 23 Sep. 23, 2019, pp. 8-9.

④ This Manual uses the term "weapon" about, "inter alia, conventional weapons, chemical, biological, and bacteriological weapons, ammunition, weapons systems, delivery systems, platforms, and instruments designed to kill, destroy, injure, or in any other way incapacitate or render hors de combat personnel and equipment". Danish Ministry of Defence, "Military Manual on International Law Relevant to Danish Armed Forces in International Operations", Oct. 12, 2020, p. 336.

范围上,"武器"包含"武器系统"。① 英国国防部没有区分"武器"和"武器系统",也没有对"武器"下定义,只是提供了一份说明性清单。英国国防部认为武器包括生物武器、刺刀、刀剑、诱杀装置、化学武器、达姆弹、爆炸子弹、破片、燃烧弹、地雷、激光、核武器、非致命性武器等。② 但这一清单是否穷尽列举并没有说明。德国与英国的做法相类似,也提供了一份说明性清单。值得注意的是,德国国防部《武器审查条例》依据 1977 年《第一附加议定书》第 36 条的规定指出,武器是"设计或能够杀死、伤害、使人或物体丧失攻击、自卫、破坏等能力的物品"③。德国区分了国内法下武器清单与战争中的武器清单,分别规定于 2002 年《德国联邦武器法》和《战争武器控制法》之中。这两份清单的内容并不相同。2002 年《德国联邦武器法》对战争中使用的武器弹药不具有约束力。由此可见,对于"武器"和"武器系统"各国之间并没有相对一致的做法。美国的做法是"武器系统"包括"武器";有的国家,如澳大利亚、丹麦则认为,"武器"包括"武器系统"。事实上,很难对这些国家的不同做法进行量化,以说明哪个表述更为恰当。

鉴于此,本书所采取的策略是,将"武器"和"武器系统"理解一个整体,可以统称为"武器系统",也可以将"武器"和"武器系统"可以互换使用。换言之,"自主武器"和"自主武器系统"在范围上是一致的。我们也注意到,在学术讨论中,有的学者习惯使用

---

① "The Australian Article 36 Review Process", submitted by Australia, CCW/GGE. 2/2018/WP. 6, Aug. 30, 2018, p. 3, footnote 6.

② U. K. Ministry of Defence, "Joint Service Manual of the Law of Armed Conflict", JSP 383, 2004, Chapter 6.

③ Germany Federal Ministry of Defence, "Zentrale Dienstvorschrift: Prüfung neuer Waffen, Mittel und Methoden der Kriegführung [Joint Service Regulation: Review of New Weapons, Means and Methods of Warfare]", ZDv A – 2146/1, June 13, 2016.

"自主武器"一词①，有的学者使用"自主武器系统"一词②，甚至同一学者或组织会交替使用"自主武器"和"自主武器系统"③，以及交替使用"自主武器"和"自主系统"。④ 因为多数讨论大都是将

---

① Armin Krishnan, "Killer Robots: Legality and Ethicality of Autonomous Weapons", Ashgate Publishing Limited, 2009; Alex Leveringhaus, "Ethics and Autonomous Weapons", Palgrave Macmillan UK, 2016; Yoram Dinstein, "Autonomous Weapons under International Humanitarian Law", in W. Heintschel von Heinegg et al. eds., "The Dehumanization of Warfare: Legal Implications of New Weapons Technologies", Springer, 2018, pp. 15 – 20; Dan Saxon, "Fighting Machines: Autonomous Weapons and Human Dignity", University of Pennsylvania Press, 2022.

② For example, Tassilo Singer, "Airstrikes, UAVs and Fully Autonomous Weapon Systems, and the Extraterritorial Application of Human Rights Law", Israel Yearbook on Human Rights, Vol. 49, 2019, pp. 131 – 150; Daniele Amoroso, "Autonomous Weapons Systems and International Law: A Study on Human – Machine Interactions in Ethically and Legally Sensitive Domains", Edizioni Scientifiche Italiane, 2020; Kenneth Anderson, "Legal – policy Challenges of Armed Drones and Autonomous Weapon Systems", in James Gow et al. eds., "Routledge Handbook of War, Law and Technology", Routledge, 2021, pp. 154 – 168; Luigi Martino and Federica Merenda, "Artificial Intelligence: A Paradigm Shift in International Law and Politics? Autonomous Weapons Systems as a Case Study", in Giampiero Giacomello et al. eds., "Technology and International Relations: The New Frontier in Global Power", Edward Elgar Publishing, 2021, pp. 89 – 107.

③ For instance, Advisory Council on International Affairs, "Autonomous Weapon Systems: The Need for Meaningful Human Control", No. 97 AIV/No. 26 CAVV, Oct., 2015; William Bill Boothby, "Weapons Law, Weapon Reviews and New Technologies", in James Gow et al. eds., "Routledge Handbook of War, Law and Technology", Routledge, 2021, pp. 22 – 40; Dan Saxon, Dan Saxon, "Fighting Machines: Autonomous Weapons and Human Dignity", University of Pennsylvania Press, 2022. 其中，丹·撒克逊虽然书题运用了"autonomous weapons"，但是主要讨论的对象仍是"lethal autonomous weapon system"，不过作者并未对此给出一个清晰的解释。

④ Jeffrey S. Thurnher, "Means and Methods of the Future: Autonomous Systems", in Paul AL. Ducheine, Michael N. Schmitt and Frans PB. Osinga eds., "Targeting: The Challenges of Modern Warfare", TMC Asser Press, 2016, pp. 177 – 199; Jeffrey S. Thurnher, "Feasible Precautions in Attack and Autonomous Weapons", in W. Heintschel von Heinegg et al. eds., "The Dehumanization of Warfare: Legal Implications of New Weapons Technologies", Springer, 2018, pp. 99 – 117.

"自主武器"等同于"自主武器系统",或者"自主武器"等同于"自主系统",这其实默认了"武器""武器系统""系统"可作同义词。例如,学者阿明·克里希南给出的定义是,自主武器是"一种不需要任何人工输入来执行其核心任务的计算机化武器,通常包括独立识别目标和触发自身的能力"。① 从国家实践来看,美国国防部使用的也是"自主武器系统"这一表述。依据美国《国防部第3000.09号指令》,"一种武器系统,一旦激活,就可以选择交战目标,而无需操作员进一步干预"②。红十字国际委员会使用的是"自主武器系统"一词,定义与美国国防部的定义相类似,即"在没有人为干预的情况下能够选择和攻击目标的武器系统"③。根据2006年《新武器、作战手段和方法法律审查指南》,红十字国际委员会区分了"武器"和"武器系统"④,但是没有说明二者的关系。前文提到,丹麦认为"武器"包含"武器系统",丹麦国防部采用的是"自主武器系统"这一表述。⑤ 其实,无论是武器还是武器系统都应接受相应

---

① Armin Krishnan defines "autonomous weapon" as "a computerized weapon that does not require any human input for carrying out its core mission. Normally this would include the capability of a weapon to independently identify targets and to trigger itself". Armin Krishnan, "Killer Robots: Legality and Ethicality of Autonomous Weapons", Ashgate Publishing Limited, 2009, p. 5.

② U. S. Department of Defense, "Directive 3000.09: Autonomy in Weapon Systems", Nov. 21, 2012, incorporating change, 25 Jan., 2023, p. 21.

③ See ICRC, "Expert Meeting on 'Autonomous Weapon Systems: Implications of Increasing Autonomy in the Critical Functions of Weapons'", Mar. 15 – 16, 2016, p. 8; see also "ICRC's Position on Autonomous Weapon Systems", May 12, 2021.

④ ICRC, "A Guide to the Legal Review of New Weapons, Means and Methods of Warfare: Measures to Implement Article 36 of Additional Protocol I of 1977", 2006, p. 9.

⑤ The Danish Ministry of Defence holds that, "the term autonomous weapons system refers to weapons capable of selecting and engaging targets automatically by means of electronic (often GPS – based) equipment". Danish Ministry of Defence, "Military Manual on International Law Relevant to Danish Armed Forces in International Operations", Oct. 12, 2020, p. 676.

的法律审查。有的学者赞成"武器"和"武器系统"的区分，并指出，地雷或巡航导弹那样以直接的方式施加损害或伤害的属于武器，而被用作部署实际武器的中介平台，如自主和遥控武器系统不具有暴力性，宜归类为武器系统。① 我们可以发现，"武器"和"武器系统"之间存在着不同的区分实践，而且各自有各自的道理。不同的定义范围可能会产生不同的影响。本书中心任务是讨论自主武器系统的合法性及其使用限制。自主武器系统包括许多纯软件的部分；另外，军事价值不在于单个弹药或平台，而在于它们的整体组合方式。因而，本书所界定的自主武器系统既包括"武器"，也包括"武器系统"。

需要补充的是，"武器"或"武器系统"并不局限于物理性质的武器或武器系统。或者说，自主武器系统不限于物理性或有体性的武器或武器系统。例如，"震网"蠕虫病毒是一种自主网络武器，同样符合本书所定义的自主武器系统的特征。

四、"致命性"与"非致命性"的区分

为了厘清"致命性"和"非致命性"这两个限定词的含义和区分的意义，需要从二者的基本含义、区分背后的原因等问题出发。在自主武器系统的讨论中，着重强调致命性自主武器系统是否有必要。鉴于各国对此持有不同的意见和看法，所以有必要作出说明和解释。

在字面意义上，"致命性"一词的文义解释为"足以导致死亡；非常有害或具有破坏性"②。"非致命性"则表示不会造成伤亡，或

---

① Hin-Yan Liu, "Categorization and Legality of Autonomous and Remote Weapons Systems", International Review of the Red Cross, Vol. 94, No. 886, 2012, p. 635.

② See "Concise Oxford English Dictionary", Oxford University Press, 11th edn., 2004. The similarly explanation can be found in "The Longman Dictionary of Law", 8th edn., Pearson Education Limited, 2011, p. 277.

者严重和永久性的伤害。① 然而，在国际性下，对于致命性武器和非致命性武器，并没有明确的区分。1996 年《禁止或限制使用地雷、诱杀装置和其他装置的议定书》② 和 1997 年《关于禁止使用、储存、生产和转让杀伤人员地雷及销毁此种地雷的公约》（简称 1997 年《地雷公约》)③ 中的定义提及使人丧失能力或造成伤害，但并没有明确区分致命性和非致命性地雷、诱杀装置或其他装置。两份条约适用的范围有些许不同。1996 年《禁止或限制使用地雷、诱杀装置和其他装置的议定书》适用于该议定书界定的地雷、诱杀装置和其他旨在杀伤人员（包括丧失能力）的装置；④ 1997 年《地雷公约》适用于"设计为在人员出现、接近或接触时爆炸并使一人或多人丧失能力、受伤或死亡的地雷和类似装置"⑤。此外，1972 年《禁止细菌（生物）和毒素武器的发展、生产及储积以及销毁这类武器的

---

① Lambèr Royakkers and Sjef Orbons point out that, "nonlethal weapons are designed and deployed with the purpose to enforce change and correction of human behavior, in order to achieve people's compliance with orders or directions, without causing (innocent) casualties or serious and permanent harm to people". Lambèr Royakkers and Sjef Orbons, "Design for Values in the Armed Forces: Nonlethal Weapons and Military Robots", in Jeroen van den Hoven et al. eds., "Handbook of Ethics, Values, and Technological Design: Sources, Theory, Values and Application Domains", Springer, 2015, p. 617.
② 1996 年《禁止或限制使用地雷、诱杀装置和其他装置的议定书》（Protocol on Prohibitions or Restrictions on the Use of Mines, Booby-Traps and Other Devices）于 1996 年 5 月 3 日修订，也是 1980 年《特定常规武器公约》框架下的《第二议定书》，截至 2024 年 6 月，修订后的议定书共有 106 个缔约国。
③ 1997 年《关于禁止使用、储存、生产和转让杀伤人员地雷及销毁此种地雷的公约》于 1999 年 3 月 1 日开放前述，截至 2024 年 6 月，该公约共用 164 个缔约国。
④ 参见 1996 年《禁止或限制使用地雷、诱杀装置和其他装置的议定书》第 1 条和第 2 条。
⑤ 参见 1997 年《关于禁止使用、储存、生产和转让杀伤人员地雷及销毁此种地雷的公约》第 2 条第 1 款规定。

公约》① 和 1993 年《关于禁止发展、生产、储存和使用化学武器及销毁此种武器的公约》②（简称 1993 年《化学武器公约》）正式的条约文本之中也没有提及"致命性"或"非致命性"，不过在 1993 年《化学武器公约》中的《关于化学品的附件》A 节所载的"关于化学品附表的准则"中提及了致命性，但没有作过多的解释。总之，在诸多多边条约中，对于"致命性"或"非致命性"缺乏明确的区分和解释。

需要明确的是，"致命性"和"非致命性"并不是一项新的技术，只是提供了不同类型的武器技术，服务于不同的战术和战略。技术的进步对非致命性武器的发展起到了关键性作用。20 世纪 90 年代，"非致命性武器"的概念在国际法和国家实践中占据了突出的地位，这背后有许多复杂的因素。③ 北约将非致命性武器定义为，"明确设计和开发的武器，旨在使人员丧失能力或击退人员，致死或永久伤害的可能性较低，或使设备失能，对环境的不良损害或影响最小"。④ 这与美国

---

① 1971 年《禁止细菌（生物）和毒素武器的发展、生产及储积以及销毁这类武器的公约》，截至 2024 年 6 月，该公约共有 185 个缔约国。

② 1993 年《关于禁止发展、生产、储存和使用化学武器及销毁此种武器的公约》，截至 2024 年 6 月，该公约共有 193 个缔约国。

③ 这些因素具体包括：技术的发展进步。各个科学领域的进步，如生物学、化学、电磁学、计算机、电子学和声学，这些技术发展的关键特征是，其中许多并没有提升武器的破坏力，为武器的发展创造新的机会；军队功能的变化。如维和行动，在这种行动中，军队发挥类似于国内警察的作用，常规的"致命性武器"并不总是能够使用，"非致命性武器"提供了另外一种选择；保持军事竞争优势。比如，"非致命性武器"可以扩充军队的武器库，在战场上保持灵活性，辅助"致命性武器"有效的完成任务；国际法对武装冲突持续施加的压力。"非致命性武器"的使用在某些情况下可能会更加符合国际人道法的要求；军事营销。"非致命性武器"的概念具有一定程度的推广价值，这一概念可能被认为是"政治正确的"。因为它掩盖了武器本身的潜在致命性，误导人们对武器的实际看法，并使人联想到更友好、更温和的战争。David P. Fidler, "The International Legal Implications of 'Non‐Lethal' Weapons", Michigan Journal of International Law, Vol. 21, No. 1, 1999, pp. 57‐60.

④ See NATO, "Policy on Non‐Lethal Weapons", dated Oct. 13, 1999, Last updated at Nov. 6, 2008.

国防部的定义相类似。美国国防部认为，非致命性武器是指"明确设计并主要用于立即使目标人员或物资丧失能力的武器、装置和弹药，同时最大限度地减少目标区域或环境中的死亡、人员永久性伤害和财产损失"。① 这类武器对人、物体产生的影响是可逆的。然而，这一定义存在许多模糊之处：一是"最小化永久性伤害"适用的对象是否包括武装冲突中的所有军事人员；二是该定义只提及武器的研发阶段，没有提及使用阶段的可预见性后果；三是"最大限度地减少"由谁来决定？② 对于非致命性武器的判断可能包含许多主观因素。根据北约和美国的实践③，非致命性武器包括三个功能特性：一是使人或装备等丧失能力，比如，可以通过攻击目标机器的关键部件，如使用钉带减缓或停止车辆；二是最小化附带损害；三是损害具有可逆性。④ 可见，非致命性并不等于零伤亡，而是"最大限度地减少死亡"。⑤ "丧失能力"这一效果并不限于"非致命性武器"。

本书并不否认"致命性"与"非致命性"区分的意义；然而，针对自主武器系统，强调"致命性"这一特征并没有实质意义。在武装

---

① See U. S. Department of Defense, "DoD Executive Agent for Non - Lethal Weapons (NLW), and NLW Policy", Number 3000.03E Apr. 25, 2013 Incorporating Change 2, Aug. 31, 2018.

② David P. Fidler, "The International Legal Implications of 'Non - Lethal' Weapons", Michigan Journal of International Law, Vol. 21, No. 1, 1999, p. 62.

③ U. S. Department of the Army, "Army Regulation 27 - 53: Legal Review of Weapons and Weapon Systems", Sep. 23, 2019, p. 8. See U. S. Department of the Navy, "Commander's Handbook on the Law of Naval Operations", Edition Mar., 2022, NWP 1 - 14M/MCTP 11 - 10B/COMDTPUB P5800.7A, § 9.11.

④ 此外，也有学者提出"非致命性武器"也具有"威慑"作用。Robert E. Schmidle JR., Michael Sulmeyer, Ben Buchanan, "Nonlethal Weapons and Cyber Capabilities", in George Perkovich, Ariel (Eli) Levite eds., "Understanding Cyber Conflict: 14 Analogies", Georgetown University Press, 2017, pp. 38 - 40.

⑤ U. S. Department of the Navy, "Commander's Handbook on the Law of Naval Operations", Edition Mar., 2022, NWP 1 - 14M/MCTP 11 - 10B/COMDTPUB P5800.7A, § 9.11.

冲突中，区分"致命性"和"非致命性"武器意义并不大，因为二者的使用都应遵守同样的国际法规则。在武装冲突之外，比如维和行动、国家执法行动，进行"致命性"与"非致命性"的区分尤为必要。根据有关统计，在武装冲突中，使用致命性武器导致的死亡人数很少超过受伤人数；而武装冲突之外的情况下，使用常规致命性武器导致的死亡人数往往多于受伤人数。① 事实上，"致命性"和"非致命性"的区分，无论在技术还是医学方面都是难以解决的问题。对于哪些武器属于"致命性"和"非致命性"武器缺乏相对统一的、客观的标准。② 因为死亡率或杀伤力不仅取决于武器的技术，还取决于武器的使用方式。

在1980年《特定常规武器公约》的讨论中，日本曾指出区分"致命性"与"非致命性"是必要的，能够缩小讨论范围。③ 日本代表提出的主张是缺乏说服力的。"非致命性自主武器系统"的使用也受国际法规则的约束。以技术为导向进行"非致命性武器"和"致

---

① Robin M. Coupland and David R. Meddings, "Mortality Associated with the Use of Weapons in Armed Conflicts, Wartime Atrocities, and Civilian Mass Shootings: Literature Review", British Medical Journal, Vol. 319, 1999, p. 408.

② 美国联合非致命武器局设立的人类影响咨询组（HEAP）为提出"非致命性武器"的客观定义做出了重要尝试。根据人类影响咨询组提出的标准，如果武器符合以下标准，则可以将其归类为"非致命性武器"：一是该武器使98%的人丧失能力；二是武器对不超过1%的人没有影响；三是不超过0.5%的人遭受永久性身体伤害；四是死亡人数不超过0.5%。按照这些标准，人类影响咨询组得出结论，在当时没有所谓的"非致命性武器"符合这一定义，或者说，并不存在造成零死亡率和真正的暂时丧失能力的武器。John Kenny, "Potential Health Effects of Non-Lethal Weapons", paper presented at First Annual Non-Lethal Technology and Academic Research Symposium, Quantico, Virginia, May 3-5, 1999, cited in David P. Fidler, "The International Legal Implications of 'Non-Lethal' Weapons", Michigan Journal of International Law, Vol. 21, No. 1, 1999, p. 62.

③ "Possible Outcome of 2019 Group of Governmental Experts and Future Actions of International Community on Lethal Autonomous Weapons Systems", submitted by Japan, CCW/GGE.1/2019/WP.3, Mar. 22, 2019, p. 3, para. 14.

命性武器"的区分没有太大帮助,反而造成了"非致命性自主武器系统"概念范围上的模糊性。爱沙尼亚、芬兰和瑞士等国认为,应当删除"致命性"这一限定词。没有明确的理由将非致命性自主武器系统排除在讨论之外。"致命性"不是任何武器系统的决定性特征,旨在对人员造成非致命伤害或对物体造成伤害的工具仍然是一种武器。低致命性武器在某些情况下也可能是致命的。① 同样,瑞士提交的工作文件认为,"致命性"这一限定在实践中或许令人关切,但在概念上不应被视为自主武器系统的先决特征。② 值得注意的是,红十字国际委员会和其他非政府间国际组织使用的均是"自主武器系统"一词。③ 事实上,随着1980年《特定常规武器公约》政府专家组会议讨论的不断延伸和扩展,"致命性"与"非致命性"区分逐渐被弱化。一些学者的著作和期刊论文中并没有强调此区分。④ 自主

---

① Estonia and Finland, "Categorizing Lethal Autonomous Weapons Systems: A Technical and Legal Perspective to Understanding LAWS", UN Doc CCW/GGE2/2018/WP2, Aug. 24, 2018.

② Government of Switzerland, "Towards A 'Compliance – Based' Approach to LAWS", Informal Working Paper, Mar. 30, 2016, para. 5.

③ ICRC, "Expert Meeting on 'Autonomous Weapon Systems: Technical, Military, Legal and Humanitarian Aspects'", Mar. 26 – 28, 2014; ICRC, "Expert Meeting on 'Autonomous Weapon Systems: Implications of Increasing Autonomy in the Critical Functions of Weapons'", Mar. 15 – 16, 2016; ICRC, "Ethics and autonomous weapon systems: An ethical basis for human control?", Apr. 3, 2018; ICRC, "Artificial Intelligence and Machine Learning in Armed Conflict: A Human – Centred Approach", Jun. 6, 2019; "ICRC's Position on Autonomous Weapon Systems", May 12, 2021.

④ Marco Sassòli, "Autonomous Weapons and International Humanitarian Law: Advantages, Open Technical Questions and Legal Issues to be Clarified", International Law Studies, Vol. 90, 2014, pp. 308 – 340; Nehal Bhuta et al. eds., "Autonomous Weapons Systems: Law, Ethics, Policy", Cambridge University Press, 2016; Tim McFarland, "Autonomous Weapon Systems and the Law of Armed Conflict: Compatibility with International Humanitarian Law", Cambridge University Press, 2020.

武器规制问题国际专家组①指出，利用技术特征将"致命性自主武器系统"与"非致命性自主武器系统"区分开来，无法解释已经存在的大量具有自主功能的系统；随着技术进一步发展，这种分类经不起检验，因为未来的自主武器系统可以选择性地赋予任何自主功能。更关键的是，数据驱动计算方法（如人工智能、机器学习）确实帮助自主武器系统实现了许多自主功能，但法律、伦理和操作方面的挑战并非来自特定的技术，而是由于人类缺乏参与。换言之，自主武器系统所引发的伦理问题并不完全在于自主武器系统具有致命性；"非致命性自主武器系统"也并不能摆脱伦理问题的争议。因此，研究的重点应放在"自主性"功能上，而不是特定的单元或平台。

因此，具体到自主武器系统的法律问题上，强调自主武器系统的杀伤力并没有太大必要。对"非致命性"的判定和分析具有一定抽象性，有时甚至带有主观推测因素。有的学者非常质疑"非致命性"概念本身的分析价值，甚至认为"丧失行为能力"这个术语具有误导性。② 非致命性武器并不等于造成零伤亡，只是相较于致命性武器，造成的物理摧毁损害的可能性较低。因而，对于自主武器系统采用"致命性"和"非致命性"的区分并不能精准地反映出自主武器系统的关键特征。目前，红十字国际委员会以及诸多学者的讨论中多使用"自主武器系统"一词，很少区分"致命性"和"非致命性"。从国际法角度分析，致命性自主武器系统和非致命性自主武器系统并没有太大的必要。在后续的讨论中，本书如果没有特殊说明，自主武器系

---

① 自主武器规制问题国际专家组（iPRAW）是一个国际、跨学科和独立的研究机构，旨在通过有科学依据的信息和建议支持当前1980年《特定常规武器公约》框架下的辩论。自主武器规制问题国际专家组的评论来自以前的 iPRAW 出版物，目的是促进原则的可操作性，并为规范和操作框架提供评论。

② David P. Fidler, "The International Legal Implications of 'Non‐Lethal' Weapons", Michigan Journal of International Law, Vol. 21, No. 1, 1999, pp. 51 – 100; David P. Fidler, "The Meaning of Moscow: 'Non‐lethal' Weapons and International Law in the Early 21st Century", International Review of the Red Cross, Vol. 87, No. 859, 2005, pp. 525 – 552.

统包括致命性自主武器系统和非致命性自主武器系统。

第四节　小结

　　自主武器系统有着许多近似的术语和名称。通过比较分析，本书认为，"自主武器系统"这一名词相对客观中立，能够更直观地体现出自主武器系统的关键特征。为了统一用语，尤其是考虑到后文对于自主武器系统定义的解释问题，如无特别说明，本书将统一使用"自主武器系统"这一表述。目前，国际社会还没有普遍认可的自主武器系统定义。本书认为，自主武器系统是能够在决策过程中，无需人类干预的情况下，识别、选择和攻击目标的武器或武器系统。

　　"自主性"是自主武器系统的核心特征。在法律语境当中，并不适合完全从技术角度理解自主性。一般意义上讲，"自主性"可以理解为独立安排活动或行为的自由，不受外界干预、支配或控制的状态或过程。具体到自主武器系统的问题上，自主性与人工智能技术相关，但人工智能并不必然导致自主武器系统具备自主性。这取决于人类是否将决策权转交给机器。自主武器系统能够在没有人类干预的情况下独立运行，但并不排斥人类对其进行控制。

　　在范围上，自主武器系统不包含自动化武器系统、高度自动化武器系统、遥控式武器系统等。自主武器系统不等同于无人武器系统、人工智能武器。需要说明的是，"武器"和"武器系统"之间谁包含谁，各国实践不一，但"武器"和"武器系统"两个概念不是相互排斥的关系。在本书中，"武器"和"武器系统"可以互换使用。"致命性"和"非致命性"的区分并非完全没有意义，但这一区分并不能增加或减少自主武器系统所带来的国际法问题。

　　因而，本书中所讨论的自主武器系统是一个相对宽泛的术语，没有特指致命性自主武器系统或非致命性自主武器系统。此外，本书着重探讨属于常规武器的自主武器系统。关于核武器、化学武器、生物武器等大规模杀伤性武器也有可能兼具自主性，但鉴于此类武器已经有着相对成熟的国际法框架，本书不做过多分析。

  本书所采用的"自主武器系统"的概念和定义着眼于当前国际社会的基本共识。一个概念要产生规范效果，需要得到国际社会的广泛支持和承认，尤其是军事大国。随着国际讨论的逐步深入，并不排除自主武器系统的定义和范围会随之发生变化。需要指出的是，制定一个国际公认的"自主武器系统"定义固然重要，但目前各方对自主武器系统认识上的差异始终会成为达成规范框架的阻碍。目前，各国都在寻求建立一个符合其目标和利益的定义，这注定这些讨论将不会是价值中立的，而且是不断多变的。各国并不反对对自主武器系统进行合理的监管，当下的分歧似乎在于什么类型的自主武器系统应当禁止。如本章所述，德国、法国、美国、中国都采用了二分法，对自主武器系统进行分类。这从侧面反映出，各国期望采用双层治理方式，即禁止和限制并行。因此，下文将结合上述讨论的自主武器系统的定义，围绕自主武器系统的合法性以及如何合法地使用自主武器系统等问题展开讨论。

第二章　自主武器系统的合法性

自主武器系统自身或内在的合法性是一个不可忽略的重要问题。合法性往往取决于正式的法律渊源①，本书提及的合法性不同于正当性问题。② 时任联合国法外处决、即决处决或任意处决问题特别报告员克里斯托夫·海恩斯曾指出，自主武器系统将人类决策排除在外，

---

① The term "legality" means "strict adherence to law, prescription, or doctrine" and "the quality of being legal"; See Bryan A. Garner ed., "Black's Law Dictionary", Thomson West, 8th edn., 2004, p. 914; see also Rüdiger Wolfrum, "Legitimacy in International Law", in Rüdiger Wolfrum ed., "Max Planck Encyclopedia of Public International Law, Vol. VI", Oxford University Press, 2012, para. 1.

② 正当性即按照"应然法"应该是什么样的。应然法是变动的，因人而异的，靠着一个辩论得出的结论，是不稳固的，不太具有实践参考意义。正当性包含更多的价值和道德判断。不过，一部分法律原则和规则已经包含了价值方面的考量。本书主要讨论自主武器系统的合法性问题。See Rüdiger Wolfrum, "Legitimacy in International Law", in Rüdiger Wolfrum ed., "Max Planck Encyclopedia of Public International Law", Vol. VI, Oxford University Press, 2012, paras. 1, 15; Filipe dos Reis and Oliver Kessler, "Legitimacy", in Jean d'Aspremont and Sahib Singh eds., "Concepts for International Law: Contributions to Disciplinary Thought", Edward Elgar Publishing Limited, 2019, pp. 650 – 661; Stefan Kadelbach, "The Role of Legitimacy in International Humanitarian Law: A Comment", in Heike Krieger and Jonas Püschmann eds., "Law – Making and Legitimacy in International Humanitarian Law", Edward Elgar Publishing Limited, 2021, pp. 34 – 35; Eduardo Gill Pedro, "Legality and Legitimacy in International Law", in Ulf Linderfalk ed., "The International Legal System as a System of Knowledge", Edward Elgar Publishing Limited, 2022, p. 205; See also ECtHR, Case of Streletz, Kessler and Krenz v. Germany, Applications nos. 34044/96, 35532/97 and 44801/98, Judgment of 22 March 2001, paras. 87, 94.

第二章
自主武器系统的合法性

这其实也将人性排除在外。① 克里斯托夫·海恩斯的观点引发了国际社会的反思：赋予机器作出致命决定的权力是否在本质上就是一种错误？其中，一部分国家、组织学者表示不安，认为将人类的生死决定权交给机器或算法是不可接受的。在他们看来，自主武器系统具有滥杀滥伤的性质，加之人类判断的缺失，自主武器系统很可能会违反生命权和忽视人格尊严；并且还将引发问责难题。有鉴于此，这些国家、组织和学者主张对自主武器系统施加禁令。自主武器系统能否以人类为目标，作出剥夺人类生命的决策逐渐成为国际社会争议的焦点。红十字国际委员会曾多次强调，"禁止旨在或用于对人类使用武力的自主武器系统"②。目前，国际社会围绕自主武器系统的合法性争议的讨论，主要聚焦于国际人道法下的基本原则进行分析。其中，特别针对自主武器系统是否会影响区分原则、比例原则和预防措施原则等国际人道法原则的履行等问题为立脚点进行讨论。③ 将自主武器系统视为

---

① See Christof Heyns, "Report of the Special Rapporteur on Extrajudicial, Summary or Arbitrary Executions", A/HRC/23/47, Apr. 9, 2013, para. 92.

② For instance, "ICRC's Position on Autonomous Weapon Systems", May 12, 2021; ICRC, "Autonomous Weapons: The ICRC Recommends Adopting New Rules", Aug. 3, 2021.

③ See Peter Asaro, "On Banning Autonomous Weapon Systems: Human Rights, Automation, and the Dehumanization of Lethal Decision-Making", International Review of the Red Cross, Vol. 94, No. 886, 2012, pp. 700 – 703; Jeroen Van Den Boogaard, "Proportionality and Autonomous Weapons Systems", Journal of International Humanitarian Legal Studies, Vol. 6, 2015, pp. 247 – 283; See also Noel Sharkey, "Saying 'No!' to Lethal Autonomous Targeting", Journal of Military Ethics, Vol. 9, No. 4, 2010, pp. 369 – 383; Human Rights Watch, "Losing Humanity: The Case Against Killer Robots", 2012, p. 23; Mark Roorda, "NATO's Targeting Process: Ensuring Human Control Over (and Lawful Use of) 'Autonomous' Weapons", in A. Williams and P. Scharre eds., "Autonomous Systems: Issues for Defence Policymakers", Capability Engineering and Innovation, 2015, pp. 152 – 168; Thompson Chengeta, "Measuring Autonomous Weapon Systems against International Humanitarian Law Rules", Journal of Law and Cyber Warfare, Vol. 5, No. 1, 2016, pp. 66 – 146; 张卫华：《人工智能武器对国际人道法的新挑战》，《政法论坛》2019 年第 4 期，第 144—155 页。

武器或作战手段，直接归到国际人道法的范畴进行讨论并没有太大问题。然而，将自主武器系统单纯地限制在使用阶段可能不利于为自主武器系统的合法性评估提供较为完整的解答。自主武器系统使用过程是否合法当然非常重要，但也应当注意到，自主武器系统自身的合法性和使用的合法性是两个问题。这两个阶段所应关注的法律义务并不完全相同。所以，有必要将自主武器系统使用前的合法性和自主武器系统使用过程中的合法性区分开来进行考察。

在国际法下，诉诸战争权和国际人道法[1]这两种制度之间存在严格的区分。[2] 这种区分使得国际人道法有着更宽广的适用空间。[3] 诉诸战争权的合法性与否，并不影响国际人道法的适用；国际人道法始终平等地适用于所有交战方。交战方在武装冲突期间严格遵守国际人道法，也不会使得非法战争变得合法。因为国际人道法总体而言是义务性质的，由许多限制性规则组成，旨在提供最低限度的保护。诉诸武力动因的合法与否不影响国际人道法的适用。正如1977年《第一附加议定书》序言中所述，"本议定书或1949年'日内瓦四公约'的内容均不能解释为使任何侵略行为或任何与《联合国宪章》不符的武力使用为合法或予以认可"，并且"不得以武装冲突的性质或起因作为依据或以冲突各方所赞助的或据称为各方所致力的目标为依据而加以不利区别"。诉诸战争权和国际人道法区分的前提，也说明国际人道法规则与有关诉诸战争权的规则是共存的，但不影响各自的适用，也不应将二者混淆。

在武装冲突背景下，国际人道法之下与武器、作战手段和作战方法直接相关的规则应当被首先考量。在国际人道法下，冲突各方选择作战手段和作战方法的权利不是无限制的，这一原则在二战之后不断

---

[1] 本书所提及的国际人道法指战时法（jus in bello）。

[2] Keiichiro Okimoto, "The Distinction and Relationship between Jus ad Bellum and Jus in Bello", Oxford: Hart Publishing, 2011, p. 14.

[3] Anne Quintin, "The Nature of International Humanitarian Law: A Permissive or Restrictive Regime?", Edward Elgar Publishing Limited, 2020, p. 13.

发展，并被确立为基本共识。① 国际人道法是基于军事必要性与人道原则之间平衡的产物。冲突各方选择作战方法和手段的权利并非不受限制，这也说明冲突各方有义务遵守适用于武装冲突的国际法规则。② 自主武器系统既可以作为武器或作战手段，也可以作为作战方法。冲突各方也可以选择自主武器系统作为作战手段或作战方法，但这种"选择"受到国际人道法基本原则的限制。诸如"禁止使用引起过分伤害或不必要痛苦性质的武器""禁止使用不分皂白的武器""马尔顿条款"等原则已经在 1949 年"日内瓦四公约"体系中被多次强调。所以，有必要结合此类与武器、作战手段相关的基本原则对自主武器系统的合法性加以评估。

除了国际人道法外，评估自主武器系统的合法性还应当充分考量国际人权法下的规定。无论是在和平时期，还是武装冲突期间，任何使用武力的行为都受到国际人权法的制约。人工智能的发展已经使自主武器系统在使用武力时拥有了自主权。虽然具有自动功能的武器系统已经存在多年，但机器决策的日益自主化，使得自主武器系统作为武器、作战手段或作战方法在未来可能变得司空见惯。在武装冲突背景下，战斗员因为其身份的特殊性，可以将其作为合法的军事目标而被自主武器系统剥夺其生命。但是，这并不能直接推导出国际人道法允许自主武器系统实施此类杀戮或剥夺生命的行为。因为中间隐含的前提条件是自主武器系统识别、选择和攻击人类目标的行为过程应当符合国际法的要求。生命权是任何使用致命

---

① 1977 年《第一附加议定书》第 35 条第 1 款规定："在任何武装冲突中，冲突各方选择作战方法和手段的权利，不是无限制的。" See also UN General Assembly, "Respect for Human Rights in Armed Conflicts", Dec. 19, 1968, A/RES/2444, para. 1 (a), and which affirms that "the right of the parties to a conflict to adopt means of injuring the enemy is not unlimited".

② Yves Sandoz, Christophe Swinarski and Bruno Zimmermann eds., "Commentary on the Additional Protocols of 8 June 1977 to the Geneva Conventions of 12 August 1949", Martinus Nijhoff Publishers, 1987, para. 1389.

武力的起点。① 对生命权进行克减通常要求存在相应的法律依据。国际人权法、国际人道法和国际刑法有着相类似的原则，保护着相似的利益。生命权就是一个典型的例子，在武装冲突时期，也有着一定的适用空间，应当被给予更多的关注和讨论。此外，自主武器系统与人格尊严问题存在着密切的相关性，也引起了学界的广泛争论。因此，有必要对自主武器系统面临着的国际人权法下的争议问题作出回应。

与此同时，自主武器系统可能引发的"问责真空"问题也引起了国际社会广泛的讨论。武装冲突背景下，自主武器系统可能诱发的国际罪行和潜在的"问责真空"问题，一直以来都是1980年《特定常规武器公约》政府专家组关于自主武器系统辩论的核心问题之一。② 罗伯·斯帕罗（Robert Sparrow）较早地指出自主武器系统潜存的问责障碍。在罗伯·斯帕罗看来，惩罚机器是不可能的，并且随着自主武器系统变得越来越自主，很难确认是设计自主武器系统的程序员、工程师，还是下令部署、使用它们的军事指挥官的责任。③ 这些观点逐渐引发了国际社会对"问责真空"或"问责困境"问题的辩论。自主武器系统可能涉及多个层级的责任人，也有可能导致责任缺

---

① Mary Ellen O'Connell, "The Law on Lethal Force Begins with the Right to Life", Journal on the Use of Force and International Law, Vol. 3, No. 2, 2016, pp. 205 – 209.

② For instance, "Report of the 2017 Group of Governmental Experts on Lethal Autonomous Weapons Systems (LAWS)", U. N. Doc. CCW/GGE. 1/2017/3, Dec. 22, 2017, paras. 21, 23; "Report of the 2018 session of the Group of Governmental Experts on Emerging Technologies in the Area of Lethal Autonomous Weapons Systems", CCW/GGE. 1/2018/3, Oct. 23, 2018, para. 22.

③ Robert Sparrow, "Killer Robots", Journal of Applied Philosophy, Vol. 24, No. 1, pp. 62 – 77.

第二章
自主武器系统的合法性

口或真空。① 这些质疑使得有关自主武器系统合法性的辩论再次被推向了高潮。为了解决这一争议，各方将重点放在加强人类控制的问题上。然而，"人类控制"同样是一个模糊的理念。在国际法下，是否存在解决自主武器系统合法性争议的保守路线，值得进一步探讨。

为了回应上述针对自主武器系统合法性以及是否应当被禁止的争议问题，本章将分析考察自主武器系统在国际人道法和国际人权法相互作用下的合法性问题。国际人道法和国际人权法可能同时适用于自主武器系统的合法性评估，但当涉及武器、作战手段和作战方法时，国际人道法似乎仍作为一个特别法被优先适用。鉴于国际人道法的特殊性，本章第一节围绕现行国际人道法制度下，专门适用于规范武器、作战手段的基本原则，探讨和解析自主武器系统是否属于全面被禁止的武器。关于自主武器系统的合法性评估，国际人权法下存在适用的空间。考虑到国际人权法与自主武器系统合法性的相关性，本章第二节首先厘清国际人道法和国际人权法之间的关系，并且进一步考察生命权是否适用于自主武器系统的合法性评估，以及涉及的争议的具体方面是什么，等等。本章第三节重点考察自主武器系统使用武力时，应在多大程度上考量人格尊严的问题。本章第四节围绕自主武器系统所引发的"问责真空"与其合法性之间的联系进行阐述。尤其是针对问责真空是否是导致自主武器系统非法的直接因素，以及在现行制度下是否有更进一步的解决方案等问题进行说明，批判性地考察上述关于自主武器系统合法性问题的国际法原则和规则的相关性、说服力。

---

① See Christof Heyns, "Report of the Special Rapporteur on Extrajudicial, Summary or Arbitrary Executions", A/HRC/23/47, Apr. 9, 2013, para. 77; Human Rights Watch and International Human Rights Clinic, "Mind the Gap. The Lack of Accountability for Killer Robots", Apr. 9, 2015; ICRC, "Ethics and Autonomous Weapon Systems: An Ethical Basis for Human Control?", U. N. Doc. CCW/GGE.1/2018/WP. 5, Mar. 29, 2018, para. 33; Elke Schwarz, "Delegating Moral Responsibility in War: Lethal autonomous Weapon Systems and the Responsibility Gap", in Hannes Hansen – Magnusson and Antje Vetterlein eds., "The Routledge Handbook on Responsibility in International Relations", Routledge, 2022, pp. 177 – 191.

本章第五节总结上述讨论，并就自主武器系统内在的合法性提出结论性意见。

第一节　国际人道法下自主武器系统的合法性

自主武器系统既可以作为武器或作战手段，也可以作为作战方法。"武器""作战手段""作战方法"的提法出现在 1977 年《第一附加议定书》第 35 条和第 36 条的规定中。一般认为，作战手段指代广义的武器，而作战方法指武器的使用方式。[①] 但作战方法并不局限于使用武器的方法，还可以包括恐怖袭击、饥饿[②]、背信弃义[③]等方法。作战方法不仅包括使用武器的方法和方式，也包括任何具体的、战术性的或战略性地进行敌对行动的方法，这些方法与武器没有特别的联系，并且旨在压倒和削弱敌人。[④] 例如，自主网络武器既可以作为武器，也可以作为作战方法。[⑤] 国际人道法下，冲突各方选择武器、作战手段或作战方法的权利不是无限制的。国际人道法是基于军事必要性与人道原则之间平衡的产物。冲突各方也有义务遵

[①] ICRC, "A Guide to the Legal Review of New Weapons, Means and Methods of Warfare: Measures to Implement Article 36 of Additional Protocol I of 1977", 2006, p. 9; Bill Boothby, "Weapons Law, Weapon Reviews and New Technologies", in James Gow et al. eds., "Routledge Handbook of War, Law and Technology", Routledge, 2021, p. 22.

[②] 参见 1977 年《第一附加议定书》第 54 条第 1 款；1977 年《第二附加议定书》第 14 条。

[③] 参见 1977 年《第一附加议定书》第 37 条。

[④] Marco Sassòli, "Antoine Bouvier and Anee Quintin, How Does Law Protect in War? Vol I: Outline of International Humanitarian Law", ICRC, 3rd edn., 2011, p. 280.

[⑤] See Jeffrey T. Biller and Michael N. Schmitt, "Classification of Cyber Capabilities and Operations as Weapons, Means, or Methods of Warfare", International Law Studies, Vol. 95, 2019, pp. 179 - 225.

守适用于武装冲突的国际法规则。① 因此，冲突各方可以选择自主武器系统作为作战手段或作战方法，但这种"选择"受到国际人道法基本原则的限制。本节将重点探讨自主武器系统作为武器的合法性。诸如"禁止使用引起过分伤害或不必要痛苦性质的武器""禁止使用不分皂白的武器""马尔顿条款"等适用于评估武器合法性的基本原则，能否切实地起到限制或者禁止自主武器系统的作用，有待商榷。

一、禁止使用引起过分伤害或不必要痛苦性质的武器

（一）"禁止使用引起过分伤害或不必要痛苦性质的武器"的法律渊源

"禁止使用引起过分伤害或不必要痛苦性质的武器"是国际人道法下的基本原则之一。这一原则可以追溯到1868年《圣彼得堡宣言》。该《宣言》指出，"各国在战争期间应努力实现的唯一合法目标是削弱敌人的军事力量……为此目的，使人丧失能力就足够了……如果使用武力超出这个目标，则会过分加重人的痛苦，或使他们的死亡不可避免……将违反国际人道法"。该条款设置的目的主要是为了保护战斗员。1899年、1907年的海牙和平会议为管制武器提供了新的国际法框架，但仍然延续了1868年《圣彼得堡宣言》的规定。1977年《第一附加议定书》第35条第2款对这一原则作出了更详尽的表述，即"禁止使用引起过分伤害和不必要痛苦性质的武器、投射体和物质及作战方法"②。相较而言，1868年《圣彼得堡宣言》和1899年

---

① Yves Sandoz, Christophe Swinarski and Bruno Zimmermann eds., "Commentary on the Additional Protocols of 8 June 1977 to the Geneva Conventions of 12 August 1949", Martinus Nijhoff Publishers, 1987, para. 1389.

② Article 35 (2) of Protocol Additional to the Geneva Conventions of 12 August 1949, and relating to the Protection of Victims of International Armed Conflicts (Protocol I), 8 June 1977, reads, "It is prohibited to employ weapons, projectiles and material and methods of warfare of a nature to cause superfluous injury or unnecessary suffering".

《海牙第二公约》仅针对作战手段（武器）；1977年《第一附加议定书》第35条规定增加了作战方法。此外，国际法院在"关于威胁使用或使用核武器的合法性的咨询意见"案中，将"禁止使用引起过分伤害或不必要痛苦性质的武器"与区分原则共同视为国际人道法的基本原则。① "禁止使用引起过分伤害或不必要痛苦性质的武器"属于习惯国际法原则，同时适用于国际性武装冲突和非国际性武装冲突。② 在保护对象上并不局限于战斗员，也包括平民。③

（二）"禁止使用引起过分伤害或不必要痛苦性质的武器"适用的局限性

从自主武器系统的设计目的和作用效果考虑，"禁止使用引起过分伤害或不必要痛苦性质的武器"这一原则并不能够起到禁止自主武器系统的作用。虽然，禁止使用引起过分伤害或不必要痛苦性质的武器已被接受为习惯国际法，但对其内容以及适用仍存在不一致的解释和做法。1899年《海牙第二公约》第23条第5项的规定是非常模糊的。④ 该条款没有列出所禁止的武器类型，也没有指明导致武器非法的具体性质是什么。例如，2008年《集束弹药公约》⑤ 第2条第2款

---

① The Legality of the Threat or Use of Nuclear Weapons, Advisory Opinion, I. C. J Reports (1996), para. 78.

② Rule 70 says, "The use of means and methods of warfare which are of a nature to cause superfluous injury or unnecessary suffering is prohibited". Jean-Marie Henckaerts and Louise Doswald-Beck, "Customary International Humanitarian Law, Vol. 1: Rules", Cambridge University Press, 2005, p. 237; ICTY, Prosecutor v. Tadić, Decision on the defence motion for interlocutory appeal on jurisdiction (Case No. IT-94-1), Oct. 2, 1995, para. 127.

③ The Legality of the Threat or Use of Nuclear Weapons, Advisory Opinion, I. C. J Reports 1996, Dissenting Opinion of Judge Shahabuddeen, p. 403.

④ Antonio Cassese, "Weapons Causing Unnecessary Suffering: Are They Prohibited?", in Paola Gaeta and Salvatore Zappalà eds., "The Human Dimension of International Law: Selected Papers of Antonio Cassese", Oxford University Press, 2008, p. 195.

⑤ 截至2024年6月，2008年《集束弹药公约》共有112个缔约国。

第 1 项规定,"'集束弹药'是指设计用于散射或发放每颗重量在 20 千克以下的爆炸性子弹药的一种常规弹药,包括爆炸性子弹药",但"设计用于散发照明弹、烟雾、烟火剂或金属箔片的弹药或子弹药",以及"设计专用于防空的弹药"等不在集束弹药范围之列。[1] 该条款是基于武器的"设计目的"判定集束弹药的范围。在同一公约体系下,2008 年《集束弹药公约》第 2 条第 2 款第 3 项排除了"产生大片滥杀滥伤效果及未爆子弹药构成的危险的弹药"。这是采用"效果原则"的标准限定集束弹药的范围。1980 年《特定常规武器公约》所附的《关于无法检测的碎片的议定书》也使用了类似的方法,《关于无法检测的碎片的议定书》规定"禁止使用任何其主要作用在于以碎片伤人而其碎片在人体内无法用 X 射线检测的武器"[2]。《关于无法检测的碎片的议定书》使用了"主要作用",这与"效果原则"标准相类似。不过,整体而言,1980 年《特定常规武器公约》所附的议定书几乎采用"设计目的"的方法判断武器的性质。例如,《禁止或限制使用地雷、诱杀装置和其他装置的议定书》第 3 条第 3 款规定:"禁止在任何情况下使用设计成或性质为造成过度杀伤或不必要痛苦的任何地雷、诱杀装置或其他装置。"1995 年《关于激光致盲武器的议定书》也采用了"设计目的"的方法。[3] 目前,对某一武器或作战方法的具体性质,并没有相对一致的判定方法。

红十字国际委员会发起的"过分伤害或不必要痛苦"研究项目采用通过武器使用的效果,判断武器是否属于引起过分伤害或不必要痛苦性质的武器。这一项目侧重于描述常规武器的效果,收集了武装冲

---

[1] 参见 2008 年《集束弹药公约》第 2 条第 2 款规定。

[2] Protocol on Non-Detectable Fragments (Protocol I), Geneva, 10 October 1980, which prohibits "to use any weapon the primary effect of which is to injure by fragments which in the human body escape detection by X-rays".

[3] 参见 1995 年《关于激光致盲武器的议定书》第 1 条规定。

突中使用武器所造成效果的数据,如患病率、死亡率。① 红十字国际委员会通过评估这些数据指出,属于引起过分伤害或不必要痛苦性质的武器类型包括:能够导致人体特殊功能永久丧失的武器,能够导致人类毁容的武器;以及造成人类非正常心理状态的武器等。但红十字国际委员会的推论因没有考虑到军事利益而受到批评。② 军事利益或军事优势的评估通常是一项复杂的任务。在"关于威胁使用或使用核武器的合法性的咨询意见"案中,国际法院将"过分伤害或不必要痛苦"的检验标准定义为"大于为实现合法军事目标而不可避免的伤害"。③ 对此,穆罕默德·沙哈布丁法官提出了不同意见。穆罕默德·沙哈布丁法官认为,各国权衡时,应该遵循的指导方针是"公众良心"。依据"公众良心",使用核武器造成的痛苦是不可接受的,无论核武器的使用会带来多么大的军事优势。④ 克里斯托弗·韦拉曼特里法官通过描述使用核武器所造成物理、环境的负面影响,指出使用核武器将超出战争的目的。⑤ 但核武器大国持有不同的立场。例

---

① 红十字国际委员会发起的"SIrUS"项目全称为"Superfluous Injury or Unnecessary Suffering",该项目旨在使"过分伤害或不必要痛苦"这一法律概念具有客观性,促进对武器合法性的审查。See Robin M. Coupland eds., "The SIrUS Project: Towards a Determination of Which Weapons Cause 'Superfluous Injury or Unnecessary Suffering'", ICRC, 1997; see also Robin Coupland and Peter Herby, "Review of the Legality of Weapons: A New Approach the SIrUS Project", International Review of the Red Cross, Vol. 81, No. 835, 1999, pp. 583 – 592.
② M. N. Schmitt, "Military Necessity and Humanity in International Humanitarian Law: Preserving the Delicate Balance", Virginia Journal of International Law, Vol. 50, No. 4, 2010, pp. 795 – 839.
③ The Legality of the Threat or Use of Nuclear Weapons, Advisory Opinion, I. C. J Reports 1996, para. 78.
④ The Legality of the Threat or Use of Nuclear Weapons, Advisory Opinion, I. C. J Reports 1996, Dissenting Opinion of Judge Shahabuddeen, pp. 402 – 403.
⑤ The Legality of the Threat or Use of Nuclear Weapons, Advisory Opinion, I. C. J Reports 1996, Dissenting Opinion of Judge Weeramantry, pp. 450 – 473, 498.

第二章　自主武器系统的合法性

如，俄罗斯①、美国②、英国③等国认为，"禁止使用引起过分伤害或不必要痛苦性质的武器"这一原则不适用于核武器。俄罗斯指出，禁止核武器必须有具体的条约，但是在当时并没有。④ 可以推断的是，将"禁止使用引起过分伤害或不必要痛苦性质的武器"原则用于判定自主武器系统的合法性，有可能像核武器的讨论一样陷入两难境地。尽管一国作出承诺，表明不研发和使用全自主武器系统，但在国家生死存亡之际，仍会做出现实的选择。

"禁止使用引起过分伤害或不必要痛苦性质的武器"这一原则并不明确，也极具争议。这一禁令涉及的是造成伤害和痛苦的武器的"性质"，但对于如何认定"性质"缺乏一致的意见。自主武器系统的主要特性体现在识别、选择和攻击目标方面的自主性，无论是从设计目的或是作用效果考虑，与过分伤害和不必要痛苦并不存在直接的因果联系。出于类似的考量，1977 年《第一附加议定书》第 35 条第 3 款的规定，即与环境保护相关的规则与自主武器系统也不太相关。⑤ 此外，参照各国对核武器的分析逻辑和处理方式，可以发现"禁止使用引起过分伤害或不必要的痛苦性质的武器"不是一项绝对

---

① "Letter dated 19 June 1995 from the Ambassador of the Russian Federation, together with Written Comments of the Government of the Russian Federation", Jun. 19, 1995, pp. 12–14.

② "Letter dated 20 June 1995 from the Acting Legal Adviser to the Department of State, together with Written Statement of the Government of the United States of America", Jun. 20, 1995, pp. 28–29.

③ "Letter dated 16 June 1995 from the Legal Adviser to the Foreign and Commonwealth Office of the United Kingdom of Great Britain and Northern Ireland, together with Written Comments of the United Kingdom", Jun. 16, 1995, pp. 51–52.

④ "Letter dated 19 June 1995 from the Ambassador of the Russian Federation, together with Written Comments of the Government of the Russian Federation", Jun. 19, 1995, p. 14.

⑤ See Bill Boothby, "Weapons Law, Weapon Reviews and New Technologies", in James Gow et al. eds., "Routledge Handbook of War, Law and Technology", Routledge, 2021, p. 34.

的原则；即便这一原则是习惯国际法，也不能直接适用于所有的武器类型，或者直接导致某一种武器类型变得非法。因此，这一原则能否直接否定自主武器系统的合法性，还要结合未来各国的立场实践进行考察。

二、禁止使用不分皂白的武器

（一）"禁止使用不分皂白的武器"的法律渊源

"禁止使用不分皂白的武器"是国际人道法的基本原则之一，也被认为是习惯国际法。① 1977 年《第一附加议定书》规定，在国际性武装冲突中，禁止使用"具有无区别地打击军事目标和平民或民用物体的性质"的作战手段和作战方法。② 这一规则设置的目的是保护平民。1998 年《国际刑事法院罗马规约》关于战争罪的规定中也重申了这一禁令。③ 这一原则也出现在一些军事手册文书当中。例如，1994年《圣雷莫国际海上武装冲突法手册》第 42 条就规定"禁止不分皂白的作战方法和作战手段"。许多国家的军事手册中也都有规定，这包括未加入 1977 年《第一附加议定书》的国家。④ 美国未加入 1977年《第一附加议定书》，但《美国战争法手册》规定了禁止使用具有滥杀滥伤或不分皂白性质的武器。在美国国防部看来，天生具有滥杀滥伤性质的武器属于无法依照区分原则和比例原则进行使用的武器。此类武器包括专门设计用于攻击平民的武器，以及使用时必

---

① Rule 71 says, "The use of weapons which are by nature indiscriminate is prohibited". Jean-Marie Henckaerts and Louise Doswald-Beck, "Customary International Humanitarian Law, Vol. II", Cambridge University Press, 2005, p. 244.

② 参见 1977 年《第一附加议定书》第 51 条第 4 款规定。

③ 参见 1998 年《国际刑事法院罗马规约》第 8 条第 2 款第 2 项第 20 目规定。

④ For instance, Australian Defence Headquarters, "The Manual of the Law of Armed Conflict", Australian Defence Doctrine Publication 06.4, May 11, 2006, para. 4.5 (Indiscriminate weapons); U.S. Department of Defence, "Law of War Manual", June, 2015, updated July, 2023, § 6.7.

然会造成与预期获得的军事优势相比过分的附带损害的武器。① 中国没有类似的军事手册，但中国已公开表示支持"禁止使用不分皂白的武器"这一原则。在 2002 年举行的《特定常规武器公约》缔约国第二次审查会议上，中国代表沙祖康先生表示，"禁止使用造成滥杀滥伤或极度痛苦的作战手段和作战方法已成为国际社会普遍接受的准则"②。

此外，在非国际性武装冲突中，同样禁止使用不分皂白的武器。例如，1996 年《禁止或限制使用地雷、诱杀装置和其他装置的议定书》适用于非国际性武装冲突③，该条约明确禁止"使用一种不可能对准特定军事目标的投送方法或手段"④。"禁止使用不分皂白的武器"源于国际人道法下的区分原则和比例原则。任何攻击都应当遵照区分原则和比例原则进行。如果武器自身具有不分皂白的性质，在使用时很可能将违反区分原则和比例原则的要求，那么此类武器将面临被国际人道法禁止的风险。

（二）"禁止使用不分皂白的武器" 原则适用的局限性

需要明确的是，"禁止使用不分皂白的武器"作为国际人道法原则，难以用来直接否定自主武器系统的合法性，或者作为禁止自主武器系统的依据。如前所述，该原则主要体现在 1977 年《第一附加议定书》第 51 条之中。需要强调的是，1977 年《第一附加议定书》适用于国际性武装冲突，这表示针对该条约相关术语的解释的适用情形

---

① U. S. Department of Defence, "Law of War Manual", June, 2015, updated July, 2023, § 6.7.

② China, "Statement at the Second Review Conference of States Parties to the Convention on Certain Conventional Weapons", UN Doc. CCW/CONF. II/SR. 2, Jan. 16, 2002, para. 41.

③ 参见 1996 年《禁止或限制使用地雷、诱杀装置和其他装置的议定书》第 1 条第 2 款规定。

④ 参见 1996 年《禁止或限制使用地雷、诱杀装置和其他装置的议定书》第 3 条第 8 款规定。

是有限的。特别是关于"攻击"的理解。自主武器系统作为作战手段，可以直接发起攻击。例如，用于边境防御的自主武器系统，也可以属于1977年《第一附加议定书》第49条所明确的攻击的范畴。[①] 自主武器系统识别、选择和攻击目标是否均属于攻击的范畴，将直接影响"禁止使用不分皂白的武器"这一原则的适用。目前，各方对什么构成"攻击"缺乏相对一致的认识。美国向《特定常规武器公约》政府专家组提交的《关于自主武器系统实施国际人道法方面》报告中曾指出，区分原则、比例原则等国际人道法原则针对的是自主武器系统的攻击阶段，不包括自主武器系统的发射或激活阶段。单次的射击构成攻击的一部分，但仅仅激活自主武器系统不构成攻击。[②] 然而，应当注意的是，仅依据1977年《第一附加议定书》判定自主武器系统的法律地位必将受到条约本身的限制。自主武器系统的固有特性是自主性。在实际操作中，识别、选择和攻击目标看似独立，其实为了同一个任务目标而工作，所以更适宜将其视为攻击行为的连续体。

"禁止使用不分皂白的武器"与区分原则、比例原则联系紧密，但不能据此直接主张自主武器系统应当被禁止。主张禁止自主武器系统的国家和学者的理由是，自主武器系统不能区分战斗员、平民和民用物体等。[③] 这些理由往往是将自主武器系统与生物武器、化学武器

---

① 1977年《第一附加议定书》第49条第1款规定："'攻击'是指不论在进攻或防御中对敌人的暴力行为。"

② "Implementing International Humanitarian Law in the Use of Autonomy in Weapon Systems", submitted by the United States of America, CCW/GGE. 1/2019/WP. 5, Mar. 28, 2019, para. 4.

③ For example, Noel Sharkey, "Saying 'No!' to Lethal Autonomous Targeting", Journal of Military Ethics, Vol. 9, No. 4, 2010, pp. 369 – 383; Human Rights Watch, "Losing Humanity: The Case Against Killer Robots", Nov. 19, 2012, pp. 30 – 32; PAX, "Stop Killer Robots While We Still Can", Feb. 26, 2014. Thompson Chengeta, "Measuring Autonomous Weapon Systems against International Humanitarian Law Rules", Journal of Law and Cyber Warfare, Vol. 5, No. 1, 2016, pp. 66 – 146.

相等同,因为生物武器、化学武器不能够满足国际人道法下的区分原则和比例原则的要求。使用生物武器和化学武器的后果往往是无法控制和不可预测的,这种行为本身没有完全地区分战斗员和非战斗人员。① 因此,此类观点认为自主武器系统应当同生物武器和化学武器一起受到谴责;作为作战手段,自主武器系统是否具备足够强的识别、区分能力,以及能否符合比例原则的要求令人怀疑。② 在武装冲突中,如果战斗员不穿制服或不佩戴徽章,那么自主武器系统需要通过战斗员的肢体动作、行为、动机等来判定此类人员是否直接参与敌对行动,这其实是非常具有挑战性的。再如,在反恐行动中,恐怖分子极易通过隐蔽其身份或利用自主武器系统的技术缺陷,来误导或欺骗这些系统。③ 基于此,自主武器系统因其可能无法在作战中有效地履行区分原则而受到质疑。

事实上,即便自主武器系统有潜在的能力缺陷,也不足以支持国际社会对其施加禁令;与此同时,不能忽略自主武器系统能够带来的作战优势。美国曾指出,自主武器系统更精准、更有效,能够降低其对平民、民用物体等造成的附带损害。④ 因为自动目标识别、跟踪、选择和交战等技术使自主武器系统能够更准确地识别、选择和攻击目标。⑤ 俄罗斯也认为,自主武器系统能够在动态的作战环境中运行,

---

① UN General Assembly, Res. 2603 A (XXIV).
② "China's Position Paper", CCW/GGE. 1/2018/WP. 7, 11 Apr. 11, 2018, p. 2, para. 3.
③ Armin Krishnan, "Killer Robots: Legality and Ethicality of Autonomous Weapons", Ashgate Publishing Limited, 2009, p. 4.
④ U.S. Department of Defence, "Law of War Manual", June, 2015, updated July, 2023, § 6.5.9.2; "Humanitarian Benefits of Emerging Technologies in the Area of Lethal Autonomous Weapon Systems", submitted by the United States of America, CCW/GGE. 1/2018/WP. 4, Apr. 3, 2018, para. 5.
⑤ "Humanitarian Benefits of Emerging Technologies in the Area of Lethal Autonomous Weapon Systems", submitted by the United States of America, CCW/GGE. 1/2018/WP. 4, Apr. 3, 2018, para. 26.

并且能够确保识别目标的准确性，这符合国际人道法的要求。① 另外，自主武器系统没有人类固有的弱点，能够显著地减少因操作人员失误、精神或身体状态、道德、宗教和伦理方面产生的负面影响。② 德国虽然反对自主武器系统，但也不否认自主武器系统在一定程度上有助于更好地履行国际人道法，减少战争所带来的不利影响，加强对平民的保护。③ 可见，自主武器系统虽然会对国际人道法下的区分原则等构成挑战，但如果能够充分利用它们的技术优势则可以更好地履行这些原则。在许多较为特殊的战斗区域中，比如无人居住地区、公海等，进行大规模机械化战斗，所触发的区分原则问题并不显著。所以，在这些平民稀少的环境中使用自主武器系统，一般不会对区分原则的履行产生严重负面影响。但在城市或平民聚集的地方较大规模地使用自主武器系统，将会对区分原则、比例原则、预防措施等原则的义务履行构成一定的挑战。

再者，"禁止使用不分皂白的武器"这一原则性要求不能直接说明自主武器系统是非法的，该原则的适用始终取决于具体情形。当然，本书不排除随着技术进步，未来自主武器系统能够满足国际人道法基本原则的要求，但由于时间跨度较长且存在不确定性，技术未来道德如何不在本书的讨论范围。值得思考的问题是，自主武器系统与具备滥杀滥伤性质的武器（如化学武器、生物武器）结合在一起应当如何定性？如果给自主武器系统配备生物武器，那么这个

---

① "Potential Opportunities and Limitations of Military Uses of Lethal Autonomous Weapons Systems", submitted by the Russian federation, CCW/GGE. 1/2019/WP. 1, Mar. 15, 2019.

② "Working Paper of the Russian Federation 'Application of International law to Lethal Autonomous Weapons Systems (LAWS)'", submitted by the Russian Federation, July, 2022.

③ "Statement by Germany—On Agenda Item 5 (d) Characterization of the Systems Under Consideration in Order to Promote A Common Understanding on Concepts and Characteristics Relevant to the Objective and Purpose of the Convention", Mar. 25, 2019.

"结合体"属于具有不分皂白性质的武器。然而，不分皂白或滥杀滥伤的特性是由生物武器这一部分所引发的。自主武器系统可以通过人工智能技术不断提高其识别、攻击目标的准确度和有效性。① 当自主武器系统使得"结合体"发挥更精准的攻击作用时，其是否还属于应当被禁止使用的武器？这一问题有待更多的事实资料和法律实践加以证明。

三、"马尔顿条款"

"马尔顿条款"往往扮演着剩余规则的功能。国际法在很大程度上作为一种禁令体系运作，并没有规定多少许可规则，可以说，不被禁止的都是允许的。这是"荷花号"案中经常被援引的判决意见。② 国家的权利源于其固有的主权。③ 但应当注意的是，"荷花号"案主要涉及刑事管辖权的分配④。换言之，"国际法不禁止即为允许"这一原则的适用主要体现在诉讼程序中。另外，"荷花号"案的背景发生在和平时期，这与国际人道法适用的武装冲突背景相

---

① "Implementing International Humanitarian Law in the Use of Autonomy in Weapon Systems", submitted by the United States of America, CCW/GGE.1/2019/WP.5, Mar. 28, 2019, para. 6.

② In Case of the S.S. "Lotus", the PCIJ made a very influential reasoning that, "international law governs relations between independent States. The rules of law binding upon States therefore emanate from their own free will as expressed in conventions or by usages generally accepted as expressing principles of law and established in order to regulate the relations between these co-existing independent communities or with a view to the achievement of common aims. Restrictions upon the independence of States cannot therefore be presumed". Permanent Court of International Justice, S.S. Lotus (France v. Turkey), Judgment of 7 September 1927, p. 18.

③ Gerald Fitzmaurice, "The Law and Procedure of the International Court of Justice", Grotius Publications, 1986, pp. 138–140.

④ Louis Henkin, "International Law: Politics, Values and Functions", Recueil des cours de l'Académie de droit international, Vol. 216, 1989, pp. 278–279.

去甚远。① 因此，援引"荷花号"案用以论证自主武器系统是合法的，是欠缺说服力的。在没有明确规则禁止或允许某项行动时，国际法提供了可供参考适用的规则；② 当没有明确的规则禁止或允许某一行为时，剩余规则将发挥作用。③ 目前，国际人道法没有对自主武器系统施加明确的禁令和限制，但自主武器系统的合法性仍可以通过"马尔顿条款"进行评估考察。

（一）"马尔顿条款"的基本含义

"马尔顿条款"起源较早，用于规范不断发展的武器技术。1899年，俄罗斯的外交官兼国际法律师费奥多尔·费奥多罗维奇·马尔顿提出了"马尔顿条款"，并且该条款被纳入1899年《海牙第二公约》的序言之中。"马尔顿条款"的具体含义是，"在颁布更完整的战争法规之前，缔约各国认为有必要声明，凡属他们通过的规章中所没有包括的情况，居民和交战者仍应受国际法原则的保护和管辖，因为这些原则是来源于文明国家间制定的惯例、人道主义法规和公众良知的要求"④。在没有可适用的国际法规则的情况下，平民和交战者仍受国际法原则的保护和管辖。这些原则来自文明国家之间确立的惯例，来自人道法和公众良心要求。"马尔顿条款"极具影响力，在之后的条约

---

① ICJ, The Legality of the Threat or Use of Nuclear Weapons, Advisory Opinion, I. C. J Reports 1996, Dissenting Opinion of Judge Weeramantry, p. 495.

② An Hertogen, "Letting Lotus Bloom", European Journal of International Law, Vol. 26, No. 4, 2015, p. 912.

③ An Hertogen, "Letting Lotus Bloom", European Journal of International Law, Vol. 26, No. 4, 2015, p. 917.

④ The original text of the preamble of the 1899 Hague Convention II on the Laws and Customs of War on Land read as follows, "until a more complete code of the laws of war is issued, the High Contracting Parties think it right to declare that in cases not included in the Regulations adopted by them, populations and belligerents remain under the protection and empire of the principles of international law, as they result from the usages established between civilized nations, from the laws of humanity and the requirements of the public conscience".

中不断被重申,例如,在1907年《海牙第四公约》序言,1977年《第一附加议定书》第1条第2款,1980年《特定常规武器公约》序言第五段中均可见此内容。"马尔顿条款"是解决军事技术飞速发展问题的有效手段。[1]

(二)"马尔顿条款"功能上的局限性

"马尔顿条款"可以在国际人道法下发挥剩余规则的功能,但这一功能也限制了其在规范自主武器系统方面的作用。学界对于"马尔顿条款"的功能仍存有争议。一种观点认为,"马尔顿条款"适用于所有的国际人道法领域,包括评估武器、作战手段或作战方法的合法性。"马尔顿条款"作为习惯国际法规则能够用于评估作战手段和作战方法的合法性,已经得到国际法院的认可。"马尔顿条款"在一定程度上避免了法律不明,说明未被条约禁止的武器和行为不一定是合法的。[2] 不过,也有观点反对夸大"马尔顿条款"的功能和意义。例如,安东尼奥·卡塞斯就反对将"人道原则"和"公众良心要求"视为独立的国际法渊源。[3] "马尔顿条款"可以在解释层面发挥作用,也可以说,国际人道法规则的解释应符合人道原则和公众良心要求。[4] 剩余规则可以作为一个有效的法律论据,但在大多数情况下被置于其他可适用的法律原则和规则之后。[5] "马尔顿条款"作为一项剩余规则亦是如此,即在没有其他原则和具体的规定可以适用的情况下,才能够被援用。

---

[1] Legality of the Threat or Use of Nuclear Weapons, Advisory Opinion, I. C. J. Reports 1996, p. 226, para. 78.

[2] Theodor Meron, "The Martens Clause, Principles of Humanity, and Dictates of Public Conscience", American Journal of International Law, Vol. 94, No. 1, 2000, pp. 87 – 88.

[3] Antonio Cassese, "The Martens Clause: Half a Loaf or Simply Pie in the Sky", European Journal of International Law, Vol. 11, No. 1, 2000, p. 208.

[4] Antonio Cassese, "The Martens Clause: Half a Loaf or Simply Pie in the Sky", European Journal of International Law, Vol. 11, No. 1, 2000, pp. 212 – 213.

[5] Robert Kolb, "Theory of International Law", Bloomsbury Publishing, 2016, p. 232.

因而，并非所有的作战手段和作战方法都应当根据"马尔顿条款"进行判断。在"关于威胁使用或使用核武器的合法性的咨询意见"案中，俄罗斯提交照会意见指出，"马尔顿条款"不适用评估核武器的合法性。因为已经有了更完整的条约条款提供限制。① 英国持有相类似的观点。缺乏有关核武器的具体条约不足以证明使用核武器合法，但"马尔顿条款"本身也不能证明核武器是非法的。② 虽然，有不少国家和组织主张"马尔顿条款"适用于自主武器系统的合法性讨论，但也应当注意到"马尔顿条款"内在功能上的局限性。"马尔顿条款"旨在涵盖国际人道法尚未管制的所有情况，这也使得"荷花号"案所衍生出的"国际法不禁止即为允许"原则不再适用。如果某一作战手段或作战方法是不人道的，与公众良心不相容，那么不能因为没有明确的禁止性规定就允许它的合法存在。③ 另外，"公众良心"这一概念相对而言过于模糊，很难借由"马尔顿条款"进行解释以否定自主武器系统的合法性。不过，"马尔顿条款"的存在可以作为一项提醒，即自主武器系统自身的合法性是受质疑的，它们的研发和使用也并非完全不受限制。

第二节 自主武器系统与生命权

在武装冲突背景下，战斗员因为其身份的特殊性，可以将其作

---

① "Letter dated 19 June 1995 from the Ambassador of the Russian Federation, together with Written Comments of the Government of the Russian Federation", June 19, 1995, p. 13.

② "Letter dated 16 June 1995 from the Legal Adviser to the Foreign and Commonwealth Office of the United Kingdom of Great Britain and Northern Ireland, together with Written Comments of the United Kingdom", June 16, 1995, p. 48.

③ Mary Ellen O'Connell, "Historical Development and Legal Basis", in Dieter Fleck ed., "The Handbook of International Humanitarian Law", Oxford University Press, 3rd edn., 2013, p. 34.

为合法的军事目标而被自主武器系统剥夺生命。但是，并不能由此推断出国际人道法允许自主武器系统进行杀戮或剥夺生命。当自主武器系统以人为目标发起攻击时，识别、选择和攻击该人类目标的行为过程也应在符合国际法的前提下才能进行。否则，自主武器系统剥夺生命的行为不仅违反国际人道法，还可能构成对生命权的侵犯。值得注意的是，自主武器系统识别、选择目标的参数和数据，很可能是在自主武器系统正式部署前就被程序员和工程师拟定好了。假设自主武器系统在攻击目标前就存在违法的参数标准和操作，那么无论自主武器系统在什么情况下使用，都可能引发非法后果。人工智能技术的飞速发展已经使自主武器系统具备能够作出使用武力决策的能力。国际人权法、国际人道法和国际刑法有着相类似的原则，保护着共同的利益。关于自主武器系统的合法性讨论中，生命权应当被给予更多的关切。本节选取与自主武器系统相关的生命权进行分析，主要围绕两个问题进行分析：一是生命权的可适用性，即在讨论自主武器系统的合法性时是否应考虑生命权的影响；二是如果可以，应如何评估生命权对自主武器系统合法性的影响。为此，本节将分为三个主要部分：一是分析生命权的含义和法律基础；二是从各国对国际人权法适用问题的立场和观点出发，探讨生命权在自主武器系统合法性评估中的适用性；三是针对武装冲突背景，研究自主武器系统对人使用武力时是否违反生命权的问题。

一、生命权的法律渊源

（一）国际人权条约

条约体系下的生命权，通常理解为"禁止任意剥夺生命"。关于生命权的保护性规定，出现在很多人权法律文书当中，例如1950年《欧洲保障人权和根本自由公约》（简称1950年《欧洲人权公约》）第2条、1966年《公民权利及政治权利国际公约》第6条、1969年《美洲人权公约》第4条、1981年《非洲人权和民族权利宪章》第4

条、2004年《阿拉伯人权宪章》第5条等。这些条款都要求任何剥夺生命的行为都不能是任意的。

在界定何为"任意剥夺生命"时，需要从生命权所包含的义务性质着手解释。具体而言，上述条约条款几乎都要求缔约国尊重生命权，禁止直接侵犯生命权的行为；同时，也要求各缔约国采取积极的措施，以保护生命权免受侵犯。① 国家尊重并确保生命权是一项非常宽泛的消极义务，一般需要满足三个方面的要求：合法性、必要性和比例性。② 首先，合法性即剥夺生命的行为符合法律规定。1966年《公民权利及政治权利国际公约》第6条第1款规定："人人皆有天赋之生存权。此种权利应受法律保障。"这里的"法律"包括国际法和国内法。③ 人权理事会在其第36号一般性意见中申明，国家"在缺乏法律依据或不符合保护生命的法律和程序的情况下剥夺生命的行为通常是任意的"。④ 其次，必要性要求使用武力是在绝对必要的情况下。⑤ 最后，在国际人权法的语境中，比例性要求在使用武力的程度（致命、较不致命或不使用武力）与预期实现的合法的目标

---

① Niels Petersen, "Right to Life, International Protection", in Rüdiger Wolfrum ed., "Max Planck Encyclopedia of Public International Law, Vol. VI", Oxford University Press, 2012, para. 2.

② Human Rights Committee, "General Comment No. 36, Article 6: right to life", CCPR/C/GC/36, Sep. 3, 2019, para. 12; see also Diego Mauri, "Autonomous Weapons Systems and the Protection of the Human Person", Edward Elgar Publishing, 2022, p. 73.

③ 有学者，例如S. Casey-Maslen认为，《公民权利及政治权利国际公约》第6条第1款规定的法律指代国内法，不过更有普遍性的观点是既包括国内法也包括国际法。See S. Casey-Maslen, "The Right to Life under International Law: An Interpretative Manual", Cambridge University Press, 2021, p. 29; Human Rights Committee, "General Comment No. 36, Article 6: right to life", CCPR/C/GC/36, Sep. 3, 2019, para. 12.

④ Human Rights Committee, "General Comment No. 36, Article 6: right to life", CCPR/C/GC/36, Sep. 3, 2019, para. 11.

⑤ 参见1950年《欧洲保障人权和根本自由公约》第2条规定。

之间做出平衡。① 这里的比例性要求与国际人道法下的比例原则有些相似。

保护义务是积极义务。这意味着缔约国必须建立一个法律框架,确保所有个人充分享有生命权,并通过任何适当的法律或其他措施,保护生命免受一切可合理预见的威胁,包括来自个人和实体的威胁。② 如果出现"任意剥夺生命"的行为,缔约国还需对这些违法行为进行调查和问责。③ 1969 年《美洲人权公约》也要求缔约国积极地采取实现该《公约》所规定的权利所必需的立法或其他措施。④ 虽然,1969 年《美洲人权公约》没有说明缔约国有义务防止、调查和惩罚侵犯人权行为的所有情况,但明确了各缔约国具有采取积极保护措施的义务。在"委拉斯开兹·罗德里格斯诉洪都拉斯"案中,美洲人权法院曾指出,侵犯人权的行为本身不能直接归咎于国家。然而,如果一国没有尽职尽责地按照 1969 年《美洲人权公约》的要求采取措施,那么将违反该《公约》所规定的义务。⑤ 因此,孤立的违反生命权的事件或

---

① Baumgarten v. Germany, Comm. 960/2000, U. N. Doc. A/58/40, Vol. II, at 261 (HRC 2003), para. 9. 4.

② Human Rights Committee, "General Comment No. 36, Article 6: right to life", CCPR/C/GC/36, Sep. 3, 2019, para. 18; Niels Petersen, "Right to Life, International Protection", in Rüdiger Wolfrum ed. , "Max Planck Encyclopedia of Public International Law, Vol. VI", Oxford University Press, 2012; See also Frédéric Mégret, "Nature of Obligations", in Daniel Moeckli et al. eds. , "International Human Rights Law", Oxford University Press, 3rd edn. , 2018, p. 97.

③ Human Rights Committee, "General Comment No. 31, The Nature of the General Legal Obligation Imposed on States Parties to the Covenant", UN Doc. CCPR/C/21/Rev. 1/Add. 13, Mar. 29, 2004, para. 18.

④ 参见 1969 年《美洲人权公约》第 2 条规定。

⑤ I/A Court H. R. , Case of Velásquez Rodríguez v. Honduras, Merits, Judgment of July 29, 1988. Series C No. 4, para. 172. This judgment was originally published in Spanish by the Inter – American Court of Human Rights and is republished by the European Human Rights Advocacy Centre in English with the Court's permission, English translation: https://edld. ehrac. org. uk/case/velasquez – rodriguez – v – honduras/.

行为并不直接导致一国违反相关的条约义务。另外，1969 年《美洲人权公约》第 4 条第 1 款规定生命权应受法律保护。缔约国可以将这种保护延伸到可能影响双方行为的国家代理人和私人。总之，为了履行保护生命权的积极义务，缔约国应当采取必要的措施防止生命权受到侵犯；在发生侵犯生命权的行为时，审查其原因，并且予以补救，在必要时采取惩罚措施。[①] 除此之外，欧洲人权法院也在其判决不断地解释和指导缔约国如何履行 1950 年《欧洲人权公约》下的积极义务。在"布达耶娃等人诉俄罗斯"案中，由于俄罗斯当局未能采取实施土地规划和紧急救济措施保护位于厄尔布鲁士山附近的山区的居民免受泥石流的威胁，造成数人丧生。欧洲人权法院认为，1950 年《欧洲人权公约》第 2 条所包含的积极义务包含实质性和程序性两个方面。在实质性义务方面，俄罗斯未能履行其保护其管辖范围内人民生命的积极义务违反了 1950 年《欧洲人权公约》第 2 条；在程序性义务方面，俄罗斯在存在侵犯生命权行为的情况下缺乏适当的司法回应，这同样违反了 1950 年《欧洲人权公约》第 2 条的规定。[②] 需要强调的是，并非所有国家都加入了 1969 年《美洲人权公约》、1950 年《欧洲人权公约》等区域性人权条约。因而，上述判决解释并不具有普遍性。但不可否认的是，在平衡生命权与国家利益时，各国仍享有很大的自由裁量权。

（二）习惯国际法

禁止任意剥夺生命被认为是习惯国际法规则，并且达到了强行法

---

① Cecilia Medina Quiroga, "The American Convention on Human Right: Crucial Rights and Their Theory and Practice", Cambridge University Press, 2nd edition, 2017, p. 102.

② ECtHR, Budayeva and others v. Russian Federation, Merits, Applications Nos. 15339/02, 21166/02, 20058/02, 11673/02, 5343/02, Judgment, 20 March 2008, p. 42.

的地位。① 生命权作为一项个人权利，是固有的或者与生俱来的。一些区域性人权机构已明确承认生命权是一项习惯国际法规则。例如，非洲人权和人民权利委员会曾指出，"不被任意剥夺生命的权利被承认为习惯国际法的一部分"②。作为一项习惯国际法原则，一国同样有义务尊重其领土以外的个人的生命权。③ 习惯国际法之下禁止任意剥夺生命，这与条约下的消极义务相类似。

除上述外，在国内执法行动中，对生命权的保护更为严格和具体。1990 年《联合国执法人员使用武力和火器的基本原则》和 1979 年《联合国执法人员行为守则》提供了国内执法行业使用武力的具体指南。联合国人权高专办出版的《联合国关于执法中使用低致命武器的人权指导方针》明确执法人员使用武力应该遵循合法、谨慎、必要、相称、不歧视和问责原则。④ 这与国际人道法中的基本原则类似，但并不等同。《联合国执法人员使用武力和火器的基本原则》第 9 项原则规定了保护生命权的操作细则。根据该项原则，使用致命性武力应当是最后的选择，并且是为了自卫或保护他人的生命安全。联合国出台的指导原则规定得非常具体，也被各人权机构用于确定具体案件中使用武力的行为是否为任意的。不过，这些文件都是软法性质的，在适用上存在一定的局限性。

---

① "General Comment Adopted by the Human Rights Committee Under Article 40, Paragraph 4, of the International Covenant on Civil and Political Rights", CCPR/C/21/Rev. 1/Add. 6, Nov. 11, 1994, para. 8.

② African Commission on Human and Peoples' Rights, "General Comment No. 3 on the African Charter on Human and Peoples' Rights: The Right to Life (Article 4)", Nov. 18, 2015, p. 8, para. 5.

③ African Commission on Human and Peoples' Rights, "General Comment No. 3 on the African Charter on Human and Peoples' Rights: The Right to Life (Article 4)", Nov. 18, 2015, para. 14.

④ Office of the United Nations High Commissioner for Human Rights, "United Nations Human Rights Guidance on Less – Lethal Weapons in Law Enforcement", Advance Edited Version, United Nations, Geneva, 2020, pp. 4 – 7.

二、生命权对自主武器系统的可适用性

(一) 国际人权法对国际人道法的补充功能

国际人道法和国际人权法之间存在着许多根深蒂固的差异。① 前南刑庭预审分庭在"库纳拉茨等人"案中曾指出，这两种体系的首要不同在于"国家作为行为者的角色和地位完全不同"②。国际人权法本质上体现的是国家与个人之间的权利义务关系；国际人道法旨在限制战争行为，以减少其对敌对行动中受害者的影响。此外，国际人道法平等适用于并明确约束武装冲突的各方，相比之下，国际人权法一般只适用于所涉国家及其代理人。

二战后，国际人权法逐渐影响着国际人道法的发展，国际人道法也越来越多地受到国际人权法的影响。事实上，国际人道法与国际人权法经历了一个从分到合的演变过程。③ 起初，国际人道法独立发展，较早的例子可以追溯到1864年《改善战地军队伤员境遇公约》④；二战结束后，1948年《世界人权宣言》确立了人权法开始发展的起点。该文件宣布的权利后来被1966年《公民权利及政治权利国际公约》和1966年《经济、社会、文化权利国际公约》所编纂。与此同时，区域性的人权条约也随之不断发展，如1950年《欧洲人权公约》、1969年《美洲人权公约》和1981年《非洲人权和民族权利宪章》等。然而，在此之后

---

① Yoram Dinstein, "The Conduct of Hostilities under the Law of International Armed Conflict", Cambridge University Press, 4th edn., 2022, p. 32, para. 89.

② ICTY, Prosecutor v. Kunarac et al., Case No. IT-96-23-T& IT-96-23/1-T, Trial Chamber, Judgment, Feb. 22, 2001, para. 470.

③ See Hans-Peter Gasser, "The Changing Relationship Between International Criminal Law, Human Rights Law and Humanitarian Law", in Jose Doria et al. eds., "The Legal Regime of the International Criminal Court: Essays in Honour of Professor Igor Blischenko", Kluwer, 2009, pp. 1111-1117.

④ 1864年《改善战地军队伤员境遇公约》于1864年8月22日订于日内瓦，并被1906年《关于改善战地武装部队伤者和病者境遇的公约》和1929年《关于改善战地武装部队伤者病者境遇的日内瓦公约》改进和补充。

的 20 年间，国际人权法的编纂和国际人道法的发展仍然是在相互独立的情况下进行的。① 直至 1968 年 12 月 19 日，联合国在德黑兰召开的国际人权会议，使得国际社会意识到国际人道法和国际人权法之间的密切联系。② 该文件使用了"尊重武装冲突中的人权"这一标题强调对平民、战俘和战斗员的保护。这也使得联合国框架内，国际人权法成为国际人道法进一步发展的推动力。③ 1977 年《第一附加议定书》和 1977 年《第二附加议定书》明显突出了与国际人权法之间的联系。例如，适用于国际性武装冲突的 1977 年《第一附加议定书》主要涉及保护武装冲突的受难者和平民，其中第 72 条宣布国际人权法是在武装冲突中应受尊重的法律的辅助来源。此外，在"基本保证"的标题下，1977 年《第一附加议定书》第 75 条编纂了保护受武装冲突影响的人的人权。比如，针对任何因有关武装冲突的行动被逮捕、拘留或拘禁的人的保护，1977 年《第一附加议定书》第 75 条第 3 款与 1966 年《公民权利及政治权利国际公约》第 9 条④规定就非常相似。不仅如此，国际法院在判例中已经确认，国际人权法和国际人道法是相互补充的关系，在武装冲突期间国际人权法继续适用。⑤

---

① Robert Kolb, "The Relationship Between International Humanitarian Law and Human Rights Law: A Brief History of the 1948 Universal Declaration of Human Rights and the 1949 Geneva Conventions", International Review of the Red Cross, Vol. 38, No. 324, 1998, p. 409.

② "Respect for Human Rights in Armed Conflicts", Resolution 2444 (XXIII) of the United Nations General Assembly, Dec. 19, 1968.

③ Robert Kolb, "Human Rights and Humanitarian Law", in Rüdiger Wolfrum ed., "Max Planck Encyclopedia of Public International Law, Vol. IV", Oxford University Press, 2012, paras. 20 - 21.

④ 参见 1966 年《公民权利及政治权利国际公约》第 9 条第 2—4 款规定。

⑤ Legality of the Threat or Use of Nuclear Weapons, Advisory Opinion, I. C. J. Reports 1996, p. 226, para. 25; Legal Consequences of the Construction of a Wall in the Occupied Palestinian Territory, Advisory Opinion, I. C. J. Reports 2004, para. 106; Case Concerning Armed Activities on the Territory of the Congo (Democratic Republic of the Congo v Uganda), Judgment, I. C. J. Reports 2005, para. 216.

在此之前，人们通常认为，国际人权法和国际人道法有着不同的历史渊源、目标、适用范围和实施机制。① 从受害者权利保护角度看，国际人道法也承认国际人权法均适用于武装冲突情形。相应地，国际人权法对国际人道法有着辅助或补充作用。

（二）生命权与自主武器系统合法性评估的相关性

生命权与自主武器系统的合法性直接相关。以 1966 年《公民权利和政治权利国际公约》第 6 条为例，人权理事会在其所作的第 36 号一般性意见中指出，根据 1977 年《第一附加议定书》第 36 条，参与部署、使用、销售或购买现有武器以及研究、开发、获取或采用武器和作战手段或作战方法的缔约国应当始终考虑这些武器对生命权的影响。② 人权理事会指出，国际人权法能够评估自主武器系统的合法性问题，但没有直接表明自主武器系统是非法的。瑞士持有类似的观点。瑞士认为，武器的使用不仅受国际人道法的规制，同时也受到国际人权法对使用武力行为的限制。瑞士进一步指出，在研发、获取和使用自主武器系统时，国际人权法可以构成独立的法律义务。③ 然而，多数国家以国际人道法是特别法为由，反对依据国际人权法评估自主武器系统的合法性。英国就坚信现行的国际人道法体系足以评估任何潜存的自主武器系统的合法性。英国认为，国际人道法作为专门规范武器使用和发展的法律体系应被赋予首要地位；根据 1966 年《公民权利和政治权利国际公约》第 6 条对自主武器系统施加限制是不必要且无益的。④

---

① Vera Gowlland‑Debbas, "The Right to Life and the Relationship between Human Rights and Humanitarian Law", in C. Tomuschat et al. eds., "The Right to Life", Martinus Nijhoff Publishers, 2010, p. 126.

② Human Rights Committee, "General comment N. 36: Article 6, Right to life", CCPR/C/GC/36, Sep. 3, 2019, para. 65.

③ "Switzerland's Commentaries on draft General Comment No. 36", Oct. 3, 2017, para. 4.

④ "Comments of the Government of the United Kingdom of Great Britain and Northern Ireland on the General Comment No. 36", Oct. 6, 2017, para. 12.

加拿大和英国的看法类似。加拿大强调国际人道法是特别法，也是研究、开发、获取或采用新武器或武器系统的主要参考因素。① 丹麦拒绝接受人权理事会的建议。② 丹麦国防部在《丹麦武装部队在国际行动中的国际法军事手册》中明确表示，国际人权法不涉及武器的合法性问题。③ 与此同时，俄罗斯、法国、美国等反对人权理事会在《公民权利和政治权利国际公约》框架内讨论生命权与武器的合法性问题，这些观点远远超出了人权理事会的职权范围。④ 虽然，奥地利、挪威赞同国际人道法和国际人权法的平行适用，认同武器系统的研发和使用应考虑生命权问题，但在自主武器系统问题上，两国主张国际人道法仍然起着决定性作用。⑤ 奥地利、挪威以这种模棱两可的方式排除了生命权适用于规范自主武器系统的可能。其他国家，如德国⑥，仅表明会遵守国际人道法，规范新武器的研发和使用，但对生命权是否适用于自主武器系统合法性评估的问题表示沉默。

在联合国人权保护机制下，各国对国际人道法和国际人权法之间

---

① "Comments by the Government of Canada", Oct. 23, 2017, para. 22.

② "The Government of Denmark's General Observations on the Draft General Comment No. 36 on article 6 of the International Covenant on Civil and Political Rights—the right to life", Oct. 5, 2017.

③ Danish Ministry of Defence, "Military Manual on International Law Relevant to Danish Armed Forces in International Operations", Oct. 12, 2020, p. 368.

④ "Russia's Observations on Draft General Comment No. 36", para. 10; "The Government of France's comments on the Draft General Comment on Article 6 of the ICCPR, on the right to life", paras. 12–13; "Observations of the United States of America, On the Human Rights Committee's Draft General Comment No. 36 On Article 6: Right to Life", Oct. 6, 2017, para. 19.

⑤ See "Austrian Comments on the Draft General Comment on Article 6 of the ICCPR, on the right to life"; Norwegian Government, "Draft General Comment No. 36 on article 6 of the ICCPR on the Right to Life", https://www.ohchr.org/en/calls-for-input/general-comment-no-36-article-6-right-life.

⑥ "Submission from Germany on the draft General Comment on Article 6 of the International Covenant on Civil and Political Rights—Right to life", Oct. 6, 2017, para. 18.

的适用关系没有一致的意见。俄罗斯、法国、美国和英国等军事大国坚持将国际人道法作为特别法优先于国际人权法适用。这些国家对国际人权法和国际人道法关系所持的立场，也影响着其对自主武器系统的合法性评估的立场。然而，直接依赖于特别法与一般法的区分主张自主武器系统不属于生命权的分析对象是欠缺说服力的，这也与当前的发展趋势相左。如前所述，国际人权法和国际人道法之间的相互影响已经涉及很多方面。1949年"日内瓦四公约"共同第3条适用于国际性和非国际性武装冲突。按照俄罗斯、法国、美国和英国等国的观点，相对于1984年《禁止酷刑和其他残忍、不人道或有辱人格的待遇或处罚公约》（简称《禁止酷刑公约》）而言，1949年"日内瓦四公约"共同第3条是特别法。然而，从实体内容上看，1949年"日内瓦四公约"共同第3条在规定上没有特殊之处，只是一般性的保护规定。[1] 特别法和一般法的区分，并不能使自主武器系统的合法性问题得到解决，甚至可能造成无法可依的局面。在武装冲突中，并不是假定任何剥夺生命的行为都是合法的；而且并不是所有人都受到国际人道法的保护，例如友军。[2] 自主武器系统可以应用于边境防御等行动，但是对于这些行动是否能够定性为武装冲突是存在争议的。不过，这些问题又会使我们回到问题的起点，即自主武器系统本身是否构成任意的剥夺生命。因而，先验性地排除国际人权法的适用是不妥当的，这对充分解决自主武器系统的合法性评估问题没有提供实质性的指导和帮助。

---

[1] 关于酷刑，1949年"日内瓦四公约"共同第3条规定的较为简明，对"不实际参加战事之人员，包括放下武器之武装部队人员及因病、伤、拘留或其他原因而失去战斗力之人员在内"，不得"对生命与人身施以暴力，特别如各种谋杀、残伤肢体、虐待及酷刑"。

[2] 学者丹尼尔·阿莫罗索指出武装冲突中可能发生友军被误伤的情形，对于友军是否受1949年"日内瓦四公约"共同第3条的保护表示质疑。Daniele Amoroso, "Autonomous Weapons Systems and International Law: A Study on Human–Machine Interactions in Ethically and Legally Sensitive Domains", Napoli: Edizioni Scientifiche Italiane, 2020, pp. 42–45.

此外，即使部分国家对国际人权法与武器的相关性存在质疑，许多区域性的人权机构认为自主武器系统应当受国际人权法的约束。在"哈桑诉英国"案中，英国政府认为国际人道法作为武装冲突时期的特别法将排除1950年《欧洲人权公约》的适用。① 欧洲人权法院则指出，在武装冲突期间，1950年《欧洲人权公约》规定的保障措施与国际人道法提供的保障措施并存，应尽可能兼顾和同时适用这两个法律体系。② 该案判决明确提出了国际人道法与国际人权法之间相互作用、互为补充的观点，否定了将国际人道法视为特别法优先适用的说法。在武装冲突中，即使某一类型的武器不被禁止，但该武器的使用方式也可能会侵犯生命权。在"圣多明哥大屠杀诉哥伦比亚"案中，美洲人权法院指出，飞行员使用弹药的杀伤力和精确度有限，侵犯了1969年《美洲人权公约》第4条第1款关于生命权的保护规定。③ 此外，非洲人权和民族权利委员会在2015年发布的一般性意见中指出，"只有在加强对受影响者生命权保护的情况下，才可以考虑在敌对行动中使用遥控式飞机等新武器技术。任何能够选择人类目标或使用武力的自主武器系统都应兼具有意义的人类控制"④。在非洲人权和民族权利委员会看来，全自主武器系统是非法的，不符合生命权的要求⑤。这也说明生命权对于自主武器系统合法性评估的可适用性。

---

① Hassan v. the United Kingdom, Application no. 29750/09, Judgment, Sep. 16, 2014, paras. 87–90.

② Hassan v. the United Kingdom, Application no. 29750/09, Judgment, Sep. 16, 2014, para. 104.

③ IACtHR, Santa Domingo Massacre v. Colombia, Series C No. 259, Nov. 30, 2012, paras. 228–230.

④ African Commission on Human and Peoples' Rights, "General Comment No. 3 on the African Charter on Human and Peoples' Rights: The Right to Life (Article 4)", Nov. 18, 2015, para. 35.

⑤ "Third Meeting of the Convention on Conventional Weapons Group of Governmental Experts on Lethal Autonomous Weapons Systems", statement by the African Group, Aug. 27, 2018.

简言之，在武装冲突背景下，针对自主武器系统的合法性评估，国际人权法能够发挥作用，尽管不是突出的作用。特别是在区域人权条约机制下，关于自主武器系统是否构成任意剥夺生命的问题上，不是只有国际人道法发挥突出的影响。此外，在复杂且难以定性的冲突局势当中，生命权也是适用的。有鉴于此，在自主武器系统的合法性评估问题上，有必要结合保护生命权的相关规定进行分析考察。

三、自主武器系统使用致命武力的合法性

国际人道法和国际人权法之间的区别在于各自规范使用武力的规则。① 这一差异在生命权问题上体现得尤为明显。国际人道法通常被认为是一种限制性规则，但同时又包含授权规则。② 或者说，国际人道法虽然限制破坏和杀戮，但同时又允许破坏和杀戮。但国际人道法并没有提供不受约束的杀人权利。③ 为了实现必要的军事目的，国际人道法授权对人使用武力、允许产生附带损害。虽然一部分国家（如美国、英国、俄罗斯等）、组织主张国际人权法在武装冲突期间不适用，但区域性的人权条约机制的做法并非完全认同。例如，1950年《欧洲人权公约》和1969年《美洲人权公约》明确允许在战时或其他公共紧急状态期间克减某些权利。④ 以下将主要聚焦于武装冲突背景下，自主武器系统合法性评估面临的生命权的保护问题进行分析。

---

① ICRC, "International Humanitarian Law and the Challenges of Contemporary Armed Conflicts", Oct., 2011, p. 18.

② Rob McLaughlin, "The Law of Armed Conflict and International Human Rights Law: Some Paradigmatic Differences and Operational Implications", Yearbook of International Humanitarian Law, Vol. 13, 2010, p. 219.

③ Nils Melzer, "Interpretive Guidance on the Notion of Direct Participation in Hostilities", ICRC, 2009, p. 78.

④ 参见1950年《欧洲人权公约》第15条和1969年《美洲人权公约》第27条。

第二章 自主武器系统的合法性

(一) 在武装冲突中的合法性

在武装冲突背景下,并不是假定任何剥夺生命的行为都是合法的。国际人道法和国际人权法可以同时适用①,二者显然可以同时被违反。当自主武器系统是被设计或被计划用于武装冲突之时,应当给予生命权何种程度的考量和保护,需要结合不同的人权条约保护机制进行考察。

1. 1966年《公民权利和政治权利国际公约》下自主武器系统的合法性

国际人权法的适用可能会受到减损。例如,1966年《公民权利及政治权利国际公约》第4条第1款规定:

> 如经当局正式宣布紧急状态,危及国本,本盟约缔约国得在此种危急情势绝对必要之限度内,采取措施,减免履行其依本盟约所负之义务,但此种措施不得抵触其依国际法所负之其他义务,亦不得引起纯粹以种族、肤色、性别、语言、宗教或社会阶级为根据之歧视。

1966年《公民权利及政治权利国际公约》第4条第1款描述了可以采取减损缔约国条约义务的情况,即"危及国本",经国家当局正式宣布紧急状态,并在此种危急情势绝对必要之限度内,才能够采取措施,减免履行其依本盟约所负之义务。其中,"危及国本"的严重程度应足以威胁到整个国家的生命安全。战争的爆发是最重要的公共紧急事件之一。② 但并非所有动乱或灾难都符合第4条第1款

---

① Yoram Dinstein, "The Conduct of Hostilities under the Law of International Armed Conflict", Cambridge University Press, 4th edn., 2022, p. 38; Dieter Fleck, "Human Rights in Armed Conflict", in Dieter Fleck ed., "The Handbook of International al Humanitarian Law", Oxford University Press, 4th edn., 2021, p. 450.

② UN. Secretary-General, "Draft International Covenants on Human Rights: annotation/prepared by the Secretary-General", A/2929, July 1, 1955, p. 66, para. 39.

所要求的威胁国家生命的公共紧急状态。在发生自然灾害、包括暴力事件在内的大规模示威等情形期间，如果缔约国援引1966年《公民权利及政治权利国际公约》第4条克减该《公约》下的权利，那么应当证明此类情形不仅危及国家的生命，而且采取的克减措施是必要的。① 另外，1966年《公民权利及政治权利国际公约》第4条第2款列举了不得克减的条款，包括生命权、免受酷刑和残忍、不人道或有辱人格的待遇或处罚等权利。② 保护生命权条款也存在域外适用的可能。依据1966年《公民权利及政治权利国际公约》第2条第1款规定，缔约国"尊重并确保所有境内受其管辖之人"的生命权，这包括位于缔约国有效控制的任何领土之外，但其生命权仍然以直接、可合理预见的方式受到缔约国军事活动或其他活动影响的人。③ 因此，即使在武装冲突期间，1966年《公民权利及政治权利国际公约》的缔约国仍有义务尊重并保护其权力所及或有效控制范围内所有人的生命权。

在"关于威胁使用或使用核武器的合法性的咨询意见"案中，国际法院曾指出：

> 对《公民权利及政治权利国际公约》的保护在战时并未停止，除非根据《公约》第4条的规定，在国家紧急状态时可以克减某些条款……不被任意剥夺生命的权利也适用于敌对行动。对什么是任意剥夺生命取决于特别法，即旨在规范敌对行动的

---

① Human Rights Committee, "CCPR General Comment No. 29: Article 4: Derogations during a State of Emergency", Aug. 31, 2001, CCPR/C/21/Rev.1/Add.11, para. 5.
② 1966年《公民权利及政治权利国际公约》第4条第2款规定，"第6条、第7条、第8条（第1项及第2项）、第11条、第15条、第16条及第18条之规定，不得依本条规定减免履行"。
③ Human Rights Committee, "General Comment No. 36, Article 6: right to life", CCPR/C/GC/36, Sep. 3, 2019, para. 63.

武装冲突中的法律。因此，在战争中使用某种武器造成的特定生命损失是否违反《公约》第 6 条规定的任意剥夺生命，只能参照武装冲突中适用的法律来决定，而不是从《公约》本身推导出来。①

按照国际法院的判决意见，1966 年《公民权利及政治权利国际公约》在战争时期仍然适用，并没有停止对生命权的保护。但在该案中，国际法院运用特别法和一般法的区分进一步指出，在武装冲突期间检验任意剥夺生命的标准取决于特别法，即国际人道法。国际法院借由特别法和一般法的区分，似乎排除了生命权在评估核武器合法性方面的相关性。应当注意到，国际法院的咨询意见不具有约束力，并不代表所有国家和区域性条约机制的立场和实践。事实上，国际法院对生命权的适用仍留有余地，当一国没有宣布进入紧急状态时，对生命权的保护条款将继续适用。另外，需要再次强调的是，特别法和一般法的区分并不能使自主武器系统的合法性问题得到解决。如前所述，即便在武装冲突中，也不是假定所有剥夺生命的行为都是合法的；另外，并不是所有人的生命都受到国际人道法的保护。特别法和一般法的区分并不能使得自主武器系统本身是否构成任意的剥夺生命的问题得到解决。此外，自主武器系统与核武器并不完全等同，各自有着独有的特征，简单地进行类比推理并不妥当。自主武器系统识别、选择和攻击目标的参数和数据，很可能是在自主武器系统正式部署前就被程序员和工程师设计完成。这些因素通常发生在和平时期，但行动过程和结果很可能发生在武装冲突当中。因此，先验性地排除国际人权法的适用并不符合当前的发展趋势，对解决自主武器系统的合法性评估问题也没有实质性的帮助。那么，在国际人权法继续发挥作用的情形下，自主武器系统是否能够满足保护生命权

---

① Legality of the Threat or Use of Nuclear Weapons, Advisory Opinion, I. C. J. Reports 1996, para. 25.

的相关规定呢？

依照"合法性"要求，符合国际人道法以及其他国际法规范的剥夺生命的使用武力行为不具有任意性。① 自主武器系统本身被设计用于武装冲突这一背景，那么其在设计、使用过程中所应遵守的规则首先包括国际人道法。从自主武器系统潜在的攻击目标来看，自主武器系统识别、选择目标的过程中，应当考虑的具体因素包括国际人道法。以区分原则为例，区分战斗员和平民是国际人道法下的基本原则要求。② 对自主武器系统而言，区分原则是事前判定，还是事后决断呢？或者说，自主武器系统能否在武器冲突开始前就将具体的个人锁定为攻击目标？答案似乎是可以的。国际人道法不禁止有针对性地杀死个别敌方战斗员。③ 敌方士兵可能因其身份而被杀死。在实际的战场上，武装部队或武装团体的成员均可能随时受到攻击。④ 当一个人具备战斗员身份时，他便会暴露在自主武器系统的攻击范围之内。攻击可以是集体的，也可以是单独地针对某一个人。自主武器系统也可以将指挥官指定的敌方战斗员作为攻击目标，以消灭高级指挥官或精锐士兵。因为消灭这些人员将带来特殊的军事利益。⑤ 只要敌方战斗员没有投降或丧失战斗力，他们就是合法的军事目标。然而，关于区分原则，如本书第3章的分析所述，自主武器系统虽然具有识别目标的优势，但在区分未穿戴制服、佩戴徽章的战斗员或者战士、丧失战斗力的人员、已经投降的人员时，仍面临挑战。此外，自主武器系统会使参战

---

① Human Rights Committee, "General Comment No. 36, Article 6: right to life", CCPR/C/GC/36, Sep. 3, 2019, para. 63.

② 参见1977年《第一附加议定书》第48条规定。

③ Nils Melzer, "Targeted Killing in International Law", Oxford University Press, 2008, pp. 418–419.

④ Yves Sandoz, Christophe Swinarski and Bruno Zimmermann eds., "Commentary on the Additional Protocols of 8 June 1977 to the Geneva Conventions of 12 August 1949", Martinus Nijhoff Publishers, 1987, para. 4789.

⑤ Yoram Dinstein, "The Conduct of Hostilities under the Law of International Armed Conflict", Cambridge University Press, 4th edn., 2022, p. 136, para. 388.

人员参与敌对行动的表现形式整体发生变化,这也增加了自主武器系统识别其他直接参与敌对行动人员的难度。与此同时,自主武器系统在对个人使用武力时也应当考量比例原则,比如攻击不应当造成与具体和直接的军事利益相比是"过分的"附带损害,攻击不应当引起过分伤害或不必要性质的痛苦。然而,确定预期的军事优势和附带损害,包含许多主观方面的价值判断,需要依据经验、常识等进行判定。自主武器系统实际取代了指挥官的职能,但当前的技术并不完备,在无人干预的情况下,自主武器系统很可能难以作出符合比例原则的决策。由此可见,依照 1966 年《公民权利及政治权利国际公约》对于生命权的保护规定,完全没有人员介入的对人使用武力的行为将是非法的,完全自主的自主武器系统恐怕难以满足这一要求。因而,在识别、选择和攻击目标的过程中,需要依据经验、常识等方面的判断时,交由人类指挥官决策将是合理的,也更为符合尊重和保护生命权的要求。此外,按照 1966 年《公民权利和政治权利国际公约》第 4 条的规定,缔约国获取、部署和使用自主武器系统时,还需满足的程序性要求是国家主管当局正式宣布紧急状态。

2. 1950 年《欧洲人权公约》下自主武器系统的合法性

区域性的人权条约与 1966 年《公民权利及政治权利国际公约》均对生命权的保护提出了较为严格的要求,但叙述方式有所相同。以 1950 年《欧洲人权公约》为例,缔约国的任何故意剥夺生命的行为均构成对生命权的侵犯,除非符合第 2 条规定的四种例外情况之一,但这些例外情况几乎均与国家执法行为有关。1950 年《欧洲人权公约》第 2 条规定:

(1) 任何人的生命权应当受到法律的保护。不得故意剥夺任何人的生命,但是,法院依法对他所犯的罪行定罪并付诸执行的除外。

(2) 在使用武力是绝对必要的情况下,其所导致的对生命的剥夺不应当视为与本条的规定相抵触:a. 防卫任何人的非法暴力行为；b. 为执行合法逮捕或者是防止被合法监禁的人脱逃；c. 镇压暴力或者是叛乱而采取的行动。

可以发现，1950年《欧洲人权公约》并没有通过提及任意剥夺生命来表达生命权，而是采用了"不得故意剥夺任何人的生命"这一表述。第2条为剥夺一个人的生命提供了一个可允许的清单，具体包括四种情形：执行死刑、正当防卫（或合法自卫）、执法行动、平息骚乱或叛乱。整体而言，这些情形引起的死亡不是出于直接故意。值得注意的是，第2条第2款起首部分明确规定"使用武力是绝对必要的情况下"，这也使得"绝对必要的"成为重要的检验标准，并且在许多案件中都被欧洲人权法院所确认。[1] 除此之外，使用武力必须与实现第2条第2款a、b、c项规定的目标严格相称，并且任何剥夺生命的行为都必须接受最仔细的审查。另外，1950年《欧洲人权公约》第15条第2款补充道：

除了因合法的战争行为引起的死亡之外，不得因上述规定而削弱对本公约第2条所规定的权利的保护，或者是削弱对本公约第3条、第4条第1款以及第7条所规定的权利的保护。

根据该款规定，合法的战争行为引起的死亡同样属于减损生命权的例外情形。值得强调的是，这里指的不是任何的战争行为，而是"合法的"战争行为才构成例外。国际人权法领域发展的概念只有在考虑到国际人道法特殊性的情况下才能进行移植。[2] 1950年《欧洲人权公约》第15条第2款作为第2条一般不可克减的例外，也只在缔约国进行合法的战争行为时才发挥作用。从国际人权法的角度来看，战

---

[1] ECtHR, Giuliani and Gaggio v. Italy, Application No. 23458/02, Judgment, Mar. 24, 2011, para. 176.

[2] ICTY, Prosecutor v. Kunarac et al., Case No. IT-96-23-T& IT-96-23/1-T, Trial Chamber, Judgment, Feb. 22, 2001, para. 471.

时造成的死亡的合法性应当在国际人道法中找寻。① 因此，在敌对行动中，自主武器系统的使用是否构成任意剥夺生命需要判断战争行为是"合法的"，即使用武力的行为符合国际人道法。如本章第一节所述，这些因素有赖于国家主管当局以及人类指挥官等人员的参与。②

在武装冲突期间，1950年《欧洲人权公约》在保护生命权方面仍能够继续发挥作用。在"伊萨耶娃等人诉俄罗斯"案中，欧洲人权法院认为，1950年《欧洲人权公约》第2条适用于非国际性武装冲突③，并且指出俄罗斯武装部队侵犯了伊萨耶娃等人的生命权。④ 在另一起关于使用武器合法性的案件中，欧洲人权法院指出，俄罗斯部队使用"重型武器"（爆炸性空射导弹）不分青红皂白地轰炸平民居住的村庄，违反了1950年《欧洲人权公约》第2条保护生命权的义务。⑤ 即使俄罗斯的行动基于合法的军事目的，其所采取的实际措施仍未能满足国际人权法中比例性原则的要求。可以发现，在1950年《欧洲人权公约》下，缔约国将会对武装冲突期间侵犯生命权的行为

---

① See Yoram Dinstein, "The Conduct of Hostilities under the Law of International Armed Conflict", Cambridge University Press, 4th edn., 2022, p. 36, para. 99; See also Legality of the Threat or Use of Nuclear Weapons, Advisory Opinion, I. C. J. Reports 1996, p. 226, para. 25; Legal Consequences of the Construction of a Wall in the Occupied Palestinian Territory, Advisory Opinion, I. C. J. Reports 2004, para. 106; Case Concerning Armed Activities on the Territory of the Congo (Democratic Republic of the Congo v Uganda), Judgment, I. C. J. Reports 2005, para. 216.

② 关于"1950年《欧洲人权公约》下自主武器系统的合法性"的具体的分析逻辑与"1966年《公民权利及政治权利国际公约》下自主武器系统的合法性"这一节的分析过程相类似，在此不作赘述。

③ ECtHR, Isayeva v. Russia, Application No. 57950/00, Judgment, Feb. 24, 2005, paras. 179 – 181.

④ ECtHR, Isayeva v. Russia, Application No. 57950/00, Judgment, Feb. 24, 2005, paras. 199 – 201.

⑤ ECtHR, Esmukhambetov et al. v. Russia, Application no. 23445/03, Judgment, Mar. 29, 2011, paras. 150 – 151.

负责。这也意味着，任何可能侵犯生命权的武器都应当在使用之前得到充分考量，这包括自主武器系统。当自主武器系统应用于武装冲突中，冲突方需要加强对自主武器系统的人类控制，尤其是在识别目标、选择目标和武器方面。否则，不仅可能违反国际人道法，还可能违反国际人权法。

3. 1969 年《美洲人权公约》下自主武器系统的合法性

美洲人权法院与美洲人权委员会关于生命权的适用问题有着不同的看法。1969 年《美洲人权公约》第 4 条第 1 款规定：

> 每个人都有权让自己的生命受到尊重。该权利应受法律保护，一般而言，自受孕之时起就受到保护。不得任意剥夺任何人的生命。

该条的措辞与 1966 年《公民权利及政治权利国际公约》第 6 条第 1 款非常相似。然而，值得注意的是，美洲人权委员会[①]和美洲人权法院[②]在生命权的适用性问题上持有不同的解释和立场。首先，美洲人权委员会认为，必须将国际人道法规定的标准和相关规则作为指导，以解决在武装冲突中违反 1969 年《美洲人权公约》的指控和索赔。理由是，1969 年《美洲人权公约》没有任何规则界定或区分平民与战

---

① 美洲人权委员会是美洲国家组织的主要自治机构，创建于 1959 年，其使命是促进《美洲人权与义务宣言》和《美洲国家组织宪章》所确立的人权。美洲委员会的管辖范围包括美洲国家组织的所有成员。See more Flavia Piovesan and Julia Cortez da Cunha Cruz, "Inter – American Commission on Human Rights (IACHR)", in Christina Binder et al. eds., "Elgar Encyclopedia of Human Rights", Edward Elgar Publishing, 2022, pp. 77 – 83.

② 美洲人权法院是美洲国家组织内的一个自治司法机构，1979 年 9 月 3 日，美洲人权法院在圣何塞（哥斯达黎加）正式成立，其宗旨是解释和适用 1969 年《美洲人权公约》。See more Eduardo Ferrer Mac – Gregor, "Inter – American Court of Human Rights (IACtHR)", in Christina Binder et al. eds., "Elgar Encyclopedia of Human Rights", Edward Elgar Publishing, 2022, pp. 97 – 104.

第二章 自主武器系统的合法性

斗员和其他军事目标,也没有具体说明什么时候可以合法地攻击平民,或者什么时候造成的平民伤亡是合法的军事行动的后果。① 依据美洲人权委员会的观点,国际人道法应当作为判定剥夺生命合法性的依据。或者说,根据国际人道法判定被攻击的人员是"合法的军事目标"就足够了。

美洲人权法院与美洲人权委员会对于生命权的适用问题解释有所不同。在美洲人权法院看来,生命权作为一项不可克减的权利,即使在武装冲突局势中,缔约国也应当尊重和保护生命权。在"圣多明哥大屠杀"案中,由于哥伦比亚空军向哥伦比亚阿劳卡省的圣多明哥小村庄投掷了技术弹药,造成17人死亡和多人受伤。② 美洲人权法院裁定,哥伦比亚应当对违反1969年《美洲人权公约》第4条第1款所规定的生命权的行为负责。③ 另外,在美洲人权法院认为,与1969年《美洲人权公约》相比,国际人道法下如果没有具体的规则或者保护性低于1969年《美洲人权公约》,那么美洲人权法院将不考虑适用国际人道法。④ 因此,只有适用国际人道法能够与适用1969年《美洲人权公约》得出相同的结论时,美洲人权法院才会考虑适用国际人道法。

具体到自主武器系统的问题上,依据美洲人权法院与美洲人权委员会的解释将推断出不同的结论。然而,依据美洲人权法院的解释,生命权适用于自主武器系统的合法性评估,并且这与在1980年《特定常规武器公约》框架谈判中发表过意见的多数美洲国家的意见

---

① IACmHR, Abella v. Argentina (Tablada), Report No. 55/97, Case No. 11.137, Nov. 18, 1997, para. 161.
② IACtHR, Santa Domingo Massacre v. Colombia, Series C No. 259, Judgment, Nov. 30, 2012, para. 174.
③ IACtHR, Santa Domingo Massacre v. Colombia, Series C No. 259, Judgment, Nov. 30, 2012, paras. 230.
④ IACtHR, Case of Yarce et al. v. Colombia, Series C No. 325, Judgment, Nov. 22, 2016, para. 142.

也较为一致。① 在使用致命武力的决策上，仍需要保留一定程度上的人类控制，确保有人对使用武力的决定负责。没有人类参与的剥夺生命的行为将是非法的。事实上，一些具有代表性的美洲国家（如阿根廷、秘鲁等）一直对自主武器系统在攻击人类时的精确性持质疑的态度。如果完全由自主武器系统进行决策，那么攻击很可能会被视为具有滥杀滥伤的性质。因此，在1969年《美洲人权公约》区域性条约机制中，自主武器系统的合法性应当有赖于一定程度的人类控制，否则将因成为非法的作战手段或方法而被禁止。

4. 1981年《非洲人权和民族权利宪章》下自主武器系统的合法性

1981年《非洲人权和民族权利宪章》第4条规定：

> 人类是不可侵犯的。每个人都应有权尊重其生命和人格完整。任何人不得任意剥夺此项权利。

在措辞上，该规定强调，生命权应当受到尊重，而且该条规定禁止任意剥夺生命。在解释"任意"含义时，非洲人权和人民权利委员会所作的关于生命权的第3号一般性意见提供了详细的解释说明。非洲人权和人民权利委员会认为，判定和"任意"或"任意性"时，应参照适当性、公正性、可预测性、合理性、必要性和相称性等因素加以解释。任何因违反1981年《非洲人权和民族权利宪章》中程序性或实质性保障措施而导致的任何剥夺生命的行为，都将是任意的、非法的。② 同时，

---

① "Written Commentary Calling for a Legally-Binding Instrument on Autonomous Weapon Systems", Proposed by Argentina, Costa Rica, Ecuador, Guatemala, Kazakhstan, Nigeria, Panama, Peru, the Philippines, Sierra Leone, State of Palestine, Uruguay, Mar., 2022, https://meetings.unoda.org/ccw/convention-certain-conventional-weapons-group-governmental-experts-2022.

② African Commission on Human and Peoples' Rights, "General Comment No. 3 on the African Charter on Human and Peoples' Rights: The Right to Life (Article 4)", Nov. 18, 2015, para. 12.

非洲人权和人民权利委员会也指出，生命权在武装冲突期间继续适用，但在敌对行动中，生命权需要参照国际人道法规则进行解释。① 换言之，符合国际人道法（如区分原则、比例原则和预防措施原则）的前提下剥夺生命，就足以排除违反1981年《非洲人权和人民权利宪章》第4条适用的可能。

根据上述解释，发生于武装冲突背景下的剥夺生命的行为，应当首先考量国际人道法的适用性。内部骚乱、紧张局势等情形，适用于相关的国际人权法规则。非洲人权和人民权利法院成立得较晚②，目前还没有充分的判例解释说明在武装冲突中使用致命武力问题上国际人道法与国际人权法之间的关系如何。这也留下了可以进一步解释的空间。总体而言，非洲人权和人民权利法院认为，国际人道法为武装冲突期间使用致命武力提供了一个充分的法律框架，国际人权法适用的空间相对较小。不过，在自主武器系统的问题上，非洲人权和人民权利委员会强调在选择人类目标和使用武力时应当保留有意义的人类控制③，只有如此，自主武器系统才可以满足现行国际法规则的要求。这其实与前述美洲人权法院的立场相类似。

---

① African Commission on Human and Peoples' Rights, "General Comment No. 3 on the African Charter on Human and Peoples' Rights: The Right to Life (Article 4)", Nov. 18, 2015, paras. 13, 32.

② 非洲人权和人民权利法院根据1998年《非洲宪章关于设立非洲人权和人民权利法院的议定书》于2006年开始运作；而非洲人权和人民权利委员会根据1981年《非洲人权和人民权利宪章》成立，是非洲区域人权体系中主要且存在时间最长的人权机构。See more Frans Viljoen, "African Commission on Human and Peoples' Rights (ACHPR)", in Christina Binder et al. eds., "Elgar Encyclopedia of Human Rights", Edward Elgar Publishing, 2022, pp. 72 – 81; Micha Wiebusch, "African Court on Human and Peoples' Rights (ACtHPR)", in Christina Binder et al. eds., "Elgar Encyclopedia of Human Rights", Edward Elgar Publishing, 2022, pp. 81 – 87.

③ African Commission on Human and Peoples' Rights, "General Comment No. 3 on the African Charter on Human and Peoples' Rights: The Right to Life (Article 4)", Nov. 18, 2015, para. 35.

（二）武装冲突的灰色地带——以应用于边境防御中的自主武器系统为例

自主武器系统可以专门为武装冲突而设计研发，值得注意的是，在一些发达国家，已经有越来越多的行业正在研发制造用于边境防御、国家执法的自主武器系统。例如，一家设于西班牙的技术机器人（Technorobot）公司制造的"RiotBot"高机动支援机器人，可以集成视频设备，并配备橡胶子弹和浓缩的辣椒素粉末，以协助执法人员控制骚乱，维持监狱的法律和秩序或者进行城市战争。[1] 以色列通用机器人公司开发的一种轻型机器人"看门狗"（DoGo）发挥着类似的功能，不仅可以用于现场视频侦察，还可以使用胡椒喷雾和手枪消除威胁。[2] 因此，不能低估自主武器系统在不久的将来被普遍用于维护或恢复公共安全、法律和秩序的可能性。除上述外，自主武器系统可以在边境防御中使用。当触发应用于边境防御的自主武器系统而诱发武装冲突时，自主武器系统使用武力将会对生命权构成挑战。

应用于边境防御中的哨兵机器人较为典型。此类哨兵机器人可以在任何时间（包括和平时期）和地点（如远离战斗区域的情形）进行部署。比较常见是美国密集阵近程防御武器系统[3]、德国"螳螂"防

---

[1] Christof Heyns, "Human Rights and the Use of Autonomous Weapons Systems (AWS) During Domestic Law Enforcement", Human Rights Quarterly, Vol. 38, 2016, p. 360.

[2] April Glaser, "11 Police Robots Patrolling Around the World", Wired, July 24, 2016, https://www.wired.com/2016/07/11-police-robots-patrolling-around-world/.

[3] 密集阵近程防御武器系统（Phalanx Close-In Weapon System），通常简称为密集阵近防系统，主要用于美国海军及20多个盟国海军的各类水面作战舰艇上。作为一种专为拦截导弹而开发的近程防御武器系统，它最初由通用动力公司开始制造，目前由雷神科技公司负责生产。

空系统①、荷兰守门员近程防御武器系统②、以色列"铁穹"反火箭弹系统③等。韩国"超级宙斯盾Ⅱ号"作为一个固定的机器人平台也被投入使用,主要部署在朝鲜和韩国之间的非军事区。④"超级宙斯盾Ⅱ号"具有自主瞄准能力,能够在非军事区内识别、选择入侵者并与之交战,不需要人类操作员的任何干预。在完全自主的模式下,这些具有自主防御功能的自主武器系统存在违反生命权的可能。

欧洲人权法院所作的"斯特莱茨等人诉德国"案中,所涉及的自动射击系统的合法性判定与自主武器系统有着一定的相似之处,但也存在本质上的不同。该案的事实背景发生于民主德国和联邦德国分立时期。1949—1961年,大约有250万人从民主德国逃往联邦德国。为了阻止这一持续的"逃亡潮",民主德国于1961年8月13日修建了柏林墙,并强化了两国边界沿线的所有安全措施。其中,民主德国还特别安装了杀伤人员地雷和自动射击系统。根据联邦德国官方数据,这些自动射击系统自安装以来共造成至少264人死亡。⑤ 申请人要求欧洲人权法院评估民主德国为防止公民逃往联邦德国而建立的边境管制

---

① 德国"螳螂"防空系统(Nächstbereichschutzsystem MANTIS Air Defence Protection System)是一种全自动短程防空保护系统,可以探测、跟踪和拦截目标基地附近的火箭、火炮和迫击炮等。该系统由莱茵金属防空公司(Rheinmetall)为德国联邦国防军研发制造。

② 守门员近程防御武器系统(Goalkeeper Close-In Weapon System)是一种由荷兰皇家海军使用的近迫武器系统,用于船舰的近距离防御,用来拦截并摧毁来袭的反舰导弹或其他具威胁性的飞行物。整个防卫运作过程完全自主化,不需要人员介入。其名称灵感来源于足球比赛中负责守护球门的守门员角色。守门员系统由荷兰泰雷兹公司(Thales)研发,已经生产超过50套,并可用于机场与航空站的对空防御任务。

③ 以色列的"铁穹"反火箭弹系统由拉斐尔国防系统公司研发和生产。

④ See Simon Parkin, "Killer Robots: The Soldiers That Never Sleep", BBC, Jul. 16, 2015, www.bbc.com/future/story/20150715-killer-robots-the-soldiers-that-never-sleep.

⑤ European Court of Human Rights, Streletz, Kessler and Krenz v. Germany, Applications nos. 34044/96, 35532/97 and 44801/98, Judgment, Mar. 22, 2001, para. 13.

措施是否符合 1966 年《公民权利及政治权利国际公约》第 6 条规定的生命权的要求。① 欧洲人权法院指出，自动射击系统具有滥杀滥伤的性质，安装此类系统违反了《德国宪法》规定的基本权利以及国际人权义务。② 这些国际义务包括尊重生命权。欧洲人权法院进一步指出，生命权在诸多人权文书中都有规定，包括 1950 年《欧洲人权公约》第 2 条。民主德国的行为不属于第 2 条规定的例外情况。③ 因为对翻越隔离墙的人员使用致命武力不是绝对必要的。④ 综观整个案件，欧洲人权法院结合杀伤人员地雷和自动射击系统相类比，判定自动射击系统具有滥伤滥杀的性质。最终欧洲人权法院判定民主德国采取的极端措施构成"任意剥夺生命"。

比照"斯特莱茨等人诉德国"案的判决结论，可能会有人指出，自主武器系统同样具有不分皂白的性质，也面临违反生命权的风险。值得注意的是，自动射击系统本身具有滥杀滥伤的性质，但侵犯生命权的行为，是按照边防警卫"歼灭边境违规者，并不惜一切代价保护边境"这一明确指示而部署的。⑤ 如本书第 1 章所述，自动武器系统与自主武器系统不同，或者说，自动射击系统与自主武器系统存在本质上的不同。自主武器系统能够利用算法识别、选择和攻击人类目标，在其运作过程中完全代替了边防警卫作出决策。因而，不能简单地将自主武

---

① 民主德国于 1974 年 11 月 8 日批准了 1966 年《公民权利及政治权利国际公约》，明确承认保护公民生命权和行动自由。

② European Court of Human Rights, Streletz, Kessler and Krenz v. Germany, Applications nos. 34044/96, 35532/97 and 44801/98, Judgment, Mar. 22, 2001, para. 40.

③ European Court of Human Rights, Streletz, Kessler and Krenz v. Germany, Applications nos. 34044/96, 35532/97 and 44801/98, Judgment, Mar. 22, 2001, paras. 96–97.

④ European Court of Human Rights, Streletz, Kessler and Krenz v. Germany, Applications nos. 34044/96, 35532/97 and 44801/98, Judgment, Mar. 22, 2001, paras. 93, 96–97.

⑤ European Court of Human Rights, Streletz, Kessler and Krenz v. Germany, Applications nos. 34044/96, 35532/97 and 44801/98, Judgment, Mar. 22, 2001, para. 73.

器系统与该案进行类比。另外,"斯特莱茨等人诉德国"案很明显发生于和平时期。其实,更具实践意义的问题是,在边境防御中,自主武器系统自行识别、选择和攻击目标,假如此类决策过程完全没有人类干预,那么是否有效的方案使得自主武器系统不构成任意剥夺生命?

从国际人权法角度考量,当界定何为"任意剥夺生命"时,通常从生命权所包含的义务性质着手。如本章所述,保护生命权的条约义务一般包含两方面:消极义务和积极义务。其中,消极义务一般要求满足合法性、必要性和比例性三个方面的要求;积极义务要求各国采取立法或其他有效的措施保护生命权。针对自主武器系统的问题,这不仅要求其具备对国际法和国内法的充分理解,还需能够证明使用武力是绝对必要的,并确保了使用武力的程度符合比例原则的要求。有学者指出,对人使用武力的整个算法过程如果是可解释的和可理解的,那在自主武器系统使用致命武力时,就可以判定自主武器系统所做的行为,不构成对生命权的侵犯。[1] 这一观点在一定程度上参照了2016年《欧洲通用数据保护条例》的规定。[2] 在许多组织报告和学者的研究中,已明确提出保障算法的可解释性和可预测性。[3] 这对各国实现保护生命权的积极义务非常重要。当利用机器学习技术时,自主武器系统能够在决策前提供关于系统功能的一般信息;在决策后,说明自主武器系统作出决定的实际参考信息和根据,将有助于保障整个决策过程是可理解的。如果发生侵犯生命权的情形,检察机关和司法机关可以通过审查这些数据判定哪个环

---

[1] Diego Mauri, "Autonomous Weapons Systems and the Protection of the Human Person", Edward Elgar Publishing, 2022, p. 91.

[2] 2016年《欧洲通用数据保护条例》第22条第1款规定,"数据主体有权不受仅基于自动化处理行为得出的决定的制约,以避免对个人产生法律影响或与之相类似的显著影响,该自动化处理包括识别分析"。《欧洲通用数据保护条例》于2016年通过,自2018年5月25日起适用于所有欧盟成员国。

[3] For instance, ICRC, "Artificial Intelligence And Machine Learning In Armed Conflict: A Human – Centred Approach", Jun. 6, 2019, p. 12; G. Persi Paoli, K. Vignard, D. Danks and P. Meyer, "Modernizing Arms Control: Exploring Responses to the Use of AI in Military Decision – making", Aug. 30, 2020, p. 26.

节出现了问题，有助于断定谁对事件的结果负责。

在武装冲突中，也需要保障自主武器系统的行为完全是可解释的和可理解的。然而，确保算法的可解释性和可理解性，是否直接等同于算法符合生命权的要求是存疑的。算法仍需要保证自主武器系统识别、选择和攻击目标的精确性，以符合国际人道法下区分原则、比例原则等基本原则的要求。虽然，自主武器系统不能作为承担责任的主体，但应具有遵守国际人道法、国际人权法等国际法规则的能力。在实践中，编程一般由程序员来完成。如果想要达到预期的效果，在自主武器系统的研发阶段，就需要法律专业人员的介入，从而保证程序员所设定的参数满足相关法律规则和原则的要求。然而，让程序员、工程师完成自身专业知识以外的工作，似乎不太现实。值得关注的是，已经有学者从伦理层面尝试将价值层级和规范概念转化到具体的算法设计之中。① 不过，如何在相互竞争的抽象的价值之间进行选择，以及如何处理参与设计的不同方法之间的分歧，难以达成一致做法。相较于伦理规范，法律规则是明晰、透明的。因而，将法律原则和规则与具体的算法设计联系起来，指导自主武器系统的设计制作过程，或许会有助于保障国际法得到实施和遵守。但这只是一种设计假设。不可否认的是，如果边境防御发生于和平时期，自主武器系统的使用能否符合国际人权法中的必要性原则和比例性原则同样会面临质疑。因

---

① Ibo van de Poel, "Translating Values into Design Requirements", in Diane P. Michelfelder et al. eds., "Philosophy and Engineering: Reflections on Practice, Principles and Process", Springer, 2013, pp. 253 – 266; Aimee van Wynsberghe and Scott Robbins, "Ethicist as Designer: A Pragmatic Approach to Ethics in Lab", Science and Engineering Ethics, Vol. 20, No. 4, 2014, pp. 947 – 961; Lambèr Royakkers and Sjef Orbons, "Design for Values in the Armed Forces: Nonlethal Weapons and Military Robots", in Jeroen van den Hoven et al. eds., "Handbook of Ethics, Values, and Technological Design: Sources, Theory, Values and Application Domains", Springer, 2015, pp. 613 – 638; Ilse Verduesen, "Agency Perception and Moral Values Related to Autonomous Weapons: An Empirical Study Using the Value – Sensitive Design Approach", Brill Nijhoff, 2021.

为法律专业人员在设计自主武器系统的过程中，很难抽象地确定他们能够发挥的作用和影响是什么。在测试自主武器系统的过程中，法律专业人员可以在评估自主武器系统能否，以及如何遵守区分原则等国际人道法基本原则时提供意见和指导。然而，自主武器系统技术的进步并未止步于简单地识别个人或物体的能力。现代传感器除了可以评估物体的形状、大小、速度等因素之外，还可以收集有关该地区其他物体或个人的数据进行评估分析。[1] 事实上，自主武器系统在启动后将保持相对的"独立"，完全依赖于算法技术。[2] 这些不可预测的因素，始终会使国际社会质疑自主武器系统能否符合生命权的要求。

第三节　自主武器系统与人格尊严

除了生命权外，自主武器系统是否符合国际法中的人格尊严，也是当前国际社会关注的重要议题。毫无疑问，人格尊严作为一项基本人权，同生命权一样适用于自主武器系统的合法性辩论。自主武器系统带来一系列的道德和伦理[3]方面的挑战。2018年，我国提交的立场

---

[1] M. N. Schmitt, "Autonomous Weapon Systems and International Humanitarian Law: A Reply to the Critics", Harvard National Security Journal Features, Feb. 5, 2013, p. 11, https://www.harvardnsj.org/wp-content/uploads/sites/13/2013/02/Schmitt-Autonomous-Weapon-Systems-and-IHL-Final.pdf.

[2] Afonso Seixas-Nunes, "The Legality and Accountability of Autonomous Weapon Systems: A Humanitarian Law Perspective", Cambridge University Press, 2022, p. 164.

[3] 在诸多讨论中，"道德"与"伦理"通常被当作同义词使用，本书也将采用最普遍的做法。参见林火旺：《伦理学入门》，上海古籍出版社2005年版，第11页。也有学者认为二者有所区别：道德是指一组复杂的规则、价值观）和规范，这些规则、价值观和规范决定或应该决定人们的行为，而伦理则指有关道德的理论。简言之，伦理学更多地关注原则、一般性的判断和规范，而不是个人判断和价值观。See Christoph Bartneck et al., "An Introduction to Ethics in Robotics and AI", Springer, 2021, p. 17.

文件指出，中国学界、科研界和相关协会积极推动人工智能相关的原则、规则，明确了人工智能技术的根本宗旨应惠及全人类，包括道德、人格尊严和人权等。① 红十字国际委员会和其他组织机构充分研究了研发和使用自主武器系统与人格尊严相关的问题。② 人格尊严对自主武器系统的合法性提出了严峻的挑战。依据人格尊严否定自主武器系统的合法性，是否具有确切的法律依据和说服力，是本节分析的重点问题。

一、人格尊严的含义

通俗而言，"尊严"意指人所拥有的价值，可以凭借它拥有某些权（如人权）。③ "人格尊严"④ 这一概念已经拥有两千五百多年的历史⑤，是一个多层次的概念，植根于历史、哲学、宗教、政治和法律等多个学科之中。⑥ 有关"人格尊严"的较早论述出现在神学和哲学领域，但神学家对人格尊严的理解与哲学家有所不同。⑦ 在神学或宗教领域，人格尊严被视为神圣或超自然的联结；哲学视野下的人格尊

---

① "China's Position Paper", CCW/GGE. 1/2018/WP. 7, Apr. 11, 2018.

② See Vincent Boulanin et al., "Limits on Autonomy in Weapon Systems: Identifying Practical Elements of Human Control", SIPRI & ICRC, 2020, pp. 11 – 14; Human Rights Watch, "Heed the Call, A Moral and Legal Imperative to Ban Killer Robots", Aug., 2018, pp. 19 – 27.

③ Erik J. Wielenberg, "Three Sources of Human Dignity", in Angus J. L. Menuge and Barry W. Bussey eds., "The Inherence of Human Dignity: Foundations of Human Dignity", Anthem Press, Vol. 1, 2021, p. 63.

④ 在学术讨论中，人格尊严这一概念多个不同的表述，如"固有的尊严""固有的人格尊严"，也有部分学者简化为"尊严"讨论。在内容上其实没有本质区别，本书将这些表述视为同义词。

⑤ Aharon Barak, "Human Dignity: The Constitutional Value and the Constitutional Right", Cambridge University Press, 2015, p. 16.

⑥ Catherine Dupré, "Constructing the Meaning of Human Dignity: Four Questions", in Christopher McCrudden ed., "Understanding Human Dignity", Oxford University Press, 2013, p. 113.

⑦ Aharon Barak, "Human Dignity: The Constitutional Value and the Constitutional Right", Cambridge University Press, 2015, p. 33.

严则更加严谨和社会化。① 例如，托马斯·潘恩（Thomas Paine）②、伊曼努尔·康德（Immanuel Kant）③ 等人的著作中，总会将人格尊严与社会性问题联系起来进行讨论。尤其是康德对人格尊严的讨论对欧洲的国际法学者极具影响力。可以说，法学语境中的"人格尊严"是从康德的哲学理论引入和发展起来的。在《道德形而上学的基础》（1785 年）中，康德确立了人格尊严的基本原理和关键要素；在后期的作品《道德形而上学》（1797 年）中，康德试图给出人格尊严的实际例证。人格尊严赋予人一种特殊的地位，与生俱来的内在价值，由此产生了权利和义务。人格尊严的存在、认可或尊重不依赖于其他因素。④ 按照康德的理论，人格尊严是全人类不可侵犯的财产，能够赋予拥有者权利；不能将人格尊严简单地视为一种手段，而应作为一种目的。⑤ 康德的理论对现代法律概念中的人类尊严的发展有很大的影响。⑥ 例如，1948 年《世界人权宣言》包含人格尊严的条款就蕴含着康德的思想。⑦

---

① Ginevra Le Moli, "Human Dignity in International Law", Cambridge University Press, 2021, p. 62.

② 托马斯·潘恩的政治理论部分是基于"人格尊严"而讨论的。See Thomas Paine, "Rights of Man, Common Sense, and Other Political Writings", edited by Mark Philp, Oxford University Press, 1998, pp. 121, 131.

③ Immanuel Kant, "Groundwork of the Metaphysics of Morals", translated and edited by Mary Gregor, Cambridge University Press, 1997; Immanuel Kant, "The Metaphysics of Morals", translated by Mary Gregor, edited by Lara Denis, Cambridge University Press, 2017.

④ Immanuel Kant, "Groundwork of the Metaphysics of Morals", Translated and Edited by Mary Gregor, Cambridge University Press, 1997, p. 42.

⑤ Doris Schroeder, "Dignity: Two Riddles and Four Concepts", Cambridge Quarterly of Healthcare Ethics, Vol. 17, No. 2, 2008, p. 233.

⑥ Niels Petersen, "Human Dignity, International Protection", in Rüdiger Wolfrum ed., "Max Planck Encyclopedia of Public International Law", Oxford University Press, Vol. IV, 2012, para. 6.

⑦ 1948 年《世界人权宣言》第 1 条规定："人人生而自由，在尊严和权利上一律平等。他们赋有理性和良心，并应以兄弟关系的精神相对待。"需要补充说明的是，1948 年《世界人权宣言》并不是具有法律拘束力的条约。

二战结束后，人格尊严的法律内涵变得更加丰富。首先，人格尊严在1945年《联合国宪章》序言中得到重申。1948年《世界人权宣言》序言也引用了1945年《联合国宪章》序言的相关措辞。① 之后，"人格尊严"的概念被纳入越来越多的联合国框架内的人权文书之中。例如，1966年《公民权利及政治权利国际公约》②、1966年《经济、社会及文化权利国际公约》③、1989年《儿童权利公约》④、2006年《残疾人权利国际公约》⑤ 等。此外，"人格尊严"也经常出现在区域一级的人权条约当中，例如1969年《美洲人权公约》⑥、1981年《非洲人权和民族权利宪章》⑦、1988年《美洲人权公约经济、社会和文化权利附加议定书》⑧、2004年《阿拉伯人权宪章》⑨ 等。另外，一些区域性质的人权宣言也提及了人格尊严，如1990年《开罗伊斯兰教人权宣言》⑩、2012年《东盟人权宣言》⑪。值得一提的是，1950年

---

① 参见1948年《世界人权宣言》序言、第1条、第22条和第23条。
② 参见1966年《公民权利及政治权利国际公约》前文第一段和第二段及第10条。
③ 1966年《经济、社会及文化权利国际公约》与1966年《公民权利及政治权利国际公约》前文第一段和第二段表述相同。
④ 参见1989年《儿童权利公约》序言第一、第二和第七段，以及第23条第1款、第28条第2款、第37条、第39条和第40条。
⑤ 参见2006年《残疾人权利国际公约》序言第一、第八、第二十五段，以及第1条、第3条、第8条第1款第1项、第16条第4款、第24条第1款第1项和第25条第4项。
⑥ 参见1969年《美洲人权公约》第5条第2款、第6条第2款和第11条第1款。
⑦ 参见1981年《非洲人权和民族权利宪章》序言第二、第八段，以及第五条。
⑧ 1988年《美洲人权公约经济、社会和文化权利附加议定书》，也称为1988年《圣萨尔瓦多议定书》），参见该条约序言第三段和第13条第2款规定。
⑨ 参见2004年《阿拉伯人权宪章》序言第一段，以及第2条第3款、第3条第3款、第20条第1款等。
⑩ 参见1990年《开罗伊斯兰教人权宣言》第1条第1款、第6条第1款。
⑪ 2012年《东盟人权宣言》序言第五段。

《欧洲人权公约》没有明确提及人格尊严，但欧洲人权法院在判例中经常援引这一词汇，特别是在处理涉及1950年《欧洲人权公约》第3条和第8条的案件时。2009年12月1日，伴随《里斯本条约》生效的2007年《欧盟基本权利宪章》①第一章就直接以"人格尊严"作为标题。其中，2007年《欧盟基本权利宪章》第1条明确规定，"人格尊严不可侵犯。必须受到尊重和保护"。另外，除了保障人身权利外，2007年《欧盟基本权利宪章》还将人格尊严扩展到经济、社会文化权利。2007年《欧盟基本权利宪章》第25条规定，"联盟承认并尊重老年人过上有尊严和独立生活以及参与社会和文化生活的权利"。此外，工人也有权享有尊重其健康、安全和尊严的工作条件。②

国际法多个子领域均提供了保护人类尊严不同方面的目录。在国际人道法领域，1949年"日内瓦四公约"共同第3条、1977年《第一附加议定书》第75条和第85条均提及了"个人尊严"这一概念。其中，1949年"日内瓦四公约"共同第3条第1款第（丙）项规定，对不实际参加战事之人员不得"损害个人尊严，特别如侮辱与降低身份的待遇"。1977年《第一附加议定书》第75条和第85条进一步细化了该款规定。③ 根据共同第3条的评注，"个人尊严"

---

① 2007年《欧盟基本权利宪章》于2007年正式颁布，2009年生效，旨在保护欧盟公民权利，对欧盟成员国具有法律拘束力。英国、波兰行使《里斯本条约》所赋予的退出选择权，而使2007年《欧盟基本权利宪章》在其境内无效。

② 参见2007年《欧盟基本权利宪章》第31条第1款。

③ 1977年《第一附加议定书》第75条第2款第2项规定，禁止"对人身尊严的侵犯，特别是侮辱性和降低身份的待遇，强迫卖淫和任何形式的非礼侵犯"；按照1977年《第一附加议定书》第85条第4款第3项规定，"以种族歧视为依据侵犯人身尊严的种族隔离和其它不人道和侮辱性办法"应视为严重破坏本议定书的行为。

与"人格尊严"等同①，侵犯人格尊严有可能构成战争罪。② 1949 年"日内瓦四公约"及其附加议定书都未对"人格尊严"作进一步解释。相关条约评注亦未分析"人格尊严"的独特含义，而是通过对"损害个人尊严"的内涵的分析予以考察。③ 1949 年"日内瓦四公约"共同第 3 条第 1 款是以人道待遇为核心④，并采用禁止行为清单的模式进行说明。根据这些禁止性的行为清单，能够推导出人格尊严的具体内涵。按照规定，应当给予不同种族、肤色、性别、出身的人以平等待遇，尊重个人信仰或宗教等，这些都属于保护人格尊严的范围。

虽然，人格尊严根植于诸多条约规范当中，但很少有条款赋予人格尊严以确切的内涵。人权条约所保护的权利都有一个共同点，它们都源于人的"固有的尊严"。国际人道法所保护的人格尊严是在相对特殊的背景下进行的，主要保护的是武装冲突中的受害者或受难者。这与国际人权法保护的具有集体性质的人格尊严有所不同。国际人权法下，人格尊严被视为一种权利或一种价值，甚至两者兼而有之。⑤国际人道法下，人格尊严作为一种受保护的价值或者法益而存在。人

---

① Knut Dörmann et al. eds., "Commentary on the First Geneva Convention: Convention (I) for the Amelioration of the Condition of the Wounded and Sick in Armed Forces in the Field", Cambridge University Press, 2016, p. 194, para. 557.

② Knut Dörmann et al. eds., "Commentary on the First Geneva Convention: Convention (I) for the Amelioration of the Condition of the Wounded and Sick in Armed Forces in the Field", Cambridge University Press, 2016, p. 214, para. 623.

③ Knut Dörmann et al. eds., "Commentary on the First Geneva Convention: Convention (I) for the Amelioration of the Condition of the Wounded and Sick in Armed Forces in the Field", Cambridge University Press, 2016, pp. 226–229.

④ 1949 年"日内瓦四公约"共同第 3 条第 1 款第一段规定："不实际参加战事之人员，包括放下武器之武装部队人员及因病、伤、拘留或其他原因而失去战斗力之人员在内，在一切情况下应予以人道待遇，不得基于种族、肤色、宗教或信仰、性别、出身或财力或其他类似标准而有所歧视。"

⑤ Daniel Ivo Odon, "Armed Conflict and Human Rights Law: Protecting Civilians and International Humanitarian Law", Routledge, 2022, p. 44.

格尊严这一概念渗透并奠定了国际人权法和国际人道法条约的基本原则，也影响着国际刑法。人格尊严本身是否创设义务值得怀疑。无论是国际人权条约或是国际人道法规范，都未对人格尊严作出明确的定义。然而，不可否认，这种未完成的形态恰恰是人格尊严展现其活力、价值的重要标志。① 尽管人格尊严的内涵存在诸多不确定性，但这并未削弱国际社会在围绕自主武器系统的合法性辩论中给予人格尊严的普遍关注。因此，人类尊严仍将作为一项基本坐标，贯穿相关论证。

二、人格尊严的法律地位

（一）作为法律原则

人格尊严在国际法中能够作为一项法律原则而发挥作用。国际法原则和规则之间有所区别。二者之间往往具有不同的表现形式和功能。原则具有一般性，通常指某些目的、目标、权利或价值；规则则是绝对的，要么有效，要么无效，不存在中间状态。② 这种区分

---

① Catherine Dupré, "Constructing the Meaning of Human Dignity: Four Questions", in Christopher McCrudden ed., "Understanding Human Dignity", Oxford University Press, 2013, p. 122.

② For example, Dworkin thinks that, "the difference between legal principles and legal rules is a logical distinction. Both sets of standards point to particular decisions about legal obligation in particular circumstances, but they differ in the character of the direction they give. Rules are applicable in an all – or – nothing fashion". In Dworkin's view, a "principle" is a requirement of justice or fairness or some other dimension of morality. Rules do not have such dimension. Dworkin criticized Hart's The Concept of Law which was firstly published in 1961. Hart ignores legal principles, while these principles play an important and distinctive part in legal reasoning and adjudication. See Ronald M. Dworkin, "The Model of Rules", University of Chicago Law Review, Vol. 35, No. 1, 1967, pp. 22 – 25, 38. Hart admitted that principles have at least two features which distinguished them from rules. Hart also pointed out that his use of the word "rule" not only contain "all – or – nothing" rules. See H. L. A. Hart, "The Concept of Law", edited by Penelope A. Bulloch & Joseph Raz, Oxford University Press, 2nd edn., 1994, p. 263.

在国际法中也得到承认。[1] 需要指出的是，1920年《常设国际法院规约》第38条第1款和1945年《国际法院规约》第38条第1款规定的"一般法律原则"，实际上作为规则发挥作用。[2] 规则回答了"是什么"的问题；原则回答了"为什么"的问题。[3] 原则可以发挥价值论和辅助性功能。价值论代表和维护国际法体系的根本统一性；辅助性主要指原则对规则的解释作用。[4] 作为一项原则，人格尊严是国际人道法和国际人权法的基础和存在的理由。[5] 但在不同的分支领域中，人格尊严承担的功能会略有不同。

在国际人权法中，人格尊严不仅作为一项受保护的客体，还可以构成基本权利的原则性基础。人格尊严最明显的功能是作为一项"母权利"，几乎所有权利均源于人格尊严。[6] 例如，1948年《世界人权宣言》序言中强调"对人类家庭所有成员的固有尊严及其平等的和不

---

[1] Delimitation of the Maritime Boundary in the Gulf of Maine Area, Judgment, I. C. J. Reports 1984, paras. 79-82.

[2] See Factory at Chorzów, Merits, 1928, P. C. I. J., Series A, No. 17, p. 47; LaGrand (Germany v. United States of America), Judgment, I. C. J. Reports 2001, para. 125; Avena and Other Mexican Nationals (Mexico v. United States of America), Judgment, I. C. J. Reports 2004, para. 127.

[3] G. Fitzmaurice, "The General Principles of International Law Considered from the Standpoint of the Rule of Law", Recueil des Cours, Vol. 92, 1957, p. 7.

[4] Ginevra Le Moli, "Human Dignity in International Law", Cambridge University Press, 2021, pp. 31-32.

[5] In Prosecutor v. Furundžija, the Trial Chamber said, "the general principle of respect for human dignity is the basic underpinning and indeed the very raison d'être of international humanitarian law and human rights law". ICTY, Prosecutor v. Furundžija, Case No. IT-95-17/1-T, Trial Chamber, Judgment, Dec. 10, 1998, para. 183.

[6] Oscar Schachter, "Human Dignity as a Normative Concept", American Journal of International Law, Vol. 77, No. 4, 1983, p. 853; Aharon Barak, "Human Dignity: The Constitutional Value and the Constitutional Right", Cambridge University Press, 2015, pp. 156-169; Ginevra Le Moli, "Human Dignity in International Law", Cambridge University Press, 2021, pp. 191-194, 246-247.

移的权利的承认，乃是世界自由、正义与和平的基础"①。1966 年《经济、社会及文化权利国际公约》序言中出现了类似的描述。经济、社会和文化权利委员会在对《经济、社会及文化权利国际公约》第 9 条关于社会保障权的一般意见中，指出"缔约国还必须充分尊重《公约》序言中所载的人格尊严原则和不歧视原则，以避免对福利水平和提供福利的形式产生任何不利影响"②。区域性的人权条约也将人格尊严视为各项权利的基础。例如，2007 年《欧盟基本权利宪章》序言中写道，欧洲联盟"建立在人类尊严、自由、平等和团结等不可分割的普遍价值观之上"。2007 年《欧盟基本权利宪章》将人格尊严作为一种"普遍价值观"，并且将尊重和保护人格尊严放在 2007 年《欧盟基本权利宪章》第 1 条的位置，可见人格尊严作为一项原则性基础的重要性。

在国际人道法中，人格尊严通常会与"人道原则""马尔顿条款"放在一起考量。人格尊严与"人道原则""马尔顿条款"之间的联系非常直观。人格尊严纳入国际法之中，其实最早始于与战争有关的规则。③ 其中，"马尔顿条款"标志着人格尊严被纳入国际人道法的里程碑之一。④ 依据"马尔顿条款"，在颁布更完整的战争法之前，人民和交战方仍处于国际法原则的保护和管辖之下，这是文明国家之间建立

---

① Paragraph 1 of the Preamble of Universal Declaration of Human Rights (1948) reads, "whereas recognition of the inherent dignity and of the equal and inalienable rights of all members of the human family is the foundation of freedom, justice and peace in the world".

② UN Committee on Economic, Social and Cultural Rights (CESCR), "General Comment No. 19: The Right to Social Security (Article 9 of the Covenant)", Feb. 4, 2008, E/C. 12/GC/19, para. 22.

③ Ginevra Le Moli, "The Principle of Human Dignity in International Law", in Mads Andenas et al. eds., "General Principles and the Coherence of International Law", Brill, 2019, p. 353.

④ Ginevra Le Moli, "Human Dignity in International Law", Cambridge University Press, 2021, p. 173.

的惯例、人道法和公众良心要求的结果。如本章所述,"马尔顿条款"是由俄罗斯的外交官马尔顿于 1899 年,在海牙会议上提出。在马尔顿看来,每个人的人格尊严都不可剥夺。① "马尔顿条款"在之后的国际人道法和武器法条约中均得到了重申。1977 年《第一附加议定书》第 1 条第 2 款的规定是"马尔顿条款"的现代版本,将最初的"人道法"替换为"人道原则"。值得注意的是,国际法院在多个案件中提及了"基本的人道考虑"这一原则。② 在尼加拉瓜军事行动和准军事行动案中,国际法院特别强调,1949 年"日内瓦四公约"共同第 3 条所载的规则反映了"基本的人道考虑"。③ 1949 年"日内瓦四公约"共同第 3 条第 1 款的核心目的是保护个人与生俱来的人格尊严。④ 虽然,在武装冲突中,允许使用致命武力,但保护人格尊严这一价值理念仍发挥着基础性作用。一般认为,"人道原则"与"基本的人道考虑"是同义词⑤,二者均源于"马尔顿条款"⑥。

---

① Vladimir Pustogarov, "Fyodor Fyodorovich Martens (1845-1909) —A Humanist of Modern Times", International Review of the Red Cross, Vol. 36, No. 312, 1996, p. 303.

② Corfu Channel case, Judgment, I. C. J. Reports 1949, p. 22; Reservations to the Convention on the Prevention and Punishment of the Crime of Genocide, Advisory Opinion, I. C. J. Reports 1951, p. 23; Military and Paramilitary Activities in and against Nicaragua (Nicaragua v. United States of America), Merits, Judgment, I. C. J. Reports 1986, p. 114, para. 218.

③ Military and Paramilitary Activities in and against Nicaragua (Nicaragua v. United States of America), Merits, Judgment, I. C. J. Reports 1986, p. 114, para. 218.

④ ICTY, Prosecutor v. Alekovski, Case No. IT-95-14/1-T, Trial Chamber, Judgment, June 25, 1999, para. 49.

⑤ Theodor Meron, "The Martens Clause, Principles of Humanity, and Dictates of Public Conscience", American Journal of International Law, Vol. 94, No. 1, 2000, pp. 78-89, p. 82; Y. Dinstein, "The Principle of Proportionality", in Kjetil Mujezinović Larsen et al. eds., "Searching for a Principle of Humanity in International Humanitarian Law", Cambridge University Press, 2012, p. 72.

⑥ Prosecutor v. Martić, Review of the Indictment Pursuant to Rule 61, No. IT-95-11-R61, Mar. 13, 1996, para. 13.

人格尊严和"马尔顿条款"背后有着相似的人道主义哲学。①"马尔顿条款"也恰好证明了国际社会愿意将道德方面的考量纳入国际法当中。② 然而，人类尊严的具体内容，最终取决于"公众良心的要求"。③ 如前所述，"马尔顿条款"发挥着剩余规则的作用，即在没有可援引的具体规则的情况下，才存在适用的可能。人格尊严作为法律原则，很可能如同"马尔顿条款"一样作为剩余原则发挥着补漏功能；或者说，在没有其他规则得以援用的情况下，才得以适用。

（二）作为权利

人格尊严可以作为普遍性法律原则产生权利和义务。④ 人格尊严不仅构成基本权利的基础，其本身也是一项基本权利。这一点可以找到很多例证作为支撑。⑤ 在国际人权法下，人格尊严作为一项具体的规则可以产生权利或义务；人格尊严的权利所有者，既可以是个人，也可以是

---

① Daniele Amoroso, "Autonomous Weapons Systems and International Law: A Study on Human - Machine Interactions in Ethically and Legally Sensitive Domains", Napoli: Edizioni Scientifiche Italiane, 2020, p. 178.

② T. Weatherall, "Jus Cogens: International Law and Social Contract", Cambridge University Press, 2015, p. 80

③ Daniele Amoroso, "Autonomous Weapons Systems and International Law: A Study on Human - Machine Interactions in Ethically and Legally Sensitive Domains", Napoli: Edizioni Scientifiche Italiane, 2020, p. 179.

④ T. Weatherall, "Jus Cogens: International Law and Social Contract", Cambridge University Press, 2015, pp. 41 - 54.

⑤ For instance, the Court of Justice of the European Communities (CJEC) stated that, "It is for the Court of Justice, in its review of the compatibility of acts of the institutions with the general principles of Community law, to ensure that the fundamental right to human dignity and integrity is observed". CJEC, Netherlands v European Parliament and Council of the European Union, Judgment, C - 377/98, (2001) ECR 7079, Oct. 9, 2001, para. 70; see also ICTY, Prosecutor v. Zejnil Delalić et al, Case No. IT - 96 - 21 - T, Judgement, Nov. 16, 1998, para. 200.

集体。① 作为集体权利，对于特定弱势群体的人格尊严的保护，如妇女、儿童、老人、残疾人等，在相应的人权条约中都有明确规定。权利与义务相对，在人权条约机制中，缔约国需承担尊重、保护以及实现人格尊严的法律义务。② 此类义务可以延伸到禁止奴役③、禁止酷刑④等相关的范畴。在国内法下，人格尊严通常作为一项绝对权利，神圣不可侵犯，如《德国宪法》。⑤ 这意味着没有任何限制或例外。⑥ 人格尊严是一项不容克减的权利。

---

① See Ginevra Le Moli, "Human Dignity in International Law", Cambridge University Press, 2021, pp. 232 – 233; Dan Saxon, "Fighting Machines: Autonomous Weapons and Human Dignity", University of Pennsylvania Press, 2022, pp. 28 – 29; Daniel Ivo Odon, "Armed Conflict and Human Rights Law: Protecting Civilians and International Humanitarian Law", Routledge, 2022, p. 44.

② Ginevra Le Moli, "Human Dignity in International Law", Cambridge University Press, 2021, pp. 253 – 260.

③ Pasquale De Sena, "Slaveries and New Slaveries: Which Role for Human Dignity?", in Andrea Gattini, Rosana Garciandia and Philippa Webb eds., "Human Dignity and International Law", Brill, 2021, pp. 117 – 119.

④ 许多国际性和区域性人权公约将禁止"不人道和有辱人格的待遇"列为不可克减的规定。例如，1966 年《公民权利及政治权利国际公约》第 7 条、1950 年《欧洲人权公约》第 3 条、1969 年《美洲人权公约》第 5 条第 2 款、1981 年《非洲人权和民族权宪章》第 5 条，以及 1984 年《禁止酷刑公约》的相关规定。

⑤ Article 1 of Basic Law (Grundgesetz) of 23 May 1949 runs, "(1) Human dignity shall be inviolable. To respect and protect it shall be the duty of all state authority. (2) The German people therefore acknowledge inviolable and inalienable human rights as the basis of every community, of peace and of justice in the world…". The official English translation of the Basic Law is available at: https://www.gesetze-im-internet.de/englisch_gg/; the current German version of the Basic Law is available at: https://www.gesetze-im-internet.de/gg/. See also Dieter Grimm, "Dignity in a Legal Context: Dignity as an Absolute Right", in Christopher McCrudden ed., "Understanding Human Dignity", Oxford University Press, 2013, p. 387.

⑥ Dieter Grimm, "Dignity in a Legal Context: Dignity as an Absolute Right", in Christopher McCrudden ed., "Understanding Human Dignity", Oxford University Press, 2013, p. 388.

在国际人道法下，人格尊严往往作为一项个人权利而存在。在1949年"日内瓦四公约"及其附加议定书中，经常看到个人尊严的表述。1949年"日内瓦四公约"包含许多尊重和保护人格尊严的义务规定。例如，1949年《日内瓦第一公约》第12条第2款规定、1949年《日内瓦第二公约》第12条第2款规定、1949年《日内瓦第三公约》第13条第1款规定和1949年《日内瓦第四公约》第27条规定等。从上述规定可以推断出，在武装冲突中，交战方尊重和保护人格尊严的义务主要体现为，给予平民、战俘、受难者以人道待遇，以便让他们有尊严地生活。通过作为或不作为的方式给平民、战俘等受保护人员造成严重的身体或精神痛苦或伤害，构成对人格尊严的严重侵犯，可能构成战争罪。

此外，需要注意的是，用于规范武器的规则，例如禁止能够引起过分伤害和不必要痛苦的作战手段或作战方法，也是尊重和保护人格尊严的体现。各国有义务确保武装的非国家实体不使用或获取违禁武器，并且不以被禁止的方式使用武器。[①] 这也是联合国安理会第1540（2004）号决议的要求。[②] 因此，各国有义务采取和实施有效措施，切断对非国家武装实体的非法武器的供应。另外，基于人格尊严与人道原则之间的联系，各国所采用的作战方法和作战手段是受到限制的。能够引起过分伤害和不必要痛苦的作战手段也可能构成对人格尊严的侵犯。

（三）损害人格尊严的法律后果

许多国际性和区域性人权公约将禁止"不人道和有辱人格的待遇"，列为不可克减的规则。[③] 欧洲人权法院曾多次在案件中表示，

[①] Andrew Clapham, "Weapons and Armed Non-State Actors", in S. Casey-Maslen ed., "Weapons under International Human Rights Law", Cambridge University Press, 2014, p. 171.

[②] UN S/RES/1540（2004）.

[③] 参见1966年《公民权利及政治权利国际公约》第7条、1950年《欧洲人权公约》第3条、1969年《美洲人权公约》第5条第2款、1981年《非洲人权和民族权宪章》第5条。

1950年《欧洲人权公约》第3条的主要目的之一是保护人格尊严和人身安全。① 如果主管当局滥用武力，可能会侵犯人格尊严。② 1969年《美洲人权公约》第5条第2款禁止酷刑和残忍、不人道或有辱人格的待遇或处罚，并规定被剥夺自由的人必须受到有尊严的对待。对美洲人权法院而言，缔约方使用武力的行为应当是合法的、必要的、适当的以及成比例的，否则可能构成对人格尊严的侵犯。③

损害或侵犯人格尊严，将产生国家责任和个人责任。如本章第二节所述，1949年"日内瓦四公约"共同第3条禁止"损害个人尊严，特别如侮辱与降低身份的待遇"。该项规定在1977年《第一附加议定书》和1977年《第二附加议定书》中均得到重申。④ 并且，禁止损害人格尊严是习惯国际法的一部分。⑤ 根据1949年"日内瓦四公约"及其附加议定书相关的条款的规定，"损害个人尊严"与残忍待遇和酷刑有关，但也存在内在的独立性。换言之，损害人格尊严可以单独构成一项犯罪。在"阿列克索夫斯基"案中，前南刑庭预审分庭曾指出，兹拉特科·阿列克索夫斯基对卡奥尼克监狱的被拘留者施加的暴

---

① ECtHR, Tyrer v. United Kingdom, Application no. 5856/72, Judgment, Apr. 25, 1978, para. 33; see also ECtHR, Kalashnikov v. Russia, Application no. 47095/99, Judgment, Oct. 15, 2002, para. 95.

② ECtHR, Muradova v. Azerbaijan, Application No. 22684/05, Judgment, Apr. 2, 2009, para. 109.

③ The Court addressed that, "regarding the use of force by the security forces, this Court has indicated that this must respect criteria of legitimate reasons, need, appropriateness and proportionality. Furthermore, the Court has indicated that any use of force that is not strictly necessary owing to the behavior of the person detained constitutes an attack on human dignity, in violation of Article 5 of the American Convention". IACtHR, Case of Lysias Fleury et al. v. Haiti, Series C No. 236, Judgment, Nov. 23, 2011, para. 74.

④ 参见1977年《第一附加议定书》第75条第2款第2项、1977年《第二附加议定书》第4条第2款第5项规定。

⑤ Jean-Marie Henckaerts and Louise Doswald-Beck, "Customary International Humanitarian Law, Vol. II", Cambridge University Press, 2005, Rule 90.

力构成对人格尊严的侮辱，违反 1949 年"日内瓦四公约"共同第 3 条的规定。即使此类行为发生在武装冲突中也不能享有豁免。① 在国际刑法领域，损害人格尊严可能会构成犯罪，需要承担个人刑事责任。根据 1998 年《国际刑事法院罗马规约》第 8 条第 2 款第 2 项第 21 目规定，触犯战争罪的行为包括"损害个人尊严，特别是侮辱性和有辱人格的待遇"。该条款源自 1949 年"日内瓦四公约"共同第 3 条第 1 款第 3 项的规定。② 该项规定也属于习惯国际法。③ 损害人格尊严与否往往涉及一定程度的价值判断，不要求被告有侮辱受害者的犯罪意图；但被告应当知道他的作为或不作为可能导致严重的羞辱、贬低他人的人格尊严。④

三、自主武器系统违反人格尊严论点的局限性

（一）自主武器系统违反人格尊严的论点

人格尊严是与生俱来的。而自主武器系统通过机器学习技术的快速发展，正逐渐展现出越来越强的类人化的潜力。有学者认为，当人们试图将机器提升到人类水平时，或者说，当机器获得"人性"时，

---

① ICTY, Prosecutor v. Alekovski, Case No. IT-95-14/1-T, Trial Chamber, Judgment, June 25, 1999, para. 228.

② O. Triffterer and K. Ambos eds., "Rome Statute of the International Criminal Court: A Commentary", 3rd ed. C. H. Beck. Hart. Nomos, 2016, p. 470.

③ ICTY, Prosecutor v. Aleksovski, IT-95-14/1-A, Judgement (AC), Mar. 24, 2000, paras. 21-22; ICTY, Prosecutor v. Kunarac et al., IT-96-23T & IT-96-23/1-T, Judgment, Trial Chamber, Feb. 22, 2001, para. 498; SCSL, Prosecutor v. Sesay, Kallon and Gbao, No. SCSL-04-15-T, RUF Trial Judgement, Mar. 2, 2009, para. 174.

④ ICTY, Prosecutor v. Kunarac et al., IT-96-23T & IT-96-23/1-T, Judgment, Trial Chamber, Feb. 22, 2001, para. 512; ICTY, Prosecutor v. Kunarac et al., IT-96-23 & IT-96-23/1-A, Judgment, Appeals Chamber, Jun. 12, 2002, paras. 165-166; SCSL, Prosecutor v. Sesay, Kallon and Gbao, No. SCSL-04-15-T, RUF Trial Judgement, Mar. 2, 2009, para 177.

就会损害人格尊严。① 因为人格尊严不再为人类所独有。然而,现代的人工智能还不具备人类意识,此类担忧似乎为时尚早。当前使用的自主武器系统在构建之时,并没有加入伦理和道德方面的考量。此类系统遵循程序员设计的脚本,而不是对人类普遍价值观的认同,缺乏人类的知觉能力和责任感。② 换言之,自主武器系统不具有完整的道德行为能力。因而,在各方围绕自主武器系统的辩论中,人格尊严被不断提出,用来作为反对或禁止自主武器系统的法律依据。例如,瑞士③、拉美国家④、罗马教廷⑤等主张自主武器系统的存在本身可能会

---

① Andy Steiger, "Artificial Dignity: The Humanizing and Dehumanizing Implications of Polanyi versus Turing's Ontology", in Angus J. L. Menuge and Barry W. Bussey eds., "The Inherence of Human Dignity: Foundations of Human Dignity, Vol. 1", Anthem Press, 2021, p. 221.

② Arkapravo Bhaumik, "From AI to Robotics", Taylor and Francis, 2017, p. 240.

③ Government of Switzerland, "Towards a 'Compliance-Based' Approach to LAWS", Informal Working Paper, Mar. 30, 2016, para. 34.

④ "Written Commentary Calling for a Legally-Binding Instrument on Autonomous Weapon Systems", Proposed by Argentina, Costa Rica, Ecuador, Guatemala, Kazakhstan, Nigeria, Panama, Peru, the Philippines, Sierra Leone, State of Palestine, Uruguay, Mar., 2022, https://meetings.unoda.org/ccw/convention-certain-conventional-weapons-group-governmental-experts-2022; "Roadmap Towards New Protocol on Autonomous Weapons Systems", submitted by Argentina, Costa Rica, Guatemala, Kazakhstan, Nigeria, Panama, Philippines, Sierra Leone, State of Palestine, Uruguay, CCW/GGE. 1/2022/WP. 3, Aug. 8, 2022.

⑤ 罗马教廷是一个可追溯到中世纪的国际法主体,与历史上的教皇国和当今的梵蒂冈有所不同。罗马教廷特殊的国际法人格长期以来得到各国及法律文书的普遍承认。罗马教廷可以建立外交关系并签署条约。罗马教廷虽然并非现代意义上的独立国家,但被联合国、欧洲委员会、美洲国家组织等国际机构承认为主权实体。罗马教廷的管辖范围包括全球天主教会和梵蒂冈。作为1949年"日内瓦四公约"及其附加议定书的缔约方,罗马教廷也是1980年《特定常规武器公约》的缔约方,自2014年以来积极参与1980年《特定常规武器公约》的讨论,并多次发表声明,主张对自主武器系统予以禁止。See Gerd Westdickenberg, "Holy See", in Rüdiger Wolfrum ed., "Max Planck Encyclopedia of Public International Law, Vol. IV", Oxford University Press, 2012, paras. 2-4.

违反人格尊严,应当对自主武器系统予以禁止。反对的理由可以概括为两个方面:一是自主武器系统代替人类作出决策,侵犯人类(如操作员、指挥官等)的人格尊严;二是自主武器系统将人类视为对象或客体,侵犯人格尊严。

一方面,反对自主武器系统的观点认为,决定使用武力的主体只能是人类,根据人类尊严以及"马尔顿条款",将使用致命武力的决策权授予自主武器系统是不合法的。[1] 其中,罗马教廷的观点比较具有代表性。罗马教廷认为,对于生死的决断应当基于人类的品质来决定,而这些品质包括人类理性、判断力和同情心。尽管人类可能无法在战火纷飞的情况下,完美地发挥这些品质;但这些品质是不可替代

---

[1] See Human Rights Watch, "Losing Humanity: The Case against Killer Robots", Nov. 19, 2012; Human Rights Watch and Harvard Law School's International Human Rights Clinic (IHRC), "Mind the Gap: the Lack of Accountability for Killer Robots", Apr. 9, 2015, p. 9; Peter Asaro, "On Banning Autonomous Weapon Systems: Human Rights, Automation, and the Dehumanization of Lethal Decision – Making", International Review of the Red Cross, Vol. 94, No. 886, 2012, pp. 687 – 709; Tyler D. Evans, "At War with the Robots: Autonomous Weapon Systems and the Martens Clause", Hofstra Law Review, Vol. 41, 2014, pp. 697 – 733; Thompson Chengeta, "Dignity, Ubuntu, Humanity and Autonomous Weapon Systems (AWS) Debate: An African Perspective", Revista de Direito Internacional, Vol. 13, No. 2, 2016, pp. 461 – 502; Christof Heyns, "Human Rights and the Use of Autonomous Weapons Systems (AWS) During Domestic Law Enforcement", Human Rights Quarterly, Vol. 38, 2016, pp. 350 – 378; Eliav Lieblich and Eyal Benvenisti, "The Obligation to Exercise Discretion in Warfare: Why Autonomous Weapons Systems Are Unlawful", in N. Bhuta et al. eds., "Autonomous Weapons Systems: Law, Ethics, Policy", Cambridge University Press, 2016, pp. 245 – 283; Ozlem Ulgen, "Human Dignity in an Age of Autonomous Weapons: Are We in Danger of Losing an 'Elementary Consideration of Humanity'?", Baltic Yearbook of International Law, Vol. 17, No. 1, 2018, pp. 169 – 196; Dan Saxon, "Fighting Machines: Autonomous Weapons and Human Dignity", University of Pennsylvania Press, 2022, pp. 42 – 45.

的，也是不可编程的。① 不可忽略的是，在基督教传统中，人格尊严已经根深蒂固。② 罗马教廷的观点具有浓厚的宗教色彩。在后来的辩论中，罗马教廷开始借由"马尔顿条款"主张禁止自主武器系统。③ "人格尊严"和"马尔顿条款"是紧密联系的，运用"马尔顿条款"可以加强法律层面的说服力。另外，自主武器系统在进行目标识别、选择和攻击的过程中，破坏了人类推理和判断的机会和价值。这侵犯了应当作出此类决定的战斗员、指挥官的人格尊严。④ 计算机不具有"元认知"⑤，无法进行如人类一般的"反思"。因而，自主武器系统不能行使"真正"意义上的人类判断或裁量权。⑥ 因此，根据反对者的观点，当人类目标被置于不可能诉诸人性的位置时，就会侵犯人格尊严。⑦

---

① See "Statement by H. E. Archbishop Silvano M. Tomasi", Permanent Representative of the Holy See to the United Nations and Other International Organizations in Geneva at the Meeting of Experts on Lethal autonomous weapons systems of the High Contracting Parties to the CCW, May 13, 2014.

② Michael Perry, "Toward A Theory of Human Rights: Religion, Law, Courts", Cambridge Univiversity Press, 2006, pp. 7 – 13; David P. Gushee, "A Christian Theological Account of Human Worth", in Christopher McCrudden ed., "Understanding Human Dignity", Oxford University Press, 2013, pp. 275 – 288.

③ Diego Mauri, "The Holy See's Position on Lethal Autonomous Weapons Systems: An Appraisal through the Lens of the Martens Clause", Journal of International Humanitarian Legal Studies, Vol. 11, No. 1, 2020, pp. 116 – 147.

④ Dan Saxon, "Fighting Machines: Autonomous Weapons and Human Dignity", University of Pennsylvania Press, 2022, pp. 42 – 45.

⑤ "元认知"（metacognition）是一种能力，指对自身认知过程的思考与反思。Joëlle Proust, "The Philosophy of Metacognition: Mental Agency and Self – Awareness", Oxford University Press, 2013, p. 29.

⑥ Eliav Lieblich and Eyal Benvenisti, "The Obligation to Exercise Discretion in Warfare: Why Autonomous Weapons Systems Are Unlawful", in N. Bhuta et al. eds., "Autonomous Weapons Systems: Law, Ethics, Policy", Cambridge University Press, 2016, p. 250.

⑦ Christof Heyns, "Autonomous Weapons in Armed Conflict and the Right to A Dignified Life: An African Perspective", South African Journal on Human Rights, Vol. 33, No. 1, 2017, p. 63.

第二章
自主武器系统的合法性

　　另一方面，反对自主武器系统的国家、非政府组织和学者还认为，自主武器系统将人类作为客体，这将违反被攻击者的人格尊严。在1980年《特定常规武器公约》框架内的讨论中，德国是较早地提及自主武器系统可能会违反人格尊严的国家。① 人格尊严在《德国宪法》中占据重要的地位。在德国看来，人格尊严不仅是一种社会价值，而且是一种受保护的宪法权利。即使在武装冲突期间，人类也不能作为机器攻击的"对象"。类似的观点有很多。2021年6月禁止杀手机器人联盟提交的《关于自主武器系统规范和作战框架的建议》报告中指出，基于传感器运作的自主武器系统，使用诸如体重、热信号、物体识别、生物测定等指标进行标注和编程，是不可接受的；此类武器系统将人类当成物体，而且所运用的数据集和算法很可能是带有偏见的。② 计算机运作的过程与人类大脑不同，计算机的"理解"过程以数字"0"和"1"的形式呈现。当计算机被赋予识别、选择和攻击目标的决策权时，使用武力所针对的人类将被简化为机器代码中的"0"和"1"。③ 计算机或机器作出的使用武力的决策很可能是任意性的、非法的，无论在武装冲突中，抑或在和平时期，都不应该将人类的生死决定权交由机器。④ 德国的立场与其国家宪法有很大的关系。不过，

---

　　① "General Statement by Germany", CCW Meeting of Experts Lethal Autonomous Weapons Systems, May 13 - 14, 2014, https：//docs - library. unoda. org/Convention_on_Certain_Conventional_Weapons_ - _Informal_Meeting_of_Experts_（2014）/Germany%2BLAWS%2B2014. pdf.

　　② "Recommendations on the Normative and Operational Framework for Autonomous Weapon Systems", submitted by Campaign to Stop Killer Robots, Jun. , 2021, https：// www. stopkillerrobots. org/resource/recommendations - on - the - normative - and - operational - framework - for - autonomous - weapon - systems/.

　　③ Patrick Lin, "Do Killer Robots Violate Human Rights?", The Atlantic, Apr. 20, 2015, https：//www. theatlantic. com/technology/archive/2015/04/do - killer - robots - violate - human - rights/390033/.

　　④ Christof Heyns, "Human Rights and the Use of Autonomous Weapons Systems（AWS）During Domestic Law Enforcement", Human Rights Quarterly, Vol. 38, 2016, p. 354.

自主武器系统是否符合国内法中人格尊严的要求,不是本书的讨论重点。

(二) 自主武器系统违反人格尊严论点的局限性

上述反对自主武器系统的观点印证了人格尊严与自主武器系统合法性评估的相关性。然而,对于人格尊严的不同解读,可能会得出不同的结论。上述依据人格尊严反对自主武器系统的论点主要存在以下两点不足:

第一,我们不能忽略"人格尊严"这一概念本身的限制。从含义上讲,人格尊严作为多个国际法分支的交汇点,仍面临许多难以调和的争议。事实上,除了在法律这一学科,在其他学科领域,"人格尊严"也存在多种不同的理解。有学者从生物伦理学角度,指出"人格尊严"是一个没有价值的概念,如约翰·哈里斯(John Harris)[1]、露丝·麦克林(Ruth Macklin)[2]、史蒂文·平克(Steven Pinker)[3] 等。在国际人道法下,人格尊严的具体内容取决于道德和社会,或者用"马尔顿条款"的话来说,取决于"公众良心的要求"。[4] 但"公众良心"是一个更为抽象的概念。人格尊严内涵上的模糊性也遭到法律工作者的质疑。[5]

---

[1] John Harris, "Cloning and Human Dignity", Cambridge Quarterly of Healthcare Ethics, Vol. 7, No. 2, 1998, pp. 163 - 67.

[2] Ruth Macklin, "Dignity Is A Useless Concept", British Medical Journal, Vol. 327, No. 7429, 2003, pp. 1419 - 1420.

[3] Steven Pinker, "The Stupidity of Dignity", The New Republic, May 28, 2008, https://newrepublic.com/article/64674/the-stupidity-dignity.

[4] See Daniele Amoroso, "Autonomous Weapons Systems and International Law: A Study on Human-Machine Interactions in Ethically and Legally Sensitive Domains", Napoli: Edizioni Scientifiche Italiane, 2020, p. 179.

[5] Rory O'Connell, "The Role of Dignity in Equality Law: Lessons from Canada and South Africa", Comparative Law and Analysis, Vol. 6, No. 2, 2008, pp. 267 - 286; Neomi Rao, "Three Concepts of Dignity in Constitutional Law", Notre Dame Law Review, Vol. 86, No. 1, 2013, pp. 183 - 271; Christoph Möllers, "The Triple Dilemma of Human Dignity: A Case Study", in Christopher McCrudden ed., "Understanding Human Dignity", Oxford University Press, 2013, pp. 173 - 188.

虽然存在一定的背景因素作为支撑，但由于自身内涵的模糊性，人格尊严作为指导性原则难以应用到实践之中。[1] 尤其是在司法实践中，人格尊严可能难以为司法裁决提供关键性的说理依据。人格尊严的内涵可能因具体情况而异。在不同的地区之间，人格尊严的内涵有着显著差异，并且在同一特定区域，人格尊严很可能因为不同的文化差异而有所不同。人格尊严本身就存在多种不一致解释，当基于人格尊严来主张自主武器系统可能侵犯人格尊严时，其实也是欠缺说服力的。再比如，依据康德的理论，自主武器系统所具备的自主性会削弱人类作出自主决策的能力，自主武器系统可能会违背人格尊严。值得注意的是，康德是典型的义务论者，只关注行为上的正确与否。[2] 依据后果主义者的观点，结论将与之相反。因为后果主义只关心行动带来的结果。[3] 假如自主武器系统能够比人类更精准地识别、选择和攻击目标，那么后果可能是正确的、合理的。因为自主武器系统产生了更大的价值。可见，从哲学的不同理论角度分析，会得出截然相反的结论。人格尊严的内涵是一个变量，而且难以被量化。因此，对于人格尊严存在不同的认识，从不同的角度出发，得出的结论可能会有所不同。

第二，人格尊严在功能上存在一定的局限性。"人格尊严"和"马尔顿条款"背后有着相似的人道主义哲学。[4] "马尔顿条款"恰好证明了国际社会愿意将人格尊严纳入国际法的保护范畴。[5] 然而，

---

[1] For instance, the Supreme Court of Canada confirmed the critics on human dignity that, "human dignity is an abstract and subjective notion that, even with the guidance of the four contextual factors, cannot only become confusing and difficult to apply". R. v. Kapp, 2008 SCC 41 (CanLII), [2008] 2 SCR 483, para. 22.

[2] 程炼：《伦理学导论》，北京大学出版社2006年版，第166页。

[3] 程炼：《伦理学导论》，北京大学出版社2006年版，第166页。

[4] Daniele Amoroso, "Autonomous Weapons Systems and International Law: A Study on Human – Machine Interactions in Ethically and Legally Sensitive Domains", Napoli: Edizioni Scientifiche Italiane, 2020, p. 178.

[5] T. Weatherall, "Jus Cogens: International Law and Social Contract", Cambridge University Press, 2015, p. 80.

"马尔顿条款"的主要作用是在没有其他可适用的规定的前提下，才能够被援用。在国际人权法下，人格尊严也发挥着类似的剩余功能。1950年《欧洲人权公约》的相关条款没有明确地提及人格尊严。不过，欧洲人权法院在其所作的判例中，经常援引人格尊严，尤其是涉及1950年《欧洲人权公约》第3条和第8条的规定时。但人格尊严在法院的判决中只起到辅助作用。例如，在"蒂勒诉英国"案中，欧洲人权法院曾指出，1950年《欧洲人权公约》第3条的目的之一是保护人格尊严。[1] 在"傅氏诺夫诉法国"案，欧洲人权法院进一步指出，关于人类胚胎是否享有人格尊严，是缺乏共识的[2]；即使赋予人类胚胎以人格尊严，但过失杀人并不被视为违反1950年《欧洲人权公约》第2条的规定。[3] 虽然，在这些判决中，人格尊严不断地被引用以强调违法行为的严重性；但人格尊严只是作为附带意见，并没有发挥决定性作用。欧洲人权法院也可以不借助人格尊严，断定一项行为违反了1950年《欧洲人权公约》。人格尊严为司法解释提供了一种便于解释的语言，但人格尊严没有为保护特定的权利而发挥关键性

---

[1] The Court said, "…constituted an assault on precisely that which it is one of the main purposes of Article 3 to protect, namely a person's dignity and physical integrity". ECtHR, Tyrer v. United Kingdom, Application no. 5856/72, Judgment, Apr. 25, 1978, para. 33; see more about the discussion of "human dignity" in the European Court of Justice, in Sebastian Heselhaus and Ralph Hemsley, "Human Dignity and the European Convention on Human Rights", in P. Becchi and K. Mathis eds., "Handbook of Human Dignity in Europe", Springer Cham, 2019, pp. 1 – 24.

[2] The Court said, "at European level, the Court observes that there is no consensus on the nature and status of the embryo and/or foetus (see paragraphs 39 – 40 above), although they are beginning to receive some protection in the light of scientific progress and the potential consequences of research into genetic engineering, medically assisted procreation or embryo experimentation". ECtHR, Vo v. France, Application no. 53924/00, Judgment, Jul. 8, 2004, para. 84.

[3] ECtHR, Vo v. France, Application no. 53924/00, Judgment, Jul. 8, 2004, para. 95.

第二章 自主武器系统的合法性

影响。①

人格尊严不足以作为自主武器系统违反人格尊严的国际法依据。首先，通过考察相关的国际人道法条款，可以发现没有条款明确规定战斗员、指挥官对于杀戮行为的专属"酌处权"。当然，也没条款表明识别、选择和攻击目标的酌处权是否必须是由人类作出或者只能由人类作出。以识别目标为例，1977 年《第一附加议定书》第 18 条第 1 款要求"冲突每一方均应努力保证医务和宗教人员及医疗队和运输工具能得到识别"。根据该款规定，冲突各方必须努力确保相关人员和物体是可识别的。"努力"一词表明该义务并非要求绝对完成。在实际的战场中，个人和物体即使被正确地标记，也可能会被错误地识别。② 此外，该条款也未指定由"谁"进行识别。"谁"当然包括敌方武装部队的成员。③ 但在现代战争中，作战手段和作战方法是不断发展的，识别已不再是纯粹视觉上的，往往需要借助特殊的技术手段。④ 例如，识别电子信号就需要借助高科技技术。这其实也是敦促冲突各方"努力"履行此项义务的缘由。因为一些技术识别手段非常昂贵、技术性要求高，将这些要求强加给没有财政支持，或者没有技术支持的冲突一方是不合理的。

其次，国际法并不要求在任何情况下都应当根据人类理性、同情

---

① See Christopher McCrudden, "Human Dignity and Judicial Interpretation of Human Rights", European Journal of International Law, Vol. 19, No. 4, 2008, pp. 655 – 724.

② Yves Sandoz, Christophe Swinarski and Bruno Zimmermann eds., "Commentary on the Additional Protocols of 8 June 1977 to the Geneva Conventions of 12 August 1949", Martinus Nijhoff Publishers, 1987, para. 747.

③ Yves Sandoz, Christophe Swinarski and Bruno Zimmermann eds., "Commentary on the Additional Protocols of 8 June 1977 to the Geneva Conventions of 12 August 1949", Martinus Nijhoff Publishers, 1987, para. 748.

④ Yves Sandoz, Christophe Swinarski and Bruno Zimmermann eds., "Commentary on the Additional Protocols of 8 June 1977 to the Geneva Conventions of 12 August 1949", Martinus Nijhoff Publishers, 1987, para. 752.

心（或怜悯）等来判断识别、选择和攻击目标。一个人是否可能成为目标取决于此人的身份（如战斗员、平民），以及此人是否直接参与敌对行动。国际人道法只是提供一个客观标准，让决策者（机器或人）可以根据这些标准将人或物体确认为合法的目标。① 可能会有人质疑，主张现行国际人道法在制定之时，并未充分考虑未来战场上会出现代替人类作出决策的自主武器系统。这其实从侧面表明，国际人道法没有跟上技术发展的步伐。国际人道法相关规则只有通过修改或者重新解释，才有可能产生明确的能够否定自主武器系统合法性的法律依据。

最后，在国际法下，不存在人类不应被当作物品对待的权利。因而，很难推断出自主武器系统将人类目标"客体化"会侵犯人格尊严。以欧洲委员会1981年《关于在个人数据自动处理方面保护个人的现代化公约》（简称1981年《108号公约》）为例②，1981年《108号公约》序言第3段明确提及缔约方应当保护人格尊严。1981年《108号公约》解释性报告中指出，"序言明确提及个人自主权和控制个人数据的权利，这尤其源于隐私权以及人格尊严。人格尊严要求在处理个人数据时采取保护措施，以使个人不被视为单纯的对象"③。不过，1981年《108号公约》条约条款中却没有提及人格尊严。虽然，在欧盟内部，关于人格尊严不受算法决策影响的权利正在形成，但尚不成熟。④ 学者迪特·伯

---

① Marco Sassòli, "Autonomous Weapons and International Humanitarian Law: Advantages, Open Technical Questions and Legal Issues to be Clarified", International Law Studies, Vol. 90, 2014, p. 315.

② 1981年《关于个人数据处理的个人保护现代化公约》也被称为《108号公约》，历经多次修订，最近的一次修订是在2018年5月18日。See Council of Europe, "Convention 108 +: Convention for the Protection of Individuals with Regard to the Processing of Personal Data", Jun., 2018, p. 16, para. 10.

③ Council of Europe, "Convention 108 +: Convention for the Protection of Individuals with Regard to the Processing of Personal Data", Jun., 2018, p. 16, para. 10.

④ Daniele Amoroso, "Autonomous Weapons Systems and International Law: A Study on Human – Machine Interactions in Ethically and Legally Sensitive Domains", Napoli: Edizioni Scientifiche Italiane, 2020, p. 186.

恩巴赫（Dieter Birnbacher）指出，自主武器系统将人类作为攻击目标，并不会侵犯人格尊严。在伯恩巴赫看来，人格尊严内容上包括：不被严重羞辱和成为公众蔑视对象的权利；享有最低限度的行动和自由决策的权利；在有迫切需要的地方获得支持的权利；获得最低质量的生活和减轻痛苦的权利；不被视为达到他人目的的手段的权利。①在武装冲突中，自主武器系统的部署最有可能影响的是平民的人格尊严，而不是战斗员的人格尊严。因为战斗员已经知道战争可能涉及什么情况，有选择退出战场的可能性。但平民通常无法置身事外，只能面临被攻击的风险。②伯恩巴赫的观点是有道理的，个人的人格尊严与其文化背景高度相关，不具有普适性。自主武器系统本身不会直接导致平民被贬低或羞辱，除非能够引起过分伤害或不必要的痛苦。自主武器系统的不可预测性可能会引起平民精神上的极度恐惧。然而，这种痛苦、恐惧和焦虑并不是自主武器系统独有的特征。其他类型的武器，如遥控导弹和无人机，也可以引发同样的精神压力，这实际上取决于它们的用法。保罗·沙尔（Paul Scharre）曾指出，运用算法来决定死亡超出了人类道德底线，是对人权的根本侵犯；但与战争的残酷现实相比，无论运用何种手段决定死亡，都毫无尊严可言，这更多是一个手段偏好问题。③很难看出这些不同的手段之间存在什么本质上的差异。

---

① Dieter Birnbacher, "Are Autonomous Weapon Systems A Threat to Human Dignity?", in N. Bhuta et al. eds., "Autonomous Weapons Systems: Law, Ethics, Policy", Cambridge University Press, 2016, p. 114.
② Dieter Birnbacher, "Are Autonomous Weapon Systems A Threat to Human Dignity?", in N. Bhuta et al. eds., "Autonomous Weapons Systems: Law, Ethics, Policy", Cambridge University Press, 2016, p. 115.
③ Paul Scharre, "Army of None: Autonomous Weapons and the Future of War", W. W. Norton & Company, 2018, p. 288.

第四节 "问责真空"与自主武器系统的合法性

武装冲突背景下，自主武器系统可能诱发国际罪行（如战争罪），从而产生潜在的问责真空问题。目前，各国都在强调负责任的人工智能，凸显了问责问题的重要性。[①] 2019 年政府专家组会议达成的《指导原则》要求，"应确保根据适用的国际法在 1980 年《特定常规武器公约》的框架内对发展、部署和使用任何新武器系统问责，包括使这类系统在人类指挥和控制的责任链中运作"[②]。这再次确认了人类是问责的主体，排除对机器问责的可能性。自主武器系统涉及的责任主体包含多个层级，有可能会导致责任缺口或"问责真空"。[③] 也有学者、组织据此反对自主武器系统。[④] 因此，有必要深入剖析自主武器系统存在的"问责真空"问题，以说明这一主张能否用以否定自主武器系

[①] 2020 年，美国国防部发布的《人工智能伦理原则》提出在设计、开发、部署和使用人工智能阶段遵守负责、公平、可追溯、可靠、可控五个原则。其中，将"负责"放在首位。See C. Todd Lopez, "DOD Adopts 5 Principles of Artificial Intelligence Ethics", DOD NEWS, Feb. 25, 2020, https://www.defense.gov/Explore/News/Article/Article/2094085/dod-adopts-5-principles-of-artificial-intelligence-ethics/.

[②] See "Consideration and Adoption of the Final Report", CCW/MSP/2019/9, Dec. 13, 2019, p. 10.

[③] See Christof Heyns, "Report of the Special Rapporteur on Extrajudicial, Summary or Arbitrary Executions", A/HRC/23/47, Apr. 9, 2013, para. 77.

[④] For example, Human Rights Watch and International Human Rights Clinic, "Mind the Gap. The Lack of Accountability for Killer Robots", Apr. 9, 2015; ICRC, "Ethics and Autonomous Weapon Systems: An Ethical Basis for Human Control?", CCW/GGE.1/2018/WP.5, Mar. 29, 2018, para. 33; Elke Schwarz, "Delegating Moral Responsibility in War: Lethal autonomous Weapon Systems and the Responsibility Gap", in Hannes Hansen-Magnusson and Antje Vetterlein eds., "The Routledge Handbook on Responsibility in International Relations", Routledge, 2022, pp. 177-191.

统的合法性。

一、"问责真空"与自主武器系统合法性争议

问责是多个国际法分支相互交错的问题，而且它的概念是不断演变的。[1]"问责"与"责任"相类似或者重合[2]，也存在区别。前者强调归责、制裁或惩罚，与个人权利联系在一起；后者通常是指适用于横向的国与国之间的"国家责任"。[3] 在此不作过多区分。责任可以有多种形式，包括国家责任、个人责任、刑事责任、民事责任、补偿等。本节所讨论的"责任"问题涉及个人责任、公司责任和国家责任三个方面的内容。

在问责问题上，自主武器系统备受排斥的两个原因在于：一是自主武器系统的行为和结果存在不可预测性；二是研发和使用过程中存在"多手"问题。具体而言，首先，自主武器系统的行为结果存在一定程度的不可预测性。前文曾提及围棋人工智能程序"阿尔法狗"这一案例。研究深度学习的科学家托雷·格雷佩尔曾表示，"我们只是创建数据集和训练算法，但'阿尔法狗'随后的走法不在我们的掌控之中"[4]。"阿尔法狗"不是通过遵循一组由人类程序员描述和设计的

---

[1] Deirdre Curtin and André Nollkaemper, "Conceptualizing Accountability in Public International Law", Netherlands Yearbook of International Law, Vol. 36, 2005, p. 8.

[2] Volker Röben, "Accountability", in H. Ruiz Fabri ed., "The Max Planck Encyclopedia of International Procedural Law", Oxford University Press 2019 –, https://opil.ouplaw.com/view/10.1093/law – mpeipro/e2378.013.2378/law – mpeipro – e2378, para. 8.

[3] Volker Röben, "Accountability", in H. Ruiz Fabri ed., "The Max Planck Encyclopedia of International Procedural Law", Oxford University Press 2019 –, https://opil.ouplaw.com/view/10.1093/law – mpeipro/e2378.013.2378/law – mpeipro – e2378, paras. 9 – 10.

[4] Cade Metz, "Google's AI Wins Pivotal Second Game in Match with Go Grandmaster", WIRED, Oct. 3, 2016, https://www.wired.com/2016/03/googles – ai – wins – pivotal – game – two – match – go – grandmaster/.

代码来下围棋的，而是自己通过数据给自己下指令。因为这一应用程序的设计理念即"做程序员无法预料或完全控制的事情"①。所以，当自主武器系统集成机器学习技术时，自主武器系统作出决策的结果可能完全不受操作员和指挥官的控制。人类操作员和指挥官也不能完全预测自主武器系统的行为结果。在实际的运作过程中，自主武器系统几乎在同一时间既担任着程序员的角色，又代替人类操作员、战斗员和指挥官行使决策职能。② 这意味着军事任务将得到重新分配。另外，较以往战场上的决策过程而言，决策时间发生了变化，将是快速即时的。③ 这导致的后果是，在特定军事行动中，人类决策者（操作员、指挥官等）与行动结果之间并无实际的因果联系。因为利用机器学习技术的自主武器系统不是依据预定的规则来实施可预测的行为，而是自行利用与环境交互决定行动方案。④ 如果自主武器系统造成了"过分的"附带损害，那么将很难确定是谁的责任，从而产生"问责真空"或"问责困境"。

其次，值得注意的是，自主武器系统将非传统意义上的军事行动决策者吸收进来，引发了"多手"问题。自主武器系统所依赖的核心技术，一般是由程序员和工程师等研发、制造的。⑤ 在实践中，一个

---

① David J. Gunkel, "Other Things: AI, Robots and Society", in Zizi Papacharissi ed., "A Networked Self and Human Augmentics, Artificial Intelligence, Sentience", Routledge, 2018, p. 58.

② Hin‐Yan Liu, "Categorization and Legality of Autonomous and Remote Weapons Systems", International Review of the Red Cross, Vol. 94, No. 886, 2012, p. 629.

③ Tim McFarland, "Factors Shaping the Legal Implications of Increasingly Autonomous Military Systems", International Review of the Red Cross, Vol. 97, No. 900, 2015, pp. 1313–1339.

④ Andreas Matthias, "The Responsibility Gap: Ascribing Responsibility for the Actions of Learning Automata", Ethics and Information Technology, Vol. 6, 2004, pp. 180–181.

⑤ 需要指出，程序员和工程师的职责通常有所不同。程序员主要负责软件开发，工程师则侧重于硬件设备的的设计与制造。

计算机程序通常是由多个组织机构负责开发的。[1] 此类程序往往又分为不同的模块，由不同的团队和个人负责不同的模块的研发，很难断定每个研发人员、组织所作出贡献和责任的大小。此外，硬件和软件之间存在共生关系。如果自主武器系统出现失误或故障，将难以确定是硬件还是软件出现了问题，又或是由于硬件和软件之间的错误交互造成的。[2] 因此，自主武器系统在研发阶段，就存在多个责任主体交织在一起的现象。然而，诸如程序员、工程师这些研发人员通常又不被认为是直接参与敌对行动的人员。当触及国际核心罪行（如战争罪）时，很难对研发人员进行追责。这主要是因为研发人员通常不具备导致战争罪的主观意图。[3] 在自主武器系统实际应用于战场之前，专业研发人员主要基于其专业知识、经验和远见，以相对宽泛和一般的标准来实现预定的工作目标。但值得注意的是，在自主武器系统运作过程中，人类操作员、军事指挥官的决策权被自主武器系统所"吸收"，这包括他们的主观意图。目前，自主武器系统无感觉、无意识，所以由它们承担责任是不可行的。[4] 事实上，自主武器系统的研发者（程序员、工程师等）的工作结果在战场上发挥着重要作用。有学者指出，如果程序员故意给自主武器系统设置编程触犯了战争罪，那么也应承担相应的责任。[5] 但起诉战争罪的前提是该罪行应当是在武装

---

[1] H. Nissenbaum, "Accountability in a Computerized Society", Science and Engineering Ethics, Vol. 2, 1996, p. 28.

[2] H. Nissenbaum, "Accountability in a Computerized Society", Science and Engineering Ethics, Vol. 2, 1996, pp. 29 - 30.

[3] 国际罪行一般包含两个构成要素，即心理要素和行为要件。

[4] "Consideration and Adoption of the Final Report", CCW/MSP/2019/9, Dec. 13, 2019, p. 10.

[5] J. Thurnher, "Examining Autonomous Weapon Systems form a Law of Armed Conflict Perspective", in H. Nasu and R. McLaughlin eds., "New Technologies and the Law of Armed Conflict", T. M. C Asser Press, 2014, p. 225.

冲突期间犯下的。① 考虑到冗长的设计和制造流程，自主武器系统的开发和测试阶段很可能是在实际的武装冲突开始之前。这一事实将排除国际刑事法院和法庭的管辖权。② 学者马尔科·萨索利认为，只要自主武器系统使用武力的行为是在武装冲突期间实施的，那即使程序员的编程工作发生在和平时期，也应当对战争罪负责。③ 这一说法可能过于理想。在复杂的开发和制造链中找出一个具体的责任人是非常具有挑战性的，而且也很难进行举证。因而，根据现行的规则和司法实践，对研发者进行问责会面临严重阻碍。

另外，公司既可以作为自主武器系统的制造商、供应商，也可以作为自主武器系统的使用者，比如私营军事和安保公司。对此，有学者指出，制造商和供应商对于自主武器系统应当承担更全面，包括刑事责任。④ 二战后，对纳粹实业家的审判证明，国际法可以将个人刑事责任强加于公司高管，但追究公司责任却很难。⑤ 公司责任是一种合理的问责形式，但可能将面临举证方面的困境。除此之外，国家如果给予与其国防政策相关的公司豁免权，那么追究制造商的刑事责任

---

① ICTY, Prosecutor v. Haradinaj et al., Case No. IT-04-84-T, Apr. 3, 2008, para. 36.

② T. McFarland and T. McCormack, "Mind the Gap: Can Developers of Autonomous Weapons Systems Be Liable for War Crimes?", International Law Studies, Vol. 90, 2014, p. 361.

③ Marco Sassòli, "Autonomous Weapons and International Humanitarian Law: Advantages, Open Technical Questions and Legal Issues to be Clarified", International Law Studies, Vol. 90, 2014, p. 325.

④ Christof Heyns, "Increasingly Autonomous Weapon Systems: Accountability and Responsibility", in "Report of the ICRC Expert Meeting on 'Autonomous Weapon Systems: Technical, Military, Legal and Humanitarian Aspects'", Mar. 26-28, 2014, pp. 46-47.

⑤ Matthew Lippmann, "War Crimes Trials of German Industrialists: The Other Schindlers", Temple International and Comparative Law Journal, Vol. 9, 1995, pp. 173-267.

和民事责任将面临难以逾越的法律程序上的阻碍。① 因此，对于公司这一主体进行问责的可行性非常小。

在武装冲突中，人类操作员和指挥官是最接近攻击的人类连接，也是承担责任最相关的主体。当识别、选择和攻击目标时，自主武器系统决策速度往往高于人类的反应速度，以至于人类操作员难以进行有效的监督，所以将责任直接归咎于人类操作员显然是不合理的。自主武器系统的决策过程其实中断了人类操作员和实际作用结果之间的联系，责任归属不再那么简单。② 对指挥官而言，其所承担的是间接责任。一旦指挥官知道或有理由知道犯罪行为，但指挥官未能采取必要和合理的措施防止或惩罚其能有效控制的下属的犯罪行为时，指挥官责任就产生了。③ 指挥官责任追究上级失职的责任，是一种不作为犯罪。④ 自主武器系统能够独立地识别、选择和攻击目标，这在功能上类似于指挥官的下属士兵。自主武器系统器不能为可能的犯罪行为负责，因为它们不具有主观意图。如果指挥官对自主武器系统进行着有效控制，知道或有理由知道自主武器系统将实施或已经实施犯罪，那么理论上指挥官将承担指挥责任。自主武器系统本身就是为了能够独立运作的目的而设计的，指挥官并不能够预测自主武器系统会出现

---

① See Micaela Frulli, "Immunity for Private Military Contractors: Legal Hurdles or Political Snags?", in Francesco Francioni and Natalino Ronzitti eds., "War by Contract: Human Rights, Humanitarian Law, and Private Contractors", Oxford University Press, 2011, pp. 448 – 469; Human Rights Watch and Harvard Law School's International Human Rights Clinic (IHRC), "Mind the Gap: The Lack of Accountability for Killer Robots", Apr. 9, 2015, pp. 3 – 4.

② Robert Sparrow, "Killer Robots", Journal of Applied Philosophy, Vol. 24, No. 1, 2007, p. 70.

③ See Article 28 of Rome Statute of International Criminal Court; ICTY, Prosecuter v. Delalić, Case No. IT – 96 – 21 – T, Judgment (Trial Chamber), Nov. 16, 1998, para. 346.

④ ICTY, Prosecutor v. Halilović, Case No. IT – 01 – 48 – T, Judgment (Trial Chamber), Nov. 16, 2005, para. 54.

什么样的行为。① 总之，指挥责任理论对弥补自主武器系统造成的问责真空没有太大帮助。

鉴于上述自主武器系统可能引发的"问责真空"问题，学者和组织机构据此主张应当禁止自主武器系统的研发和使用。② 其中，2015年人权观察和哈佛大学法学院国际人权诊所联合发布的一份报告指出，自主武器系统面临重大的问责障碍，建议各国通过具有法律约束力的国际文书，禁止开发、生产和使用自主武器系统。③ 如果存在问责真空，受害者的权利可能将难以获得保障和救济。④ 自主武器系统确实会引发"问责真空"，但能否据此直接否定自主武器系统的合法性是存在质疑的。以下将围绕几个问题展开回应：国际法是否禁止存在"问责真空"的武器或武器系统？或者国际法是否预设了"问责真空"是违法行为？如果答案是否定的，那么有没有可行的措施解决当前的"问责真空"问题？

二、"问责真空"论点的不足及其解决路径

自主武器系统将会带来"问责真空"问题，但据此主张自主武器

---

① Human Rights Watch and Harvard Law School's International Human Rights Clinic (IHRC), "Mind the Gap: The Lack of Accountability for Killer Robots", Apr. 9, 2015, p. 3.

② Human Rights Watch and Harvard Law School's International Human Rights Clinic (IHRC), "Mind the Gap: The Lack of Accountability for Killer Robots", Apr. 9, 2015, p. 5; Amnesty International, "Autonomous Weapons Systems: Five key Human Rights Issues for Consideration", Apr. 10, 2015, pp. 25 – 26; Thompson Chengeta, "Accountability Gap: Autonomous Weapon Systems and Modes of Responsibility in International Law", Denver Journal of International Law and Policy, Vol. 45, No. 1, 2016, pp. 1 – 50.

③ Human Rights Watch and Harvard Law School's International Human Rights Clinic, "Mind the Gap: The Lack of Accountability for Killer Robots", Apr. 9, 2015, p. 5.

④ Megan Burke and Loren Persi-Vicentic, "Remedies and Reparations", in S. Casey-Maslen ed., "Weapons under International Human Rights Law", Cambridge University Press, 2014, pp. 542 – 589.

系统非法，不仅从论证逻辑上缺乏严密性，而且也缺乏法律依据的。

首先，国际人道法不禁止存在"问责真空"的武器，国际人权法下也不存在此类禁令。与武器相关的国际人权文书包括1990年《联合国执法人员使用武力和火器的基本原则》、1979年《联合国关于执法人员行为守则》和2020年《联合国关于执法中使用低致命武器的人权指导方针》等。这些文书均是软法性质的，并且自主武器系统也不在这些文件所列的禁止清单之中。在国际人权法下，问责问题也是非常重要的，主要涉及两项重要的权利：生命权和人格尊严。有学者指出，自主武器系统造成的问责真空违反人格尊严和生命权，例如丹·撒克逊（Dan Saxon）。[1] 不过，本章已经否定了人格尊严对自主武器系统合法性的影响。"人格尊严"的法律内涵和地位是多变的。在伦理或道德领域，依据人格尊严用来论证自主武器系统是不可接受的，或许是行得通的。但将人格尊严作为论证自主武器系统非法的法律依据，是欠缺说服力的。另外，如本章所述，在条约制度下，生命权一般包含消极义务和积极义务两方面内容。其中，积极义务要求各国采取立法或其他有效的措施保护生命权，这包括在发生违反生命权的行为时，追究责任的义务。克里斯托夫·海恩斯认为，如果自主武器系统缺乏追究责任的可能性，那么将侵犯生命权。[2] 此结论有待商榷。因为条约义务是相对的。如果缔约国没有对侵犯生命权的追究责任，可能构成对生命权的侵犯。义务与责任相连，但不能与"问责真空"问题混为一谈。或者说，不能直接因为自主武器系统存在"问责真空"问题，就指责缔约国违反了保护生命权的义务。

其次，上述观点建立在自主武器系统可能引发的"问责真空"难以被解决这一假设之上。那么，自主武器系统所引发的问责困境是无

---

[1] Dan Saxon, "Fighting Machines: Autonomous Weapons and Human Dignity", University of Pennsylvania Press, 2022, pp. 100 – 102.

[2] Christof Heyns, "Autonomous Weapons Systems: Living A Dignified Life And Dying A Dignified Death", in N. Bhuta et al. eds., "Autonomous Weapons Systems: Law, Ethics, Policy", Cambridge University Press, 2016, p. 12.

法解决的问题吗？如果能够运用技术和立法措施完善和补救自主武器系统的问责难题，那么"问责真空"将不再是一个真问题。第一种方案是从技术上弥补"问责真空"。目前，已经有学者建议赋予人工智能道德责任的能力。这种解决方法是让人工智能系统承担道德责任，将其称为"人工道德代理人"①。也有学者通过价值敏感设计将问责作为重要价值纳入自主武器系统的价值分析模型中。② 然而，试图给自主武器系统赋予价值或道德，可能会使问题变得更为复杂。一方面，伦理价值较为抽象，在算法中实现伦理，需要实时地收集大量数据，包括各类人类相互的历史信息、共同的信仰体系、社会经济情况等。③这是一项非常艰巨的任务。事实上，机器系统是否可以作为真正的道德主体，如同人类是否真的有自由意志的问题一样，是无法回答的。④另一方面，更进一步的阻碍是，如何将多元的价值取向转化到算法中也是一项难以攻克的技术难题。人工智能并不依赖于食物、水、空气等人类成长所需的要素，这种无法复刻的差异，会使得我们难以将人类的价值模型等实现到机器上。另外，计算机程序员和工程师主要基于其专业知识来完成工作目标，这无疑会使得这些研发人员陷入两难境地。总之，从技术方面弥补自主武器系统的问责缺陷，目前来看仍

---

① For instance, Wendell Wallach and Colin Allen, "Moral Machines: Contradiction in Terms, or Abdication of Human Responsibility?", in Patrick Lin et al. eds., "Robot Ethics: The Ethical and Social Implications of Robotics", MIT Press, 2012, pp. 55 – 68; Daniel W. Tigard, "Artificial Moral Responsibility: How We Can and Cannot Hold Machines Responsible", Cambridge Quarterly of Healthcare Ethics, Vol. 30, No. 3, 2021, pp. 435 – 447.

② See Ilse Verduesen, "Agency Perception and Moral Values Related to Autonomous Weapons: An Empirical Study Using the Value – Sensitive Design Approach", Brill Nijhoff, 2021, pp. 34 – 37.

③ Wendell Wallach and Colin Allen, "Moral Machines: Teaching Robots Right from Wrong", Oxford University Press, 2010, pp. 65 – 66.

④ Wendell Wallach and Colin Allen, "Moral Machines: Teaching Robots Right from Wrong", Oxford University Press, 2010, p. 62.

然面临难以逾越的障碍。

　　第二种解决方案是在自主武器系统的关键决策环节，加强人类控制。加强人类控制这一提法，在讨论初期，就被视为解决自主武器系统"问责真空"问题的关键。① 在1980年《特定常规武器公约》框架内的辩论中，荷兰曾多次强调加强人类控制的重要性，并且督促各国能够在"有意义的人类控制"这一概念达成一致。② 在荷兰看来，人类应当在"更广泛的回路"中规划和选择攻击目标的特征，在对目标选择、武器选择、实施计划以及潜在附带损害进行综合评估之后，再部署自主武器系统。如果自主武器系统的部署按照上述程序进行，就满足"有意义的人类控制"要求。2019年，政府专家组会议达成的《指导原则》第（c）项指出，各国"可以采取各种形式、并在武器生命周期的各个阶段实施的人机交互，应确保对基于自主武器系统领域的新兴技术的武器系统的潜在使用符合适用的国际法，特别是国际人道法"③。紧接着，《指导原则》第（d）项要求各国"应确保根据适用的国际法在《特定常规武器公约》的框架内对发展、部署和使用任何新武器系统问责，包括使这类系统在人类指挥和控制的责任链中运作"④。根据该文件，人机交互可以采取各种形式，而且可以发生在武器生命周期的各个阶段。尽管2019年《指导原则》没有明确提出"人类控制"和"有意义的人类控制"，但这份文件表明，加强人类控制仍然是解决自主武器系统"问责真空"问题的核心。

----

① Jack M. Beard, "Autonomous Weapons and Human Responsibilities", Georgetown Journal of International Law, Vol. 45, No. 3, 2014, pp. 666, 678.

② "Netherlands Opening Statement", General Debate, 5th Review Conference of the CCW, Dec. 12–16, 2016.

③ "Consideration and Adoption of the Final Report", CCW/MSP/2019/9, Dec. 13, 2019, Annex Ⅲ, p. 10.

④ "Consideration and Adoption of the Final Report", CCW/MSP/2019/9, Dec. 13, 2019, Annex Ⅲ, p. 10.

然而，加强人类控制这一方案存在诸多争议，能否真正解决"问责真空"问题是存有疑问的。国际法作用于自主武器系统的整个生命周期，这是 2019 年《指导原则》的基本共识，但实际的可操作性较低。关于自主武器系统的生命周期包含哪些阶段，参与讨论的各方并没有一致的意见。根据 2018 年 8 月政府专家组会议主席发表的"日出幻灯片"①，人机交互可以分六个阶段进行分析：一是发展前阶段的政治方向；二是研究与发展；三是测试、评估和认证；四是部署、培训、指挥和控制；五是使用和中止；六是使用后评估。② 上述阶段划分描述了人类控制应被考虑的不同时期③，有助于考察自主武器系统生命周期中可以与人类控制联系起来的因素。国际法发挥作用的阶段会随着自主武器系统生命周期界定的不断变化而变化。与此同时，对于"人类控制"的不同认识，也将直接影响国际法的适用空间，进而影响问责问题。例如，人权观察对于自主武器系统与"人类控制"的界定是不断变化的。在 2012 年发布的《失去人性：针对杀手机器人的案例》报告中，人权观察将自主武器系统定义为"无需人类干预即可选择并攻击目标的武器"④。

---

① 2018 年专家组会议主席是印度大使阿曼迪·辛格·吉尔，他所介绍的"日出幻灯片"图将致命性自主武器系统的生命周期分为四个阶段：研究与发展；测试、评估和认证；部署、培训、指挥和控制；使用和中止。不过，之后根据其他与会者的建议，增加了"发展前阶段的政治方向"和"使用后评估"两个阶段。See "Report of the 2018 session of the Group of Governmental Experts on Emerging Technologies in the Area of Lethal Autonomous Weapons Systems", CCW/GGE. 1/2018/3, Oct. 23, 2018, p. 13.

② "Report of the 2018 session of the Group of Governmental Experts on Emerging Technologies in the Area of Lethal Autonomous Weapons Systems", CCW/GGE. 1/2018/3, Oct. 23, 2018, p. 5, para. 23.

③ "Human Machine Touchpoints: The United Kingdom's Perspective on Human Control over Weapon Development and Targeting Cycles", submitted by the United Kingdom of Great Britain and Northern Ireland, CCW/GGE. 2/2018/WP. 1, Aug. 8, 2018, para. 20.

④ Accordingly, "fully autonomous weapons" is that "could select and engage targets without human intervention". Human Rights Watch, "Losing Humanity: The Case against Killer Robots", Nov. 19, 2012, p. 1.

在 2015 年发布的报告中，人权观察将自主武器系统定义为"在没有有意义的人类控制的情况下能够选择和攻击目标的武器系统"[①]。在定义上，人权观察从"人类干预"向"有意义的人类控制"发生了转变。但是，"人类控制""人类干预""有意义的人类控制"之间是否有所不同，却没有更进一步的解释。此外，各国对于保留"人类控制"的必要性有着不同的立场。有许多国家表示支持保留"有意义的人类控制"这一概念，例如日本、荷兰、波兰、葡萄牙、西班牙、瑞士等。[②] 俄罗斯则认为，"有意义的人类控制以及人类参与是与法律无关的概念，存在将辩论政治化的风险"[③]。事实上，美国也没有明确自主武器系统整个生命周期必须发生"有意义的人类控制"[④]。有学者认为，"有意义的人类控制"这一概念不"不严谨"[⑤] 且"含混不清"[⑥]；它没有给国际人道法增加任何内容，甚至可能会模糊既有的规则和原则。[⑦] 此外，这种强行的人类介入因素与最初推动自主武器

[①] Fully autonomous weapons are "weapons systems that would select and engage targets without meaningful human control". Human Rights Watch and Harvard Law School's International Human Rights Clinic, "Mind the Gap: the Lack of Accountability for Killer Robots", Apr. 9, 2015, p. 6.

[②] For the details of those countries opinions on "meaningful human control", see more "Chairperson's Summary", CCW/GGE. 1/2020/WP. 7, Apr. 19, 2021, pp. 56, 60 – 61, 68, 74, 81 – 82, 86.

[③] "Consideration and Adoption of the Final Report", CCW/MSP/2019/9, Dec. 13, 2019, p. 10.

[④] Robert O. Work, "Principles for the Combat Employment of Weapon Systems with Autonomous Functionalities", CNAS, Apr. 28, 2021, p. 9.

[⑤] Kevin Neslage, "Does 'Meaningful Human Control' Have Potential for the Regulation of Autonomous Weapon Systems?", University of Miami National Security and Armed Conflict Law, Vol. 6, 2015, pp. 151 – 177.

[⑥] Rebecca Crootof, "A Meaningful Floor for 'Meaningful Human Control'", Temple International and Comparative Law Journal, Vol. 30, No. 1, 2016, pp. 55 – 58.

[⑦] Thilo Marauhn, "Meaningful Human Control—and the Politics of International Law", in Wolff Heintschel von Heinegg et al. eds., "The Dehumanization of Warfare", Springer, 2018, p. 207.

系统创建的力量背道而驰。① 随着现代战争技术手段的不断发展，人工智能具有快速处理大量数据的优势，使得人类发挥的作用空间越来越有限，甚至可能是多余的。② 要求具有自主识别、选择和交战功能的自主武器系统的每一步操作都有人进行监督和控制有些不切实际，而且会加重作战行动的负担。③ 举个例子，假设"风效校准弹药投掷器"④ 释放40枚弹药，弹药选择目标和攻击目标之间的时间间隔以秒为单位计算，那么可能需要40名人类操作员来监督这一过程。无论是在人力上，还是速度上这都是一项难以完成的任务。⑤ 加强人类控制可能会在一定程度上缓解人们在伦理或道德方面的焦虑。但加强人类控制对消除"问责真空"似乎没有太大帮助。其中的一个原因是，国际人道法允许在打击合法的军事目标所造成的附带损害；而且，国际人道法并没有详细地规定在选择、识别和攻击目标时应遵守的程序性规则。⑥ 虽然，国际人道法下的区分原则、比例原则等都上升到了习惯国际法的地位，但是履行这些原则对于人类而言也是存在挑战性的。从法律层面考量，加强人类控制在一定程度上能够缓解生命权与自主武器系统的合法性之间的争议，

---

① Jack M. Beard, "Autonomous Weapons and Human Responsibilities", Georgetown Journal of International Law, Vol. 45, No. 3, 2014, p. 671.

② Robert Sparrow, "Killer Robots", Journal of Applied Philosophy, Vol. 24, No. 1, p. 68.

③ Robert O. Work, "Principles for the Combat Employment of Weapon Systems with Autonomous Functionalities", CNAS, Apr. 28, 2021, p. 9.

④ "风效校准弹药投掷器"是一种尾翼附加装置，可以克服风的影响，消除发射误差和弹道误差，把"哑巴"炸弹变成精确的"智能"武器，精度在约9.144米（30英尺）以内。

⑤ See Robert O. Work, "Principles for the Combat Employment of Weapon Systems with Autonomous Functionalities", CNAS, Apr. 28, 2021, p. 10.

⑥ M. Brehm, "Defending the Boundary: Constraints and Requirements on the Use of Autonomous Weapon Systems Under International Humanitarian and Human Rights Law", Geneva Academy of International Humanitarian Law and Human Rights, Academy briefing No. 9, May, 2017, p. 51.

但人类控制能否解决自主武器系统的"问责真空"问题存在不确定性。

  第三种解决方案是从国际刑法方面，解决和完善自主武器系统所引起的"问责真空"问题。从国际刑法考虑，面对犯罪意图或其他犯罪要素的证据不足，有学者建议，克服问责难题最简单方法是扩大责任主体的范围。① 自主武器系统研发和使用过程中，潜在责任人的名单很长，包括程序员、工程师、负责监督自主武器系统使用的军事人员、军事指挥官等。面对此类名单，确定具体责任人会极为复杂。自主武器系统以不可预测的方式运行，使得个人行为和结果之间的因果关系难以确定。假如自主武器系统在软件部分出现了问题，那么可能没有人受到刑事处罚。机器都不具备"理性人"资格。② 任何国际刑法之下的责任都会转移到个人。对此，有学者建议将定罪的心理要件降低到"疏忽大意"或"放任"。③ 然而，许多人权条约都规定了"严格责任"原则。例如，1966年《公民权利及政治权利国际公约》第14条第2款规定，"凡受刑事控告者，在未依法证实有罪之前，应有权被视为无罪"。如果刻意地降低刑事责任门槛，无疑会增加被告人被定罪的风险；而且会侵犯潜在的被告人的人身自由和生命权，

---

① Hin-Yan Liu, "Refining Responsibility: Differentiating Two Types of Responsibility Issues Raised by Autonomous Weapons Systems", in N. Bhuta et al. eds., "Autonomous Weapons Systems: Law, Ethics, Policy", Cambridge University Press, 2016, p. 342.

② Jack M. Beard, "Autonomous Weapons and Human Responsibilities", Georgetown Journal of International Law, Vol. 45, No. 3, 2014, p. 678.

③ See Neha Jain, "Autonomous Weapons Systems: New Frameworks for Individual Responsibility", in N. Bhuta et al. eds., "Autonomous Weapons Systems: Law, Ethics, Policy", Cambridge University Press, 2016, pp. 303-324; Marta Bo, "Autonomy in Weapons and Targeting: The Responsibility Gap in Light of the Mens Rea of the War Crime of Attacking Civilians", Journal of International Criminal Justice, Vol. 19, No. 1, 2021, pp. 1-25; Natalie J E Nunn, "Creating Legal Frameworks To Afford Human Accountability for AI Decisions in War", in Emma Palmer et al. eds., "Futures of International Criminal Justice", Routledge, 2022, pp. 198-218.

这超出了"矫正"既定规则的期待利益。因而，从维护被告权益的角度来看，鲁莽地降低定罪门槛在法律程序上是不公平的。在自主武器系统可能引发的问责真空问题上，国际刑法发挥作用的空间会很小。

第四种解决方案是引入国家责任。问责可以存在多种形式，如刑事诉讼、民事诉讼、补救或赔偿等。① 每个国家对其国际不法行为所造成的损害都应提供充分赔偿，这是国际法的一项基本原则。② 在国际人道法领域，这一原则体现在1907年《海牙第四公约》第3条与1977年《第一附加议定书》第91条之中。③ 其中，1977年《第一附加议定书》第91条包含两方面的内容：一是违反1949年"日内瓦四公约"和1977年《第一附加议定书》规定的冲突一方，按情况所需，应负补偿责任；二是该方须对其武装部队的人员所从事的一切行为负责。④ 这里补偿义务适用于武装冲突的所有各方，没有区分胜利者和被征服者，也没有区分被认为非法诉诸武力的一方和被认为只是行使了自卫权的一方。⑤ 一国的作为或不作为若构成对国

---

① Christof Heyns, "Autonomous Weapons Systems: Living A Dignified Life And Dying A Dignified Death", in N. Bhuta et al. eds., "Autonomous Weapons Systems: Law, Ethics, Policy", Cambridge University Press, 2016, p. 12.

② 贾兵兵：《国际公法：和平时期的解释与适用》（第2版），清华大学出版社2022年版，第321页。

③ 1977年《第一附加议定书》第91条规定："违反各公约或本议定书规定的冲突一方，按情况所需，应负补偿的责任。该方应对组成其武装部队的人员所从事的一切行为负责。"

④ 贾兵兵：《国际公法（下卷）：武装冲突中的解释与适用》，清华大学出版社2020年版，第234页。

⑤ Jean de Preux, "Article 91", in Yves Sandoz, Christophe Swinarski and Bruno Zimmermann eds., "Commentary on the Additional Protocols of 8 June 1977 to the Geneva Conventions of 12 August 1949", Martinus Nijhoff Publishers, 1987, p. 1056, para. 3652.

际义务的违背都可能引入国家责任。① 在确定国家责任时，任何行使一国政府权力的实体或受一国支配的机构的行为都可以归因于该国。即使我们寻求其他责任来源，如指挥官责任，仍有可能追究国家责任。如果自主武器系统因其本身存在问题而导致了过分的人员伤亡或财产损坏，国家不可避免地承担相应的责任和义务。因此，由各国承担自主武器系统所造成的相关责任，是比较理想的选择之一。② 这有助于各国在获取、生产和使用自主武器系统时，更有动力遵守相关的法律，并且采用较高的标准履行审慎义务和尽职调查义务。③

总之，"问责真空"能够在国家层面得到最终的救济，也实为相对理想的结果。例如，1988年美国"文森斯号"导弹巡洋舰击落伊朗航空655号航班，导致机上290名平民全部遇难。"文森斯号"军舰是一艘装备有宙斯盾战斗系统的提康德罗加级导弹巡洋舰，事发原因据称是由于决策人员和机器相互作用错误识别了目标，导致"文森斯号"发射了两枚雷达制导导弹击落了该飞机。④ 1989年5月，伊朗向国际法院提起诉讼。随着案件的不断拖延，1996年美国与伊朗通过协商达成和解，美国同意向遇难者家属支付6180万美元，伊朗放弃了诉讼。⑤ 国家责任如同所有其他责任形式的保护伞，在考察自主武器系

---

① 2001年《国家责任条款草案》由第2条界定了国家不法行为的范围，即"由作为或不作为组成的行为依国际法归于该国；该行为构成对该国国际义务的违背"。See "Responsibility of States for Internationally Wrongful Acts", A/RES/56/83, Jan. 28, 2002, p. 2.

② Diego Mauri, "Autonomous Weapons Systems and the Protection of the Human Person", Edward Elgar Publishing, 2022, p. 211.

③ Daniel N. Hammond, "Autonomous Weapons and the Problem of State Responsibility", Chicago Journal of International Law, Vol. 15, No. 2, 2015, pp. 652–687.

④ "Excerpts from Report of ICAO Fact-Finding Investigation Pursuant to Decision of ICAO Council of July 14, 1988", American Journal of International Law, Vol. 83, No. 2, 1989, pp. 332–335.

⑤ Aerial Incident of 3 July 1988 (Islamic Republic of Iran v. United States of America), Order of 22 February 1996, I. C. J Reports 1996, p. 9.

统的相关责任时，武器系统的设计研发到销售或转让等阶段的个人责任、公司责任都将涵盖在内。① 不过，将问责重心归于国家责任也带来了新的担忧。例如，当自主武器系统落入非国家武装团体（如恐怖组织）之手时，由国家责任角度解决问责难题将变得极为困难。

第五节　小结

本章主要解决武装冲突背景下自主武器系统的合法性问题，特别是对国际社会对自主武器系统是否应当予以禁止这一争议进行回应。本章批判性地考察了国际人道法下与武器相关的基本原则、生命权、人格尊严等议题与自主武器系统合法性之间的联系，以及备受国际社会关注的"问责真空"问题。通过上述分析可以发现，如果没有具体的条约明确禁止自主武器系统，很难依据一般性的原则、规则否定自主武器系统的合法性。

第一，结合"禁止使用引起过分伤害或不必要痛苦性质的武器"和"禁止使用不分皂白的武器"这两项国际人道法基本原则进行分析，得出这两项原则并不能说明自主武器系统是非法的，也不能基于此对自主武器系统施加禁令。在实践层面，将特定武器类型判定属于引起过分伤害或不必要痛苦性质的武器，或者不分皂白的武器是非常困难的。只有少数武器属于这一类别，如化学武器、生物武器、杀伤人员地雷、集束炸弹、燃烧武器等。自主武器系统还不在此列。另外，有观点指出自主武器系统的合法性可以通过"马尔顿条款"进行分析考察。然而，"马尔顿条款"的内涵其实过于模糊，在功能上也存在一定的局限性。因此，依据该条款也难以否定自主武器系统的合法性，

---

① Thilo Marauhn, "An Analysis of the Potential Impact of Lethal Autonomous Weapon Systems on Responsibility And Accountability for Violations of International Law", Presentation on the occasion of the CCW expert meeting on lethal autonomous systems, Geneva, May 13–16, 2014.

但存在可以作为一项提醒,用于限制自主武器系统的研发和使用。

第二,生命权与自主武器系统的合法性相关联,但并不能完全否定自主武器系统的合法性。在生命权问题上,各国对国际人道法和国际人权法之间适用问题上的不一致,间接模糊了生命权的相关性和可适用性。这也导致难以完全依据生命权主张自主武器系统违法。国际人权法与国际人道法之间存在着深刻的联系,并且存在融合的趋势。在自主武器系统的合法性评估问题上,目前也有国家明确支持国际人权法适用于自主武器系统的研发和使用,例如瑞士、荷兰。[①] 本书并不否认,在武装冲突中国际人权法也存在适用的可能。其实,无论未来应用于自主武器系统的技术有多么完备,依照现行的国际性或区域性的人权条约,自主武器系统对人使用武力时都将面临或多或少的限制。为了保障自主武器系统符合生命权的要求,很可能需要从技术上将相关的法律原则和规则融入算法设计当中。但这项任务并非易事。对技术人员、法律专业人员都提出了较高的要求。按照国家、组织机构的意见,可以采取的措施是在自主武器系统识别、选择和攻击目标的过程中保留一定程度的人类控制。但无论是从法律或技术层面考量,生命权对自主武器系统合法性的评估影响都是有限的。

第三,人格尊严与自主武器系统合法性之间争议不断,但人格尊严难以作为否定自主武器系统合法性的有力的法律依据。"人格尊严"这一概念源于哲学领域,在法律上,关于"人格尊严"的理解并不明确和统一。按照"马尔顿条款"的规定,人格尊严的规范性内容最终取决于"公众良心的要求"。人格尊严作为一项"母权利"以及法律原则,伴随着诸多不确定性,也引发了无休止的争论。自主武器系统不具有人类理性、同情心,不能充分理解人类生命的价值。许多国家、组织和学者基于人格尊严这一论点主张对自主武器系统予以禁止。在

[①] Government of Switzerland, "Towards A 'Compliance – Based' Approach to LAWS", Informal Working Paper, Mar. 30, 2016, para. 7; "Chairperson's Summary", CCW/GGE. 1/2020/WP. 7, Apr. 19, 2021, p. 60.

他们看来，自主武器系统能够自行识别、选择和攻击目标，这些过程实际是将人类"客体化"；不仅侵犯了操作员、指挥官等人员的人格尊严，还侵犯了人类对象的人格尊严。然而，从国际法的角度考虑，这些主张并没有充足的法律依据。国际法并不要求在任何情况下应当根据人类理性、同情心（或怜悯）等来判断、识别、选择和攻击目标。国际人道法也没有要求识别、选择和攻击目标必须由战斗员、指挥官等军事人员操作完成。国际法下不存在人类不应被当作物品对待的权利，所以很难推断出自主武器系统将人类目标"客体化"会侵犯人格尊严。因此，"人格尊严"的内涵具有一定的模糊性，并且在功能上也非常有限，通过人格尊严并不能充分证明自主武器系统是非法的。

第四，自主武器系统存在"问责真空"问题，但不能据此否定自主武器系统的合法性。自主武器系统的行为具有不可预测性，潜在的问责主体可能有很多。这些主体可能包括程序员、工程师、人类操作员、军事指挥官等。另外，对这些问责主体进行问责时，也将面临诸多法律上的障碍。许多学者通过自主武器系统可能引发的"问责真空"问题来主张自主武器系统是不合法的。虽然，自主武器系统的合法性与自主武器系统可能引发的"问责真空"问题存在联系，但依据自主武器系统潜在的"问责真空"问题而主张自主武器系统不合法是缺乏法律依据的。国际法并不禁止存在"问责真空"的武器。另外，自主武器系统所可能造成的"问责真空"不是完全没有解决方案。有许多学者提出了应对"问责真空"的措施，譬如修改罪行的犯罪意图，加强人类控制等。但这些方案很难被施行，而且可能会引发新的问题。通过司法途径解决"问责真空"问题不是百分百有效的。现代战争中，不可避免地会出现刑事问责的阻碍和缺失。通过追究国家责任对受害者进行赔偿可以在一定程度上缓解问责难题，或许是一个更为有效的解决方案。

第三章 武装冲突中使用自主武器系统的影响及挑战

在没有人类干预的情况下,自主武器系统可以识别、选择和攻击目标,这将改变未来的战争模式。其中最典型的例子是引起广泛关注的"无人蜂群"技术。目前,许多政府机构和实验室对开发能够协同工作的机器人系统越来越感兴趣。这些机器人系统之间能够协调行动,共同实现同一目标。① 例如,美国海军投入了大量的资金来研发和获取大中型的海上自主航行器和自主水下航行器,以打造未来海上无人舰队。② 越来越多地研发自主武器系统的一个原因在于,相应的技术现在已经达到一种尖端水平,将会给武装部队提供一种前所未有的军事优势和效率。可以预见的是,未来应用于陆战、空战、海战以及反恐行动中的自主武器系统将会以难以预估的速度快速发展,人与机器、机器与机器之间的对抗将不可避免。

在武装冲突背景下,首要的法律问题是自主武器系统的使用会对武装冲突的定性产生何种影响。作为一个法律术语,"武装冲突"一词源于1949年"日内瓦四公约"体系。③ 然而,1949年"日内瓦四

---

① UNIDIR, "Swarm Robotics: Technical and Operational Overview of the Next Generation of Autonomous Systems", 2020, p. 1.

② See U. S. Congressional Research Service, Navy Large Unmanned Surface and Undersea Vehicles: Background and Issues for Congress, R45757, Sep. 29, 2022.

③ Emily Crawford, "International Armed Conflict", in Frauke Lachenmann and Rüdiger Wolfrum eds., "The Law of Armed Conflict and the Use of Force: Max Planck Encyclopedias of International Law, Vol. 2", Oxford University Press, 2017, p. 44, para. 2.

公约"及其附加议定书没有定义什么是武装冲突。国际人道法似乎不承认单一的武装冲突概念,国际人道法承认两种类型的武装冲突,即国际性武装冲突和非国际性武装冲突。① 这一区分源于国际法对战争和武装冲突调整的历史。② 自 19 世纪后期国际人道法产生至二战结束期间,国际人道法仅适用于国家间发生的战争。③ 因为国际法当时只涉及主权国家之间的关系。④ 二战后,国际人道法的适用扩展到国内发生的武装冲突情形,开始规范国家和非国家武装团体或组织之间的武装冲突。这一时期的特点是国际法权利和义务逐渐扩展到个人,战后对国际罪行的起诉和国际人权法的发展就是例证。随着 1977 年《第一附加议定书》和 1977 年《第二附加议定书》通过,国际性武装冲突和非国际性武装冲突区分得到了加强。国际人道法适用的时间、地理和空间范围取决于正在发生的武装冲突类型。因此,为了确定自主武器系统对武装冲突产生的影响,有必要从武装冲突的典型分类以及相应的门槛标准进行分析。

自主武器系统作为作战手段和方法,在使用过程中冲突各方应当遵守国际人道法基本原则的要求,特别是区分原则、比例原则和预防措施原则。自主武器系统在一定程度上取代了传统战斗员,甚至指挥官的角色和职能,这将会对基本原则的履行产生一定影响。现代国际

---

① Dapo Akande, "Classification of Armed Conflicts", in B. Saul and D. Akande eds., "The Oxford Guide to International Humanitarian Law", Oxford University Press, 2020, p. 29.

② See Noam Zamir, "Classification of Conflicts In International Humanitarian Law: The Legal Impact of Foreign Intervention in Civil Wars", Edward Elgar Publishing Limited, 2017, pp. 10 – 47.

③ Lorand Bartels, "Timelines, Borderlines and Conflicts: The Historical Evolution of the Legal Divide between International and Non – International Armed Conflicts", International Review of the Red Cross, Vol. 91, No. 873, 2009, pp. 44 – 48.

④ See Lassa Oppenheim, "International Law: A Treatise, Vol I: Peace", Longmans, Green and Co., 2nd edn., 1912, p. 12; Case of the S. S. "Lotus", Judgment, P. C. I. J. Reports 1927, Series A, No. 10, p. 18.

法的一项重要内容是，在武装冲突期间保护平民（以及丧失战斗力的人员、伤者等）和民用物体免受直接攻击。① 不能区分合法目标和受保护人员或物体的武器应被视为不分皂白的武器，是被禁止使用的。就自主武器系统而言，其特征是自主执行关键功能，即自主识别、选择和攻击目标，其是否具备合理判断并攻击合法目标的能力有待进一步评估。特别令国际社会关切的是，自主武器系统是否能够满足1949年"日内瓦四公约"及其附加议定书中所规定的区分原则、比例原则和预防措施原则。虽然，许多学者、组织和国家主张自主武器系统不能遵守上述原则的要求②，但反对观点认为，自主武器系统能够使得各方更好地履行国际人道法基本原则的要求。③ 鉴于争论不休的问题，我们有必要结合自主武器系统的运作过程，考察自主武器系统会对国际人道法原则的履行造成何种影响。

鉴于上述问题，本章分两个主体部分进行论述。本章第一节围绕自主武器系统可能会对国际性武装冲突和非国际性武装冲突的定性产生的影响进行论述。比如，由自主武器系统组成的无人部队是否能够达到国际性武装冲突和非国际性武装冲突的门槛要求。本章第二节分析探讨自主武器系统作为作战手段或作战方法，对1949年"日内瓦四公约"体系下的区分原则、比例原则和预防措施原则可能带来的影响。在不同的阶段，自主武器系统对上述原则的影响和挑战可能会有所不同。比如，在自主武器系统识别目标时，更加强调区分原则的落实；在自主武器系统选择目标时，为了减少附带损害，比例原则和预防措施原则应当得到更为充分的考量。本章第三节对上述讨论进行总

---

① Yoram Dinstein, "The Conduct of Hostilities under the Law of International Armed Conflict", Cambridge University Press, 4th edn., 2022, p. 160.

② For example, Human Rights Watch, "Losing Humanity: The Case against Killer Robots", Nov. 19, 2012, pp. 30–32.

③ For instance, Marco Sassòli, "Autonomous Weapons and international Humanitarian Law: Advantages, Open Technical Questions and Legal Issues to be Clarified", International Law Studies, Vol. 90, 2014, pp. 308–340.

结和评论。

第一节　自主武器系统的使用对武装冲突定性的影响

自主武器系统可以作为武器或作战手段，可能会使武装冲突定性出现波动或者变化。因此，为了确定自主武器系统对武装冲突产生的影响，应当首先从武装冲突的典型分类出发处理这个问题。无论是国际性武装冲突，还是非国际性武装冲突，都要求武装团体具有充分的组织性。国家武装部队一般被推定为具有组织性，但对非国际性武装冲突的非国家武装团体的组织标准有着更为具体的要求。未来战场将很可能是由自主式的无人作战平台服役。那么，这些由自主武器系统组成的无人部队是否能够满足国际性武装冲突和非国际性武装冲突的"组织性"标准呢？此外，非国际性武装冲突还需要达到一定的激烈程度，自主武器系统的大规模使用会对非国际性武装冲突产生何种影响？这些问题均需要结合国际性武装冲突和非国际性武装冲突不同的定性标准进行分析。本节将尝试评估自主武器系统的使用对武装冲突定性可能产生的影响，并将本节具体结构安排如下：首先，结合国际刑庭的判例，对武装冲突的基础分类，即国际性武装冲突和非国际性武装冲突的分类和判定标准进行介绍；其次，在此基础上，分析自主武器系统对国际性武装冲突定性所产生的影响；再次，结合非国际性武装冲突的判定门槛，判定自主武器系统对非国际性武装冲突组织性标准和强度标准的影响；最后，对上述讨论进行总结和评论。

一、武装冲突的分类与判定标准

（一）国际性武装冲突与非国际性武装冲突

武装冲突一般被分为国际性武装冲突和非国际性武装冲突。对于国际性武装冲突，1949 年"日内瓦四公约"共同第 2 条第 1 款概述了它的定义和范围。根据该款规定，1949年"日内瓦四公约"适用于两个或两个以上缔约国间所发生之一切经过宣战的战争或任何其他武装冲突，即使其中一国不承认有战争状态。其中，"经过宣战的战争"和"武装冲突"均可触发1949年"日内瓦四公约"的适用。需要说明的是，宣战是一种单方行为，被理解为"一个合宪的国家主管当局发出的单方面正式声明，确定与指定敌人（或多个敌人）之间战争开始的确切时间"①。这一概念也曾出现于1907年关于战争开始的《海牙第三公约》第1条之中。根据传统的战争理论，"经过宣战的战争"是以正式的宣战为起点，各国实施武装暴力的事实不足以引起国际人道法的适用。但"经过宣战的战争"的概念带有一定的形式主义和主观色彩。如果1949年"日内瓦四公约"仅取决于形式上战争的概念，那么国际人道法的适用将取决于交战一方是否通过宣战建立起了战争状态。所以，为了确保国际人道法的可适用性，1949年"日内瓦四公约"引入了基于事实标准的"武装冲突"概念，从实质意义上补充"经过宣战的战争"这一概念。② 国际人道法的可适用性不仅与各缔约国宣告的意愿有关，还取决于1949年"日内瓦四公约"共同第2条第1款中的"武装冲突"概念的客观和事实标准。只要一国针对另一国开展军事敌对行动，国际人道法就开始适用。③ 战争状态的存在并不依赖于交战方的承认与否。国际性武装冲突的存在有两个先决条件：第一，冲突各方必须是国家；第二，国家诉诸本国武装力量。一般而言，

---

① Yoram Dinstein, "War, Aggression and Self-Defence", Cambridge University Press, 6 th edn., 2017, p. 32.

② Tristan Ferraro and Lindsey Cameron, "Article 2: Application of the Convention", Knut Dörmann et al. eds., "Commentary on the First Geneva Convention: Convention (I) for the Amelioration of the Condition of the Wounded and Sick in Armed Forces in the Field", Cambridge University Press, 2016, p. 73, para. 201.

③ Tristan Ferraro and Lindsey Cameron, "Article 2: Application of the Convention", in Knut Dörmann et al. eds., "Commentary on the First Geneva Convention: Convention (I) for the Amelioration of the Condition of the Wounded and Sick in Armed Forces in the Field", Cambridge University Press, 2016, p. 76, para. 212.

只要两个以上的国家之间诉诸武装力量，国际性武装冲突就会产生。

调整和约束非国际性武装冲突的法律在1949年之后形成。非国际性武装冲突作为一种内部冲突，并非新的现象，甚至比国际性武装冲突更为常见。1949年"日内瓦四公约"共同第3条和1977年《第二附加议定书》适用于非国际性武装冲突，但这里的非国际性武装冲突不包括一国内部发生的内部动乱和紧张局势，例如暴动、孤立而不时发生的暴力行为和其他类似性质的行为。① 一般认为，非国际性武装冲突的内部性质说明其通常发生于一国境内，不包括域外的冲突。② 比如，1949年"日内瓦四公约"共同第3条第1款起首部分就使用"在一缔约国之领土内发生非国际性之武装冲突之场合"这一表述，而1977年《第二附加议定书》也将缔约国域外发生的武装冲突排除在适用范围之外。另外，1998年《国际刑事法院罗马规约》第8条第2款第6项也将非国际性武装冲突限于"一国境内发生的武装冲突"。也有学者指出，这一点并非绝对的，非国际性武装冲突不仅限于纯粹国内发生的武装冲突。也有学者认为，1949年"日内瓦四公约"共同第3条为非国际性武装冲突的域外适用创造了一个缺口：为了保护受害者，国际人道法也可以适用于一国域外发生的非国际性武装冲突。③

---

① 参见1977年《第二附加议定书》第1条第1款规定。

② ICTY, Prosecutor v. Tadić, Case No. IT – 94 – 1, Appeals Chamber Decision on Defense Motion for Interlocutory Appeal on Jurisdiction, Oct. 2, 1995, para. 70; Marko Milanovic and Vidan Hadzi – Vidanovic, "A Taxonomy of Armed Conflict", in Nigel White and Christian Henderson eds., "Research Handbook on International Conflict and Security Law: Jus ad Bellum, Jus in Bello and Jus post Bellum", Edward Elgar Publishing, 2013, p. 288; Jelena Pejić, "The Status of Armed Conflict", in Elizabeth Wilmshurst and Susan Breau eds., "Perspectives on the ICRC Study on Customary International Humanitarian Law", Cambridge University Press, 2007, p. 87.

③ See Derek Jinks, "The Temporal Scope of Application of International Humanitarian Law in Contemporary Conflicts", Harvard University Background Paper Prepared for the Informal High – Level Expert Meeting on the Reaffirmation and Development of International Humanitarian Law, Jan. 27 – 29, 2003.

needs 要强调的是，对于落入冲突方控制下的受保护人员（如病者、战俘）的保护不受时间和地理范围的限制，这种保护应持续至他们被释放、遣返或安置为止。① 但对于域外发生的武装冲突，能否被认为是非国际性武装冲突，还需要结合具体的情况判定。

就主体而言，非国际性武装冲突至少有一方是非国家实体。根据1949年"日内瓦四公约"共同第3条，非国际性武装冲突参战方可以不包括国家实体，即这类冲突可以只发生于敌对的非政府武装团体之间。② 1998年《国际刑事法院罗马规约》也规定，仅发生于不同武装团体之间不涉及国家的武装冲突也属于非国际性武装冲突。③ 1977年《第二附加议定书》并不适用于没有国家参与的非国际性武装冲突。1977年《第二附加议定书》适用的范围相对较窄，但并不影响1949年"日内瓦四公约"共同第3条的适用范围。④ 简言之，1949年"日内瓦四公约"共同第3条和1977年《第二附加议定书》之间虽然规定了不同的适用条件，但并不限制各自的适用。

国际性武装冲突和非国际性武装冲突可以在同一地区同时进行⑤，

---

① 例如，1949年《日内瓦第一公约》第5条规定，"本公约应适用于落于敌人手中之被保护人，直至彼等最后遣返为止"。又可参见1949年《日内瓦第三公约》第5条第1款规定、1949年《日内瓦第四公约》第6条第4款、1977年《第一附加议定书》第3条第2款规、1977年《第二附加议定书》第2条第2款。

② ICTY, Prosecutor v. Tadić, Case No. IT-94-1, Appeals Chamber Decision on Defense Motion for Interlocutory Appeal on Jurisdiction, Oct. 2, 1995, para. 70.

③ 参见1998年《国际刑事法院罗马规约》第8条第2款第6项规定。

④ 参见1977年《第二附加议定书》第1条。

⑤ For example, in Nicaragua v. United States of America, the Court said, "The conflict between the contras' forces and those of the Government of Nicaragua is an armed conflict which is 'not of an international character'. The acts of the contras towards the Nicaraguan Government are therefore governed by the law applicable to conflicts of that character; whereas the actions of the United States in and against Nicaragua fall under the legal rules relating to international conflicts. Military and Paramilitary Activities in and against Nicaragua (Nicaragua v. United States of America), Merits, Judgment, I. C. J. Reports 1986, para. 219.

也有学者将这种类型的武装冲突称为"混合冲突"。① 这种情况往往是由于第三国进行干预而引发的。1977年《第二附加议定书》不适用于第三国进行干预的情况。然而，并非所有外国干预的武装冲突都可以转化为国际性武装冲突，还取决于另外两个变量因素：干预国对领土国的非国家武装团体的控制程度；非国家武装冲突的法律地位。对于第一点，国际法院和前南刑庭分别提出了"有效控制"理论②和"全面控制"③标准。理论上分析是如此，但在实践中，要判定国际性武装冲突和非国际性武装冲突在什么时候发生转变并非易事。

（二）判断的门槛标准

为了确定国际人道法规则是否适用于正在发生的冲突情形，首先评估这种情况是否构成武装冲突。国际法协会曾指出，所有的武装冲突都需要满足两个门槛标准：存在有组织的武装团体（"组织性"标准）；进行了一定强度的战斗（"强度"标准）。④ 关于武装冲突的门槛标准，前南刑庭在"塔迪奇"案所作的裁决被广泛引用。在该案中，上诉分庭曾指出：

---

① Dapo Akande, "Classification of Armed Conflicts", in B. Saul and D. Akande eds., "The Oxford Guide to International Humanitarian Law", Oxford University Press, 2020, pp. 48 – 49; Marko Milanovic, "The Applicability of the Convention to 'Transnational' and 'Mixed' Conflicts", in Andrew Clapham, Paola Gaeta and Marco Sassòli eds., "The 1949 Geneva Conventions: A Commentary", Oxford University Press, 2015, pp. 27 – 50.

② ICJ, Military and Paramilitary Activities in and against Nicaragua (Nicaragua v. United States of America), Merits, Judgment, I. C. J. Reports 1986, para. 109.

③ ICTY, Prosecutor v. Tadić, Case No. IT – 94 – 1 – A, Judgement, The Appeals Chamber, July 15, 1999, para. 131.

④ International Law Association, "Initial Report on the Meaning of Armed Conflict in International Law", Rio de Janeiro Conference, 2008, p. 2; International Law Association, "Final Report on the Meaning of Armed Conflict in International Law", The Hague Conference, 2010, p. 2.

第三章
武装冲突中使用自主武器系统的影响及挑战

当国家之间诉诸武装部队,或在一国境内政府当局与有组织的武装团体之间,或此类团体之间存在持久的武装暴力时,就存在武装冲突。国际人道法自此类武装冲突开始起适用,并延伸至敌对行动停止之后,直至达成全面和平;或者,在内部冲突的情况下,实现和平解决。在那之前,国际人道法继续适用于交战国的整个领土,或者在发生内部冲突的情况下,适用于一方控制下的整个领土,无论是否发生实际战斗。①

前南刑庭开创性地确立了国际性武装冲突和非国际性武装冲突的一般定义。国际性武装冲突的存在可通过国家之间诉诸武装力量加以认定。非国际性武装冲突需要满足两项检验标准:冲突方的组织程度,或者称为"组织性"标准;冲突的强度。这两个检验标准被认为反映了习惯国际法。并且在之后的国际刑庭的判决中,前南刑庭的裁决被不断地提及和援引。② 1998 年《国际刑事法院罗马规约》关于战争罪的规定采用了类似的检验标准。③ 除此之外,联合国调查机构也依赖于这一检验标准④,包括部分国家的军事手册。⑤ 这些实践表明了前南刑庭所提出的检验标准得到了广泛的支持。在"塔迪

---

① ICTY, Prosecutor v. Tadić, Case No. IT – 94 – 1, Appeals Chamber Decision on Defense Motion for Interlocutory Appeal on Jurisdiction, Oct. 2, 1995, para. 70.

② See ICTR, Prosecutor v. Akayesu, Case No. ICTR – 96 – 4 – T, Trial Chamber I, Judgment, Sep. 2, 1998, para. 603; ICTY, Prosecutor v. Hadžihasanović, Case No. IT – 01 – 47 – T, Trial Judgement, Mar. 15, 2006, para. 14.

③ 参见 1998 年《国际刑事法院罗马规约》第 8 条第 2 款第 6 项规定。

④ For instance, International Commission of Inquiry on Darfur, "Report to the United Nations Secretary – General", Pursuant to Security Council Resolution 1564 of 18 September 2004, Jan. 25, 2005, p. 27, para. 74.

⑤ For example, U.K. Ministry of Defence, "The Manual of the Law of Armed Conflict", Oxford University Press, 2005, p. 385, para. 15.3.1; U.S. Department of Defence, "Law of War Manual", Jun., 2015, updated July, 2023, § 3.4.2.2.

奇"案中，预审分庭进一步解释道：

> 为共同第 3 条的目的，上诉分庭对是否存在武装冲突进行的测试侧重于冲突的两个方面：冲突的强度和冲突方的组织程度。在内部或混合性质的武装冲突中，这些密切相关的标准仅用于将武装冲突与土匪、无组织和短暂的叛乱或恐怖活动区分开来。①

预审分庭所作的解释重申了非国际性武装冲突的检验标准。非国际性武装冲突则要求至少有一方必须是非国家武装团体，并且具备充分的组织程度。对此，可以考虑的"指示性因素"包括：是否存在指挥结构和纪律规则和机制，对领土的控制，获得武器、其他军事装备、新兵和军事训练的能力，以及计划、协调和执行军事行动的能力等。②但这些因素是对总体局势的个案评估，不存在衡量各因素的特定公式。③ 1949 年"日内瓦四公约"共同第 3 条和 1977 年《第二附加议定书》第 1 条第 1 款中也包含"组织性"标准。但 1977 年《第二附加议定书》设定的门槛在许多方面都高于 1949 年"日内瓦四公约"共同第 3 条。具体包含三点：第一，1977 年《第二附加议定书》适用于有政府武装部队参与的情况，不适用于仅仅发生在有组织的武装团体之间的冲突；④ 第二，有组织的武装团体应当控制部分领土，通常

---

① ICTY, Prosecutor v. Tadić, Case No. IT – 94 – 1 – T, Trial Chamber, Opinion and Judgment, May 7, 1997, para. 562.

② ICTY, Prosecutor v. Haradinaj et al, Case No. IT – 04 – 84 – T, Trial Chamber I, Judgment, Apr. 3, 2008, para. 60.

③ Dapo Akande, "Classification of Armed Conflicts", in B. Saul and D. Akande eds., "The Oxford Guide to International Humanitarian Law", Oxford University Press, 2020, p. 41.

④ ICTY, Prosecutor v. Boškoski et al., Case No. IT – 04 – 82 – T, Trial Chamber II, Judgement, Jul. 10, 2008, para. 197.

是反叛团体与政府作战，争夺国家权力；① 第三，1977 年《第二附加议定书》不适用于第三国在领土国同意的情况下，干预领土国内部冲突的情形。② 另外，也有解释将干预国的武装部队视为领土国武装部队的一部分。③ 如果一个干预国支持领土国政府（或在领土国邀请下）对一个非国家武装团体实施干预，那么这种干预不会使非国际性武装冲突转变为国际性武装冲突。④

就武装冲突的"强度"标准而言，国际性武装冲突并不要求各方使用武力达到一定的激烈程度才能判定存在武装冲突。⑤ 1949 年"日内瓦四公约"共同第 2 条第 1 款中的武装冲突是指缔约国之间的对抗，在一国或多国针对另一国诉诸武力时就会发生，而不论对抗产生的原因或激烈程度。因而，国际性武装冲突中，只要国家间存在武装冲突，国际人道法就适用。另外，交战国占领的情形也会引发国际人道法的适用，即便没有发生实际的敌对行动。在非国际性武装冲突中，前南刑庭上诉分庭曾在"塔迪奇"案中提出，"持久的武装暴力"的存在

---

① 参见 1977 年《第二附加议定书》第 1 条第 1 款规定。

② Dapo Akande, "Classification of Armed Conflicts", in B. Saul and D. Akande eds., "The Oxford Guide to International Humanitarian Law", Oxford University Press, 2020, p. 43.

③ Sylvain Vité, "Typology of Armed Conflicts in International Humanitarian Law: Legal Concepts and Actual Situations", International Review of the Red Cross, Vol. 91, No. 873, 2009, p. 80.

④ See ICC, Prosecutor v. Bemba, Case No. ICC – 01/05 – 01/08, Decision Pursuant to Article 61 (7) (a) and (b) of the Rome Statute on the Charges of the Prosecutor Against Jean – Pierre Bemba Gombo, Pre – Trial Chamber II, Jun. 15, 2009, para. 246.

⑤ ICRC, "How Is the Term 'Armed Conflict' Defined in International Humanitarian Law?" 2008, p. 1; Tristan Ferraro and Lindsey Cameron, "Article 2: Application of the Convention", in Knut Dörmann et al. eds., "Commentary on the First Geneva Convention: Convention (I) for the Amelioration of the Condition of the Wounded and Sick in Armed Forces in the Field", Cambridge University Press, 2016, p. 85, para. 236.

是判断武装冲突强度的一项因素之一。① 除此之外，前南刑庭评估强度相关的"指示性因素"还包括：攻击的严重性以及武装冲突是否增加；② 战斗的持续时间和领土范围；③ 冲突双方之间动员的人员数量；④ 使用的武器类型，特别是重型武器；⑤ 伤亡人数；⑥ 财产的破坏数量和程度；⑦ 流离失所人口的数量；⑧ 以及冲突是否引起了联合国安理会的关注，是否通过了有关此事项的任何决议等因素⑨。上述列举的因素不一定都要满足。非国际性武装冲突要求冲突达到一定的强度，以此来区别于国内动乱、暴动等低强度的暴力行为。和平时期发生的

---

① ICTY, Prosecutor v. Haradinaj et al, Case No. IT-04-84-T, Trial Chamber I, Judgment, Apr. 3, 2008, para. 49; ICC, Prosecutor v. Bemba, Case No. ICC-01/05-01/08, Judgment pursuant to Article 74 of the Statute, Trial Chamber III, Mar. 21, 2016, para. 139; Lindsey Cameron et al, "Article 3: Conflicts Not of An International Character", in Knut Dörmann et al. eds., "Commentary on the First Geneva Convention: Convention (I) for the Amelioration of the Condition of the Wounded and Sick in Armed Forces in the Field", Cambridge University Press, 2016, p. 159, paras. 439-440.

② ICTY, Prosecutor v. Tadić, Case No. IT-94-1-T, Trial Chamber, Opinion and Judgment, May 7, 1997, para. 566; Prosecutor v. Slobodan Milošević, Case No. IT-02-54-T, Decision on Motion for Judgement of Acquittal, Jun. 16, 2004, para. 29.

③ ICTY, Prosecutor v. Tadić, Case No. IT-94-1-T, Trial Chamber, Opinion and Judgment, May 7, 1997, para. 567.

④ ICTY, Prosecutor v. Slobodan Milošević, Case No. IT-02-54-T, Decision on Motion for Judgement of Acquittal, Jun. 16, 2004, para. 30.

⑤ ICTY, Prosecutor v. Slobodan Milošević, Case No. IT-02-54-T, Decision on Motion for Judgement of Acquittal, Jun. 16, 2004, para. 31.

⑥ ICTY, Prosecutor v. Tadić, Case No. IT-94-1-T, Trial Chamber, Opinion and Judgment, May 7, 1997, para. 565.

⑦ ICTY, Prosecutor v. Limaj, Case No. IT-03-66-T, Trial Chamber II, Judgment, Nov. 30, 2005, para. 142.

⑧ ICTY, Prosecutor v. Limaj, Case No. IT-03-66-T, Trial Chamber II, Judgment, Nov. 30, 2005, para. 167.

⑨ ICTY, Prosecutor v. Tadić, Case No. IT-94-1-T, Trial Chamber, Opinion and Judgment, May 7, 1997, para. 567.

孤立的、零星的恐怖活动将被归入内部动乱的范畴。① 非国际性武装冲突的存在与否并不取决于冲突各方的主观看法②，在司法审判中，由法官依据客观事实确定。③ 判定一国内部的暴力行为是否以及何时被归类为非国际性武装冲突并非易事。如果被视为内部纷争或内乱，没有达到非国际性武装冲突的门槛，国际人道法将不适用。

概括而言，"武装冲突"既不是一个技术概念，也不是一个法律概念，而是对敌对行动事实的承认。④ 虽然，"组织性"标准和"强度"标准都是武装冲突的构成要素，但国际性武装冲突和非国际性武装冲突在这些标准上仍存在差别。这种差别的原因在于，与通过国际法处理同其他主权国家之间的外部关系相比，各国更倾向于避免国际法干预内部事务。⑤ 不过，联合国特设国际刑庭的判决还是具有里程碑意义，但也应该注意到这些法庭设立的不同目的以及局限性。不同武装冲突的分类，将直接影响法庭是否具有管辖权。卢旺达问题国际

---

① Yoram Dinstein, "Non-international Armed Conflicts In International Law", Cambridge University Press, 2nd edn., 2021, p. 43.

② For instance, in Prosecutor v. Akayesu, the Chamber I of the International Criminal Tribunal for Rwanda (ICTR) stressed that "the ascertainment of the intensity of a non-international conflict does not depend on the subjective judgment of the parties to the conflict". ICTR, Prosecutor v. Akayesu, Case No. ICTR-96-4-T, Trial Chamber I, Judgment, Sep. 2, 1998, para. 603.

③ ICTY, Prosecutor v. Blaškić Case no. IT-95-14-T, Trial Judgment, Mar. 3, 2000, para. 82. In this case, The Trial Chamber quoted the jurisprudence of the Tadić case and said, "whatever the case, the parties to the conflict may not agree between themselves to change the nature of the conflict, which is established by the facts whose interpretation, where applicable, falls to the Judge".

④ Christopher Greenwood, "Scope of Application of Humanitarian Law", in Dieter Fleck ed., "The Handbook of International Humanitarian Law", Oxford University Press, 2nd edition, 2008, p. 72, para. 250.

⑤ Lindsey Cameron et al., "Article 3: Conflicts Not of An International Character", in Knut Dörmann et al. eds., "Commentary on the First Geneva Convention: Convention (I) for the Amelioration of the Condition of the Wounded and Sick in Armed Forces in the Field", Cambridge University Press, 2016, p. 151, para. 416.

刑事法庭是为了处理在国内武装冲突期间发生在卢旺达境内的严重违反国际人道法的行为①；前南刑庭的设立目的是处理在前南斯拉夫发生的国际和国内性质的武装冲突。② 这两个特设法庭的判决均使得灭绝种族罪和危害人类罪的非国际性武装冲突和国际性武装冲突背景要素不再明显，并且呈现出趋同趋势。这难免会使人怀疑这种区分的必要性和意义。虽然，习惯国际法的发展也逐渐缩小了二者之间的区别，但差别仍然存在。③ 1998年《国际刑事法院罗马规约》关于战争罪的规定中这一区分是必要的。从战争罪所列的行为清单上，最明显的区分是适用于国际性武装冲突的行为清单有34项④，而适用于非国际性武装冲突的行为清单只有16项。⑤ 国际性武装冲突和非国际性武装冲突的区分在1998年《国际刑事法院罗马规约》中被明确保留，在可能犯有战争罪的情况下，这一分类可能会对国际刑法的适用产生影响。另外，依据1998年《国际刑事法院罗马规约》，因使用被禁止的武器而违反国际人道法的行为仅适用于以国际性武装冲突背景的情形。⑥ 由于现代武装冲突实际情况的复杂性，1998年《国际刑事法院罗马规约》对国际性武装冲突和非国际性武装冲突区分的背后政策和法律原因仍然是备受争论。但这些争论并没有改变国际性武装冲突和非国际性武装冲突区分的重要性。

二、自主武器系统对国际性武装冲突定性的影响

参战方的性质将直接决定国际性武装冲突的性质。这在1949年

---

① UN Resolution 955 (1994), S/RES/955 (1994), 8 November 1994.
② UN Resolution 827 (1993), S/RES/827 (1993), May 25, 1993.
③ Rogier Bartels, "The Classification of Armed Conflicts by International Criminal Courts and Tribunals", International Criminal Law Review, Vol. 20, No. 4, 2020, p. 644.
④ 参见1998年《国际刑事法院罗马规约》第8条第2款第1项和第2项。
⑤ 参见1998年《国际刑事法院罗马规约》第8条第2款第3项和第5项。
⑥ 参见1998年《国际刑事法院罗马规约》第8条第2款第2项第17—20目。

"日内瓦四公约"共同第 2 条的条文中规定得非常清楚。自主武器系统同其他武器或武器系统一样,只是行使国家权力的工具,不会取代冲突各方主体地位。即使自主武器系统以极高程度的自主性行事,其行为仍可归因于国家。自主武器系统可能影响一国武装力量的构成。1977 年《第一附加议定书》第 43 条第 1 款给出了"武装部队"的定义:

> 冲突一方的武装部队是由一个为其部下的行为向该方负责的司令部统率下的有组织的武装部队、团体和单位组成,即使该方是以敌方所未承认的政府或当局为代表。该武装部队应受内部纪律制度的约束,该制度除其他外应强制遵守适用于武装冲突的国际法规则。

首先,就组成而言,武装部队包含了所有参与冲突的人员,无论国籍,或者代表哪一方。[1] 武装部队的成员可以包括民兵和志愿部队等。因此,冲突一方应对其武装部队成员做出的所有行为负责。[2] 一般不包含该国的警察部队,但冲突一方如果将准军事机构或武装执法机构并入其武装部队内,应通知冲突其他各方。[3] 其次,纪律性要求,即该武装部队受内部纪律制度的约束,并且能够遵守适用于武装冲突的国际法规则。在实践中,不遵守适用于武装冲突的国际法规则的武装部队成员,不会因此失去其战斗员身份以及被视为战俘的权利。但对于武装部队而言,需要具备内部纪律制度。一个部队如果没有纪律,那也不可能遵守 1949 年"日内瓦四公约"及 1977 年《第一附加议定

---

[1] Jean - Marie Henckaerts, "Armed Forces", in Frauke Lachenmann and Rüdiger Wolfrum eds. , "The Law of Armed Conflict and the Use of Force: The Max Planck Encyclopedia of Public International Law", Oxford University Press, 2017, para. 1.

[2] 参见 1907 年《陆战法规和惯例公约》第 3 条及 1977 年《第一附加议定书》第 91 条规定。

[3] 参见 1977 年《第一附加议定书》第 43 条第 3 款规定。

书》的要求。① 因此，能够享受战俘待遇的志愿部队和平民，也应满足履行国际人道法的相关规则。② 如果民兵或志愿部队的成员行为导致大规模或有系统地不遵守国际人道法的情况出现，那么很可能会被取消战俘地位。武装部队中个别成员不遵守国际法的情况，并不会导致该团体所有成员的战俘地位被取消。③ 设置这一条件的目的是鼓励冲突各方遵守国际人道法。

如前所述，自主武器系统将改变未来战争模式，在一定程度上取代了传统战斗员，甚至指挥官的角色和职能。由大规模自主协同作战能力的自主武器系统组成的无人部队，是否属于"武装部队"，以及能否满足"组织性"标准呢？结合"武装部队"的定义和自主武器系统的特征，我们可以推断出，自主武器系统的应用对国家武装团体产生的最大影响莫过于武装部队的人员数量将减少。例如，"无人蜂群"由大量具有互补能力的系统组成，可以用于情报、监视和侦察行动，分散式攻击，搜索和救援行动等任务。④ 这些自主武器系统的使用将大量减少人力，并且将简化传统的指挥结构。按照1977年《第一附加议定书》的评注解释，"武装部队"一词是指"武装部队的成员"，并且第43条第2款明确指的是"人"。⑤ 因此，不包括除人类以外的动物和机器等。因为在战场上，即使训练有素的动物，也无法区分一

---

① Yves Sandoz, Christophe Swinarski and Bruno Zimmermann eds., "Commentary on the Additional Protocols of 8 June 1977 to the Geneva Conventions of 12 August 1949", Martinus Nijhoff Publishers, 1987, p. 514, para. 1675.

② 参见1949年《日内瓦第三公约》第4A条第2项规定及第6项规定。

③ Knut Dörmann et al. eds., "Commentary on the Third Geneva Convention: Convention (III) relative to the Treatment of Prisoners of War", Cambridge University Press, 2021, para. 1026.

④ UNIDIR, "Swarm Robotics: Technical and Operational Overview of the Next Generation of Autonomous Systems", 2020, p. 1.

⑤ Yves Sandoz, Christophe Swinarski and Bruno Zimmermann eds., "Commentary on the Additional Protocols of 8 June 1977 to the Geneva Conventions of 12 August 1949", Martinus Nijhoff Publishers, 1987, pp. 511 – 512, para. 1672.

个身体健全的敌人和一个"失去战斗力"的敌人。① 然而，自主武器系统不同于传统的武器，也不同于动物，直接将自主武器系统与动物进行类比是不恰当的。虽然，动物能够独立和不可预测地行动，但动物无法学习和理解国际人道法。所以，通常需要限定使用动物的情形来解决动物行为上的不可预测性。② 自主武器系统在识别目标方面能够达到高于人类水平的精准度，在选择和攻击目标方面也可以结合国际法规则对自主武器系统进行充分的"训练"，因而具备自主作战的能力。尽管自主武器系统具备类似人类战斗员一样的能力，但也不能据此将自主武器系统类比为"战斗员"。因为如果将自主武器系统类比为战斗员，可能会使自主武器系统免去法律审查，也将加剧"问责真空"问题。因此，在拟定可能的政策措施时，不应使自主武器系统领域的新技术人格化。③ 另外，将自主武器系统直接与传统的武器和作战方法进行类比，也存在局限性。④ 自主武器系统具有独立行动的能力，很多时候不需要人员介入，这与传统的武器类型具有很大不同。所以，无论是武器、战斗员还是动物等类比对象，并不能突出自主武器系统所凸显的问题，对于"武装部队"的理解亦是如此。

即使一个由大规模自主武器系统组成的武装部队，只有两名人员组成，也难以影响整个团体被定性为国家武装部队的资格。1977年《第一附加议定书》要求武装部队由"人"组成，但没有明确人员的最低数量，其他相关的国际法规则也没有此类规定。在国家实践中，《美国战争法手册》指出，关于进行攻击的规则（如区分原则和比例

---

① 参见1977年《第一附加议定书》第41条第1款规定。
② Rebecca Crootof, "Autonomous Weapon Systems and the Limits of Analogy", Harvard National Security Journal, Vol. 9, 2018, p. 78.
③ "Report of the 2019 session of the Group of Governmental Experts on Emerging Technologies in the Area of Lethal Autonomous Weapons Systems", CCW/GGE. 1/2019/3, Sep. 25, 2019, p. 13.
④ Rebecca Crootof, "Autonomous Weapon Systems and the Limits of Analogy", Harvard National Security Journal, Vol. 9, 2018, pp. 64 – 67.

原则）对个人施加的义务，一个无生命的物体无论如何都不能承担"义务"。① 2019年《指导原则》也指出，人类仍须对自主武器系统的使用负责，不能把责任转嫁给机器。② 按照此种逻辑，遵守国际人道法的只能是个人，那么实际参与作战的人员规模不能减少到0个。因为这样将导致整个武装部队遵守国际人道法的能力丧失。随着技术的进步，可能会出现越来越少的人员参与作战的局面，但这种情况似乎不会影响作为国家武装部队的资格。与此同时，也不会降低或改变武装部队仍应遵守的国际法义务。因而，在实际作战中，无人部队不能完全无人，仍应保留一定的人员组成，以确保武装部队遵守国际人道法的能力不会受到影响。保留基础的人员结构并不能完全保证自主武器系统在作战中能够履行国际人道法的要求，但是如果发生违反国际人道法的情况，至少能够保证有人员对违法行为负责。

三、自主武器系统对非国际性武装冲突定性的影响

如前所述，前南刑庭发展了非国际性武装冲突的概念，提出了普遍接受的标准：一是存在有组织的武装团体；二是武装冲突达到了一定的"强度"标准。与国际性武装冲突不同的是，自主武器系统对非国际性武装冲突的两项标准都会产生一定程度的影响。

（一）对"有组织的武装团体"判定的影响

1977年《第二附加议定书》第1条第1款将非国际性武装冲突

---

① U. S. Department of Defence, "Law of War Manual", Jun., 2015, updated July, 2023, § 6.5.9.3.

② 2019年《指导原则》第（b）项指出，"人类仍须对武器系统的使用决定负有责任，因为不能把责任转嫁给机器。应在武器系统的整个寿命周期里考虑到这一点"。另外，第（d）项也规定，"应确保根据适用的国际法在1980年《特定常规武器公约》的框架内对发展、部署和使用任何新武器系统问责，包括使这类系统在人类指挥和控制的责任链中运作"。See "Report of the 2019 session of the Group of Governmental Experts on Emerging Technologies in the Area of Lethal Autonomous Weapons Systems", CCW/GGE. 1/2019/3, Sep. 25, 2019, p. 13.

中的主体细分为三个类别:"武装部队""持不同政见的武装部队",以及有职责并有能力"进行持久而协调的军事行动"的"其他有组织武装集团"。其中,"武装部队"一词仅指国家武装部队,而后两者属于非国家武装团体。1977年《第二附加议定书》相较于1949年"日内瓦四公约"共同第3条,地理范围适用范围更窄,当一国政府武装部队完全在其境外与非国家行为者对抗时,或当一国境内的冲突不涉及其本国政府武装部队时,1977年《第二附加议定书》将不再适用。① 1949年"日内瓦四公约"共同第3条中没有这种限制。在非国际性武装冲突中,如果非国家武装团体大规模使用自主式"无人蜂群",对非国际性武装冲突的决定性的影响似乎更为突出。

  首先,实际参与作战的人员将大规模减少,这与国际性武装冲突的影响相类似,但非国际性武装冲突的情形更为复杂。在适用于非国际性武装冲突的法律中,并未有关于"武装部队"的定义,所以"战斗员"这一称呼不直接适用于非国家武装团体的成员。② 因而,在非国际性武装冲突中,"战士"一词被认为是更可取的表述。③ 自主武器系统不具有人格,所以不能作为战斗员和战士。前南刑庭的判例有助于阐明"组织性"标准可以考量的因素,例如组织的指挥结构、纪律制度、对领土的控制等。④ 国际法协会使用武力委员会曾指出,"'组织性'标准和'强度'标准明显相关,在评估特定情况是否构成武装冲突时应一起考虑。'组织性'标准越高,所需满足的'强度'标准

---

① Nils Melzer, "Targeted Killings in International Law", Oxford University Press, 2008, p.257.

② ICTY, Prosecutor v. Mrkšić et al., Case No. IT – 95 – 13/1 – T, Trial Chamber II, Judgment, Sep. 27, 2007, para. 457.

③ Yoram Dinstein, "Non – international Armed Conflicts In International Law", Cambridge University Press, 2nd edn., 2021, p.76, para.206.

④ ICTY, Prosecutor v. Haradinaj et al, Case No. IT – 04 – 84 – T, Trial Chamber I, Judgment, Apr.3, 2008, para 60; ICTY, Prosecutor v. Boškoski et al., Case No. IT – 04 – 82 – T, Trial Chamber II, Judgement, Jul. 10, 2008, paras. 196 – 197.

就越低，反之亦然"①。按照这一推理，"组织性"标准和"强度"标准成反比；自主武器系统所引发的冲突的激烈程度越高，所需人员的可能就越少，这意味着武装团体的组织程度也可以极低。显然，这一推理并不合理。另一种观点认为，"组织性"标准是为了确保武装团体的成员能够遵守国际人道法。这一观点可以在1949年"日内瓦四公约"共同第3条和1977年《第二附加议定书》中找到支撑。例如，1949年"日内瓦四公约"共同第3条第1款起首部分规定，"在一缔约国之领土内发生非国际性的武装冲突之场合，冲突之各方最低限度应遵守下列规定……"，这其实暗含了冲突各方具备遵守1949年"日内瓦四公约"共同第3条义务的能力要求。1977年《第二附加议定书》第1条第1款也有着类似的规定。非国家武装团体的领导层至少有能力对其成员进行一定程度的控制，才能履行1949年"日内瓦四公约"共同第3条的基本义务。② 为了满足履行其义务的能力这一要求，非国家实体有必要建立某种指挥结构以控制其团体成员。从前述可以推断出，有关的判例和条款所指的指挥和控制的对象似乎仅限于个人，不包括对机器的指挥和控制。这种理解是相对狭隘和滞后的。随着现代战争的演变，指挥与控制的范畴不仅应包括部队人员，还应包括装备、通信和设施等。如果假设自主武器系统具备遵守国际人道法的能力，并被大规模地部署和使用，那么传统的人与人之间指挥和控制结构似乎将不再是有必要的。在此情形下，国际性武装冲突和非国际性武装冲突中关于"组织性"的本质区别也将被弱化。从法律后果的角度考虑，指挥和控制自主武器系统的人员属于哪一方，是否可归因于国家，将成为最终的关键。因此，参战人员数量的减少，并不会直接影响非国际性武装冲突的"组织性"标准。重点需要确认的是负责指挥和操作的人员对

---

① International Law Association, "Initial Report on the Meaning of Armed Conflict in International Law", 2008, p. 22.

② ICTY, Prosecutor v. Boškoski et al., Case No. IT – 04 – 82 – T, Trial Chamber II, Judgement, Jul. 10, 2008, para. 196.

于自主武器系统的控制水平,以保证遵守国际人道法和有人对法律后果负责。

其次,自主武器系统的使用将极有可能导致参与作战的人员与实际战场之间的空间距离进一步加大。自主武器系统的使用允许作战人员与实际战场存在更大的物理距离,指挥层和操作人员很可能分布于世界各地。这些人员可以不出现在实际发生冲突的国家,出现在国家管辖范围之外,例如公海。那么,这种人机之间空间距离的拉大,是否会影响"组织性"标准的判定呢?或者,"组织性"标准是否与地理因素相关?如前所述,关于"组织性"标准有多重考量因素。例如,在"利马伊"案中,前南刑庭预审第二分庭在判定科索沃解放军是否具备"组织性"标准时就指出,科索沃解放军存在可以验证的等级结构,并且组织结构具有稳定性和有效性。前南刑庭所采取的参考因素包括:是否存在军事总部[1]、纪律条例[2]和统一的发言人[3],以及是否能够发布命令、政治声明和公报[4]等。这些考量因素都直观地反映了科索沃解放军有能力协调军事行动,确定统一的军事战略;同时,也有能力进行更大规模的军事行动。[5] 但这些指示性因素均与空间距离无关。而且,最关键的因素是非国家武装团体必须在既定的指挥结构之下,指挥层应当对武装团体进行有效控制和监督,并且该团体有能力维持军事行动。这说明,作战指令仍是由指挥层决定,武装团体的成员和无人部队遵照指令行事。无人部队虽然远距离执行任务,但

---

[1] ICTY, Prosecutor v. Limaj, Case No. IT – 03 – 66 – T, Trial Chamber II, Judgment, Nov. 30, 2005, para. 90.

[2] ICTY, Prosecutor v. Limaj, Case No. IT – 03 – 66 – T, Trial Chamber II, Judgment, Nov. 30, 2005, paras. 98, 113 – 17.

[3] ICTY, Prosecutor v. Limaj, Case No. IT – 03 – 66 – T, Trial Chamber II, Judgment, Nov. 30, 2005, paras. 99, 102.

[4] ICTY, Prosecutor v. Limaj, Case No. IT – 03 – 66 – T, Trial Chamber II, Judgment, Nov. 30, 2005, para. 101.

[5] ICTY, Prosecutor v. Limaj, Case No. IT – 03 – 66 – T, Trial Chamber II, Judgment, Nov. 30, 2005, para. 129.

仍应按照指挥层和操作员的指令和命令进行行事。非国家实体最低限度的"组织性"标准，与具备遵守国际人道法的能力相类似，只是一种能力上的要求，与武装团体实际发生的行为无关。① 如果指挥层和操作员对无人部队进行着有效的控制和监督，与武器或武器系统之间空间上的物理距离并不是"组织性"标准的关键。事实上，地理范围更多的是影响国际人道法的适用范围，但这不是本书讨论的重点。另外，合法的军事目标将位于武装冲突发生国的领土内，非国家行为者位于国家管辖范围之外（如公海）激活自主武器系统；在此情况下，如果满足武装冲突的前提条件，那么国际人道法的适用范围也应覆盖到这些区域。② 但这也可能导致跨国性或混合性武装冲突，或者引发全球范围内非国际性武装冲突的问题。

（二）对"强度"标准判定的影响

除了满足"组织性"标准外，非国际性武装冲突还需要同时达到"强度"标准的要求。前南刑庭的判例提供了许多用来评估冲突"强度"的指示性因素，其中，可以量化的标准包括：攻击的严重性以及冲突的数量是否增加；冲突的持续时间和领土范围；冲突双方之间动员的人员数量；使用的武器类型（特别是重型武器）；伤亡人数；财产的破坏数量和程度等因素。③ 下文将按照前南刑庭所列的指示性因素考察自主武器系统可能产生的影响。

首先，就"攻击的严重性以及冲突的数量是否增加"和"冲突持

---

① Yoram Dinstein, "War, Aggression and Self-Defence", Cambridge University Press, 6 th edn., 2017, p.65.

② See Michael N. Schmitt, "Charting the Legal Geography of Non-International Armed Conflict", International Law Studies, Vol.90, 2014, p.16.

③ 前南刑庭所列的判定因素也一被国际刑事法院的判例所采纳。For instance, ICC, Prosecutor v. Lubanga, Case No. ICC-01/04-01/06, Trial Chamber I, Judgment pursuant to Article 74 of the Statute, Mar.14, 2012, para. 538; ICC, Prosecutor v. Bemba, Case No. ICC-01/05-01/08, Judgment pursuant to Article 74 of the Statute, Trial Chamber III, Mar.21, 2016, paras. 137-141.

续的时间和领土范围"而言，二者并不依赖于实际参与作战人员的数量。因而，随着自主武器系统使用数量的大幅增加，即使主战场没有太多的"战士"，仍有可能达到足够强的暴力水平。仅就持续时间而言，并没有明确具体的时间要求，短暂的冲突可能构成非国际性武装冲突。例如，在"塔布拉达"案中，由 42 名武装人员组成的突袭部队对阿根廷布宜诺斯艾利斯省塔布拉达基地的第三机械化步兵团发起攻击；袭击者和阿根廷国家武装部队人员之间发生了约 30 个小时的战斗，导致 29 名袭击者和数名阿根廷国家武装部队人员死亡。[1] 可以看出，袭击者和阿根廷武装部队成员之间的暴力冲突持续时间较短，大约只有 30 个小时，但根据美洲人权委员会的意见，敌对行为持续的时间的长短并不影响"强度"标准的满足。正如美洲人权委员会指出的那样，该案中袭击者精心策划、协调和执行武装攻击，并且阿根廷国家武装部队的积极参与，考虑到暴力行为的性质和程度，可以引发 1949 年"日内瓦四公约"共同第 3 条以及相关敌对规则的适用。[2] 由此可见，自主武器系统的续航时间长短，并不直接影响武装冲突的"强度"标准的判定。结合"冲突的持续时间和领土范围"这一因素进行考量时，单次的攻击似乎很难达到武装冲突所需的强度门槛。然而，由自主武器系统组成的无人部队，可以向武装团体提供更多的武器数量和更强的作战能力，这将机器之间对抗的严重性以及数量推至更高。在 2020 年纳卡冲突中，阿塞拜疆充分利用了其在无人机技术领域的绝对优势，使得亚美尼亚的地面设备损失惨重。[3] 所以，即便自主武器系统可能会影响武装团体的参战人员数量，但不会直接影响达

---

[1] IACmHR, Abella v. Argentina (Tablada), Report No. 55/97, Case No. 11.137, Nov. 18, 1997, paras. 5, 16.

[2] IACmHR, Abella v. Argentina (Tablada), Report No. 55/97, Case No. 11.137, Nov. 18, 1997, paras. 155–156.

[3] Stijn Mitzer and Joost Oliemans, "The Fight for Nagorno-Karabakh: Documenting Losses on The Sides of Armenia and Azerbaijan", Oryx (blog), Sep. 27, 2020.

到上述暴力程度所需满足的其他因素。

其次,"冲突双方之间动员的人员数量"和"使用的武器类型(特别是重型武器)"可以放在一起考量。如前所述,自主武器系统的大规模使用会减少人员的参与,但这一变化不会影响武装团体实施一定规模的暴力所需要的组织水平。"冲突双方之间动员的人员数量"和"使用的武器类型"可以为负相关,如果自主武器系统投入的数量较多,动员人员数量较少,也可以达到相应的强度阈值。

最后,自主武器系统影响最为突出的是所引起的后果,即造成的伤亡人数和财产的破坏程度,但不确定二者在确定武装冲突强度时哪一个因素比重更高。相较于其他武器类型,自主武器系统具有较高的精准度,加之主战场人类作战人员的减少,因此造成的伤亡人数可能会降低。如果将自主武器系统部署于远离城市和乡村的区域,比如海上,平民的伤亡人数可能会更少。在此情形下,对冲突强度的评估将更多地侧重于对财产损失的考量。一般而言,人类生命相较于物质财产具有更高的价值,这也是国际人道法和国际人权法共同保护的利益所在。如果大规模使用自主武器系统代替人类进行作战,就有可能导致冲突的暴力程度不那么激烈。即使没有人员伤亡,也可以引发非国际性武装冲突。这其实在一定程度上降低了达到"强度"标准的门槛;[1] 也可以说,这其实抹去了判定冲突强度的一个重要指示性因素。如果将破坏财产损失与人的生命损失视为同等重要,也可能导致另一种极端情形,即仅仅发生自主武器系统之间的暴力行为,也可能促使"强度"标准得到满足。对于这些指示性因素,前南刑庭没有进一步解释和说明给予各自的权重或比例。因为武装冲突的强度和冲突方的组织程度是事实问题,需要在个案的基础上

---

[1] Sasha Radin and Jason Coats, "Autonomous Weapons Systems and the Threshold of Non-International Armed Conflict", Temple International and Comparative Law Journal, Vol. 30, No. 1, 2016, p. 149.

结合特定的证据进行分析。① 总体而言，在评估"强度"标准时，无论人类生命损失是否比财产破坏更有价值，由自主武器系统组成的无人部队都可能满足"强度"标准的要求；但这也在一定程度上改变了判定"强度"标准的指示性因素的权重或比例，降低了"强度"标准所需的门槛。

第二节 自主武器系统的使用对国际人道法基本原则的挑战

自主武器系统作为作战手段或作战方法，在使用过程中应当遵守国际人道法之下的基本原则的要求，特别是区分原则、比例原则和预防措施原则。自主武器系统在一定程度上取代了传统战斗员，甚至指挥官的角色和职能，这将会对冲突各方履行国际人道法的基本原则产生一定的影响。这些影响可能是积极的，也可能是消极的。因为自主武器系统技术优势和缺陷并存，对于国际人道法基本原则的影响也将随着这些技术特性的转换而变化。不可否认的是，在武装冲突期间保护平民（以及丧失战斗力的人员、伤者等）和民用物体免受直接攻击是现代国际法的一项重要目标。② 因此，自主武器系统在自主识别、选择和攻击目标时，是否能够符合1949年"日内瓦四公约"及其附加议定书中所规定的区分原则、比例原则和预防措施原则的要求有待进一步评估。本节结合自主武器系统的具体的运作过程，分为三个主体部分，探讨自主武器系统对国际人道法基本原则之下的区分原则、

---

① ICTY, Prosecutor v. Boškoski et al., Case No. IT - 04 - 82 - T, Trial Chamber II, Judgement, Jul. 10, 2008, para. 175; ICTR, Prosecutor v. Rutaganda, Case No. ICTR - 96 - 03 - T, Trial Chamber I, Judgement and Sentence, Dec. 6, 1999, para. 92.

② Yoram Dinstein, "The Conduct of Hostilities under the Law of International Armed Conflict", Cambridge University Press, 4th edn., 2022, p. 160.

比例原则和预防措施原则的履行带来的影响。

一、区分原则

(一) 区分原则的内涵

区分原则最早出现在 1868 年《关于爆炸性子弹的圣彼得堡宣言》序言当中，其要求："文明的进步应具有尽可能减轻战争灾难的效果；各国在战争期间应努力实现的唯一合法目标是削弱敌人的军事力量。"区分原则要求冲突各方区分战斗员和平民，以及民用物体和军事目标。区分原则直到 1977 年才在国际条约中被明确提及，如 1977 年《第一附加议定书》第 48 条所述：

> 为了保证对平民居民和民用物体的尊重和保护，冲突各方无论何时均应在平民居民和战斗员之间和在民用物体和军事目标之间加以区别，因此，冲突一方的军事行动仅应以军事目标为对象。

1977 年《第一附加议定书》第 51 条进一步细化了区分原则的要求。其中，第 51 条第 4 款强调禁止不分皂白的攻击，并指出不分皂白的攻击是：

(一) 不以特定军事目标为对象的攻击；

(二) 使用不能以特定军事目标为对象的作战方法或手段；

(三) 使用其效果不能按照本议定书的要求加以限制的作战方法或手段。

上述每种情形都属于无区别地打击军事目标和平民或民用物体的性质。此外，第 51 条第 5 款规定了其他类型的不分皂白的攻击的形式：

（一）使用任何将平民或民用物体集中的城镇、乡村或其他地区内许多分散而独立的军事目标视为单一的军事目标的方法或手段进行轰击的攻击；

（二）可能附带使平民生命受损失、平民受伤害、民用物体受损害或三种情形均有而且与预期的具体和直接军事利益相比损害过分的攻击。

区分原则要求冲突方发起攻击时，能够区分合法目标（战斗员、直接参与敌对行动的平民和军事目标）和非法目标（平民、丧失战斗力的人员、民用物体和其他受保护的人员和物体）。军事攻击不得针对平民或民用物体，无论攻击是否会产生军事优势。区分原则同样适用于非国际性武装冲突。① 如果故意下指令攻击平民或未参加敌对行动的个别平民，无论是在国际性武装冲突或是非国际性武装冲突中，都可能构成战争罪。② 因此，区分原则进一步限制了允许攻击的范围：攻击不能针对民用物体，即使这种策略会产生军事利益。③

另外，1977年《第一附加议定书》第48条所述的区分原则与该议定书的第44条第3款也存在联系，后者要求战斗员穿制服或佩戴识别标志，以区别于平民群体。相较而言，该议定书的第48条是一种外向的义务，即战斗员有义务不伤害非战斗人员；而该议定书第44条第3款是一种内向的义务，即战斗员有义务在从事攻击或攻击前军事准备行动时，使自己与平民居民相区别。④ 这两个条款都是为了保护平民居民。

区分原则已被普遍认为是一项习惯国际法原则，同时适用于国际

---

① 参见1977年《第二附加议定书》第13条第2款规定。
② 参见1998年《国际刑事法院罗马规约》第8条第2款。
③ Jonathan Crowe and Kylie Weston – Scheuber, "Principles of International Humanitarian Law", Edward Elgar Publishing, 2015, pp. 53 – 54.
④ Gary D. Solis, "The Law of Armed Conflict: International Humanitarian Law in War", Cambridge University Press, 3rd edn., 2022, p. 213.

性武装冲突和非国际性武装冲突。① 虽然，美国不是1977年《第一附加议定书》的缔约国，但是美国国防部《战争法手册》中详细规定了区分原则。② 始终区分直接参与敌对行动的人员和平民是习惯国际法下的要求。③ 许多国际性刑事法庭和国际法院均确认了区分原则在国际人道法中的核心地位。④ 此外，区分原则也是管制地雷、集束弹药等武器的国际条约文书的核心基础。⑤ 在1980年《特定常规武器公约》及其附加议定书之中，都可以找到禁止攻击平民的条文规定。在"关于威胁使用或使用核武器的合法性的咨询意见"案中，国际法院除了确定禁止引起过分伤害或不必要痛苦的武器这一基本原则外，还指出，区分原则是规范、指导敌对行为的国际人道法中基本原则之一。⑥ 这些国家实践和司法实践共同反映了区分原则的习惯国际法地位。

（二）区分原则的实施

区分原则的履行是一项双重义务，既包括不攻击或伤害的消极义

---

① Jean-Marie Henckaerts and Louise Doswald-Beck, "Customary International Humanitarian Law, Vol. II", Cambridge University Press, 2005, Rules 1 and 7.

② U. S. Department of Defence, "Law of War Manual", June, 2015, updated July, 2023, § 2.5.

③ Arthur W. Rovine, "Contemporary Practice of the United States Relating to International Law", American Journal of International Law, Vol. 67, No. 1, 1973, p. 122.

④ For instance, ICTY, Prosecutor v. Tadić, Case No. IT-94-1, Appeals Chamber Decision on Defense Motion for Interlocutory Appeal on Jurisdiction, Oct. 2, 1995, para. 127; ICTY, Prosecutor v. Blaškić, Case No. IT-95-14, Trial Chamber, Judgment, Mar. 3, 2000, para. 180; ICJ, Legality of the Threat or Use of Nuclear Weapons, Advisory Opinion, I. C. J. Reports 1996, para. 78.

⑤ 分别参见1997年《禁止使用、储存、生产和转让杀伤人员地雷及销毁此种地雷的公约》和2008年《集束弹药公约》序言最后一段。

⑥ ICJ, Legality of the Threat or Use of Nuclear Weapons, Advisory Opinion, I. C. J. Reports 1996, p. 226, para. 78.

务，又包括进行保护的积极义务。① 区分原则的履行和落实有赖于对攻击目标或物体性质的评估。因此，进一步了解1977年《第一附加议定书》关于目标选择的规则和军事目标的相关法律规定是有必要的。

1. 以物体为攻击目标的基本规则

为了实施区分原则，冲突各方必须采取具体的操作步骤以确保区分原则的履行。最简洁的操作方式是将军事目标首先区分出来。1977年《第一附加议定书》第52条第2款规定：

> 攻击应严格限于军事目标。就物体而言，军事目标只限于由于其性质、位置、目的或用途对军事行动有实际贡献，而且在当时情况下其全部或部分毁坏、缴获或失去效用提供明确的军事利益的物体。

在实践中，这意味着作为军事行动的一部分，负责评估和选择目标的人员必须获取和审查关于拟议目标的性质、位置、目的或用途的相关情报和信息，以确定这些目标是军事性质的，而不是民用性质的。② 第一，就性质而言，如果物体的内在特征具有军事性质，那么就可能成为合法的攻击目标，比如军事指挥中心、军事基地、军舰等。③ 第二，一个物体可能由于其特殊的位置而被视为军事目标，无论其用途或目的如何。④ 例如，控制港口入口的桥头堡，或者武装团体发动袭击的唯一

---

① Michael Bothe, Karl Joseph Partsch and Waldemar Solf eds., "New Rules for Victims of Armed Conflicts: Commentary on the Two 1977 Protocols Additional to the Geneva Conventions of 1949", Brill Nijhoff, 2nd edn., 2013, pp. 116, 322.

② 另外，1977年《第一附加议定书》第57条第2款第1项还规定："尽可能查明将予攻击的目标既非平民也非民用物体，而且不受特殊保护，而是第52条的意义内的军事目标，并查明对该目标的攻击不是本议定书的规定所禁止的。"

③ Yoram Dinstein, "The Conduct of Hostilities under the Law of International Armed Conflict", Cambridge University Press, 4th edn., 2022, pp. 127-128.

④ Yoram Dinstein, "The Conduct of Hostilities under the Law of International Armed Conflict", Cambridge University Press, 4th edn., 2022, p. 135.

出口，可能因其位置的重要性被视为军事目标。第三，目的与物体的预期未来用途有关，如学校或旅馆是民用物体；如果它们用于容纳部队或总部工作人员，就会成为军事目标。① 第四，与目的不同，用途标准与物体当前的功能有关。② 如果一个物体当前的用途是军事用途，那么就可能成为军事目标。例如，美国伞兵发现伊拉克士兵在萨玛沃利用学校、清真寺和医院作为总部和后勤基地③，攻击这些设施是允许的。虽然学校或宗教礼拜场是受保护的场所，但因它们被用来计划和发动军事袭击而丧失受保护的地位，成为攻击目标。

另外，1977年《第一附加议定书》第52条第2款后半部分规定"在当时情况下其全部或部分毁坏、缴获或失去效用提供明确的军事利益的物体"，这里的"物体"本质上与有形的事物相关，并且限于无生命物体。④ 但对于这一限制条件是累积还是选择性的，并不是明确肯定的，或者说不是无可争议的。一部分观点认为，一个物体满足了四种方式之一，或者"在当时情况下其全部或部分毁坏、缴获或失去效用提供明确的军事利益"，即可成为军事目标。⑤ 另一部分观点认为，根据1977年《第一附加议定书》第52条第2款，一个物体必须

---

① Yves Sandoz, Christophe Swinarski and Bruno Zimmermann eds., "Commentary on the Additional Protocols of 8 June 1977 to the Geneva Conventions of 12 August 1949", Martinus Nijhoff Publishers, 1987, p. 636, para. 2022.

② Yves Sandoz, Christophe Swinarski and Bruno Zimmermann eds., "Commentary on the Additional Protocols of 8 June 1977 to the Geneva Conventions of 12 August 1949", Martinus Nijhoff Publishers, 1987, p. 636, para. 2022.

③ Gregory Fontenot, E. J. Degen and David Tohn, "On Point: The United States Army in Operation Iraqi Freedom", Combat Studies Institute Press, 2004, p. 214.

④ Yves Sandoz, Christophe Swinarski and Bruno Zimmermann eds., "Commentary on the Additional Protocols of 8 June 1977 to the Geneva Conventions of 12 August 1949", Martinus Nijhoff Publishers, 1987, p. 633, para. 2007; See also Yoram Dinstein, "The Conduct of Hostilities under the Law of International Armed Conflict", Cambridge University Press, 4th edn., 2022, p. 120.

⑤ A. Jachec-Neale, "The Concept of Military Objectives in International Law and Targeting Practice", Routledge, 2015, p. 115.

满足两个累积标准才能成为军事目标,即就性质、位置、目的或用途而言,应当能够对军事行动作出有效贡献;在当时的情况下,该物体的摧毁、捕获或无效化应当能够提供明确的军事优势。① 这一观点提出的要求存在一定程度的重复。在前一种观点看来,累积适用会缩小合法目标的范围,然而,更广泛的目标范围会更有效地促进防御者的军事行动,提供真正的军事优势。② 不过,1977 年《第一附加议定书》第 52 条第 2 款第二句没有试图削弱第一句的普遍性,也适用于敌方战斗员。③ 在攻击物体时,1977 年《第一附加议定书》第 48 条关于区分原则适用取决于攻击目标的四重配置,即性质、位置、目的或用途,但这些条件不需要全部满足。

2. 以个人为攻击目标的基本规则

以个人为攻击目标与以物体为攻击目标的规则相类似。如果一个人因其身份或职能而直接参与敌对行动,那么就可能成为攻击目标。例如,冲突一方武装部队的战斗员,由于其属于相关部队成员的身份而被推定为继续直接参与敌对行动,攻击这些人员以削弱他们所属部队的军事力量是合法的。④ 对于冲突一方的民兵及其他志愿部队成员,能够享有战俘身份,可以作为合法的军事目标。⑤ 个人也可能因为履

---

① Marco Sassòli, "Military Objectives", in Anne Peters and R. Wolfrum eds., "The Max Planck Encyclopedia of Public International Law", Oxford University Press, 2008 - , paras. 5 - 6; Gary D. Solis, "The Law of Armed Conflict: International Humanitarian Law in War", Cambridge University Press, 3rd edn., 2022, p. 398.

② A. Jachec - Neale, "The Concept of Military Objectives in International Law and Targeting Practice", Routledge, 2015, p. 115.

③ Yoram Dinstein, "The Conduct of Hostilities under the Law of International Armed Conflict", Cambridge University Press, 4th edn., 2022, p. 120.

④ Marco Sassòli and Laura M. Olson, "The Relationship Between International Humanitarian and Human Rights Law Where it Matters: Admissible Killing and Internment of Fighters in Non - International Armed Conflicts", International Review of the Red Cross, Vol. 90, No. 871, 2008, p. 606.

⑤ 参见 1949 年《日内瓦第三公约》第 4A 条第 2 款规定。

行军事职能而成为攻击目标，例如积极地或直接参与敌对行动的平民。原则上，平民应享受免受军事行动所产生危险的一般保护，不应成为攻击的对象。① 但如果平民直接或积极参与敌对行动，享有的保护可能会丧失。② 相关条约中没有界定什么是直接参与敌对行动。按照红十字国际委员会的解释，直接参加敌对行动是指"由个人实施的、作为武装冲突双方之间作战行为一部分的具体行为"。直接参与敌对行动的概念包括两个基本组成部分：敌对行动和直接参与。③ 敌对行动是指武装冲突各方集体诉诸作战手段和作战方法；参与敌对行动是指一个人单独卷入这些敌对行动。根据这种参与的性质和程度，个人参与敌对行动可被描述为"直接的"或"间接的"。④ 直接参与敌对行动具体指个人的行为，这并不赋予个人单独的法律地位。⑤ 按照红十字国际委员会的解释，直接参与敌对行动的具体行为应当满足三项累积要求：第一，该行为可能对武装冲突一方的军事行动或军事能力造成不利影响，或者致使免受直接攻击之保护的人员死亡、受伤或物体毁损（损害门槛）。第二，行为与预期损害之间必须有直接因果关系。第三，该行为造成损害目的是支持冲突一方并损害另一方（交战联系）。⑥

---

① 参见1977年《第一附加议定书》第51条第1款和第2款规定。
② 参见1977年《第一附加议定书》第51条第3款规定。
③ Nils Melzer, "Interpretive Guidance on the Notion of Direct Participation in Hostilities", ICRC, 2009, p. 43.
④ ICTR, Prosecutor v. Akayesu, Case No. ICTR-96-4-T, Trial Chamber I, Judgment, Sep. 2, 1998, para. 629.
⑤ Andrew Clapham, "War", Oxford University Press, 2021, p. 427.
⑥ Nils Melzer, "Interpretive Guidance on the Notion of Direct Participation in Hostilities", ICRC, 2009, p. 44; see also Nils Melzer, "The ICRC's Clarification Process on The Notion of Direct Participation in Hostilities Under International Humanitarian Law", in C. Tomuschat et al. eds., "The Right to Life", Martinus Nijhoff Publishers, 2010, 157-158.

（三）自主武器系统对区分原则的挑战

需要明确的是，本书并不否认，随着技术的进步，自主武器系统能够进行更为精确的攻击，帮助使用方更好地遵守区分原则。作为人类激活杀伤链的一部分，自主武器系统已被证明在战斗中有效、可靠且安全。美国很久以前就使用武器系统选择交战目标，特别是当目标超出人眼的视野范围时。① 一旦激活，此类武器系统就会导航到特定目标组附近，用机载传感器检测目标，并且在其视野中分类和选择特定目标，然后完成攻击。这一系列过程都是依靠武器系统自主完成的。武器的精确度一般通过圆概率误差这一指标来衡量。以预定目标为圆心画一个圆圈，如果武器命中此圆圈的概率最少有50%，则此圆圈的半径就是圆概率误差。② 例如，美国"三叉戟"导弹潜射弹道导弹③，圆形公算误差是90米，则一枚此型导弹有50%的几率会落在目标90米以内。基于人工智能赋能的自主武器系统可以提高自主武器系统的目标识别能力，特别是能在防空和空战领域减少平民和友军伤亡。例如，现代无人机配备了先进的高分辨率摄像头和传感器，可以在目标锁定之前，充分地评估现场情况。④ 无人机可以在目标上空徘徊数小时，甚至数天，评估目标所在区域的信息。这些信息对最小化附带损害而言至关重要。⑤ 支持人工智能的自主识别和终端制导功能将显著

---

① Robert O. Work, "Principles for the Combat Employment of Weapon Systems with Autonomous Functionalities", CNAS, Apr. 28, 2021, p. 6.

② NATO Standardization Office, "NATO Glossary of Terms and Definitions", Allied Administrative Publication (AAP) – 06, 2021, pp. 25 – 26.

③ "Trident missile", Encyclopedia Britannica, Aug. 22, 2013, https://www.britannica.com/technology/Trident – missile.

④ Michael Lewis and Emily Crawford, "Drones and Distinction: How IHL Encouraged the Rise of Drones", Georgetown Journal of International Law, Vol. 44, No. 3, 2013, pp. 1153 – 1154.

⑤ Laurie R. Blank and Gregory P. Noone, "International Law and Armed Conflict: Fundamental Principles and Contemporary Challenges in the Law of War", Wolters Kluwer, 2nd edn., 2018, p. 607.

提高目标识别和辨别能力,从而减少友军意外交战、平民伤亡以及对民用基础设施的破坏。[1] 武器系统精度可以通过技术改进来提升,也可以作为一个知识问题加以处理。比如,通过充分了解军事行动的环境和背景信息来提高武器系统打击目标的准确率。[2] 这可以通过大数据来完成。通过分析个人目标的各类即时信息(如社交网络),或者一个民族或群体的信息(如文化、经济等),使远程战争成为现实。[3] 收集高质量数据需要大量的时间,并且需要标准化所收集到的数据,以提高其质量和有效性。[4] 利用人工智能和大数据收集情报信息,加上充分的数据评估,将有助于确保在识别、选择和攻击目标时符合区分原则的要求。在实际的作战中,自主武器系统的识别和攻击精准度可能没有问题,故障和失误也可能是因为人为操作不当而造成的。在美国对阿富汗的军事行动中,美军所造成的所有平民伤亡中,有大约一半是因为操作员的错误识别造成的。[5] 又如,美国"文森斯号"导弹巡洋舰击落伊朗航空 655 号航班事件,导致机上 290 名平民全部遇难。这起事故的部分原因是人类指挥官的错误识别。

但应当注意到,自主武器系统很容易因为其自身技术上的脆弱性以及外界因素的干扰,而引发目标识别错误。这也是造成友军之间自相

---

[1] Robert O. Work, "Principles for the Combat Employment of Weapon Systems with Autonomous Functionalities", CNAS, Apr. 28, 2021, p. 9.

[2] Martina Kolanoski, "Juridification of Warfare and Limits of Accountability: An Ethnomethodological Investigation Into the Production and Assessment of Legal Targeting", Brill Nijhoff, 2022, p. 102.

[3] Víctor Luis Gutiérrez-Castillo, "Big Data and the New Armed Conflicts", in Pablo Antonio Fernández-Sánchez eds., "The Limitations of the Law of Armed Conflicts: New Means and Methods of Warfare: Essays in Memory of Rosario Domínguez Matés", Brill Nijhoff, 2022, p. 292.

[4] Roland Evans, "The Need For Better Data In The Explosive Weapons In Populated Areas (EWIPA) Debate", Military Law and the Law of War Review, Vol. 58, No. 2, 2020, p. 173.

[5] Larry Lewis, "Redefining Human Control: Lessons from the Battlefield for Autonomous Weapons", Center for Nowal Analyses Corporation, Mar. 1, 2018, p. 4.

残杀的主要原因之一。例如，2003年伊拉克战争中，美国"爱国者"防空系统发生了两起自相残杀事故。第一起发生在2003年3月24日，在伊拉克更靠北的地区，英国中尉飞行员凯文·梅恩在完成当天任务后，驾驶"龙卷风"战机返回科威特，"爱国者"防空系统错误地将"龙卷风"战机识别为反辐射导弹而进行打击，造成两名机组人员全部遇难。①第二起发生于2003年4月2日，"爱国者"防空系统受电磁干扰的影响，击落了一架美国海军"F/A-18C号"大黄蜂战斗机，导致飞行员不幸身亡。②"爱国者"防空系统是一种由人类监督的半自主武器系统，即每次交战都需要人类的批准。这两次事故中，"爱国者"防空系统自身的错误是一方面，人类操作员过度信任该系统也是造成目标错误识别和敌我识别失败等问题的缘由之一。各国不断利用高新技术提高和改进自主武器系统的准确性，比如进行更好的设计、测试、操作员培训等，这在一定程度上可以降低故障发生的可能性，但目前并不能完全消除。③

与此同时，自主武器系统在提高精确度上存在一定的技术优势，但如何有效地识别和区分战斗员和受保护人员的身份，仍是其所面临的挑战。自主武器系统的"观察"能力对遵守区分原则至关重要。区分原则要求冲突各方必须能够区分平民和战斗员，以免平民和平民财产受到伤害和损害。战斗员一般会穿戴军装、佩戴各种标志以表示效忠和等级，并且携带武器。这在国际性武装冲突中体现得更为突出。

---

① U. K. Ministry of Defence, Military Aircraft Accident Summary, "Aircraft Accident to Royal Air Force Tornado GR MK4A ZG 710", Mar. 22, 2003, https://assets.publishing.service.gov.uk/government/uploads/system/uploads/attachment_data/file/82817/maas03_02_tornado_zg710_22mar03.pdf; David Axe, "That Time an Air Force F-16 and an Army Missile Battery Fought Each Other", Medium, July 5, 2015.

② Thomas E. Ricks, "Investigation Finds US Missiles Downed Navy Jet", Washington Post, Dec. 11, 2004, https://www.washingtonpost.com/wp-dyn/articles/A56199-2004Dec10.html.

③ Paul Scharre, "Autonomous Weapons and Operational Risk", Center for a New Security, 2016, p. 38.

因为国家武装部队通常会配备统一的制服。另外，非正规部队，如民兵和志愿部队人员，也需要"备有可从远处识别之固定的特殊标志""公开携带武器"。① 1907 年《陆战法规和惯例公约》中关于交战者的义务，要求民兵和志愿军"有可从一定距离加以识别的固定明显的标志"②。因而，参与武装冲突的人员通常会穿戴制服、佩戴独特的徽章，并且公开携带武器。这会使得在实际作战中区分平民和战斗员变得相对容易。也因此，为了满足区分原则的要求，自主武器系统需要具备精准识别敌方制服设计、敌方符号和敌方武器的能力。然而，现实情况通常会复杂很多，在实际的操作中，自主武器系统能否符合区分原则的要求将会被质疑。

首先，在武装冲突中，穿戴制服、佩戴徽章或其他可识别的标识，并不是强制性义务；战斗员如果没有穿戴制服，这无疑会增加自主武器系统准确区分战斗员和平民的难度。在国际性武装冲突中，战斗员在从事攻击或攻击前军事准备行动时，为了促进对平民居民的保护不受敌对行动的影响，应使自己与平民居民相区别，但此标准并不是建立在服饰上。③ 换言之，战斗员有义务表明自己的身份，但不必通过穿戴制服来履行这一义务。穿戴制服是为不属于正规军队的民兵和游击队制定的标准，其意图是承认各国在常规部队特征方面的普遍接受的做法。④ 因为当涉及非正规部队时，判定战斗员的身份会更加复杂。此外，根据军事必要性原则，在部队收集情报或在禁区内行动时，可以穿着非标准制服或便服。⑤ 这并不会违反区分原则。在这种情况下，自

---

① 参见 1949 年《日内瓦第三公约》第 4A 条第 2 款。
② 参见 1907 年《陆战法规和惯例公约》附件《关于陆战法规和惯例的章程》第 1 条第 1 款规定。
③ 参见 1977 年《第一附加议定书》第 44 条第 3 款规定。
④ W. Hays Parks, "'Special Forces' Wear of Non-Standard Uniforms", Chicago Journal of International Law, Vol. 4, No. 2, 2003, p. 514.
⑤ W. Hays Parks, "'Special Forces' Wear of Non-Standard Uniforms", Chicago Journal of International Law, Vol. 4, No. 2, 2003, p. 542.

主武器系统可能难以准确地识别出没有穿戴制服或佩戴可识别标志的战斗员。对此，程序员和工程师可以预先对机器进行编程，对敌方的一系列的徽章、制服或迷彩图案，以及武装装配等进行标注，将佩戴或携带此类被标注的徽章、制服或图案预设为敌方战斗员。为了更加精准，也可以将敌方指挥官和士兵的面部信息上传到数据库之中。但人的面部特征的识别在很多方面都更为复杂，并且前提条件是人脸没有被其他物体掩盖。显然，在实际操作中，自主武器系统其实难以准确识别战斗员和平民，除非参与敌对行动的人员佩戴可被识别的服装、徽章等标识。同时，这还取决于当前的技术是否足以有效识别并解读出此类标识。

其次，如何识别丧失战斗力的人员是自主武器系统面临的挑战之一。保护失去或丧失战斗力的人员免受攻击是一项条约和习惯国际人道法之下的重要规则。1907 年《陆战法规和惯例公约》和 1977 年《第一附加议定书》均要求禁止对丧失战斗力的人员进行攻击。[①] 在非国际性武装冲突中，1949 年"日内瓦四公约"共同第 3 条明确保护没有积极参加敌对行动的人，这包括丧失战斗力的人员。同时，1977 年《第二附加议定书》第 4 条也存在类似的规定，尽管措辞上略有不同。[②] 因此，这一禁令被视为一项习惯法规则，适用于国际性武装冲突法和非国际性武装冲突。[③] 丧失战斗力的人员一般包括三种类型："一是在敌方权力下的人；二是明示投降意图的人；三是因伤或病而失去知觉，或发生其他无能力的情形，因而不能自卫的人。"[④] 其中，第一种类型的人员与自主武器系统不太相关，因为处于敌方控制之下。第二种类型将在下文进行介绍。对于第三种类型，如何准备地识别和区分伤者、病者，将会是自主武器系统参与实际作战中所面临的挑战。区分战

[①] 参见 1907 年《陆战法规和惯例公约》第 23 条规定以及 1977 年《第一附加议定书》第 41 条第 1 款规定。

[②] 参见 1977 年《第二附加议定书》第 4 条第 1 款规定。

[③] Jean‑Marie Henckaerts and Louise Doswald‑Beck, "Customary International Humanitarian Law", Cambridge University Press, Vol. II, 2005, Rule 47.

[④] 参见 1977 年《第一附加议定书》第 41 条第 2 款规定。

斗员和丧失战斗力的人员，需要自主武器系统能够有效地识别出人的状态特征和行为线索，如肢体语言、手势和语调，进而判断出丧失战斗力的人员。但目前如何将此类表征信息转化为自主武器系统可以识别并执行的语言，存在技术上的障碍。① 如果明知一个人失去战斗力，仍故意攻击此人而造成其死亡，或造成其身体的严重伤害，可能会构成战争罪。② 因此，在武装冲突中，识别敌方士兵作为军事目标是一回事；辨别他们是否属于伤者、病者是另一回事，而且要困难得多。

最后，如何识别并承认已经投降的人员，也是自主武器系统所面临的挑战之一。禁止拒绝纳降是一个关键的问题。与保护丧失战斗力的人员一样，禁止拒绝纳降是一项国际法中长期存在的规则，并且与保护丧失战斗力的人员相联系。1907年《陆战法规和惯例公约》、1977年《第一附加议定书》以及1977年《第二附加议定书》均明确规定了这一规则。③ 此外，这一规则已经被视为习惯法。④ 无论是在国际性武装冲突，还是非国际性武装冲突中，违反这一规则都可能构成战争罪。⑤ 禁止拒绝纳降的立法理由与保护失去战斗力的人员立法理由相类似，甚至可以说是存在重合。如前所述，1868年《圣彼得堡宣言》规定，"各国在战争期间应努力实现的唯一合法目标是削弱敌人的军事力量……为此目的，使人丧失能力就足够了……如果使用武力超出这个目标，加重人的痛苦，或使他们的死亡不可避免……将违反国际人道法"。鉴于失去战斗力的人已经受到保护，禁止拒绝纳降的

---

① Noel E. Sharkey, "The Evitability of Autonomous Robot Warfare", International Review of the Red Cross, Vol. 94, No. 886, 2012, pp. 788 – 789.

② 参见1998年《国际刑事法院罗马规约》第8条第2款第2目。

③ 参见1907年《陆战法规和惯例公约》第23条、1977年《第一附加议定书》第40条、1977年《第一附加议定书》第41条第2款以及1977年《第二附加议定书》第4条第1款规定。

④ J Jean – Marie Henckaerts and Louise Doswald – Beck, "Customary International Humanitarian Law", Cambridge University Press, Vol. II, 2005, Rule 46.

⑤ 参见1998年《国际刑事法院罗马规约》第8条第2款第2目和第5目。

附加价值在于禁止威胁或命令不留活口。① 所以，禁止故意拒绝或使敌人不可能投降视为非法，自主武器系统应当具备识别与承认投降行为的能力。然而，识别表示投降动作的感知任务可能要比识别军事目标的任务要困难许多。② 因为使用表示表征投降的信号，将需要自主武器系统能够解释和识别人类的意图，这是一项存在技术困难的任务。此外，更为关键的是，在实际的战场上，投降的信号会存在多种不一致的实践和做法。一方面，表示投降的信号可能因不同国家和不同军种单位而异；另一方面，是否以及如何接受敌人的投降，在不同的国家之间也可能存在差异。③ 在实际的战场中，对敌方战斗员或战士的投降行为作出承认，带有一定的主观因素。自主武器系统不仅需要感知敌方人员的投降信号，还需要辨别出敌方人员的主观意图。另外，敌方人员的个体行动随时会发生变化，也可能会做出背信弃义的行为。这将导致自主武器系统非常容易受到欺骗，进而影响它们的可靠性。如果自主武器系统不能充分地理解和识别作出投降信号的战斗员，那么部署和使用自主武器系统的一方不仅将违反禁止拒绝纳降的有关规定，而且还可能违反人格尊严和人道原则。

除上述外，自主武器系统的使用使得参与敌对行动的表现形式整体发生变化，这为如何识别直接参与敌对行动的人员带来了一定的消极影响。根据红十字国际委员会的解释性指南，判定是否直接参与敌对行动，需要满足三个累积要求：一是该行为可能对武装冲突一方的军事行动或军事能力造成不利影响，或者致使免受直接攻击之保护的

---

① Yves Sandoz, Christophe Swinarski and Bruno Zimmermann eds. , "Commentary on the Additional Protocols of 8 June 1977 to the Geneva Conventions of 12 August 1949", Martinus Nijhoff Publishers, 1987, para. 1595.

② Robert Sparrow, "Twenty Seconds to Comply: Autonomous Weapon Systems and the Recognition of Surrender", International Law Studies, Vol. 91, 2015, p. 703.

③ See more Holger Afflerbach and Hew Strachan eds. , "How Fighting Ends: A History of Surrender", Oxford University Press, 2012; Russell Buchan, "The Rule of Surrender in International Humanitarian Law", Israel Law Review, Vol. 51, No. 1, 2018, pp. 3 – 27.

人员死亡、受伤或物体毁损（损害门槛）；第二，行为与预期损害之间必须有直接的因果关系（直接因果联系）；第三，该行为造成损害目的是支持冲突一方并损害另一方（交战联系）。① 相关行为必须同时满足三个要求才能构成直接参加敌对行动；并且，在国际性武装冲突和非国际性武装冲突中应作相同的解释。② 例如，判定平民是否直接参与敌对行为，应当根据该平民行为的性质和目的，评估其是否旨在对一方武装部队人员和装备造成实际伤害。③ 个人成为攻击目标可以因其军事身份，也可能因其所发挥的军事效用。直接参与敌对行动与否将影响个人是否享有战俘地位。④ 例如，民兵、抵抗运动人员、志愿部队等人员享有战俘地位则应满足的客观条件包括"备有可从远处识别之固定的特殊标志"和"公开携带武器"。对于由自主武器系统组成的无人部队，这是很难实现的。当民兵、抵抗运动人员操纵纯物理性的自主武器系统时，人与武器通常不在一个地理空间，甚至相去甚远。这导致敌方的无人部队难以切实地识别特殊标志，以及辨别敌对人员是否公开携带武器。因为人只需坐在计算机前，就可以开始和完成战斗。可见，在未来无人作战的情形下，这些关于直接参与敌对行动的规定可能会形同虚设。

二、比例原则

（一）比例原则的内涵

攻击的目标不仅必须是合法的攻击目标，而且攻击本身必须符合

---

① Nils Melzer, "Interpretive Guidance on the Notion of Direct Participation in Hostilities", ICRC, 2009, p. 46.

② Nils Melzer, "Interpretive Guidance on the Notion of Direct Participation in Hostilities", ICRC, 2009, p. 45.

③ Yves Sandoz, Christophe Swinarski and Bruno Zimmermann eds., "Commentary on the Additional Protocols of 8 June 1977 to the Geneva Conventions of 12 August 1949", Martinus Nijhoff Publishers, 1987, p. 618, para. 1942.

④ 参见1949年《日内瓦第三公约》第4A条第2款规定。

比例原则。比例原则禁止可能造成与预期的具体和直接的军事利益相比过分的损害。如1977年《第一附加议定书》第51条第5款2项规定，不分皂白的攻击应包括：

> 可能附带使平民生命受损失、平民受伤害、民用物体受损害或三种情形均有而且与预期的具体和直接军事利益相比损害过分的攻击。

此外，1977年《第一附加议定书》的其他条款也有类似的规定，如1977年《第一附加议定书》第57条第2款第1项关于预防措施的规定。1977年《第一附加议定书》第57条第2款第2项要求，如果目标明显不是军事目标，或受特殊保护，或攻击可能会产生不相称的后果，则应取消或暂停攻击。值得一提的是，这些条款都规定了预期的具体和直接的军事利益，但如何理解这一规定争议较大。根据1977年《第一附加议定书》相关评注，具体和直接的军事利益这一措辞旨在说明军事利益须是重大且密切的，那些难以发现或需经较长时间才能显现出来的军事利益应当忽略不计。[1] 美国不是1977年《第一附加议定书》的缔约国，但《美国战争法手册》同样规定了比例原则。军事优势不是假设或推测的，也不是"即时的"或"瞬间的"。[2] 在未来某个时间获得的预期优势不是衡量平民损失的考量因素。[3] 因此，比例原则并不要求在作出攻击决定时完全了解攻击带来的长期利益和后果。

---

[1] Yves Sandoz, Christophe Swinarski and Bruno Zimmermann eds., "Commentary on the Additional Protocols of 8 June 1977 to the Geneva Conventions of 12 August 1949", Martinus Nijhoff Publishers, 1987, para. 2209.

[2] U. S. Department of Defence, "Office of General Counsel, Law of War Manual", June 2015, updated July 2023, § 5.12.2.

[3] Michael Bothe, Karl Joseph Partsch and Waldemar Solf eds., "New Rules for Victims of Armed Conflicts: Commentary on the Two 1977 Protocols Additional to the Geneva Conventions of 1949", Brill Nijhoff, 2nd edn., 2013, p. 407.

比例原则是习惯国际法规范，适用于国际性武装冲突和非国际性武装冲突。① 不过，比例原则仅用于保护平民和民用物体，与战斗员等军事目标受损的情况无关。② 同样，比例原则适用于可能会带来平民生命损失、伤害和对民用物体的损害的攻击，但不会扩大到禁止对平民生活造成干扰或不便的攻击。③ 例如，在武装冲突期间，粮食可能会不可避免地短缺，公共交通可能无法准时运行，宵禁和停电可能会降低生活质量等。这些一般不会成为比例原则的考量因素。另外，比例原则不要求在军事优势和附带损害之间进行绝对公平的平衡。当附带损害相对于"预期的具体和直接军事利益相比损害过分的攻击"属于"过分的"时，攻击才可能违反比例原则。④ 如果攻击不能遵守比例原则，而不可避免地造成过分的附带损害的性质，那么此类攻击将自动属于1977年《第一附加议定书》第57条第2款第1项第2目所禁止的范畴。如果目标明显不是军事目标或受到特殊保护或攻击可能会产生不成比例的后果，则应当取消或暂停攻击。⑤

（二）自主武器系统对比例原则的挑战

比例原则对作战手段和作战方法的评估取决于具体情况。这一原则的测试需要一组比较因素来事前评估对军事目标的攻击是否会造成过度的附带损害，即在攻击发生时，必须确定并比较：预期的附带损害，以及预期的具体和直接的军事优势。⑥ 这些变量之间是高度相关

---

① Jean-Marie Henckaerts and Louise Doswald-Beck, "Customary International Humanitarian Law", Cambridge University Press, Vol. II, 2005, Rule 14.

② Yoram Dinstein, "The Conduct of Hostilities under the Law of International Armed Conflict", Cambridge University Press, 4th edn., 2022, p. 178.

③ Yoram Dinstein, "The Conduct of Hostilities under the Law of International Armed Conflict", Cambridge University Press, 4th edn., 2022, p. 172.

④ 参见1977年《第一附加议定书》第57条第二款第一项第3目规定。

⑤ 参见1977年《第一附加议定书》第57条第二款第二项规定。

⑥ Yves Sandoz, Christophe Swinarski and Bruno Zimmermann eds., "Commentary on the Additional Protocols of 8 June 1977 to the Geneva Conventions of 12 August 1949", Martinus Nijhoff Publishers, 1987, p. 685, para. 2217.

的，而且目标周围存在平民可能会使比例原则评估的参数实时发生变化。① 所以，比例原则的评估需要进行复杂的个案分析。目前，美国②、欧盟③等采用附带损害评估方法。此种方法依据科学数据、客观标准和结构化工作流程模型来达成附带损害的评估；传统方法是根据军事指挥官个人的常识、经验判断，有时会过于主观。附带损害评估方法使用经验数据、概率、历史观察和复杂建模的混合来进行附带损害评估分析。④ 作为一门科学，附带损害评估方法能够为指挥官和决策者提供一个保守的附带损害风险的描述，但称不上一种完全精确的科学方法。⑤ 附带损害评估方法能够为人类指挥官提供参考，但此方法发挥的作用是有限的。

在操作层面，比例原则可以按照三个步骤实施：第一，攻击前判断对平民的伤害或对民用物体的损害；第二，攻击前判断"预期的"军事利益；第三，在攻击前评估预期造成平民生命损失或民用物体损坏是否属于"过分的"。⑥ 这里需要强调的是，所有这些因素都不是指攻击的实际效果，而是在攻击前完成评估。⑦ 比例原则的评估通常发

---

① Nils Melzer, "Interpretive Guidance on the Notion of Direct Participation in Hostilities", ICRC, 2009, p. 57.

② U. S. Department of Defence, "Joint Chiefs of Staff Instruction: No-Strike and the Collateral Damage Estimation Methodology", CJCSI 3160.01A, Oct. 12, 2012.

③ European Union Military Committee, "Avoiding and Minimizing Collateral Damage in EU-led Military Operations Concept", EEAS (2015) 772 REV 8, Feb. 3, 2016.

④ U. S. Department of Defence, "Joint Chiefs of Staff Instruction: No-Strike and the Collateral Damage Estimation Methodology", CJCSI 3160.01A, Oct. 12, 2012, D-1.

⑤ U. S. Department of Defence, "Joint Chiefs of Staff Instruction: No-Strike and the Collateral Damage Estimation Methodology", CJCSI 3160.01A, Oct. 12, 2012, D-2.

⑥ Daniele Amoroso, "Autonomous Weapons Systems and International Law: A Study on Human-Machine Interactions in Ethically and Legally Sensitive Domains", Napoli: Edizioni Scientifiche Italiane, 2020, p. 78.

⑦ Yoram Dinstein, "The Conduct of Hostilities under the Law of International Armed Conflict", Cambridge University Press, 4th edn., 2022, p. 181, para. 532.

生在具体的、动态的背景下。许多学者主张自主武器系统不符合比例原则的要求，几乎都建立在自主武器系统是"愚蠢的"这一假设之上。[1] 因为当前人工智能技术发展处于第三次浪潮中，很多技术不是特别完善。可以说，目前所使用的人工智能大多都属于专用人工智能[2]，此类技术缺乏举一反三的能力，不能将在一项任务中学习的技能转移到另一项任务。虽然，专用的或狭义的人工智能技术可应用于数据分析、自主控制、物体分类和识别等多种领域，但这些"代理"的智力仍然局限于某一个单一的知识领域。[3] 换言之，这些技术仅可以在其狭窄的领域中实现人类级别或者超人类级别的性能。虽然，下棋程序通过算法胜过人类，但这种程序不能玩跳棋、围棋或其他类似的策略游戏。这种限制源于人工智能的"灾难性遗忘"问题。[4] 当人工智能学习一项新知识时，它们通常会"忘记"执行的旧任务。虽然人工智能研究人员正在研究这些问题，但到目前为止，这种限制仍

---

[1] For instance, Eliav Lieblich and Eyal Benvenisti, "The Obligation to Exercise Discretion in Warfare: Why Autonomous Weapons Systems Are Unlawful", in N. Bhuta et al. eds., "Autonomous Weapons Systems: Law, Ethics, Policy", Cambridge University Press, 2016, pp. 245 – 283.

[2] 专用人工智能与通用人工智能相对，专用人工智能只能完成一个较为狭义的目标组（如下棋或开车）；通用人工智能可以获取多个领域知识，在所有活动或知识领域中等同于或超过人类。通用人工智能仍是人工智能研究人员努力实现的目标。UNIDIR, "The Weaponization of Increasingly Autonomous Technologies: Artificial Intelligence", Mar. 28, 2018, pp. 5 – 6；[美] M. 泰格马克，陈以礼译：《生命3.0》，浙江教育出版社2018年版，第50—51页。

[3] 例如，"Alpha Zero"使用单一的通用算法来学习国际象棋、围棋和将棋，但必须为每场比赛训练不同版本的"Alpha Zero"。David Silver et al., "A General Reinforcement Learning Algorithm that Masters Chess, Shogi, and Go through Self – Play", Science, Vol. 362, No. 6419, 2018, pp. 1140 – 1144.

[4] Ronald Kemker et al., "Measuring Catastrophic Forgetting in Neural Networks", Nov. 9, 2017, https://arxiv.org/pdf/1708.02072.pdf; Xin Yao et al. "Adversarial Feature Alignment: Avoid Catastrophic Forgetting in Incremental Task Lifelong Learning", Neural Computation, Vol. 31, No. 11, 2019, pp. 2266 – 2291.

未被突破。① 这说明，目前专用人工智能技术其实无法处理现代战场的复杂性。② 此类技术因素会导致依托于人工智能技术的自主武器系统面临着同样的问题，这无疑会给比例原则的履行带来挑战。

按照实施比例原则的三个操作步骤，自主武器系统同样面临三个层面的问题：首先，估算预期的附带损害。评估预期的附带损害时，需要赋予各个可能受到攻击的平民和物体以不同权重，以便与预期的军事优势进行比较。③ 在本章曾提到，一般认为人的生命价值比财产损害要高，但这并不是绝对的。在预估攻击物体所产生的附带损害时，应当考虑攻击可能产生的负面影响。④ 例如，破坏电力系统和网络会使水、污水和排水系统瘫痪，这同样会损害平民的生存权。⑤ 自主武器系统可以利用人工智能技术使目标识别和选择时更加准确，从而减少对平民的伤害。⑥ 然而，即使自主武器系统能够对计划行动过程中

---

① Melvin Johnson et al., "Google's Multilingual Neural Machine Translation System: Enabling Zero – Shot Translation", Aug. 21, 2017, https://arxiv.org/pdf/1611.04558.pdf; Lasse Espeholt et al., "IMPALA: Scalable Distributed Deep – RL with Importance Weighted Actor – Learner Architectures", Feb. 9, 2018, https://arxiv.org/pdf/1802.01561.pdf.

② Human Rights Watch, "Losing Humanity: The Case Against Killer Robots", 2012, p. 30.

③ Yoram Dinstein, "The Conduct of Hostilities under the Law of International Armed Conflict", Cambridge University Press, 4th edn., 2022, pp. 184 – 185; See also Daniele Amoroso, "Autonomous Weapons Systems and International Law: A Study on Human – Machine Interactions in Ethically and Legally Sensitive Domains", Napoli: Edizioni Scientifiche Italiane, 2020, p. 79.

④ Amichai Cohen and David Zlotogorski, "Proportionality in International Humanitarian Law: Consequences, Precautions, and Procedures", Oxford University Press, 2021, p. 83.

⑤ Judith Gardam, "Necessity, Proportionality, and the Use of Force by States", Cambridge University Press, 2004, p. 119.

⑥ Peter Margulies, "The Other Side of Autonomous Weapons: Using Artificial Intelligence to Enhance IHL Compliance", in Eric Jensen ed., "The Impact Of Emerging Technologies on the Law of Armed Conflict", Oxford University Press, 2019, p. 148.

预期的人员伤亡作出相对可靠的数学计算,仍难以对攻击行为可能产生的负面效果作出评估。这不是完全源于机器设计上的不足,因为这种评估依赖于一定的主观因素。算法总是依据简单的输入和输出进行评估。计算机科学家关注的是决策的结果而非决策的过程。[1] 预期的、正确的结果依赖于每一个精确的标签,自主武器系统的程序设计者将不得不在自主武器系统作出决策的各个阶段介入它们的主观判断,并设置相应的参数。目前而言,这其实是难以完成的。为了符合比例原则,当自主武器系统作出的附带损害评估高于程序设计者输入的参数时,应当中止攻击,向人类操作员或指挥官寻求进一步的指示[2],这一系列的过程将会非常烦琐,使用自主武器系统的优势也将荡然无存。

其次,军事优势的计算。比例原则要求军事优势是"具体和直接的",这需要依据具体情况进行判定。对预期军事优势的评估不应基于攻击的某一部分——投掷特定炸弹或攻击特定建筑物——而应考虑整个攻击。[3] 军事优势的计算不仅需要了解目标的军事价值,还需要评估损害所带来的优势。[4] 然而,自主武器系统很可能会延长攻击目标所用的时间。例如,以色列的"哈佩"自杀式无人机,游荡可达9个小时;在"哈佩"自杀式无人机工作期间,攻击所产生军事优势和

---

[1] SureshVenkatasubramanian, "Structural Disconnects between Algorithmic Decision-Making and the Law", Humanitarian Law and Policy (Blog of the ICRC), Apr. 25, 2019, https://blogs.icrc.org/law-and-policy/2019/04/25/structural-disconnects-algorithmic-decision-making-law/.

[2] Jeffrey S. Thurnher, "Means and Methods of the Future: Autonomous Systems", in Paul AL. Ducheine, Michael N. Schmitt and Frans PB. Osinga eds., "Targeting: The Challenges of Modern Warfare", TMC Asser Press, 2016, p. 193.

[3] Amichai Cohen and David Zlotogorski, "Proportionality in International Humanitarian Law: Consequences, Precautions, and Procedures", Oxford University Press, 2021, p. 66.

[4] Christopher M. Ford, "Autonomous Weapons and International Law", South Carolina Law Review, Vol. 69, No. 2, 2017, p. 445.

附带损害会随之发生变化。① 所以，这将要求自主武器系统不断地对这些发展变化情况进行更新，并且及时响应军事优势所带来的变化。除此之外，对军事优势的评估需要在特定时间范围内对攻击目标的背景进行全面的分析。② 在明确界定的区域和有限的时间内，自主武器系统或许能够做到。但如果自主武器系统开展作战任务的区域，包含友军、中立国的军队、平民和民用物体等，自主武器系统能否全面地评估这些因素将面临质疑。③ 在这种情况下，自主武器系统需要借助人类操作员和指挥官，计算攻击目标所产生的预期的军事优势。因此，自主武器系统更为适合应用于简单的作战环境中，比如远离平民聚集的地方，一般不需要进行复杂的判断，自主武器系统能够对预期的军事优势作出较为准确的评估。

最后，评估损害是否是"过分的"。自主武器系统可以在没有任何人为干预的情况下运行。在作战中，自主武器系统不需要任何输入，就可以通过探测来识别、确认目标。因而，在人类操作员和指挥官决定激活自主武器系统之前，应当对自主武器系统的可能攻击的目标范围进行评估，即确认自主武器系统发起的攻击不会造成过分的附带损害。评估攻击所产生的预期的附带损害和军事优势相比是否是"过分的"，一般而言，这一过程需要由理智的军事指挥官进行判定。④ 例如，在"加利奇"案中，前南刑庭预审第一分庭就指出，"在确定攻击是否符合比例原则时，需要审查实际肇事者作为一个消息灵通的人，

---

① Daniele Amoroso, "Autonomous Weapons Systems and International Law: A Study on Human–Machine Interactions in Ethically and Legally Sensitive Domains", Napoli: Edizioni Scientifiche Italiane, 2020, p. 92.

② Jeroen Van Den Boogaard, "Proportionality and Autonomous Weapons Systems", Journal of International Humanitarian Legal Studies, Vol. 6, 2015, p. 265.

③ Jeroen Van Den Boogaard, "Proportionality and Autonomous Weapons Systems", Journal of International Humanitarian Legal Studies, Vol. 6, 2015, p. 266.

④ ICTY, "Final Report to the Prosecutor by the Committee Established to Review the NATO Bombing Campaign Against the Federal Republic of Yugoslavia", 2000, para. 50.

是否能够合理地使用其所掌握的信息，预估到此次攻击是否会造成过多的平民伤亡"①。值得强调的是，在实际的作战当中，自主武器系统取代了指挥官的职能。确定预期的军事优势和附带损害，包含许多主观方面的价值判断，这对有经验的人来讲是极为困难的，更不用说自主武器系统了。② 在"普尔利奇"案中，前南刑庭预审分庭指出，莫斯塔尔老桥对于波黑特派团前线部队的战斗活动、疏散、运送部队、食品和物资至关重要，但"老桥的毁坏同时使奈雷特瓦河右岸穆斯林飞地的居民几乎完全被孤立，无法获得食品和医疗用品，导致居住在那里的居民的人道主义状况严重恶化……因为除了老桥之外，该地的居民几乎没有其他的通行路线"③。克罗地亚国防武装部队摧毁旧桥可能出于军事需要，但对平民造成的实际影响是无可争议的，而且是巨大的。在此案中，法庭判决认为波黑特派团前线部队所采取的军事行动的"具体和直接的"军事优势与对莫斯塔尔穆斯林平民的影响相比，不成比例。④ 列举此案例想要说明的是，在实际情况中，军事优势和附带损害的评估和判定可能要复杂许多。相较而言，只有对于情势作出全面的评估，才能推断出追求的军事优势是否足够重要，以及预期的附带损害是否是合理的。自主武器系统完全以数学计算的方式产生的评估结果并不可靠。虽然，自主武器系统具

---

① ICTY, Prosecutor v. Galić, Case No. IT-98-29-T, Trial Chamber I, Judgment, Dec. 5, 2003, para. 58.

② See Michael N. Schmitt and Jeffrey S. Thurnher, "'Out of the Loop': Autonomous Weapon Systems and the Law of Armed Conflict", Harvard National Security Journal, Vol. 4, 2013, p. 257; Jeffrey S. Thurnher, "Means and Methods of the Future: Autonomous Systems", in Paul AL. Ducheine, Michael N. Schmitt and Frans PB. Osinga eds., "Targeting: The Challenges of Modern Warfare", TMC Asser Press, 2016, pp. 189, 193.

③ ICTY, Prosecutor v. Prlić and others, Case No. IT-04-74-T, Trial Chamber III, Judgement, May 29, 2013, Vol. 3 of 6, paras. 1582-1583.

④ ICTY, Prosecutor v. Prlić and others, Case No. IT-04-74-T, Trial Chamber III, Judgement, May 29, 2013, Vol. 3 of 6, para. 1584.

有识别目标的优势,但是如何平衡比例原则和确定军事优势仍需要依据人的经验和常识进行合理的判断。尤其是考虑到可能受到附带损害影响的平民和民用物体以及军民两用物体,交由人类指挥官和操作员进行评估是更为合适的。当涉及主观判断时,自主武器系统不应当是完全自主的。在设定目标参数和附带损害阈值时,应当由人类操作员和指挥官提供标准,以确保人类对自主武器系统进行有效的控制。人类操作员和指挥官始终有责任限制自主武器系统潜在的目标选择和攻击所造成的预期的附带损害,以便自主武器系统能够从一系列选项中准确识别正确的目标,并且作出符合比例原则要求的决策。

三、预防措施原则

(一)预防措施原则的法律基础

预防措施原则首次被正式提出是在 1957 年红十字国际委员会提交的《限制战时平民居民所受危害的规则草案》中。① 其中,该《草案》第 9 条第 1 款规定,"在选择使用的武器和方法以及进行攻击时,应采取一切可能的预防措施,确保不对目标附近的平民群体或其住所造成损失或损害,或至少将这种损失或损害减少到最低限度"。但各国并没有直接通过或发展这些规则。② 在 1974 年至 1977 年关于 1949 年"日内瓦四公约"附加议定书的谈判过程中,预防措施原则被顺利采纳。在内容上,1956 年《限制战时平民居民所受危害的规则草案》对 1977 年《第一附加议定书》关于预防措施规则的影响是显而易见的。1977 年《第一附加议定书》第 4 部第 1 编第 4 章标题为"预防措施",一共包含两个条款,分别是第 57 条处理攻击方的预防措施,以

---

① ICRC, "Draft Rules for the Limitation of the Dangers incurred by the Civilian Population in Time of War", 1956, Articles 8 and 9.

② ICRC, "Final Record Concerning the Draft Rules for the Military of the Dangers Incurred by the Civilian Population in Time of War", Apr., 1958, pp. 17 – 19, 32 – 33.

及第 58 条处理防御方攻击影响的预防措施。

首先,"攻击时的预防措施"是武装冲突法中的一个重要概念。攻击方在进行军事行动时,应时常注意不损害平民居民、平民和民用物体。① "时常注意"说明此项义务并不暂时限于决定或发起攻击的时刻,而是贯穿攻击的全过程。② 预防措施原则要求攻击者核实他们的目标,确保只发动符合比例原则的攻击,在选择作战手段和方法时减少潜在的附带损害,并在可能的情况下,在攻击前发出警告。比如,1977 年《第一附加议定书》第 57 条第 2 款第 1 项规定,在攻击时,计划或决定攻击的人应采取下列预防措施:

第一,尽可能查明将予攻击的目标既非平民也非民用物体,而且不受特殊保护,而是第 52 条的意义内的军事目标,并查明对该目标的攻击不是本议定书的规定所禁止的;

第二,在选择攻击手段和方法时,采取一切可能的预防措施,以期避免,并无论如何,减少平民生命附带受损失、平民受伤害和民用物体受损害;

第三,不决定发动任何可能附带使平民生命受损失、平民受伤害、民用物体受损害或三种情形均有而且与预期的具体和直接军事利益相比损害过分的攻击。

整体而言,该项规定的义务几乎都是预防性义务。第 57 条第 2 款第 1 项第 1 目明确指出,缔约国应当尽可能在攻击之前收集和查明信息,以确认目标作为军事目标的身份和特征。对于"尽可能"应当本

---

① 参见 1977 年《第一附加议定书》第 57 条第 1 款规定。
② Eliav Lieblich and Eyal Benvenisti, "The Obligation to Exercise Discretion in Warfare: Why Autonomous Weapons Systems Are Unlawful", in N. Bhuta et al. eds., "Autonomous Weapons Systems: Law, Ethics, Policy", Cambridge University Press, 2016, p. 271.

着常识和善意进行解释。① 发动进攻的一方应当及时采取必要的识别措施，尽可能不伤害民众。第 57 条第 2 款第 1 项第 2 目也提及应当事先考虑和选择防止一切可避免的平民伤害的武器和作战方法。第 57 条第 2 款第 3 项同样是预防性的，要求攻击者在情况允许时警告平民即将发生的攻击。另外，第 57 条第 2 款第 2 项要求取消或中止不符合要求的攻击，这些攻击形式具体包括：第一，目标不是军事目标；第二，目标是受特殊保护的；第三，攻击可能造成与预期的具体和直接军事利益相比为过分的附带损害；第四，以上三种情形均具备。

1977 年《第一附加议定书》第 57 条第 3 款的规定也具有实践价值，该款规定：

> 为了取得同样的军事利益有可能在几个军事目标之间进行选择时，选定的目标应是预计对平民生命和民用物体造成危险最小的目标。

1977 年《第一附加议定书》第 57 条第 3 款要求在类似的军事目标中，选择可能对平民造成最少附带损害的目标。选择造成最少平民伤害的目标，这也反映了一种更加切实的预防措施。② 该款没有明确提到在采取预防措施以避免对平民生命的威胁或对民用物体的损害方面是否要遵守任何优先顺序。不过，出于人道主义考虑，避免对平民生命的危险应优先于财产的危险。③ 值得强调的是，该款与第 57 条第

---

① Yves Sandoz, Christophe Swinarski and Bruno Zimmermann eds., "Commentary on the Additional Protocols of 8 June 1977 to the Geneva Conventions of 12 August 1949", Martinus Nijhoff Publishers, 1987, para. 2198.

② S. Watts, "Law-of-War Precautions: A Cautionary Note", in Eric Jensen ed., "The Impact Of Emerging Technologies on the Law of Armed Conflict", Oxford University Press, 2019, p. 118.

③ M. Bothe, Karl J. Partsch and W. Solf eds., "New Rules for Victims of Armed Conflicts: Commentary on the Two 1977 Protocols Additional to the Geneva Conventions of 1949", Brill Nijhoff, 2nd edn., 2013, p. 411.

2款的法律地位相类似,被确立为适用于国际性与非国际性武装冲突的习惯国际法规范。①

其次,1977年《第一附加议定书》第58条规定了防止攻击影响所应采取预防措施,该款要求冲突各方应在最大可能范围内缔约方尽一切可能从军事目标附近疏散平民,除非可以通过适当的掩蔽所等其他手段保证平民的相对安全。②除了因平民安全或者迫切的军事必要,才能将占领地区的平民疏散到其他地方;并且不得致使被保护人在占领地境外流离失所,除非因物质原因不能避免。③被占领土内的必要疏散不应超过冲突所需要的时间,一旦战事停止,应当将被撤退居民和平民移送回家。冲突各方尽可能避免将军事目标置于人口稠密区内或附近。④并且,冲突各方应当采取其他可行和必要的预防措施,保护平民和民用物体免受军事行动造成的危险。⑤这其实与1949年《日内瓦第四公约》第18条第5款关于民用医院的规定相近。

概言之,1977年《第一附加议定书》第57条所规定预防措施主要有四个程序性事项:一是查明目标;二是减少附带损害;三是符合比例原则;四是警告。第58条是对第57条的补充,二者相互依存,后者则以更具强制性的条款规定了攻击方的义务。⑥冲突各方在各自的能力范围内,都有义务尽可能地避免或尽量减少对平民生命损失或平民财产造成的消极影响。

---

① See J Jean‐Marie Henckaerts and Louise Doswald‐Beck,"Customary International Humanitarian Law", Cambridge University Press, Vol. II, 2005, Rule 21, pp. 65 – 67.
② 参见1977年《第一附加议定书》第58条第1款规定。
③ 参见1949年《日内瓦第四公约》第49条第2款规定。
④ 参见1977年《第一附加议定书》第58条第2款规定。
⑤ 参见1977年《第一附加议定书》第58条第3款规定。
⑥ M. Bothe, Karl J. Partsch and W. Solf eds.,"New Rules for Victims of Armed Conflicts: Commentary on the Two 1977 Protocols Additional to the Geneva Conventions of 1949", Brill Nijhoff, 2nd edn., 2013, p. 413.

（二）自主武器系统对预防措施原则的挑战

对于缔约国而言，应当"时常注意"不伤害平民和民用物体。需要注意的是，预防措施原则所施加的积极义务是针对1977年《第一附加议定书》缔约国，也包括"计划或决定攻击的人"①。具体而言，这些人员限于策划和决定攻击的各级指挥官和参谋人员。在涉及大量联合兵种部队的武装冲突中，这些职能通常由更高层次的指挥官来执行。② 不过，在抵抗运动或者规模较小的部队独立作战时，适用于正在履行指挥职能的任何级别的作战人员。依据1977年《第一附加议定书》第57条规定，预防义务的承担者包括计划或决定在战场上部署和使用自主武器系统的指挥官和参谋人员。也就是说，部署和使用自主武器系统进行攻击的相关人员应当采取任何可行的预防措施，降低对平民和其他受保护人员和物体造成伤害的风险。自主武器系统可以像人类战斗员和指挥官一样承担作战和决策职能，当自主武器系统承担此类职能时，也应当满足预防措施原则的要求。然而，如何设计自主武器系统，尤其是当自主武器系统自主运行时应当如何保证其符合预防措施原则的要求，将是技术和法律都需要突破的关键。

以1977年《第一附加议定书》第57条规定的攻击中的预防义务为例：

首先，关于查明目标，自主武器系统更为擅长完成此类任务。查明目标具体可分为两个实质性部分：一是在规划阶段检查目标是否合法；二是在执行阶段检查目标是否仍然合法。这两个部分在自主武器系统设计和运作时都应当得到满足。其一，规划阶段是以人类为中心的阶段，由军事人员设定政策目标和向机器提供信息、武器和能源；

---

① 参见1977年《第一附加议定书》第57条第二款第一项规定。

② M. Bothe, Karl J. Partsch and W. Solf eds., "New Rules for Victims of Armed Conflicts: Commentary on the Two 1977 Protocols Additional to the Geneva Conventions of 1949", Brill Nijhoff, 2nd edn., 2013, p. 405.

其二，当自主武器系统投放到战场后，并且处于自主模式时，将进入以机器为中心的执行阶段。① 在以人类为中心的阶段，仍是由人作出决策，确定目标参数以及决定优先的事项。在以机器为中心的阶段，自主武器系统将自主搜索目标，并继续规划、确定攻击哪些目标、何时、如何以及攻击顺序等。因此，重点是以机器为中心的规划和执行阶段是否能够满足查明目标的要求。根据军事实践，查明和验证必须基于足够新和可靠的信息。② 计算机已经非常擅长做这种任务——在短时间内获取大量信息是它们的专长。③ 毫无疑问，自主武器系统能够以更快的速度处理更为庞杂的信息，在查明验证目标阶段具有超越人类决策速度的潜能。应当指出的是，在执行阶段，当自主武器系统完全以"机器为中心"进行运作时，检查目标是否仍然合法的问题将由自主武器系统独立完成。国际人道法对于如何区分受保护人员提供的是一个相对模糊的参照标准。在复杂且不断变化的战斗环境中，感知或解释战斗员和平民之间的区别，对于自主武器系统是相对困难的。④ 虽然，相较于伦理规范，法律规则是相对明晰和一致的。然而，将法律规则与算法设计联系起来，指导自主武器系统的设计制作过程，目前仍是停留在理想的假设当中。自主武器系统在不能完全遵守区分原则的条件下，核查和确认目标也将面临现实层面的技术挑战。

---

① E. Winter, "The Compatibility of the Use of Autonomous Weapons with the Principle of Precaution in the Law of Armed Conflict", Military Law and the Law of War Review, Vol. 58, No. 2, 2020, p. 249.

② Program on Humanitarian Policy and Conflict Research at Harvard University, "HPCR Manual on International Law Applicable to Air and Missile Warfare", Cambridge University Press, 2013, p. 144.

③ E. Winter, "The Compatibility of the Use of Autonomous Weapons with the Principle of Precaution in the Law of Armed Conflict", Military Law and the Law of War Review, Vol. 58, No. 2, 2020, p. 251.

④ Human Rights Watch, "Losing Humanity: The Case Against Killer Robots", 2012, p. 30.

其次，应当具备减少附带损害的能力。根据1977年《第一附加议定书》第57条第2款第1项第2目的规定，计划或决定攻击的人应当在选择攻击的作战手段和方法时采取一切可行的预防措施，尽量减少附带损害。这里首先要对指挥阶层的功能加以区分。战争一般被分为三个层级，即战略、作战和战术。① 战略层面主要是制定符合一国或多国的国家利益的计划和目标。作战层面的重点是指挥官和参谋人员运用他们的技能、知识和经验规划和执行实现国家占领目标的战略。② 战术层面涉及在战场上使用相互关联的力量、有序地安排和执行行动，以实现军事目标。③ 这三个层面模拟了国家目标和战术行动之间的关系，有助于指挥官可视化操作的逻辑安排、分配资源，并且适当地分配任务。不过，它们之间没有固定的限制或界限。④ 相较而言，只有在战术层面涉及使用武器和编排武装部队。因而，对于履行减少附带损害的义务而言，在战术层面应当包括两个层面的预防义务：一方面是减少武器或作战手段所产生的附带损害，另一方面是减少作战方法所产生的附带损害。在选择作战手段方面，自主武器系统理论上可以自主装备战场上可能需要的任何武器。这需要对自主武器系统进行预先编程，使它们能够决定在特定情况下选择使用哪种武器，同时最大限度地减少附带损害。⑤ 作战方法也是一种战术选择，例如攻击的时

---

① For instance, U.S. Department of Defence, "Joint Publication 3 – 0, Joint Operations", Jan. 17, 2017, Incorporating Change 1, Oct. 22, 2018, I – 12.

② U.S. Department of Defence, "Joint Publication 3 – 0, Joint Operations", Jan. 17, 2017, Incorporating Change 1, Oct. 22, 2018, I – 13.

③ U.S. Department of Defence, "Joint Publication 3 – 0, Joint Operations", Jan. 17, 2017, Incorporating Change 1, Oct. 22, 2018, I – 14.

④ U.S. Department of Defence, "Joint Publication 3 – 0, Joint Operations", Jan. 17, 2017, Incorporating Change 1, Oct. 22, 2018, I – 12.

⑤ Jeffrey S. Thurnher, "Feasible Precautions in Attack and Autonomous Weapons", in W. Heintschel von Heinegg et al. eds., "Dehumanization of Warfare: Legal Implications of New Weapon Technologies", Springer, 2018, pp. 113 – 114.

机、角度等。① 正如 2009 年《空战和导弹战国际法手册》所举的例子，攻击的角度是决定炸弹可能落在哪里的因素之一，为了保护位于例如目标西面的建筑物，从北面或南面进攻可能是明智的。在选择攻击的时机方面，也可以调整攻击的时间，在平民不太可能出现在某个特定区域部署和使用自主武器系统。比如，可以给自主武器系统设定不攻击敌方的指令，直到敌人移动到一个孤立的或人口较少的地区②，或者等到敌军离开平民居住区后再发起攻击。③ 调整攻击的时机可以降低附带损害。自主武器系统能够携带和运用更多的种类的武器，也有学者认为冲突方可以利用这一优势更好地履行预防措施原则。④ 然而，在前期的设计中如何编程，使得自主武器系统能够满足预防措施原则的要求将极具挑战性。未来各国可能会不断通过机器学习、机器模拟训练等技术完善自主武器系统的不足。如前所述，当前的自主武器系统技术上仍不完备，自主武器系统缺乏人类指挥官和参谋人员那样运用常识和经验进行推理判断的能力。虽然自主武器系统具有较高的计算能力，但由于缺乏足够的常识、经验和推理能力，在确定使用何种类型的武器以及发起攻击的时机时，恐难以真正作出能够减少附带损害的决策。

再次，自主武器系统能否满足预防措施中的比例原则要求也是

---

① Program on Humanitarian Policy and Conflict Research at Harvard University, "HPCR Manual on International Law Applicable to Air and Missile Warfare", Cambridge University Press, Cambridge 2013, p. 145.

② Jeffrey S. Thurnher, "Feasible Precautions in Attack and Autonomous Weapons", in W. Heintschel von Heinegg et al. eds., "The Dehumanization of Warfare: Legal Implications of New Weapons Technologies", Springer, 2018, p. 113.

③ U. S. Department of Defence, "Law of War Manual", Jun., 2015, updated Jul., 2023, § 5.11.3.

④ P. Margulies, "The Other Side of Autonomous Weapons: Using Artificial Intelligence to Enhance IHL Compliance", in E. Jensen ed., "The Impact of Emerging Technologies on the Law of Armed Conflict", Oxford University Press, 2019, pp. 147–173.

第三章
武装冲突中使用自主武器系统的影响及挑战

自主武器系统面临的挑战之一。如本章的分析所述，美国、欧盟等国可以将附带损害评估方法编入到自主武器系统当中，但应当注意到附带损害评估方法并不是一门精确的科学。事实上，关于附带损害评估在攻击中的执行阶段体现得更为明显，并且与预防措施原则联系紧密。将此方法编入自主武器系统当中是可行的，但比例原则的评估并不完全由附带损害评估方法决定。附带损害评估方法只是作为与决策相关的工具，最终用于确定造成附带损害的攻击必须包含相应的授权指挥级别。① 这种科学方法可以构建和简化人类决策的过程，但不能完全用计算机系统取代人类指挥官作出决策。因此，机械地运用附带损害评估方法，并不能使得自主武器系统作出完全符合比例原则的决策。

最后，自主武器系统可以配备事先警告的功能，但如何合理地作出通知的决策，并有效地通知平民也是一项挑战。1977年《第一附加议定书》并没有明确进行通知的形式。在二战期间，如果目标位于被占领土，那么可以通过广播或小册子发出警告；也有飞机在目标上空飞得很低的情况，给了平民迁徙和离开的时间。这种警告在很大程度上取决于谁拥有制空权。② 在现代，向平民发出警告的方式可能取决于现有的设备和影响其可行性的其他因素，而且有必要考虑影响警告有效性的因素。③ 比如，在袭击前只针对一部分平民发出预警可能比通知全体平民更有效。战争不能使用诈术欺骗平民，会使警告失去应

---

① Michael N. Schmitt, "Autonomous Weapon Systems and International Humanitarian Law: A Reply to the Critic", Harvard National Security Journal Features, Feb. 5, 2013, p.19.

② Yves Sandoz, Christophe Swinarski and Bruno Zimmermann eds., "Commentary on the Additional Protocols of 8 June 1977 to the Geneva Conventions of 12 August 1949", Martinus Nijhoff Publishers, 1987, para. 2224.

③ Program on Humanitarian Policy and Conflict Research at Harvard University, "HPCR Manual on International Law Applicable to Air and Missile Warfare", Cambridge University Press, Cambridge 2013, p.154.

有的效能。① 需要指出的是，事先警告义务并非绝对的，也存在例外。如果为情况所不许可，可以不作警告。对于"为情况所不许可"的判断，并没有统一的标准。美国国防部认为不允许发出事先警告的情况包括发出警告不符合合理的军事要求，如为了完成任务和保护攻击部队的安全而利用突袭因素。② 其实，当发出警告时，对攻击者而言，也存在被暴露的风险。不过，自主武器系统不像人类那样具有自保意识。如果自主武器系统被设计为发现存在附带损害的可能，就暂停或取消攻击，那么可以避免违反预防措施义务。③ 但是，如果某一武装团体必须依靠自主武器系统，例如"无人蜂群"技术，那么作为攻击方发出警告将面临很大的经济损失以及安全风险。因此，期待自主武器系统完全被设计为发现附带损害就暂停或取消攻击是不现实的，这仍由各缔约国决定如何符合其军事目标的情况下使得自主武器系统发出有效的事先警告。

第三节　小结

在无须人类干预的情况下，自主武器系统可以识别、选择和攻击目标，这将改变未来战争模式。从国际人道法出发，首要的问题是自主武器系统可能会对武装冲突的定性产生影响。基于国际性武装冲突和国际性武装冲突的经典分类，自主武器系统潜移默化地影响着二者

---

① Yves Sandoz, Christophe Swinarski and Bruno Zimmermann eds., "Commentary on the Additional Protocols of 8 June 1977 to the Geneva Conventions of 12 August 1949", Martinus Nijhoff Publishers, 1987, para. 2225.

② U. S. Department of Defence, "Law of War Manual", June, 2015, updated July, 2023, § 5.11.5.4.

③ Jeffrey S. Thurnher, "Feasible Precautions in Attack and Autonomous Weapons", in W. Heintschel von Heinegg et al. eds., "The Dehumanization of Warfare: Legal Implications of New Weapons Technologies", Springer, 2018, p. 112.

的判定标准，尤其是针对非国际性武装冲突的影响可能会更加明显。对于由大规模自主武器系统构成的武装部队，为了达到武装部队的"组织性"标准，不仅需要确保自主武器系统具有足够的精确性，在指挥链中，还应当确保存在一定程度的人类控制，或者满足最低的人员配置要求。这与许多国家提出的加强有意义的人类控制目标相一致。此外，自主武器系统不会影响非国际性武装冲突中的"组织性"标准和"强度"标准得到满足，但可能会使得判定的标准和指示性因素的侧重因素发生移转。与此同时，自主武器系统向武装团体提供了先进的作战能力，如果大规模部署和使用自主武器系统，也将使强度阈值更容易达到。除此之外，自主武器系统的使用将会使得参战人员参与敌对行动的表现形式发生变化，但这并不会直接影响武装冲突的定性，所以本章第一节没有对此进行过多讨论。

很难评价自主武器系统对武装冲突定性的影响是积极的还是消极的。自主武器系统给国家和非国家武装团体作战带来了作战优势，但也存在一定的风险和弊端。事实上，武装冲突定性的标准之中有许多复杂的因素，作为武器、作战手段和作战方法，自主武器系统对武装冲突定性的影响也有着难以证明的因果关系，这类似"鸡生蛋"还是"蛋生鸡"的问题。这些问题的出现不仅在于自主武器系统的技术特征，还在于机器取代人类决策这一现实的选择。然而，缺乏对自主武器系统的控制与缺乏对战斗员或战士的指挥控制所产生的法律后果是不同的。后者仍有人对作战过程中的违法后果负责。所以，为了符合国际法的要求，应当保障自主武器系统在指挥链中受到有效的人类控制。这与许多国家强调的加强人类控制的目标是相一致的。

值得注意的是，自主武器系统技术优势与缺陷并存，这对国际人道法基本原则的遵守带来一定的影响和挑战。自主武器系统可以运用人工智能技术更快更精确地识别出目标。然而，不可忽略的是，当前我们仍然处于弱人工智能时代，许多技术仍不够完备。当涉及价值判断、归纳推理时，往往需要依据人类经验、常识进行判定，而自主武器系统不具备这样的能力。因此，自主武器系统能否满足1949年"日内瓦四公约"及其附加议定书所要求的区分原则、比例原则以及预防措施原则是值得怀疑的。关于区分原则的遵守，自主武器系统在识别阶段，可能难以有效地识别出未穿戴制服、佩戴徽章的战斗员、丧失战斗力的人员、已经投降的人员等。此外，自主武器系统使得参战人员参与敌对行动的表现形式发生变化，这也增加了自主武器系统识别直接参与敌对行动人员的难度。相较于区分原则，自主武器系统在评估附带损害是否符合比例原则要求时，面临的挑战将会显著增加。比例原则禁止造成与"具体和直接的"军事利益相比，是"过分的"附带损害。不过，比例原则不能用一个抽象的公式简单地描述出减少附带损害的行动方案。虽然自主武器系统具有较高的计算能力，但缺乏指挥官具备的常识、经验和推理能力，这导致自主武器系统在判断攻击是否符合比例原则时面临难以克服的技术阻碍。预防措施原则要求攻击方和防御方进行军事行动时"时常注意"不伤害平民和民用物体。如果发现目标不是军事目标或是受特殊保护的人员或物体，或者攻击可能造成的附带损害与"具体和直接的"军事利益相比为过分的，那么应当取消或中止攻击。自主武器系统运用传感器和快速的计算能力，有助于查明目标，但前提是自主武器系统能够准确地识别出目标。当前的自主武器系统技术尚不完善，难以理解和适应复杂的环境，这在评估附带损害、作出警告等方面均面临挑战。目前，为了符合国际人道法基本原则的要求，在较为复杂的环境下（比如存在大量平民的情况），冲突方交由人类操作员和指挥官来对目标参数和预期的附带损害进行评估和决策是合理的。

第四章　特定武装冲突背景下使用自主武器系统的限制条件

自主武器系统涵盖了多个复杂的平台，从陆地、空中到海上，自主武器系统的应用范围正在逐步扩展。尤其是海上自主武器系统的研发和测试突飞猛进。尽管各国在1980年《特定常规武器公约》框架内继续就自主武器系统进行着相关讨论，但各国已经悄无声息地研发和部署自主武器系统，甚至已经确立了本国可接受的标准和原则。未来自主武器系统深刻改变战争模式，这很可能从海战开始。自主武器系统能够弥补海上作战中的弱点，削减劳动密集型任务和危险任务中的人员消耗。更重要的是，它可以整合和提高海、陆、空整体的作战能力。[1] 自主武器系统将给海洋法以及海战规则带来新的挑战，但目前围绕海战中可能出现的问题并未引起广泛的讨论。如果完全忽略或割裂特殊作战区域的自主武器系统的发展，很可能导致自主武器系统最终被大规模地使用。因而，有必要细化其中的法律问题，找到海战中使用自主武器系统的限制条件。

在反恐行动中，自主武器系统的潜在应用也越来越多。恐怖主义一直受到国际社会关注。恐怖活动或恐怖行为作为一种作战方法具有不分皂白的性质，严重违反国际人道法。[2] 在各国开展的反恐行动中，自主武器系统等新兴技术被用于执行监视、侦察、直接攻击等任务。

---

[1] "Report of the 2015 Informal Meeting of Experts on Lethal Autonomous Weapons Systems (LAWS)", submitted by the Chairperson of the Informal Meeting of Experts, CCW/MSP/2015/3, Jun. 2, 2015, para. 30.

[2] 朱文奇：《国际人道法》，商务印书馆2018年版，第423页。

然而，针对反恐行动的定性，尤其各国进行的域外反恐行动是否构成武装冲突一直以来争议不断。① 一部分做法是将武装冲突和反恐行动加以区分，适用不同的制度。自主武器系统会越来越多地被用于反恐作战，包括恐怖分子在内都会成为自主武器系统的潜在使用者。未来自主武器系统的大规模使用很可能会使反恐行动在作战形态上不同于传统的武装冲突。国家与非国家武装团体的武装对抗是否构成非国际性武装冲突，需要基于实际情况以及国际社会公认的判定标准进行判定。如果反恐行动构成非国际性武装冲突，那么冲突各方应当切实履行国际人道法下的义务以保护实际处于武装冲突中的平民。

　　在自主技术的军事应用中，最引人注目的进步还发生在网络空间当中。如本书第一章所述，自主武器系统可以是纯物理性质的，也可以完全是虚拟的或是无形的。网络能力的自主性与自主武器系统都依赖于先进的计算机技术，二者之间也存在交叉，但有关自主武器系统的讨论没有达到与之相同的成熟程度。目前，国际社会对于自主武器系统的讨论主要考量于其在陆地、海洋、空中、太空和海底等物理空间的应用背景，似乎刻意忽略了自主武器系统在网络空间中的应用。② 网络空间也是一个可能发生冲突的地方，许多国家已经认识到网络空间是一个独立的作战领域，各国可以在网络空间中进行防御和作战，这与陆地、海洋、空中和太空领域的活动一样。③ 因此，国际法可以

---

① For instance, Adam Roberts, "The Laws of War in the War on Terror", International Law Studies, Vol. 79, 2003, pp. 175 – 230.

② 2016年《特定常规武器公约》非正式专家会议上，有专家提出了一些新出现的技术网络能力与自主武器系统之间的联系，但没有引起广泛的重视。"Report of the 2016 Informal Meeting of Experts on Lethal Autonomous Weapons Systems (LAWS)", submitted by the Chairperson of the Informal Meeting of Experts, CCW/CONF. V/2, Jun. 10, 2016.

③ For instance, As a doctrinal matter, U. S. Department of Defence has recognized "cyberspace as an operational domain in which the armed forces must be able to defend and operate, just like the land, sea, air, and space domains". U. S. Department of Defence, "Law of War Manual", Jun., 2015, updated Jul., 2023, § 16.1.1.

用来规范网络空间所发生的网络行动,包括攻击、使用武力和行使自卫权等。与其他物理领域不同,网络空间是虚拟的,它不像土地、海洋和空气那样具有有形的地理属性。这些差异导致在适用国际法时存在一些模糊之处和难以界定的地方。

自主武器系统在海战、反恐行动和网络空间作战中的应用越来越多,但针对这些领域的应用可能带来的突出问题有待分析和探讨。有鉴于此,本章将重点描述在这些特定武装冲突背景之下,自主武器系统的使用会对现行国际法体系产生的具体影响,以及现行规则对其施加的限制条件。在这些不同的武装冲突背景之下,有着相对特殊的突出问题,以及特定的作战规则。在海战中,自主武器系统的法律地位有待商榷。本章第一节针对海战中自主武器系统可能引发的自主武器系统的法律地位,以及应遵守的作战规则进行分析。本章第二节围绕自主武器系统可能会对反恐作战带来的挑战进行分析讨论。在反恐行动中,国家和恐怖组织都可能成为自主武器系统的使用者。考虑到自主武器系统在反恐行动中的潜在应用,作为使用者的国家和恐怖组织应当承担的义务和责任也是本节研究的重点。本章第三节考察相关国际法规则适用于网络空间作战的可能,以及在缺少专门条约规范的情况下,冲突各方部署中立国应当遵守基本规则。本章第四节对上述讨论进行总结和评论。

第一节　海战中使用自主武器系统的限制条件

未来自主武器系统将深刻改变战争形态,这很可能从海战开始。近年来,随着人工智能技术的蓬勃发展,涌现了许多海上自主航行器和自主水下航行器。这些自主航行器既可以在水面或水上运行,也可以在水下运行;并且这些自主航行器的明显特征是可以脱离人类控制自主活动,功能上能够替代传统需要人驾驶的船舶。由于此类自主武器系统无须人员在平台上控制,因此当它们广泛地应用于海战时,无疑能够弥补海上作战中的弱点,削减劳动密集型任务和危险任务中的人员消耗。这同时能够整合和提高海、陆、空整体的作战能力。① 自主武器系统将给海洋法以及海战规则带来新的挑战，但目前围绕海战中可能出现的问题并未引起广泛的讨论。如果完全忽略或割裂特殊作战区域的自主武器系统的发展，很可能会导致自主武器系统最终以实际被接受的方式大规模投入使用。因而，有必要细化自主武器系统在海战中将提出的具体的法律问题，找到海战中各方使用自主武器系统所面临的限制条件。本节将分为三个部分进行论述：首先，分析介绍自主武器系统在海战中潜在应用；其次，针对自主航行器可能面临的首要的法律地位问题进行探讨；最后，针对各方在海战中使用自主武器系统所应当遵循的具体规则或限制进行阐述。

一、自主武器系统在海战中的应用

近年来，自主性技术已经在与海战相关的武器和平台中被广泛应用。例如，美国海军"低成本无人机集群技术"计划②，其目标是将大量廉价的无人机作为一个单元来用于海上防御和攻击敌对船只。美国海军投入了大量的资金研发和获取大中型的自主海上航行器和自主水下航行器，以打造未来海上无人舰队。③ 越来越多地研发自主武器系统的原因可能在于，相关的技术已经达到一种尖端水平，给国家武装部队提供了一种前所未有的军事优势和效能。在可预见的未来，应

---

① "Report of the 2015 Informal Meeting of Experts on Lethal Autonomous Weapons Systems（LAWS）", submitted by the Chairperson of the Informal Meeting of Experts, CCW/MSP/2015/3, Jun. 2, 2015, para. 30.

② David Smalley, "LOCUST: Autonomous, Swarming UAVs Fly into the Future", Office of Naval Research, Apr. 14, 2015.

③ 针对大中型的无人海上航行器，美国海军提出的2023年启用研发技术资金为5493亿美元，并为无人水下航行器和特大型无人水下航行器提供6070万美元的额外资金支持。See Congressional Research Service, "Navy Large Unmanned Surface and Undersea Vehicles: Background and Issues for Congress", R45757, Sep. 29, 2022; Geoff Ziezulewicz, "New in 2023: Here Comes the First - Ever Surface Drone Fleet", Defense News, Jan. 4, 2023.

第四章
特定武装冲突背景下使用自主武器系统的限制条件

用于海战、空战的自主武器系统将会以难以预估的增长速度发展,人与机器、机器与机器之间的对抗近乎必然。

(一) 海上自主航行器

海上自主航行器可以脱离人的控制自主航行,并且在功能上能够替代传统需要人员驾驶的船舶。除了应用于海洋科学研究、商业货物运输等,海上自主航行器在军事领域的应用也在不断增加。例如,美国海军正由传统的有人力量向有人—无人海上协同作战转变,以期实现海、陆、空、网络一体化作战,应对越来越多来自近海和岸上的威胁,迎接未来新的海上挑战。① 美国海军研发的海上自主航行器从传统的监视、侦察功能,已经扩展到海情信息搜集、深海探测、排雷、救援、精确火力打击等高危险性任务。② 美国海军第二艘无人水面舰"游牧民号"也于2021年完成了远程自主航行,从墨西哥湾通过巴拿马运河到达西海岸,航程约4421海里,其中98%的航程是自主航行。③ 根据美国防务最新的新闻报道,美国计划将在2023年末建立首支水面无人舰队。④ 2022年2月,美国海军中央司令部领导的"国际海上演习-2022"中,展示了超过80个种类的应用于海战中的自主武器系统。⑤ 其中,参与演习的"魔鬼射线T-38"引起了较多的关注。这一系统是由美国海事战术系统公司研发,可携带高达2041千克(约4500磅)的有效载荷,最快速度为150千米/小时,可以用作情

---

① 祁圣君、井立、孙健:《美国海军无人系统技术现状及面临的挑战》,《飞航导弹》2018年底9期,第55页。

② 范玺斌、刘昊、谢常达:《无人潜航器在未来两栖作战中的应用》,《飞航导弹》2020年第3期,第5—10页。

③ Naida Hakirevic, "2nd Ghost Fleet Overlord USV completes autonomous transit to the Pacific", Naval Today, Jun. 8, 2021.

④ Geoff Ziezulewicz, "New in 2023: Here Comes the First-Ever Surface Drone Fleet", Defense News, Jan. 4, 2023.

⑤ Xavier Vavasseur, "IMX 2022: The Largest Unmanned Maritime Exercise in the World", Naval News, Feb. 8, 2022.

报、监视和侦察平台，还可以用于集结和部署其他无人驾驶车辆和武器。① 另外，在 2022 年的"环太平洋"军事演习中，美国海军对空中、水面和水下的无人系统进行了大规模的测试。② 此次演习紧贴实战，让高度智能化的无人艇搭载不同任务模块自主航渡和执行任务。整个过程中操作员仅须下达任务指令，具体的执行过程由无人艇自主决策。无人艇的最终表现获得了美国认可，体现了较高的技术成熟度。这也证明了未来空中力量和海上力量"无缝整合"的可能性。

事实上，在现代战争中，海上自主航行器也开始得到应用。在 2022 年的俄乌冲突中，乌克兰使用的一款便携式战术自主系统 "MANTAS T-12" 型隐形艇引起了关注。③ "MANTAS T-12" 型隐形艇长约 3.6 米，宽不足 1 米，重量约 95 千克，能完成侦察、扫雷、打击水面目标等任务，可以装配制导小型导弹，或者进行自杀式袭击。④ 因此，"MANTAS T-12" 型隐形艇也被称为"海魔"。它的体积小，能躲避敌方雷达侦察，相对于大型水面舰艇来说，造价相当低廉。目前，已有乌克兰军方人员在美国海军基地接受相关的操作培训，预测它很可能会对俄罗斯黑海舰队形成巨大威胁。⑤

（二）自主水下航行器

自主水下航行器在未来战争中将具有重要的地位，它的研发和应用也倍受重视。土耳其军事科技公司为本国海军研发的"STM 500"

---

① Alie Peter Neil Galeon, "US, Israel Complete Unmanned and AI Exercise in Red Sea", The Defense Post, Sep. 26, 2022.

② Sean Carberry, "Special Report: Unmanned Systems Make a Splash During RIMPAC", National Defense, Aug. 16, 2022.

③ H. Sutton, "Ukraine's New Weapon To Strike Russian Navy In Sevastopol", Naval News, Sep. 21, 2022; David Hambling, "Russia Finds Mystery Vessel On Crimean Beach: Is It A New Ukrainian Attack Drone?", Forbes, Sep. 22, 2022.

④ "MANTAS-T" 系列舰艇由美国海事战术系统公司开发，旨在满足海军的作战任务需求。

⑤ H. Sutton, "Ukraine's New Weapon To Strike Russian Navy In Sevastopol", Naval News, Sep. 21, 2022.

浅水小型攻击型潜艇,已于 2022 年 6 月开始生产。"STM 500"攻击型潜艇能够在棕色(内河)和蓝色(深海)水域执行所有战术行动,包括情报、监视与侦察、潜艇作战行动、特种部队行动与水雷战。①美国国防部高级研究计划局研发的"海上猎人"是一种用于侦察和追踪潜艇,能够持续 60—90 天高精度跟踪,并用甚高频声呐扫描水下不明物的图像,以便识别和分类。②"海上猎人"不仅可以用于全球海洋监视,还可以用于定位、跟踪敌人并与潜艇交战。

  自主水下航行器已被生产并应用到实践中。目前,各国所重点关注的应用领域主要包括水雷对抗、反潜作战、情报收集、监视与侦察、目标探测和环境数据收集等。作为自主武器系统的重要组成部分,自主水下航行器能够自主完成环境探测、目标识别、数据和情报收集以及通信;能够更为隐蔽地进入敌方控制的危险区域,并且在战区停留较长的时间。可见,自主水下航行器是一种效果明显的军事力量倍增器。这无疑会使交战一方在进行攻击敌方军舰或潜艇、近岸保护、侦察等作战行动时更具优势。在未来的海战中,自主水下航行器将发挥越来越突出的作用。

二、自主武器系统在海战中的法律地位

  目前,许多国家的海军部队均已经拥有,并部署海上自主航行器和自主水下航行器。然而,此类自主航行器与传统的船舶存在许多不同。自主航行器完全独立地导航和运行,无须人在平台上,这也使定义它们的法律地位变得非常困难。如何将应用于海战中的自主武器系统代入现有的国际法框架,并确定其法律地位,将直接影响这些自主航行器在不同海区的权利和义务。

---

  ① Tayfun Ozberk,"Turkey's STM Begins Construction of 500 - Ton Submarine 'STM500'",Naval News,Jun. 27,2022.
  ② Julian Turner,"Sea Hunter: inside the US Navy's autonomous submarine tracking vessel",Naval Technology,May 3,2018;Zachary Keck,"'Sea Hunter':Meet the Submarine Killing Undersea Robot,National Interest",Jan. 16,2020.

(一) 作为军舰

1982年《联合国海洋法公约》第29条规定了军舰的定义:

> "军舰"是指属于一国武装部队、具有辨别军舰国籍的外部标志、由该国政府正式委任并名列相应的现役名册或类似名册的军官指挥和配备有服从正规武装部队纪律的船员的船舶。

根据该定义,如果自主航行器作为军舰,一个门槛问题是自主航行器是否属于1982年《联合国海洋法公约》和相关的习惯国际法渊源下的"船舶"。[1] 字面上讲,船舶是"一种用于或打算用于航行的船舶"。[2] 1982年《联合国海洋法公约》并没有给"船舶"以明确的定义。事实上,如何界定船舶的权利和义务,则交由每个缔约国自由裁量。在"赛加号"案中,联合国国际海洋法法庭认为,确定船舶国籍的标准以及程序的制定是隶属于缔约国"专属管辖权"范围内的事项。[3] 这似乎表明,船舶的确定标准也属于缔约国专属管辖权的事项。因而,在1982年《联合国海洋法公约》的框架内,明确的"船舶"定义并无必要。但这并不说明,可以将海上自主航行器直接归类为船舶。除1982年《联合国海洋法公约》外,大约有10个相关条约给"船舶"下了定义。[4] 例如,1972年《国际海上避碰规则》规定,

---

[1] 1982年《联合国海洋法公约》没有给予"船舶"明确的定义,并且交替使用"ship"和"vessel"这两个词语。1982年《联合国海洋法公约》的筹备文件没有澄清这一点。

[2] Accord to the definition of Black's Law Dictionary, "ship" is "a type of vessel used or intended to be used in navigation". See "Ship", in "Black's Law Dictionary", Thomson Reuters, 9th edn., 2009, p. 1503.

[3] ITLOS, The M/V "Saiga" (No. 2) (Saint Vincent and The Grenadines v. Guinea), Judgment, Jul. 1, 1999, p. 37, para. 65.

[4] See C. H. Allen, "Determining the Legal Status of Unmanned Maritime Vehicles: Formalism vs Functionalism", Journal of Maritime Law and Commerce, Vol. 49, No. 4, 2018, p. 481.

"'船舶'一词,指用作或者能够用作水上运输工具的各类水上船筏,包括非排水船舶和水上飞机"①。1973 年《国际防止船舶污染公约》将船舶定义为"在海洋环境中运行的任何类型的船舶,包括水翼船、气垫船、潜水船、浮动船艇和固定的或浮动的工作平台"②。从字义上看,1972 年《国际海上避碰规则》所给出的定义强调的是船舶的运载能力,而 1973 年《国际防止船舶污染公约》强调的是船舶的海上航行功能。自主航行器体积相对较小,一部分国际航运规则仅适用于吨位超过 500 吨的船舶。1974 年《国际海上人命安全公约》(SOLAS)附则关于适用范围的例外,就强调《国际海上人命安全公约》不适用于总吨位小于 500 吨的货船。③ 目前,各国研发使用的海上自主航行器重量较小,如前文提到的"海魔"体积就很小,重量也只有 95 千克。此类体积、吨位较小的自主航行器,是否属于上述条约所定义的船舶是有待商榷的。

海上自主航行器通常不配备船员,可以由人远程操控,也可以完全脱离人的控制而自主运行。④ 自主航行器内部布局与传统船舶也存在许多不同。因为不需要船员,所以自主航行器内部仅留有供维修人员进入的空间,其不能久住。一般而言,由各国决定其本国船舶的权利和义务。⑤ 出于监管目的,国际海事组织曾对自主航行器能否被界定为船舶的问题,向各国做过问卷调查。根据问卷调查反馈结果,参与问卷调查的多数国家表示,自主航行器在船上没有任何人员或任何

---

① 参见 1972 年《国际海上避碰规则》第 3 条。
② 参见 1973 年《国际防止船舶污染公约》第 2 条第 4 款。
③ 参见 1974 年《国际海上人命安全公约》附则第一章第 3 条第 1 款,另见 1986 年《联合国船舶登记条件公约》第 2 条。
④ Robert Veal, Michael Tsimplis and Andrew Serdy, "The Legal Status and Operation of Unmanned Maritime Vehicles", Ocean Development and International Law, Vol. 50, No. 1, 2019, p. 26.
⑤ 参见 1982 年《联合国海洋法公约》第 91 条规定。

人员监督的情况下仍构成船舶。① 也有国家表示反对，如克罗地亚指出《克罗地亚海商法》第 76 条规定船舶必须适航，适航也就意味着必须满足最低配员的要求。② 但在国际法下，最低配员要求并不是普遍要求；上述相关的条约所列举的"船舶"的定义，也需要根据条约的上下文进行解释。

除了满足船舶这一要求外，1982 年《联合国海洋法公约》第 29 条还要求军舰隶属于一国武装部队。一国武装部队包括陆军、空军和海岸警卫队等属于不同武装部队分支的船只；不包括由叛乱团体运营的船只，因为叛乱团体不是国家。③ 根据 1982 年《联合国海洋法公约》第 102 条规定，只有自主航行器效忠于国家时才能被认为是国际法意义上的军舰，当自主航行器成为一国的叛变力量时，就不再被视为国际法意义上的军舰。值得一提的是，1958 年《公海公约》对军舰的定义与第 29 条不同，1958 年《公海公约》第 8 条第 2 款规定，依据 1958 年《公海公约》，军舰属于一个国家的海军部队，"由一名出现在海军名单上的军官指挥，并由受常规海军纪律约束的船员操作"。1994 年《圣雷莫海战法手册》第 13 条第 7 项采用了 1982 年《联合国海洋法公约》第 29 条的定义。美国不是《联合国海洋法公约》的缔约国。关于军舰，美国《海军作战法指挥官手册》使用了与 1982 年《联合国海洋法公约》相似的定义。根据美国的实践，武装不是军舰的必要条件和特征，即使只有平民组成的船员也可以是军舰。另外，

---

① 例如，阿根廷、澳大利亚、巴西、加拿大、英国等国表示依据其国内法认定海上航行器为船舶没有难度。美国没有发表明确的立场。"Summary of Responses to the CMI Questionnaire on Unmanned Ships", ANNEX 1 to the CMI IWG Submission to MSC 99th Session, https：//comitemaritime.org/work/mass/.

② "CMI Questionnaire on Unmanned Ships Response", by Croatian Maritime Law Association, https：//comitemaritime.org/wp-content/uploads/2018/05/CMI-IWG-Questionnaire-Unmanned-Ships-CROATIA.pdf.

③ Richard A Barnes, "Article 29", in Alexander Proelss et al. eds., "United Nations Convention on the Law of the Sea", C. H. Beck. Hart. Nomos, 2017, p. 243.

第四章
特定武装冲突背景下使用自主武器系统的限制条件

美国在实践中不要求指挥官或船员亲自登上军舰。① 因此，按照美国实践，军舰可以完全被远程指挥和操作。如果自主航行器参与敌对行动，美国海军作战部长具有将其指定为军舰的权限。② 概言之，自主航行器作为军舰，一般应当属于船舶，但此类船舶不要求一定配备船员，并且，此船舶应当属于一国武装部队所有。

海战中的自主航行器作为军舰，享有和普通军舰一样的豁免权和航行权。首先，关于豁免权，1982 年《联合国海洋法公约》第 32 条规定，军舰和其他用于非商业目的的政府船舶享有豁免权。自主航行器作为军舰，在公海上，不受船旗国以外任何国家的管辖。③ 并且，自主航行器作为军舰不受逮捕和扣押；无论是在国内水域还是在国际水域，免于外国税收和监管。④ 尽管军舰享有豁免权，但仍必须遵守沿海国所制定的交通控制、污水、卫生和检疫限制，其不遵守限制则会受到外交投诉或沿海国家要求其立即离开领海的命令。⑤ 这适用于拥有军舰地位的自主航行器。对于沉没的军舰，有人主张其继续享有豁免权，直到其被遗弃，⑥ 也有人认为当军舰沉没并失去其作为军舰

---

① U. S. Department of the Navy, "Commander's Handbook on the Law of Naval Operations", Edition, Mar. 2022, NWP 1 – 14M/MCTP 11 – 10B/COMDTPUB P5800.7A, § 2.2.1.

② U. S. Department of the Navy, "Commander's Handbook on the Law of Naval Operations", Edition, Mar., 2022, NWP 1 – 14M/MCTP 11 – 10B/COMDTPUB P5800.7A, § 2.3.5; Cynthia J. Parmley and Raul (Pete) Pedrozo, "New Edition of the Commander's Handbook on the Law of Naval Operations", Liber Institute West Point, Apr. 20, 2022.

③ 参见 1958 年《公海公约》第 8 条第 1 款和 1982 年《联合国海洋法公约》第 95 条规定。

④ 参见 1958 年《领海及毗连区公约》第 22 条规定。

⑤ 参见 1958 年《领海及毗连区公约》第 23 条、1982 年《联合国海洋法公约》第 30 条规定。

⑥ J. Ashley Roach, "Sunken Warships", in A. Peters and R. Wolfrum eds., "The Max Planck Encyclopedia of Public International Law", Oxford University Press, 2008 – , para. 3.

的功能时，豁免权就消失了。① 因此，对于沉没的自主航行器是否继续享有军舰的豁免权并无定论。

其次，关于航行权，经过合法登记并配有船旗国旗帜的自主航行器在他国领海和群岛水域享有无害通过权，在国际海峡和群岛海道中享有过境通行权，但需要符合沿岸国相关法律的规定。例如，按照1982年《联合国海洋法公约》的要求，缔约国的军舰不得损害沿海国的和平、良好秩序或安全②，并且不得从领海水下过境。③ 因此，自主水下航行器虽然享有无害通过权，但是当通过另一国领海时，应当在水面航行并展示其国旗。此外，自主航行器通过群岛水域、专属经济区、公海时也享有与军舰一样的航行自由，并且应当遵守1982年《联合国海洋法公约》以及其他相关法律规则的规定。

（二）作为辅助舰船

1982年《联合国海洋法公约》没有关于辅助舰船的说明，也没有提及第29条是否适用于辅助舰船。④ 辅助舰船在1994年《圣雷莫国际海上武装冲突法手册》和《国家军事手册》⑤ 中，作为不同于军舰和商船的类别而单独存在。1994年《圣雷莫国际海上武装冲突法手册》第13条第8项将辅助舰船定义为"由一国武装部队拥有或控制，暂时用来为政府进行非商业性服务的非军舰类船只"。按照该定义，辅助舰船属于一种独立的类别，为一国武装部队所有；辅助舰船由一国武装部队控制，但是不同于军舰和商船。依据辅助舰船所发挥的功

---

① David J. Bederman, "Rethinking the Legal Status of Sunken Warships", Ocean Development and International Law, Vol. 31, No. 1 – 2, 2000, pp. 97 – 125.
② 参见1982年《联合国海洋法公约》第19条第1款规定。
③ 参见1982年《联合国海洋法公约》第20条规定。
④ Richard A Barnes, "Article 29", in Alexander Proelss et al. eds., "United Nations Convention on the Law of the Sea", C. H. Beck. Hart. Nomos, 2017, p. 244.
⑤ See U. S. Department of the Navy, "Commander's Handbook on the Law of Naval Operations", Edition, Mar. 2022, NWP 1 – 14M/MCTP 11 – 10B/COMDTPUB P5800. 7A, § 2.3.1.

第四章
特定武装冲突背景下使用自主武器系统的限制条件

能,其可以成为军事目标,像军舰一样受到攻击,但不拥有军舰所享有的交战权。① 英国皇家辅助舰队就是一个典型的例子,作为英国国防部的一支文职人员舰队,主要任务是为皇家海军提供燃料、水、弹药和补给。当受到海军委派,皇家辅助舰队的船只才能行使交战权。辅助舰船可以完全由平民操控或驾驶,也可以完全无人操控或驾驶。因为辅助舰船不存在"指挥"或"船员"要求,关键问题在于辅助舰船是否被一国武装部队拥有或控制。目前,自主武器系统能够支持武装部队进行非商业性服务,包括后勤补给行动。自主武器系统可以作为辅助舰船,争议较小,但关于自主航行器可以享有的权利存在不确定性。辅助舰船作为一种独立于军舰或商船的类别,不同于军舰或商船所享有的权利和义务。根据美国的实践,辅助舰船享有主权豁免,可以像军舰一样,免于被逮捕和搜查。② 在这种情况下,其实将自主航行器作辅助舰船而单独区别于军舰的意义并不大,完全可以将其纳入军舰的范畴。按照1982年《联合国海洋法公约》第236条有关主权豁免的规定,海军辅助船与军舰一样享有主权豁免权,不受1982年《联合国海洋法公约》关于保护和保全海洋环境的规定的约束。③ 另外,如果自主航行器经过正式授权,可以享有军舰所享有的登临权④和紧追权⑤。

---

① Natalie Klein, Douglas Guilfoyle, Md Saiful Karim and Rob Mclaughlin, "Maritime Autonomous Vehicles: New Frontiers in the Law of the Sea", International and Comparative Law Quarterly, Vol. 69, No. 3, 2020, p. 725.

② U. S. Department of the Navy, "Commander's Handbook on the Law of Naval Operations", Edition, Mar. 2022, NWP 1 – 14M/MCTP 11 – 10B/COMDTPUB P5800.7A, § 2.3.1.

③ Myron H. Nordquist, Satya Nandan and Shabtai Rosenne eds., "United Nations Convention on the Law of the Sea, 1982: Vol. IV: A Commentary, Articles 192 to 278 Final Act, Annex VI", Martinus Nijhoff Publishers, 1990, p. 417, para. 236.1.

④ 参见1982年《联合国海洋法公约》第110条第5款规定。

⑤ 参见1982年《联合国海洋法公约》第111条第5款规定。

(三) 作为军事装置

除了作为军舰和辅助舰船外，在海战中，不被视为船舶的自主航行器的第三种分类方式是将它们归类为"装置"或"军事装置"。1982年《联合国海洋法公约》共有8次提到"装置"一词，但没有对该词进行解释。① 例如，1982年《联合国海洋法公约》第19条规定，"如果外国船舶在领海内进行下列任何一种活动，其通过即应视为损害沿海国的和平、良好秩序或安全：……（f）在船上发射、降落或接载任何军事装置"。这里的"军事装置"可以包括任何武器系统——弹药、地雷、陷阱、探测、监视和通信设备、无人机、无人驾驶潜水器以及部队携带设备，如水上摩托艇、发射器。②

若自主航行器作为军事装置，将不再享有军舰所享有的航行权。因为1982年《联合国海洋法公约》第17条和第90条规定，无害通过权和航行权仅适用于船舶，不包括军事装置。按照美国实践，未归类为船舶的自主航行器，如果通过从事无害通道、过境通道或群岛海道通道的大型船舶来部署，可以享有航行自由。③ 但此类装置的使用应当符合无害通过、过境通行以及群岛通行的航行制度的要求。在实践中，自主航行器作为装置是否享有豁免权尚不清晰。2016年12月15日，中国海军救生艇在南海海域扣押了一艘美国的斯洛库姆无人水下滑翔机④，美国主张此滑翔机属于主权豁

---

① 参见1982年《联合国海洋法公约》第19条、第145条、第194条、第209条和第274条规定。

② Richard A Barnes, "Article 19", in Alexander Proelss et al. eds., "United Nations Convention on the Law of the Sea", C. H. Beck. Hart. Nomos, 2017, p. 194.

③ U. S. Department of the Navy, "Commander's Handbook on the Law of Naval Operations", Edition Mar., 2022, NWP 1 – 14M/MCTP 11 – 10B/COMDTPUB P5800.7A, § 2.5.2.5.

④ 斯洛库姆无人水下滑翔机也被称为无人自主水下检测与采样机器人，由美国特利丹仪器公司韦伯海事研究所研发，可以在沿海、近海、冰下和极端条件下运行，用于搜集水文数据等信息，并被广泛用于国防领域。

免船,① 中国表示它是一个身份不明的装置。② 需要强调的是,无论自主航行器作为军舰、辅助舰船,还是军事装置,船旗国必须遵守1982年《联合国海洋法公约》规定的义务,包括有关人员配备、培训、避免碰撞的义务。但作为装置,其仍当承担保护海洋环境的相关义务。③

三、海战中应遵守的特殊作战规则

自主武器系统相关的技术已在海战当中使用,自主武器系统可以作为武器,也可以作为军舰等武器平台。当自主武器系统被授予军舰地位时,依据1982年《联合国海洋法公约》的规定,将享有无害通过权④、豁免权⑤、扣押海盗⑥、行使紧追权⑦,以及一些执法权⑧等权利。当然,自主航行器的船旗国也应当履行沿海国制定的法律、条例,以及相关的国际法规则。如果船旗国违反相关的义务,则应当为沿海国造成的损失或损害负责。⑨ 在国际性武装冲突期间,如果自主武器系统作为军舰使用,那么可以行使交战国权

---

① "Statement by Pentagon Press Secretary Peter Cook on Return of U. S. Navy UUV", Dec. 19, 2016.
② 《外交部就中国捕获美国无人潜航器事件等答问》,中国政府网,2016年12月19日, http://www.gov.cn/xinwen/2016-12/19/content_5150241.htm#1。
③ 参见1982年《联合国海洋法公约》第209条第2款规定。See also Robert Veal, Michael Tsimplis and Andrew Serdy, "The Legal Status and Operation of Unmanned Maritime Vehicles", Ocean Development and International Law, Vol. 50, No. 1, 2019, p. 32.
④ 参见1982年《联合国海洋法公约》第19条规定。
⑤ 参见1982年《联合国海洋法公约》第95条规定。
⑥ 参见1982年《联合国海洋法公约》第107条规定。
⑦ 参见1982年《联合国海洋法公约》第111条规定。
⑧ 参见1982年《联合国海洋法公约》第224条规定。
⑨ 参见1982年《联合国海洋法公约》第31条规定。

利，例如，检查船只①、捕获并占用敌方财产②，以及进行封锁③等。不过，鉴于技术功能上的局限性，在海上封锁、劫持中立国商船等方面，海上自主航行器只能发挥有限的作用，④ 本节不讨论自主航行器的捕获、封锁问题。自主航行器作为军舰，属于交战方的武装部队的一部分。指挥或预先编程设计自主航行器执行任务的人员应当受到正规武装部队的纪律约束，以确保冲突方能够遵守国际人道法的原则和规则⑤，也包括适用于海战中的交战规则。

  需要说明的是，海战是比地面作战更复杂的战场，相关的条约规则有着相对独特的适用条件和边界。1949年《日内瓦第二公约》是规范海战的最新条约。自1949年以来，海战条约没有进一步发展。1977年《第一附加议定书》不以规范海战为主要目标，而是对陆地、海上和空战同样适用的规则。海战法不适用于和平时期或海上执法行动中的使用武力情形。1982年《联合国海洋法公约》适用于和平时期，其本身并不禁止海上敌对行动。⑥ 海战中的作战方法和作战手段的合法性将根据海战法以及海上中立法来确定，而不是根据1982年《联合国海洋法公约》评估确定。值得一提的是，由国际法律师和专家团体

---

  ① Wolff Heintschel von Heinegg, "Unmanned Maritime Systems: Does the Increasing Use of Naval Weapon Systems Present a Challenge for IHL?", in W. Heintschel von Heinegg et al. eds., "Dehumanization of Warfare: Legal Implications of New Weapon Technologies", Springer, 2018, p. 122.

  ② Andrew Clapham, "War", Oxford University Press, 2021, p. 339.

  ③ Andrew Clapham, "War", Oxford University Press, 2021, p. 358.

  ④ George Lucas, "Law, Ethics and Emerging Military Technologies: Confronting Disruptive Innovation", Routledge, 2022, p. 73.

  ⑤ Wolff Heintschel von Heinegg, "Unmanned Maritime Systems: Does the Increasing Use of Naval Weapon Systems Present a Challenge for IHL?", in W. Heintschel von Heinegg et al. eds., "Dehumanization of Warfare: Legal Implications of New Weapon Technologies", Springer, 2018, p. 123.

  ⑥ Wolff Heintschel von Heinegg, "The Law of Armed Conflict at Sea: Introductory Remarks", in Dieter Fleck ed., "The Handbook of International Humanitarian Law", Oxford University Press, 4th edn., 2021, p. 516.

制定的非法律性质的文件，对海战法的发展有着重要的影响。

例如，1994年《圣雷莫国际海上武装冲突法手册》① 是对现有条约和习惯国际法的重述，基于国家实践的发展，旨在说明当时适用的海战规则，② 是由专家以个人身份起草的，并没有制定海战法的意图。1994年《圣雷莫国际海上武装冲突法手册》已经被多个国家的海军手册所援引，被视为现有海战法的权威声明。③ 2020年《奥斯陆手册》同样是对现行条约和习惯国际法规则的重述。2020年《奥斯陆手册》第3—6章均包含对海战交战规则的专题评论，这对国家军事手册的制定以及武装部队作战实践产生实际影响。另外，国家所制定的军事手册和交战规则对海战规则的发展也有着重要影响，如美国《海军作战法指挥官手册》。但这些交战规则本身不是法律，不能产生使用武力的合法性授权。④ 因此，交战规则只是重申了作战中应遵守的法律。长期以来，海战法只适用于国际性武装冲突。⑤ 只有在两个或两个以上国家之间发生海上敌对行动，才能适用海战规则。这并不排除海战

---

① 1994年《圣雷莫国际海上武装冲突法手册》是在圣雷莫国际人道法研究所和红十字国际委员会支持下，由法律专家和海军军官以个人身份参与编写，于1994年6月讨论通过。目前，该手册的第二次修订正在启动，修订的主要目的之一是适应自主武器系统、网络战、新式海战作战手段等新技术的发展。

② Liesbeth Lijnzaad, "The San Remo Manual on the Law of Naval Warfare—from Restatement to Development?", in Natalie Klein ed., "Unconventional Lawmaking in the Law of the Sea", Oxford University Press, 2022, pp. 28 – 29.

③ Wolrf Heintschel von Heinegg, "The Current State of The Law of Naval Warfare: A Fresh Look at the San Remo Manual", International Law Studies, Vol. 82, 2006, p. 269.

④ Gary D. Solis, "The Law of Armed Conflict: International Humanitarian Law in War", Cambridge University Press, 3rd edn., 2022, p. 372.

⑤ L. Doswald – Beck ed., "San Remo Manual on International Law Applicable to Armed Conflicts at Sea", Cambridge University Press, 1995, para. 1; See also Wolff Heintschel von Heinegg, "The Law of Armed Conflict at Sea: Introductory Remarks", in Dieter Fleck ed., "The Handbook of International Humanitarian Law", Oxford University Press, 4th edn., 2021, p. 517.

规则适用于非国际性武装冲突的可能,但具体哪些规则适用,目前尚不清楚。①

在适用的地理范围上,领土统一原则占主导地位,国际人道法适用于冲突各方的全部领土②,包括领海③和领空④。1949 年"日内瓦四公约"及其附加议定书适用于冲突各方的全部领土,而不仅仅是敌对行动实际邻近的地区。⑤ 除了交战国管辖控制下的领土外,国际人道法适用于交战国领土之外实际发生敌对行动的地区,例如专属经济区、公海。⑥ 有关的国际人道法规则将适用于实际进行军事的敌对行动上述区域。不过,在中立国专属经济区内的任何军事行动都必须按

---

① 如果笔者没有特别说明,本小节所讨论的使用武力情形均以国际性武装冲突为背景。

② Emily Crawford, "The Temporal and Geographic Reach of International and Humanitarian Law", in B. Saul and D. Akande eds., "The Oxford Guide to International Humanitarian Law", Oxford University Press, 2020, p. 65.

③ 参见 1982 年《联合国海洋法公约》第 3 条规定。美国虽然不是《联合国海洋法公约》的缔约国,但也主张拥有 12 海里的领海,并承认其他国家的领海主张,即领海最大宽度为 12 海里。See Ronald Reagan, "Proclamation 5928: Territorial Sea of the United States of America", Dec. 27, 1988, 54 Federal Register 777, Jan. 9, 1989; U. S. Department of Defence, "Law of War Manual", Jun., 2015, updated July, 2023, § 13.2.2.2.

④ 领空通常包括一国陆地领土、内水、领海和群岛水域上空的空域。See "HPCR Manual on International Law Applicable to Air and Missile Warfare", May 15, 2009, Rule 1 (a); U. S. Department of Defence, "Law of War Manual", Jun., 2015, updated July, 2023, § 14.2.1.1.

⑤ ICTY, Prosecutor v. Tadić, IT-94-1, Appeals Chamber Decision on Defense Motion for Interlocutory Appeal on Jurisdiction, Oct. 2, 1995, para. 68.

⑥ Natalino Ronzitti, "Naval Warfare", in A. Peters and R. Wolfrum eds., "The Max Planck Encyclopedia of Public International Law", Oxford University Press, 2008, para. 6; Christopher Greenwood, "Scope of Application of Humanitarian Law", in Dieter Fleck ed., "The Handbook of International Humanitarian Law", Oxford University Press, 2nd edition, 2008, p. 59; Jann K. Kleffner, "Scope of Application of International Humanitarian Law", in Dieter Fleck ed., "The Handbook of International Humanitarian Law", Oxford University Press, 4th edn., 2021, pp. 65–66.

第四章 特定武装冲突背景下使用自主武器系统的限制条件

照沿海国保留的现有权利和义务进行。[1] 因此，公海和公海海底也可能成为合法的战场，受国际人道法管辖。虽然，1982 年《联合国海洋法公约》第 88 条规定，"公海应只用于和平目的"，但国家实践[2]、军事手册[3]和学术著作[4]等表明，武装冲突也可以发生在公海，国际人道法也将适用于公海上以及公海海底的武装冲突。概言之，内水、领海、专属经济区（包括中立国的专属经济区）、公海都可以作为战区，海战规则也适用于这些区域发生的国际性武装冲突。

在具体的作战规则上，当自主航行器识别、选择和攻击目标时，受武器法和相关海战规则和原则的制约。这里首先需要明确的是，国际人道法对潜艇施加的规则与适用于水面战舰的规则基本相同。[5] 所以海上自主航行器和自主水下航行器的规则不作过多区分，统称为自主航行器。作为作战手段，自主航行器可以使用常规武器系统攻击中立区以外任何地方的敌方水面、水下或空中目标，但攻击行动必须按照适用于传统攻击的规则和原则进行，即区分原则、比例原则和攻击中的预防措施原则。但相关原则和规则在适用时有不同于其他作战区

---

[1] 参见按照 1982 年《联合国海洋法公约》第 58 条第 3 款规定。See also U. S. Department of Defence, "Law of War Manual", Jun., 2015, updated Jul., 2023, § 13.2.3.3.

[2] U. K. Ministry of Defence, "The Manual of the Law of Armed Conflict", Oxford University Press, 2005, p. 354, para. 13.22; U. S. Department of Defence, "Law of War Manual", Jun., 2015, updated Jul., 2023, § 13.2.3.1; U. S. Department of the Navy, "Commander's Handbook on the Law of Naval Operations", Edition Mar., 2022, NWP 1-14M/MCTP 11-10B/COMDTPUB P5800.7A, § 2.6.3.

[3] "San Remo Manual on International Law Applicable to Armed Conflicts at Sea", Jun. 12, 1994, para. 10; "HPCR Manual on International Law Applicable to Air and Missile Warfare", May 15, 2009, Rule 1 (a).

[4] Yoram Dinstein, "War, Aggression and Self-Defence", Cambridge University Press, 6 th edn., 2017, pp. 24-25.

[5] J. Ashley Roach, "Submarine Warfare", in A. Peters and R. Wolfrum eds., "The Max Planck Encyclopedia of Public International Law", Oxford University Press, 2008-, para. 19.

域的地方。以区分原则为例,在海战中具体适用时所注意的情形与陆战有所不同。区分原则涉及区分战斗员和平民以及军事目标和民用物体,以尽量减少对平民的伤害和对民用物体的破坏。海战法主要关注平台而非个人的攻击。这些平台包括飞机、舰船和潜艇。在海战中,这些平台本身都可以被视为合法的军事目标。或者说,与交战国有关联或为交战国服务的船只,就其性质、位置、目的或用途而言,都可能成为军事目标。① 需要强调的是,指挥官通过评估船只的整体状况或使用情况来确定军事目标,而不是对船上的个人进行评估。对于船舶的分类取决于有关船只的外部特征和行为。对此,可以大致分为三类:一是作为绝对军事目标的船只,指在相关船只失效或被摧毁时提供明确军事优势的船只,包括军舰、辅助舰船、直接参与敌对行动或在敌方完全控制下对敌方作战至关重要的货物运输的船只;二是其他船舶(不确定是否为军事目标的船只);三是受保护的船只,包括军用医院船、由各国红十字会及官方承认的救济组织或私人用于人道救助的医院船、医疗运输工具等。② 自主航行器可以配备先进的传感器和视觉识别设备,这有利于海军指挥官识别目标。战争诈术在武装冲突中是被允许的。③ 一方可以使用伪装、欺骗和利用敌人的代码、密码和口令,欺骗敌对方;在进入战斗状态后,除了军舰以外,商船等类型的船舶被允许使用中立国的旗帜、徽章欺骗敌人,这不违反国际法。④

---

① U. S. Department of the Navy, "Commander's Handbook on the Law of Naval Operations", Edition Mar., 2022, NWP 1 – 14M/MCTP 11 – 10B/COMDTPUB P5800.7A, § 5.3.4.

② G. J. F. van Hegelsom, "Commentary No. 14", in Wolff Heintschel v. Heinegg eds., "The Military Objective and the Principle of Distinction in the Law of Naval Warfare", Bochum: UVB – Universitätsverlag Dr. N. Brockmeyer, 1991, p. 102.

③ 参见1977年《第一附加议定书》第37条第2款规定。

④ W. J. Fenrick, "Introductory Report: Military Objectives in the Law of Naval Warfare", in Wolff Heintschel v. Heinegg eds., "The Military Objective and the Principle of Distinction in the Law of Naval Warfare", Bochum: UVB – Universitätsverlag Dr. N. Brockmeyer, 1991, p. 38.

如果敌方使用诈术，自主航行器将面临被欺骗的风险。除非自主航行器能够结合敌方船舶的行为目的识别出敌方的真实身份，否则在作战效能上将会大打折扣。

值得强调的是，应用于海战中的自主武器系统在遵守区分原则方面同样面临挑战。依据区分原则的要求，自主航行器应当能够探测和识别敌方舰船是否失去战斗力或者投降。如果敌方舰船严重受损，无法构成任何军事威胁，那么应当不再对其进行攻击。不仅如此，自主航行器应当具备区分已经作出投降信号的敌舰的能力。自主航行器应当可以通过接收敌方舰船发出的投降信标，结合具体事实判定军舰是否已经投降，并且能够对敌方舰船投降信号作出回应。[1] 在极少数情况下，一艘严重受损并倾斜的船可能难以发出投降信号。因此，如果敌方舰船不再有能力参与敌对行动，那么自主武器系统应当不再对这些舰船发起攻击。然而，自主武器系统能否综合考量这些因素并作出准确的判断，有待技术上的检验。另外，当涉及拦截或攻击商船的行动时，区分问题尤其具有挑战性。因为自主武器系统对商船是否提供了明确的军事优势难以作出准确的判断。[2] 自主武器系统难以对商船进行搜查和捕获，这一事实也限制了自主武器系统对区分原则的履行。

此外，对于应用海战中的自主武器系统而言，比例原则似乎是一个比区分原则更加难以落实的问题。海战作为较为特殊的战场，原因之一是平民和民用物体相对陆战中较少。这也是应用于海战的自主武器系统被各国优先开发的原因之一。不过，自主武器系统的使用也可能会对海洋生态系统造成损害，从而对平民生活产生重大和长期的影响。根据1977年《第一附加议定书》的有关规定，禁止使用可能对自然环境引起广泛、长期和严重损害的作战方法或手段。[3] 因此，在

---

[1] George Lucas, "Law, Ethics and Emerging Military Technologies: Confronting Disruptive Innovation", Routledge, 2022, p. 75.

[2] George Lucas, "Law, Ethics and Emerging Military Technologies: Confronting Disruptive Innovation", Routledge, 2022, p. 76.

[3] 参见1977年《第一附加议定书》第35条第3款、第55条第1款。

使用作战方法和手段时，冲突各方应当适当考虑保护自然环境。[1] 自主武器系统代替指挥官作出决策时，应当考虑并尽可能减少其活动对海洋环境可能造成的损害。然而，风、浪和潮汐等海洋生态系统的复杂性质，使得自主武器系统对海洋环境产生的负面影响的计算变得特别困难。[2] 当攻击陆地目标时，自主武器系统也应注意保护自然环境免受广泛、长期和严重的损害，并且与预期军事利益相平衡。如第三章所述，当涉及主观判断时，交由具有常识、经验的人类操作员和指挥官更为合理。因为在计算和评估攻击与造成的附带损害方面，已经超出当前自主武器系统相关技术的能力范围。

需要补充的是，海战作为较为特殊的战场，在特定条件下会排除1949年"日内瓦四公约"体系下保护平民的相关规则的适用。因为在平民或民用物体可能受到影响的前提下，1977年《第一附加议定书》第四部分关于平民和民用物体的保护规则，才适用于舰对舰、舰对空或空对舰作战。[3] 例如，1977年《第一附加议定书》第48条所规定的区分原则，即在"可能影响平民居民、平民个人或民用物体"前提下，才可能用于规范自主武器系统。或者说，只有当自主武器系统的攻击可能会对陆地上的平民或民用物体造成附带损害时，1977年《第一附加议定书》第四部分才具有适用的空间。这些规则包括第51条对平民居民的保护以及第52条对民用物体的一般保护。如果自主航行器攻击的目标是商船，那么1949年"日内瓦四公约"及其附加议定书中保护平民和民用物体的规则可能将不再适用。[4] 但这不影响其他

---

[1] Jean – Marie Henckaerts and Louise Doswald – Beck, "Customary International Humanitarian Law", Cambridge University Press, Vol. II, 2005, Rule 44.

[2] George Lucas, "Law, Ethics and Emerging Military Technologies: Confronting Disruptive Innovation", Routledge, 2022, p. 77.

[3] Wolff Heintschel von Heinegg, "The Law of Armed Conflict at Sea: Introductory Remarks", in Dieter Fleck ed., "The Handbook of International Humanitarian Law", Oxford University Press, 4th edn., 2021, p. 532.

[4] 参见1977年《第一附加议定书》第49条第3款。

相关的习惯国际法和条约规则的适用。例如,1907 年《关于敷设自动触发水雷公约》①和 1907 年《关于战时海军轰击公约》中关于预防措施的要求。②另外,自主航行器的使用也受海上中立法的约束,无论其是否用于攻击目的。③

最后,需要指出的是,发生在缔约国领海以外的非国际性武装冲突,海战法的适用存在不确定性。如果非国家武装实体在国家管辖范围以外的海域,使用自主武器系统对船舶、飞机、人员或财物进行袭击,根据 1982 年《联合国海洋法公约》第 101 条的规定,可以视为海盗行为。④换言之,这将归纳为私人行为,而不代表政府。如果非国家武装实体,如叛乱分子使用自主武器系统在领海内发动袭击,将受到适用于非国际性武装冲突的习惯国际法规则的管辖。

第二节 反恐中使用自主武器系统的影响及限制条件

关于"恐怖主义"和"恐怖分子"等概念出现得较早,可以追溯到 18 世纪末的法国大革命时期⑤;直至 20 世纪 60 年代中期,出现在欧洲、北美和日本的城市恐怖主义团体开始大行其道,恐怖主义开始引起国际社会的普遍关注。⑥恐怖主义逐渐指向非国家

---

① 参见 1907 年《关于敷设自动触发水雷公约》第 3 条规定。
② 参见 1907 年《关于战时海军轰击公约》第 5 条规定。
③ Wolff Heintschel von Heinegg, "Unmanned Maritime Systems: Does the Increasing Use of Naval Weapon Systems Present a Challenge for IHL?", in Wolff Heintschel von Heinegg et al. eds., "Dehumanization of Warfare: Legal Implications of New Weapon Technologies", Springer, 2018, p. 125.
④ 参见 1982 年《联合国海洋法公约》第 101 条。
⑤ Walter Laqueur, "Terrorism", Boston: Little, Brown, 1977, p. 6.
⑥ Walter Laqueur, "Terrorism", Boston: Little, Brown, 1977, pp. 19 – 20.

行为。① 然而，对于什么是恐怖主义、恐怖分子，国际社会仍缺乏普遍一致的共识。在国际法之下，对于什么是恐怖主义也没有明确一致的解释。② 从相关的条约文件保护的对象和国际社会的立场来看，恐怖行为包括损害平民基本权利（如生命、人身安全、自由和人格尊严）的暴力行为，而此类暴力行为受到整个国际社会的谴责。③ 就其法律性质而言，在武装冲突背景下，恐怖行为可以作为一种作战方法而存在；④ 在和平时期发生的恐怖事件所涉及的主要是国家对恐怖分子使用武力的问题。⑤ 此外，需要明确的是，本节主要探究的是在非国际性武装冲突中，国家和恐怖组织分别使用自主武器系统进行作战所产生的法律问题。单纯的恐怖行为或事件，或者纯属国家内部的暴力行动不在本节的讨论范围之内。

一、自主武器系统在反恐中的应用

（一）国家作为使用者

自主武器系统可以用于反恐行动，国家可以使用它们执行各种任务，包括监视、侦察、直接攻击或间接攻击等。自 2000 年以来，无人机越来越多地被用于反恐作战。美国一直处于这一实践的前沿，在阿富汗、巴基斯坦、也门、索马里、伊拉克、菲律宾、利比亚和叙利亚

---

① Ben Saul, "Defining Terrorism in International Law", Oxford University Press, 2010, p. 2.

② Ben Saul, "Defining Terrorism in International Law", Oxford University Press, 2010, p. 7.

③ Marcello Di Filippo, "The Definition (s) of Terrorism in International Law", in Ben Saul ed., "Research Handbook on International Law and Terrorism", Edward Elgar Publishing, 2nd edn., 2020, pp. 6 – 7.

④ 贾兵兵：《国际公法（下卷）：武装冲突中的解释与适用》，清华大学出版社 2020 年版，第 95—96 页。

⑤ 贾兵兵：《国际公法：和平时期的解释与适用》（第 2 版），清华大学出版社 2022 年版，第 538 页。

第四章　特定武装冲突背景下使用自主武器系统的限制条件

等反恐行动中多次实施了无人机袭击。① 早期的无人机多是遥控式的，如"捕食者"。② 但之后随着技术的提高，飞机等作战平台也越来越智能，自主性也在不断提高。无人机的起飞和着陆、导航，以及锁定、跟踪目标等功能都可以实现自主化。③ 例如，伊拉克在打击"伊斯兰国"中使用的人工智能机器人，可以被远程控制，配备火箭弹，可应对自杀式袭击。④ 俄罗斯军方使用的"平台-M"机器人，配备步枪和榴弹发射器，能够执行一系列任务，包括侦察和巡逻任务，减少人员伤亡。⑤ 2015年，叙利亚政府军就在"平台-M"机器人的掩护下，攻下伊斯兰极端势力的据点，并且只有四名参与进攻的叙利亚政府军士兵受伤，显示出战斗机器人的巨大作战优势。⑥ 另外，值得注意的是，印度国防研究与发展组织最新研发的印度第一个名为"达克沙"的反恐机器人，专门用于反恐行动。目前，印度军队已经配备了超过500个"达克沙"机器人。"达克沙"机器人可以携带枪支，并且可被用于安全检测和销毁简易爆炸装置。⑦ 总之，这些应用于反恐行动

---

① Ed Pilkington, "Former US Military Personnel Urge Drone Pilots to Walk Away From Controls", The Guardian, Jun. 17, 2015, https://www.theguardian.com/world/2015/jun/17/former-us-military-personnel-letter-us-drone-pilots.

② Roger Connor, "The Predator, a Drone That Transformed Military Combat", Air and Space, Mar. 9, 2018, https://airandspace.si.edu/stories/editorial/predator-drone-transformed-military-combat.

③ Peter Bergen and Emily Schneider, "Hezbollah Armed Drone? Militants' New Weapon", CNN, Sep. 22, 2014, https://edition.cnn.com/2014/09/22/opinion/bergen-schneider-armed-drone-hezbollah/index.html.

④ Kyle Mizokami, "Say Hello to Alrobot, Iraq's Homebuilt War Robot", Popular Mechanics, Aug. 24, 2016, https://www.popularmechanics.com/military/weapons/a22515/iraqs-homebrewed-combat-robot/.

⑤ Franz-Stefan Gady, "Meet Russia's New Killer Robot", The Diplomat, July 21, 2015.

⑥ 杨阳:《未来将有哪些机器人可以代替人上战场?》，高工机器人网，2017年3月3日，https://www.gg-robot.com/asdisp2-65b095fb-60134-.html。

⑦ Neeraj Mahajan, "Robots and the War Against Terror", Raksha Anirveda, Aug. 11, 2022.

的自主武器系统成本低廉,能够最大限度地减少所需的人力投资,同时最大限度地减少人员伤亡。

(二) 非国家实体作为使用者

恐怖分子获取自主武器系统是现实的。2014 年 9 月,美国有线电视新闻网的报道称,"恐怖分子已经能够生产和使用战斗无人机作战"①。近年来,根据观察恐怖分子使用无人机作战的情况,恐怖分子通过运用此类技术获得了侦察、监视、通信、武器运输等能力。② 可以说,恐怖分子获得相对初级的无人机几乎没有障碍。因为此类无人机在市面上都可以买得到,并且很容易获得用于构建无人机所需的组件。另外,恐怖组织将初级的无人机与先进的人工智能技术结合在一起已成为可能。自主武器系统还可以通过销售渠道扩散。人工智能研究通常是由私人公司领导研发的,先进的人工智能技术一般都会在市场上公开出售。③ 未来大规模生产的小型人工智能无人机的成本可能比智能手机的价格稍贵一些。④ 这意味着,非国家行为者越来越有能力制造和使用自主式无人机。在实践中,更关键的影响是,自主武器系统的使用将大大减少恐怖组织活动留下的痕迹或证据。因为恐怖分子能够在离目标且相当安全的距离内,操作自主武器系统。⑤ 假如恐怖组织计划暗杀一名政客,他们所需要做的就是将计划暗杀对象的照片上传到自主武器系统当中;然后,在没有进一步人为干预的情况下,

---

① Peter Bergen and Emily Schneider, "Hezbollah armed drone? Militants' New Weapon", CNN, Sep. 22, 2014.

② Robert J. Bunker, "Terrorist and Insugent Unmanned Aerial Vehicles: Use, Potentials, and Military Implications", U. S. Army War College Press, 2015, pp. 16 - 19.

③ Jacob Ware, "Terrorist Groups, Artificial Intelligence, and Killer Drones", War on the Rocks, Sep. 24, 2019.

④ [美]迈克斯·泰格马克著,陈以礼译:《生命 3.0》,浙江教育出版社 2018 年版,第 156 页。

⑤ Neeraj Mahajan, "Robots and the War Against Terror", Raksha Anirveda, Aug. 11, 2022.

自主式无人机飞到目的地，识别、消灭目标，最后自毁。这样一来，将很难查证作案嫌疑人。令人担忧的是，假如由数千或数百万微型杀手机器人组成的无人集群向人群发起攻击，那么后果将是相当恐怖的。事实上，已经有非政府武装团体对国家武装部队行动使用了类似的手段。2018 年 1 月，由叙利亚反叛组织部署的 13 架无人机组成的蜂群，向位于叙利亚赫迈米姆的俄罗斯军事基地发起攻击。无人机蜂群从不同的角度和高度接近目标，迷惑俄罗斯的防空系统。俄罗斯军队提前发现了无人机，并通过动能和电子防空系统，摧毁了部分无人机，没有引起太大的损失。① 可以预见的是，自主武器系统将为恐怖组织行动的传播和实施打开闸门。恐怖组织将更加有能力进行更快的、更具协调性的、组织性的袭击。这些袭击可能造成的破坏更大，并很难被追踪、发现。

二、自主武器系统的使用对反恐行动定性的具体影响

反恐行动的定性一直以来备受争议，特别是反恐行动是否属于武装冲突，以及受国际人道法管辖的问题。如第三章所述，武装冲突的定性并不由一国自己决定。以美国的反恐行动为例，2001 年"9·11"事件发生后，美国总统布什声称美国卷入了一场全球性的"反恐战争"。② "反恐战争"这一提法对传统的武装冲突提出了挑战。美国认为卷入了一场无限期的"长期战争"，把世界所有不同的恐怖袭击和恐怖组织混为一谈，并且使用了第三次世界大战的语言。③ 根据美国 2006 年《四年防务评估报告》，这种"长期战争"在时间和空间上都

---

① Michael Horton, "Inside the Chilling World of Artificially Intelligent Drones", The American Conservative, Feb. 12, 2018.

② George W. Bush, "Statement by the President in His Address to the Nation", The White House, https://georgewbush-whitehouse.archives.gov/news/releases/2001/09/20010911-16.html.

③ George W. Bush, "President of the United States, Speech at Fort Bragg", Jun. 28, 2005.

是无限的，可能会在许多国家同时进行，并持续多年。① 将反恐行动认定为"战争"，于布什政府而言，是维护战时特权的基础。这包括不经警告杀人的权利，不经审判拘留的权利，以及在公海搜查和扣押货物的权利。② 奥巴马政府延续了前任政府采用的全球战争范式③，但奥巴马政府没有采用"反恐战争"这个标签，而是将反恐行动建立在美国与"基地"组织、塔利班等武装部队发生的武装冲突的背景之下。④ 在之后的反恐行动中，美国其实更加倾向于将美国在多个国家进行的反恐行动划分为同一个非国际性武装冲突的一部分。另外，《美国战争法手册》扩展了非国际性武装冲突的范围，并且指出在全球范围内与非国家武装团体交战，都将适用《美国战争法手册》所载的与武装冲突相关的规则。⑤ 因而，两个非国家武装团体之间的交战，以及国家与非国家武装团体的交战都可以认定为"非国际性武装冲突"⑥。这意味着，美国在美国境外展开的针对恐怖组织的敌对行动，适用与非国际性武装冲突相关的规则。不过，美国将反恐行动认定为全球性的"反恐战争"的做法，遭到了国际社会的诸多质疑。

---

① U. S. The Secretary of Defence, "Quadrennial Defense Review Report", Feb. 2006, p. 9.

② Mary Ellen O'Connell, "Introduction: Defining Armed Conflict in the Decade after 9/11", in Mary Ellen O'Connell ed., "What Is War? An Investigation in the Wake of 9/11", Martinus Nijhoff Publishers, 2012, p. 5.

③ President Barack Obama, "Address at the National Defense University", May 23, 2013.

④ Harold Hongju Koh, "The Obama Administration and International Law", Annual Meeting of the American Society of International Law, Mar. 25, 2010.

⑤ U. S. Department of Defence, "Law of War Manual", Jun., 2015, updated July, 2023, §17.1.1.2; see also D. E. Graham, "The Manual's Redefined Concept of Non - International Armed Conflict: Applying Faux LOAC to a Fictional NIAC", in Michael A. Newton eds., "The United States Department of Defense Law of War Manual: Commentary and Critique", Cambridge University Press, 2019, pp. 141 – 160.

⑥ U. S. Department of Defence, "Law of War Manual", Jun., 2015, updated July, 2023, §3.3.1.

红十字国际委员会认为,从法律角度来看,不存在所谓的全球性"反恐战争"。① 在第三国境内发生的暴力行为,只有当满足非国际性武装冲突之下的"强度"标准和"组织性"标准时,才能触发国际人道法的适用。② 国际法协会也持有类似的看法。③ 如第三章所述,自主武器系统的使用会对非国际性武装冲突的定性产生一定影响,但并不会对"强度"标准和"组织性"标准的满足产生实质性的影响。随着现代技术的发展,在反恐行动这一更为具体的武装冲突背景之下,自主武器系统的使用也将使得反恐行动在作战形态上不同于传统的武装冲突。其中,面临的首要问题是,恐怖组织是否可被归类为"武装团体"?

国家与非国家武装团体的武装对抗是否构成武装冲突,需要秉持客观的态度,并基于实际情况以及国际社会公认的判定标准进行判定。④ 很明显,国家与跨国恐怖组织之间发生的武装冲突不构成国际

---

① ICRC, "International Humanitarian Law and The Challenges of Contemporary Armed Conflicts", 32nd International Conference of the Red Cross and Red Crescent, Dec. 8 – 10, 2015, p. 18; see also ICRC, "International Humanitarian Law and the Challenges of Contemporary Armed Conflicts", Official working document of the 31st International Conference of the Red Cross and Red Crescent, Geneva, Nov. 28 to Dec. 1, 2011, p. 22.

② ICRC, "International Humanitarian Law and The Challenges of Contemporary Armed Conflicts", 32nd International Conference of the Red Cross and Red Crescent, Dec. 8 – 10, 2015, 2015, p. 19.

③ International Law Association, "Initial Report on the Meaning of Armed Conflict in International Law", Rio de Janeiro Conference, 2008; International Law Association, "Final Report on the Meaning of Armed Conflict in International Law", The Hague Conference, 2010.

④ ICRC, "International Humanitarian Law and the Challenges of Contemporary Armed Conflicts – Recommitting To Protection in Armed Conflict on the 70th Anniversary of the Geneva Conventions", Jun. 16, 2020, p. 59.

性武装冲突。① 但如果恐怖组织满足国际人道法所要求的"组织性"标准，并且与国家或其他武装团体发生的武装对抗达到了一定的激烈程度，那么此类局势将构成非国际性武装冲突，从而受到国际人道法的管辖。② 自"9·11"事件发生以来，跨国恐怖主义日益增加，随之而来的国家域外反恐行动也日趋频繁。一些学者认为，各国所进行的跨国反恐行动应当归属于非国际性武装冲突，因为此类冲突本质属于国家和非国家武装团体之间产生的武装冲突。③ 恐怖组织的成员相对分散，可能分散在不同的国家和地区；另外，各国对于什么是恐怖主义和恐怖分子都缺乏相对一致的认识。因此，在评估恐怖组织的"组织性"标准时存在一定的难度。但应当注意的是，不应夸大所需的"组织性"标准的水平。非国家武装团体在既定的指挥结构之下，具有开展和维持军事行动的能力，就可以达到"组织性"标准。④ 前南刑庭在"博斯克斯基"案中也曾指出，即便非国家武装团体实施的是劫持人质等行为，只要非国家武装团体拥有遵守国际人道法的组织能力，就可以满足成为武装冲突一方所需的"组织

---

① David Kretzmer, "Targeted Killing of Suspected, Terrorists: Extra – Judicial Executions or Legitimate Means of Self – Defence", European Journal of International Law, Vol. 16, No. 2, 2005, p. 202; Céline Braumann and Ralph Janik, "Terrorism", in Christina Binder et al. eds., "Elgar Encyclopedia of Human Rights", Edward Elgar Publishing, 2022, p. 378, para. 19.

② ICRC, "International Humanitarian Law and the Challenges of Contemporary Armed Conflicts – Recommitting To Protection in Armed Conflict on the 70th Anniversary of the Geneva Conventions", Jun. 16, 2020, p. 59.

③ Andreas Paulus and Mindia Vashakmadze, "Asymmetrical War and The Notion of Armed Conflict: A Tentative Conceptualization", International Review of the Red Cross, Vol. 91, No. 873, 2009, pp. 111 – 112; Tamás Hoffmann, "Squaring the Circle? International Humanitarian Law and Transnational Armed Conflicts", in Michael J. Matheson, Djamchid Momtaz eds., "Rules and Institutions of International Humanitarian Law Put to the Test of Recent Armed Conflicts", Martinus Nijhoff Publishers, 2010, p. 241.

④ ICTY, Prosecutor v. Limaj, Case No. IT – 03 – 66 – T, Trial Chamber II, Judgment, Nov. 30, 2005, para. 129.

性"标准。① 不能仅仅因为武装团体的成员经常违反国际人道法而推断该团体缺乏组织性。② 因此，在评估"组织性"标准时，需要审查的是攻击是如何计划和实施的。各国使用自主武器系统组成的无人部队实施的反恐行动，满足"组织性"标准，这毋庸置疑。然而，当恐怖组织作为使用者，在自主武器系统被大规模应用的背景下，此类恐怖行为的战略目标是由领导这一恐怖组织的人下令实施的，那么可以说明这一恐怖组织具备一定的"组织性"标准的水平。

另外，除了满足"组织性"标准外，国家和非国家武装团体开展的非国际性武装冲突，还须达到一定的强度或激烈程度。在"塔地奇"案中，前南刑庭曾指出，非国际性武装冲突的存在要求武装冲突和有组织的武装团体之间存在"持久的武装暴力"③。一般而言，单次的攻击并不会达到非国际性武装冲突的强度阈值。如第三章所述，前南刑庭发展出了许多用来评估冲突"强度"标准的"指示性因素"。其中，可以量化的标准包括：一是攻击的严重性以及冲突的数量是否增加；二是冲突的持续时间和领土范围；三是冲突双方之间动员的人员数量；四是使用的武器类型（特别是重型武器）；五是伤亡人数；六是财产的破坏数量和程度等因素。在反恐行动中，影响比较突出的是自主武器系统所引起的后果，这包括伤亡人数和财产的破坏程度。相较于其他武器类型，自主武器系统具有较高的精准度；在使用定点清除这一作战方法时，造成的伤亡人数和财产破坏相对比较低。在此类情况中，被攻击方通常不具备与自主武器系统直接进行对抗的反击能力。这将导致上述指示性因素中的第一、第二、第三、第五、第六个都难以达到。虽然，这些指示性因素并非都需要满足，但如果将单

---

① ICTY, Prosecutor v. Boškoski et al., Case No. IT-04-82-T, Trial Chamber II, Judgement, Jul. 10, 2008, para. 205.

② ICC, Prosecutor v. Lubanga, Case No. ICC-01/04-01/06, Decision on the Confirmation of Charges, Pre-Trial Chamber I, Jan. 29, 2007, para. 233.

③ ICTY, Prosecutor v. Tadić, Case No. IT-94-1, Appeals Chamber Decision on Defense Motion for Interlocutory Appeal on Jurisdiction, Oct. 2, 1995, para. 70.

次的国家对恐怖组织所实施的定点清除行为,定性为非国际性武装冲突,那么整体上将降低非国际性武装冲突的界定标准。非国际性武装冲突的确立,对打击恐怖组织的国家是有利的。因为国际人道法许可合法地瞄准和攻击军事目标。① 否则,针对恐怖组织的空袭可能会被视为武装冲突之外的行动,这时只能借由国际人权法评估攻击的合法性。② 根据国际人权法判定是否构成任意剥夺生命或者侵犯生命权时,通常要求存在迫在眉睫的严重暴力威胁,并且除了使用武力之外无法避免时,才能使用致命武力。③ 因此,将国家实施的小规模的定点清除认定为满足非国际性武装冲突的"强度"标准是略显牵强的。

在武装冲突背景下,对除了战斗员或战士之外的人员进行攻击,需要判定被攻击的对象直接参与敌对行动。④ 美国似乎也在寻求不违反国际法的替代方案。例如,在2020年初发生的"苏莱曼尼"事件中,伊朗"圣城旅"指挥官西姆·苏莱曼尼与其他伊朗支持的民兵一起被美国"死神"无人机发射的地狱火导弹击毙在巴格达机场。⑤ 根

---

① Laurie Blank, "Defining the Battlefield in Contemporary Conflict and Counterterrorism: Understanding the Parameters of the Zone of Combat", Georgia Journal of International and Comparative Law, Vol. 39, No. 1, 2010, p. 23.

② David Kretzmer, "Targeted Killing of Suspected Terrorists: Extra–Judicial Executions or Legitimate Means of Self–Defence", European Journal of International Law, Vol. 16, No. 2, 2005, p. 176.

③ Cordula Droege, "Elective Affinities? Human Rights and Humanitarian Law", International Review of the Red Cross, Vol. 90, No. 871, 2008, p. 525.

④ Ben Saul, "Terrorism, Counter–Terrorism, and International Humanitarian Law", in B. Saul and D. Akande eds., "The Oxford Guide to International Humanitarian Law", Oxford University Press, 2020, p. 403.

⑤ 此次事件中,美国事先将"死神"无人机于预定的时间到达指定地点,实时监测战场环境变化(温度、风力等),根据内线和生物识别等手段确认苏莱曼尼位置,并锁定其乘坐的汽车;通过人工智能技术实时生成计算无人机导弹发射策略,包括发射时间、角度、导弹数量等,以实施精准打击。Qassim Abdul–Zahra And Zeina Karam, "US kills Iran's most powerful general in Baghdad airstrike", AP News, Jan. 3, 2020.

特定武装冲突背景下使用自主武器系统的限制条件

据美国政府的说法，对苏莱曼尼实施的攻击是1945年《联合国宪章》第51条所允许的，这主要是应对伊朗对美国进行的一系列升级的武装攻击。① 在相关文件中，美国其实回避了武装冲突的定性问题，或者说没有依据国际人道法来证明其行动的合法性。

此外，值得注意的是，域外反恐行动也存在转化为国际性武装冲突的可能，此类情况更加复杂。国际性武装冲突和非国际性武装冲突可以在同一地区同时进行，这种情况的发生往往是由第三国进行干预而引发的。② 1977年《第二附加议定书》不适用于第三国进行干预的情况。然而，并非所有外国干预的武装冲突都可以转化为国际性武装冲突，还取决于另外两个变量因素：干预国对领土国的非国家武装团体的控制程度；非国家武装冲突的法律地位。对于第一点，国际法院和前南刑庭分别提出了"有效控制"理论③和"全面控制"④的标准。国际法院和前南刑庭所采用的标准没有孰优孰劣的问题，需要依据具体的案件进行分析，但对武装冲突性质判定上没有太大的影响。在反恐行动中，如果干预国支持领土国内部的恐怖组织，那么这种情况将可能转化为国际性武装冲突，或者至少将国际性武装冲突置于现有的非国际性武装冲突之上，即存在双重性质的武装冲突。

---

① "Letter dated 8 January 2020 from the Permanent Representative of the Islamic Republic of Iran to the United Nations addressed to the Secretary – General and the President of the Security Council", S/2020/19, Jan. 8, 2020.

② See ICTY, Prosecutor v. Tadić, Case No. IT – 94 – 1 – A, Judgement, The Appeals Chamber, July 15, 1999, para. 84; see more Yoram Dinstein, "Non – international Armed Conflicts In International Law", Cambridge University Press, 2nd edn., 2021, pp. 71 – 72.

③ Military and Paramilitary Activities in and against Nicaragua (Nicaragua v. United States of America), Merits, Judgment, I. C. J. Reports 1986, para. 109.

④ ICTY, Prosecutor v. Tadić, Case No. IT – 94 – 1 – A, Judgement, The Appeals Chamber, July 15, 1999, para. 131.

三、国家和恐怖组织作为使用者应遵守的规则

恐怖主义较为特殊，一方面，在武装冲突中，恐怖主义活动已经成为一种被禁止的作战手段；另一方面，在反恐作战中，各国倾向于将非国家实体认定为恐怖组织，而不将他们认定为武装冲突中的非国家武装团体。由于对恐怖主义理解上的差异，导致一部分国家将反恐法（如专门针对国际恐怖主义的条约、联合国决议）和国际人道法视为两种不同的制度而进行适用。值得注意的是，有些反恐条约规定了与国际人道法之间适用上的关系。例如，1979 年《反对劫持人质的公约》明确不适用于国际性武装冲突。① 1997 年《制止恐怖主义爆炸事件的国际公约》② 和 2005 年《制止核恐怖行为国际公约》③ 直接排除了武装冲突期间武装部队的活动，因为这些活动受国际人道法管辖。此外，还有一部分反恐条约明确规定，适用于武装冲突、和平时期两种情形，如 1999 年《制止向恐怖主义提供资助的国际公约》。④ 与反恐相关的法律制度不是相对独立的国际法领域，而是由多个渊源组成的不同规范。⑤ 反恐法和国际人道法二者之间不能相互取代，也不互为各自的特别法。⑥ 因此，在评估反恐作战当中冲突各方的义务时，应当结合具体的情形和条约制度进行分析。

---

① 参见 1979 年《反对劫持人质的公约》第 12 条规定。
② 参见 1997 年《制止恐怖主义爆炸事件的国际公约》第 19 条第 2 款规定。
③ 参见 2005 年《制止核恐怖行为国际公约》第 4 条第 2 款规定。
④ 参见 1999 年《制止向恐怖主义提供资助的国际公约》第 2 条第 1 款第 2 项规定。
⑤ Ben Saul, "Terrorism, Counter-Terrorism, and International Humanitarian Law", in B. Saul and D. Akande eds., The Oxford Guide to International Humanitarian Law, Oxford University Press, 2020, p. 409.
⑥ Ben Saul, "Terrorism, Counter-Terrorism, and International Humanitarian Law", in B. Saul and D. Akande eds., The Oxford Guide to International Humanitarian Law, Oxford University Press, 2020, p. 410.

(一) 国家应当遵守的原则和规则

使用大量自主无人机进行反恐作战,这使反恐作战与以往的战场形态有所不同。以美国展开的反恐行动为例,美国在世界各地使用无人机进行反恐行动已经有超过 15 年的历史。根据最新统计,截至 2021 年,美国在巴基斯坦进行了 414 次无人机袭击,在也门进行了 378 次反恐行动,在索马里进行了 296 次无人机袭击和地面突袭行动,在利比亚进行了 4606 次空袭。① 2020 年,美国仅在索马里就进行了约 60 次无人机袭击。② 这些行动都在美国域外进行,并且大都是不对称作战的方式。然而,值得注意的是,此类反恐行动可能没有"热战场""战区"等传统区分。在 1949 年"日内瓦四公约"体系中,有着不同的术语来区分不同的作战区域,如"战区"③"战斗地带"④"战场"⑤"军事行动地带"⑥"安全地带"⑦ 等。顾名思义,"战区"或"战斗地带"具有相似的含义,指敌方势力范围且发生敌对行动的地区。⑧ 反恐行动不同于传统武装冲突的较为特殊的地方在于,反恐作战中可能不存在"战区""战斗地带""安全区"等事实区域的划分。

---

① Peter Bergen, David Sterman, Melissa Salyk – Virk, "America's Counterterrorism Wars: Tracking the United States's Drone Strikes and Other Operations in Pakistan, Yemen, Somalia, and Libya", New America, Last updated on Jun. 17, 2021.

② Marry Ellen O'Connell, "Targeted Killings", in Christina Binder et al. eds., "Elgar Encyclopedia of Human Rights", Edward Elgar Publishing, 2022, p. 359; Hamza Mohamed, "A family mourns as US drone attacks in Somalia continue", Al Jazeera, Apr. 1, 2020.

③ 参见 1949 年《日内瓦第三公约》第 47 条第 2 款、1949 年《日内瓦第四公约》第 127 条第 4 款规定。

④ 参见 1949 年《日内瓦第三公约》第 19 条第 2 款规定。

⑤ 参见 1949 年《日内瓦第一公约》第 15 条第 2 款规定。

⑥ 参见 1949 年《日内瓦第四公约》第 20 条第 2 款规定。

⑦ 参见 1949 年《日内瓦第四公约》第 14 条第 1 款规定。

⑧ Knut Dörmann et al. eds., "Commentary on the Third Geneva Convention: Convention (III) relative to the Treatment of Prisoners of War", Cambridge University Press, 2021, para. 1869.

基于反恐行动符合国际法的前提假设，各国使用大量的无人机对恐怖组织进行袭击，这种作战方法对于国家而言是有利的，但这似乎不是真正的战争。① 反恐作战中，国家和恐怖组织之间存在武器技术或者军事作战能力上的差异，武装冲突以不对称的方式进行。这种不对称的作战方式，可能对平民和民用物体造成的损害会越来越多，而且平民难以得到合理的救济。

首先，需要明确的是，国际社会长期以来合作打击国际恐怖主义，各国在打击恐怖主义时必须遵守国际人道法以及国际人权法的义务。1937年《防止和惩治恐怖主义公约》是较早防止和惩治具有国际性质的恐怖主义的国际条约，由国际联盟反恐怖主义委员会组织制定，但一直未生效。② 自1963年以来，国际社会已经制定了19项专门防止和惩治恐怖主义行为的国际法律文书。③ 自开展国际反恐行动以来，联合国安理会和联合国大会一再强调，在采取措施打击恐怖主义时，各国有义务确保为打击恐怖主义而采取的任何措施符合国际法规定的全部义务，并应按照国际法，尤其是国际人权法、国际难民法和国际人道法采取这种措施。④ 各国在打击国际恐怖主义行动中，应当履行

---

① Boris Kashnikov, "Technology, Justice and the Return of Humanitarian Terrorism", in Bernhard Koch and Richard Schoonhoven eds., "Emerging Military Technologies: Ethical and Legal Perspectives", Brill Nijhoff, 2022, p. 166.

② Convention for the Prevention and Punishment of Terrorism, adopted 16 November 1937, never entered into force; League of Nations Doc. C 546 (I) M. 383 (I) 1937 V (1938).

③ 例如1963年《关于在航空器内的犯罪和某些其他行为的公约》、1970年《关于制止非法劫持航空器的公约》、1971年《关于制止危害民用航空安全的非法行为的公约》、1973年《关于防止和惩治侵害应受国际保护人员包括外交代表的罪行的公约》、1979年《反对劫持人质的公约》、1988年《关于制止危害海上航行安全的非法行为的公约》、1997年《制止恐怖主义爆炸事件的国际公约》、1999年《制止向恐怖主义提供资助的国际公约》、2005年《制止核恐怖行为国际公约》等。

④ UNSC, S/RES/1456 (2003), para. 6; UNSC, S/RES/1624 (2005), para. 4; UNGA, A/RES/60/288 (2006), Annex.

国际人道法以及国际人权法方面的义务。联合国安理会决议没有对专门规范反恐的条约、国际人道法和国际人权法之间的确切关系提供进一步指导。但可以推断的是，在武装冲突背景下，国家使用自主武器系统对恐怖组织发起攻击时，应当遵守国际人道法下对平民的保护规则。

其次，就法律地位而言，与应用于海战中的自主武器系统相类似，反恐作战中自主武器系统的法律地位面临着不确定性。军用飞机或航空器受武装部队成员指挥，行使指挥权的军事人员通常远离操作平台。① 在武装冲突中，如果自主式航空器没有被授权或指定为军用航空器，那么将不享有交战权，不能直接攻击军事目标。在反恐作战期间，属于一国武装部队的自主式航空器应被视为属于该国武装部队的一部分，控制或预先部署这些武器系统的人员应该受到国家武装部队的纪律约束，以确保能够遵守国际人道法。自主式军用航空器应当涂上表明其该国的国籍和军事性质的外部标志。② 此外，一些适用于跨国航空和海上安全的部门反恐条约不适用于军用、海关或警用飞机或船只。比如，1963年《关于在航空器内的犯罪和某些其他行为的公约》第1条第4款规定："本公约不适用于供军事、海关或警察用的航空器。"③ 因此，在武装冲突期间，对军用自主式航空器的攻击不属于相关的反恐条约管辖的范畴。但武装冲突期间对民用飞机、船只或机场的跨国攻击，无论是由国家武装部队、非国家实体者，还是直接参与敌对行动的平民所为，都受相关的反恐条约和国际人道法的

---

① See "HPCR Manual on International Law Applicable to Air and Missile Warfare", May 15, 2009, Rule 1 (x).
② 参见1994年《圣雷莫国际海上武装冲突法手册》第13条第10项。
③ 此外，1970年《关于制止非法劫持航空器的公约》第3条第2款规定，"本公约不适用于供军事、海关或警察用的航空器"；1971年《关于制止危害民用航空安全的非法行为的公约》第4条第1款规定，"本公约不适用于供军事、海关或警察用的航空器"；1988年《关于制止危害海上航行安全的非法行为的公约》第2条第1款规定，"本公约不适用于：军舰；国家拥有或经营的用作海军辅助船或用于海关或警察目的的船舶；已退出航行或闲置的船舶"。

制约。因而，此类恐怖行动造成的违法行为可能同时构成反恐条约和国际人道法两种制度下的犯罪。①

再次，在反恐作战中，隶属于国家武装部队的自主武器系统可以攻击合法的军事目标，但应当符合区分原则、比例原则和预防措施原则等国际人道法基本原则的要求。然而，在实践中，各国通过模糊反恐行动的属性，规避应当恪守的国际人道法义务。尤其是美国在境外反恐的次数逐年攀升，来自国际社会各界的批评也越来越多。尽管美国政府使用"全球反恐战争"这一表述，但如果美国针对"基地"组织的行动满足非国际性武装冲突的定性标准，那么相应地，美国采取的反恐行动也当受到武装冲突法的制约。在2006年的"哈姆丹"案中，美国最高法院就裁定美国与"基地"组织和塔利班处于战争状态，因此适用战争法。② 其中，首先明确存在可识别的武装冲突，此类冲突满足国际人道法下关于武装冲突的定性标准。如果国家使用自主式无人机打击恐怖组织，但没有触发武装冲突的门槛，那么该国对恐怖组织使用武力的合法性将会消失。因为不存在武装冲突的情况下，国际人道法的适用将受到阻却，规范国家使用武力的法律将由国际人权法来完成。

未来国家使用的自主武器系统将随着人工智能技术的发展，不断地提高自主性，这将导致自主式无人机与传统的遥控式无人机相比面临着不同的法律困境。遥控式无人机发起的攻击是由人类决定的；自主式无人机则不同，自主式无人机能够自行识别、选择和攻击目标，无须人类干预。③ 以区分原则为例，该原则载于1977年《第一附加议

---

① Ben Saul, "Terrorism, Counter-Terrorism, and International Humanitarian Law," in B. Saul and D. Akande eds., The Oxford Guide to International Humanitarian Law, Oxford University Press, 2020, p. 411.

② United States Supreme Court, Salim Ahmed Hamdan v. Donald H. Rumsfeld et al., 548 U.S. 557 (2006), No. 05.184, Jun. 29, 2006.

③ Pilar Pozo-Serrano, "Armed Unmanned Aerial Vehicles in New Armed Conflicts", in Pablo Antonio Fernández-Sánchez ed., "The Limitations of the Law of Armed Conflicts: New Means and Methods of Warfare: Essays in Memory of Rosario Domínguez Matés", Brill Nijhoff, 2022, p. 128.

定书》第48条和第51条当中，要求冲突各方采取的任何军事行动都应当遵守区分原则，区分战斗员和平民、军事目标和民用目标，这同样适用于非国际性武装冲突。区分原则的实施需要根据目标的"性质""位置""用途""目的"进行测试。自主武器系统在一定程度上能够给国家武装部队带来遵守区分原则的优势。然而，在实际的作战中，自主武器系统在动态且复杂的环境中，可能难以准确地识别出恐怖分子。依据国际人道法的一般性要求，冲突各方不得试图使军事目标看起来具有受保护的民用功能，军事基地也不得伪装成医院或任何其他受保护的设施。① 然而，恐怖组织并没有统一的制服，而且很可能伪装为平民（如"人盾"）开展恐怖活动。如果"基地"组织成员是非国家武装团体成员，那么其将成为合法的军事目标；如果不能够确定其身份，应当将他们视为平民并予以保护。此外，个人的确切地理位置不是评估其直接参与敌对行动和国际人道法适用范围的决定性因素。② 这也是反恐行动不同于其他冲突类型而需要注意的地方。

最后，除了国际人道法外，在反恐行动中，国家也应履行国际人权法下的义务。国家在反恐中的国际人权法方面的义务分为两个方面：一是各国在国家和国际层面应当采取一切必要和适当的措施防止恐怖袭击，保护生命权；③ 二是各国在反恐行动中应当防止违反生命权、禁止酷刑、不人道或有辱人格的待遇或处罚、公平审判权、隐私权、

---

① 1977年《第一附加议定书》第38条规定："不正当使用红十字、红新月或红狮与太阳的特殊标志或各公约或本议定书所规定的其它标志、记号或信号，是禁止的。在武装冲突中故意滥用国际公认的保护标志、记号或信号，包括休战旗，以及文化财产的保护标志，也是禁止的。"

② Noam Lubell and Nathan Derejko, "A Global Battlefield? Drones and the Geographical Scope of Armed Conflict", Journal of International Criminal Justice, Vol. 11, No. 1, 2013, p. 86.

③ See UNSC, S/RES/1624 (2005).

财产权等基本权利。① 其中，对于生命权，如本书第二章所述，各国具有尊重和保护生命权的义务。国家有义务采取合理的措施保护公民免遭武装团体或恐怖团体谋杀或杀害的可预见的威胁。国际人道法和国际人权法允许有条件地对参与敌对行动的人员使用致命武力，这些人员包括游击队战士、履行战斗职能的非国家武装团体成员（如恐怖分子），以及直接参与敌对行动的平民。在和平时期，只有在为了保护生命免受"迫在眉睫的"威胁，并且"绝对必要的"情况下，才允许采取剥夺生命的手段。② 所以，国家开展的反恐行动的合法性所涉及的初步问题是判定反恐行动是否属于武装冲突。例如，在"苏莱曼尼"事件中，美国依据自卫权主张其行为的合法性，但却缺少足够的证据证明其受到"即时的"或者"迫在眉睫的"的威胁。2020年，伊朗核物理学家穆赫辛·法赫里扎德·马哈巴迪被人工智能机枪"暗杀"。③ 人工智能无人机或机枪的使用不会触发自卫权，但是如果各方都使用此类手段，难免会造成冲突不断升级，进而触发武装冲突。④ "暗杀"或者"定点清除"，无论是在和平时期或是在武装冲突期间都可能是非法的，因为生命权在此期间始终受到保护。目前，各国不断提高自主武器系统的技术，以期在行动中可以减少附带损害，提高自主武器系统的"可接受性"，但可能难以找到合理的解释证明其行动的合法性。

（二）非国家实体应当遵守的规则

除上述外，令人关切的问题是，自主武器系统等新兴技术不仅会

---

① UNGA, A/RES/60/288 (2006); Céline Braumann and Ralph Janik, "Terrorism", in Christina Binder et al. eds., "Elgar Encyclopedia of Human Rights", Edward Elgar Publishing, 2022, pp. 376 – 377, para. 11.

② Human Rights Committee, "General Comment No. 36, Article 6: right to life", CCPR/C/GC/36, Sep. 3, 2019, para. 12.

③ Zoe Kleinman, "Mohsen Fakhrizadeh: 'Machine – gun with AI' used to Kill Iran Scientist", BBC News, Dec. 7, 2020.

④ Marry Ellen O'Connell, "Targeted Killings", in Christina Binder et al. eds., "Elgar Encyclopedia of Human Rights", Edward Elgar Publishing, 2022, p. 359.

被各国用于打击恐怖主义，也会被恐怖组织用作致命武器，计划、协调和发动针对平民和关键基础设施的大规模攻击。如前所述，在过去几年中，非国家武装团体使用无人机的数量稳步增加。自主武器系统的快速发展，恐将成为未来恐怖袭击的主要作战手段和作战方法。联合国安理会第2370（2017）号决议明确提及并谴责向恐怖分子提供无人机。①值得注意的是，针对自主武器系统，联合国反恐怖主义办公室于2021年创建"自主和遥控系统全球反恐方案"（AROS），旨在帮助成员国应对无人机、自主武器系统等新兴武器系统所造成的威胁。②目前，"自主和遥控系统全球反恐方案"正在召集专家和政策制定者，提高国际社会对自主武器系统和远程武器系统的益处和威胁的认识。通过联合国所采取的一系列的举措，人们可以发现自主武器系统已经呈现出较为独特且更具挑战性的恐怖主义威胁。然而，恐怖分子是否受到国际人道法以及国际人权法的约束，是应当解决的首要问题之一。

在武装冲突中，恐怖组织是否受到国际人道法的制约是存在争议的。恐怖组织是非国家武装团体的一种，但非国家武装团体不是国家，也不是1949年"日内瓦四公约"及其附件议定书的缔约方。当不受任何国家控制的"基地"组织、青年党和"伊斯兰国"等武装团体成为武装冲突中的敌对武装力量时，此时的冲突构成非国际性武装冲突，这些恐怖组织应当对违反1949年"日内瓦四公约"共同第3条和1977年《第二附加议定书》的行为负责。除了国家外，非国家武装团体也应履行相应的国际人道法义务。③但是，有部分国家反对将恐怖

---

① UNSC, S/RES/2370 (2017).

② U. N. Office of Counter – Terrorism, Global Counter – Terrorism Programme on Autonomous and Remotely Operated Systems (AROS), https：//www.un.org/counterterrorism/autonomous – and – remotely – operated – systems.

③ Jann K. Kleffner, "The Applicability of International Humanitarian Law to Organized Armed Groups", International Review of the Red Cross, Vol. 93, No. 882, 2011, pp. 443 – 444; Dieter Fleck, "Scope of Application of Humanitarian Law", in Dieter Fleck ed. , "The Handbook of International Humanitarian Law", Oxford University Press, 4th edn. , 2021, p. 59.

组织视为武装冲突的一方,因为担心承认武装冲突的存在,会使得恐怖组织被"合法化"。但这种理解可能是错误的。国际人道法的适用并不会向武装冲突方赋予任何法律地位。① 否认恐怖组织作为非国际性武装冲突的一方,不仅会阻碍规范非国际性武装冲突基本规则的适用,还可能导致国际人道法无法有效地对平民提供保护。② 另外,非国家武装团体可以通过作出单方声明的方式,承诺遵守国际人道法的基本原则和规则。此类声明可以由武装团体主动发出,也可以由红十字国际委员会等非政府组织呼吁或请求发表。③ 因而,由恐怖组织参与的非国际性武装冲突受到国际人道法的管辖,不存在太大的争议。

恐怖组织发起的敌对行动不应当成为灰色地带,理应接受国际人道法的约束,特别是应当遵守区分原则、比例原则以及预防措施原则等国际人道法基本原则的约束。未来恐怖组织可以轻易地获取自主武器系统。与国家武装团体展开敌对行动时,恐怖组织很可能大规模地使用自主武器系统。尤其是近些年,恐怖组织不断加大对无人机、人工智能等新技术的投入。2017年,"伊斯兰国"极端组织招募了大量的工程师和科学家,研发"圣战无人航空器",发展和使用无人机技术。恐怖组织可以利用低成本的无人蜂群无差别地实施打击,恐怖活动也将更为隐蔽和更具破坏力。④

---

① 1949 年"日内瓦四公约"共同第 3 条第 4 款规定:"上述规定之适用不影响冲突各方之法律地位。"该款明确,国际人道法的适用不向冲突方赋予任何法律地位。

② ICRC, "International Humanitarian Law and the Challenges of Contemporary Armed Conflicts—Recommitting To Protection In Armed Conflict on the 70th Anniversary of the Geneva Conventions", Jun. 16, 2020, p. 58.

③ Sandesh Sivakumaran, "Implementing Humanitarian Norms Through Non-State Armed Groups", in Heike Krieger ed., "Inducing Compliance with International Humanitarian Law", Cambridge University Press, 2015, p. 126.

④ 尹恒:《人工智能军事应用面临的全球伦理困境》,《军事文摘》2023 年第 1 期,第 10 页。

第四章
特定武装冲突背景下使用自主武器系统的限制条件

然而,也应当注意到,恐怖组织等非国家武装团体不是条约的缔约方,这些组织可能更愿意承担与国家对等的国际人道法义务;但恐怖组织对国际人权法似乎难以接受和认同。人权条约是国家之间建立权利和义务的条约,其受益人实际上是第三方;客观上讲,缔约国可能会受到此类人权条约安排的不利影响,但缔约国仍可以交换此类权利和义务,获得相对应的优势。① 当然,与国际人道法一样简单地认为国际人权法是基于权利和义务的双边交换是狭隘的。② 国际人权法之中包含了许多基本的权利和义务,尤其是本书第二章所详细讨论的生命权、人格尊严。从实践来看,国际人权法义务的实施并不依赖于互惠。如果人权条约的一方或多方不遵守条约义务,那么这些国家所期待的利益将很快会消失,但不影响其他缔约方义务的履行。③ 与国际人道法不同的是,国际人权法不像国际人道法那样与国际刑法(甚至国内刑法)严格交叉。违反国际人道法下的义务,很可能会受到惩治。例如,针对恐怖主义犯罪,各国可以通过国内法予以惩治;在国际刑法下,对于实施犯罪的个人也有着相对完善的惩处机制。1998年《国际刑事法院罗马规约》下的战争罪、危害人类罪都可以将恐怖主义犯罪行为吸收进来。关于恐怖主义是否构成对国际人权法的侵犯这一问题,如果没有完善人权法院对非国家实体行使管辖权的机制,那么这一问题就失去讨论的意义了。④ 换言之,由于缺少一个健全的程序性机制,将恐怖组织实施的侵犯人权的行为归咎于他们是很难从法律上证明的。不过,占领这一情形可能会是一种例外。如果恐怖组织

---

① Frédéric Mégret, "Special Character", in Daniel Moeckli et al. eds., "International Human Rights Law", Oxford University Press, 4th edn., 2022, p. 92.
② For instance, ICTY, Prosecutor v. Kupreškić, Case No. IT-95-16-T, Trial Chamber, Judgment, Jan. 14, 2000, para. 517.
③ Frédéric Mégret, "Special Character", in Daniel Moeckli et al. eds., "International Human Rights Law", Oxford University Press, 4th edn., 2022, p. 92.
④ Martin Scheinin, "Terrorism", in Daniel Moeckli et al. eds., "International Human Rights Law", Oxford University Press, 4th edn., 2022, pp. 607-608.

控制了某一领土,并且具有类似国家的特征,可以构成保护受其管辖领土范围内的人的权力机构。[1]

值得一提的是,联合国框架内已经逐渐拓展国际人权法对非国家武装团体适用的可能。例如,联合国安理会在第2056号决议谴责反叛分子、恐怖组织在马里北部所犯下的侵犯人权的暴力行为。[2] 联合国人权理事会在其报告中也使用了"侵犯"和"虐待"等此类措辞,谴责伊拉克和"伊斯兰国"及相关团体实施的侵犯和践踏人权的恐怖行为。[3] 联合国反恐怖主义办公室的"自主和遥控系统全球反巩方案",其目的也是确保自主武器系统等新兴技术能够合法地使用。这能够在一定程度上促进国际人权法和国际人道法的实现。可以注意到,联合国机制下正在形成这种期望,但没有着重强调非国家武装团体是否具备履行人权规则的资格。事实上,无论国际人权法或国际人道法都没有给予非国家武装团体任何地位。同时,我们不应忽略的是,国际人权法能够触及自主武器系统本身的合法性。如本书第二章关于生命权和人格尊严部分的分析所述,如果自主武器系统作为武器违反相关的国际人权法规则的限制,那么非国家武装团体使用这些武器的行为也将是违法的。

综合上述,未来将会有越来越多的自主武器系统被应用于反恐行动,并且恐怖分子获取自主武器系统是现实的。自主武器系统会使各国在开展反恐行动时受益,但也潜藏着风险与挑战。目前,在反恐行动的定性问题上仍存在争议,这也使得武装冲突与和平时期之间的区分逐渐模糊。如果反恐行动被定性为非国际性武装冲突,那么冲突各方的行为将受国际人道法的管辖。然而,在反恐行动这一更为具体的武装冲突背景之下,自主武器系统的使用使得反恐行动在作战形态与以往的武装冲突有所不同。恐怖组织的成员相对分散,可能分散在不

---

[1] Daragh Murray, "Human Rights Obligations of Non-State Armed Groups", Hart Publishing, 2016, pp. 120-154.
[2] UNSC, S/RES/2056 (2012), para. 13; See also UNSC, S/Res/2071 (2012).
[3] HRC, A/HRC/RES/S-22/1, Sep. 1, 2014.

同的国家和地区，并且各国对于什么是恐怖主义和恐怖分子都缺乏相对一致的认识。这对评估恐怖组织是否满足"组织性"标准时造成一定的阻碍。另外，反恐行动造成的冲突强度可能相对较低。不过，也不应夸大非国际武装冲突定性所需的"组织性"标准和"强度"标准。如果恐怖组织被定性为"非国家武装团体"，并且冲突的"强度"标准得到满足，那么国家与恐怖主义团体之间发生的冲突将受到国际人道法的制约。

第三节　网络空间作战中使用自主武器系统的限制条件

　　网络空间已经成为现代社会经济、公共安全和国家安全活动的重要媒介，对全球人口和各国来说是一个不可或缺的领域。通俗而言，网络空间是由计算机系统创建的一个非物理领域，在这个领域，允许人们相互通信、交换或收集信息。① 许多国家已经认识到网络空间是一个独立的作战领域，并且自主网络武器已经在网络空间作战中得到应用。事实上，联合国框架体系已经对网络安全问题进行了初步的探索。1998 年，第 53 届联合国大会决定将题为"从国际安全的角度来看信息和电信领域的发展"的项目列入第 54 届联合国大会临时议程。② 考虑到各国对于管控网络空间行动的对立局面，2018年第 73 届联合国大会决定设立两个平行的议程：一是关于信息和通信

---

① Constantine Antonopoulos, "State Responsibility in Cyberspace", in Nicholas Tsagourias and Russell Buchan eds., "Research Handbook on International Law and Cyberspace", Edward Elgar Publishing Limited, 2021, p. 113.

② UN General Assembly, "Developments in the Field of Information and Telecommunications in the Context of International Security", UN Doc. A/RES/53/70, Jan. 4, 1999.

技术使用安全问题政府专家组;① 二是不限成员名额的工作组。② 政府专家组和不限成员名额的工作组作为两个独立的工作实体，工作任务存在很大程度的重叠。比如，二者所关注的问题均是信息安全领域新出现的威胁，主要任务都是制定和促进网络空间的国家行为规范。为了确保不间断和持续的讨论，2020年11月，联合国大会通过第75/240号决议，决定再次设立信息和通信技术安全和使用问题不限成员名额工作组。③ 这是联合国第二次设立不限成员名额的工作组。虽然，各组的成员和组织形式有所不同，但根据各组提交的报告，都明确指出国际法，特别是1945年《联合国宪章》规定的义务，是各国使用信息和通信技术的重要行动框架。④ 此外，许多国家着重强调，在武装冲突中，使用信息和通信技术可能性很高，所以规范网络行动的国际法规则也包括国际人道法、国际人权法等。⑤

---

① 关于信息和通信技术使用安全问题的政府专家组由36个国家提出，包括美国和欧洲国家，要求联合国秘书长召集一个新的联合国政府专家组，成员限于25个国家，包括联合国安理会常任理事国。参加2019—2021年政府专家组的联合国成员国包括：澳大利亚、巴西、中国、爱沙尼亚、法国、德国、印度、印度尼西亚、日本、约旦、哈萨克斯坦、肯尼亚、毛里求斯、墨西哥、摩洛哥、荷兰、挪威、罗马尼亚、俄罗斯联邦、新加坡、南非、瑞士、英国、美国和乌拉圭。UN General Assembly, "Advancing responsible State behaviour in Cyberspace in the Context of International Security", UN Doc. A/RES/73/266, Jan. 2, 2019.

② 不限成员名额的工作组是由包括俄罗斯和中国在内的31个国家提出，对联合国所有成员国开放。UN General Assembly, "Developments in the Field of Information and Telecommunications in the Context of International Security", UN Doc. A/RES/73/27, Dec. 11, 2018.

③ UN General Assembly, "Developments in the Field of Information and Telecommunications in the Context of International Security", UN Doc. A/RES/75/240, Jan. 4, 2021.

④ For example, "Report of the Group of Governmental Experts on Advancing Responsible State Behaviour in Cyberspace in the Context of International Security", UN Doc. A/76/135, July 14, 2021, para. 69.

⑤ 这些国家包括澳大利亚、爱沙尼亚、巴西、德国、加拿大、捷克、克罗地亚、日本、瑞典、斯洛文尼亚、乌克兰、新西兰、意大利等。See "Compendium of Statements in Explanation of Position on the Final Report", Note by the Chair, A/AC.290/2021/INF/2, Mar. 25, 2021.

第四章
特定武装冲突背景下使用自主武器系统的限制条件

因而，本节将基于当前国际社会实践，批判性地探讨相关国际法规则适用于网络空间作战的可能性。本章第一小节结合实际应用概述什么是自主网络武器。本章第二小节通过讨论有关自主网络武器适用国际法所涉及的最重要的术语和条件，并就国际法，尤其是国际人道法在多大程度上，以及如何适用于自主网络武器提出一些个人观点。本章第三小节探讨网络空间作战中，冲突方部署使用自主网络武器应遵循的义务，以及在缺少专门条约规范的情况下，交战方和中立国可以如何行动。

一、自主武器系统在网络空间作战中的应用

自主武器系统不限于物理性或有体性的武器或武器系统。自主网络武器是一种自主武器系统，一旦被激活，无须人类操作员的进一步干预，即可识别、选择和攻击目标。自主网络武器能够在短时间内收集信息并分析大量数据，然后根据这些信息快速地作出最佳决策，这些都是人类在网络空间中无法完成的。按照其功能性质，自主网络武器可以分为进攻性自主网络武器和防御性自主网络武器。

（一）进攻性自主网络武器

进攻性自主网络武器最典型的例子是"震网"病毒。"震网"病毒是一种破坏性恶意软件，具有很强的针对性，这使它与一般的恶意软件有所不同。"震网"病毒是由拉尔夫·兰格纳领导的一个德国团队发现。所谓"震网"病毒，是指一种独立的计算机程序，不需要任何人类交互就可以发起攻击。[1]"震网"病毒专门设计用于攻击为核武

---

[1] 恶意软件大致分为三类：病毒、蠕虫和特洛伊木马。病毒是一种自我复制的程序，它需要附着在宿主程序上才能传播。通常病毒只存在于宿主系统中，可以无差别地感染每个文件，也可能被设计为专门攻击特定的可执行文件。蠕虫也是一种自我复制的程序，但它无需依赖其他程序即可实现复制和传播。特洛伊木马是一种伪装成合法程序，执行未知或有害操作的程序。特洛伊木马通常被用作传播工具，而不是最终的有效载荷。Sean Collins and Stephen McCombie, "Stuxnet: The Emergence of A New Cyber Weapon and Its Implications", Journal of Policing, Intelligence and Counter Terrorism, Vol. 7, No. 1, 2012, p. 81.

器和反应堆提供动力的浓缩铀离心机,① 通过操纵离心机的运行,向操作者提供无害的信息,导致浓缩铀离心机在没有任何通知或明显原因的情况下发生故障。

作为普遍公认的网络武器,"震网"病毒具有两个特征。首先,"震网"病毒可以自主复制、传播,并且能够识别、感染和控制目标,不需要人类干预或控制。它可通过两种方式在可移动驱动器之间传播:一是通过可移动驱动器(U 盘)传播;二是通过可执行文件传播。②"震网"病毒不需要访问互联网实现其目标,可以依靠本地网络和可移动媒介进行传播。其次,"震网"病毒能够造成物理损伤。它采用了一种全新的方法,没有企图窃取、操纵或删除信息;相反,它的目标是从物理上摧毁目标。③ 在进攻中,发起自主网络行动的操作员定义了最终目标,但"震网"病毒独立决定实现其最终目标的方式,比如中间程序,需要感染和影响的目标等。因此,将"震网"病毒称为第一种自主网络武器不无道理。

"震网"病毒不是最后一种能够在现实世界中造成物理破坏的网络武器。相反,它的出现暴露了工业控制系统的安全缺陷,提供了一个通过恶意软件并实施类似攻击的示例。④ 2017 年 6 月 12 日,安全厂商 ESET 公布了一款针对变电站系统进行恶意攻击的网络武器"Industroyer",此种武器可以控制变电站的开关和断路器,从而导致变电站断电。⑤ "Industroyer2"作为"Industroyer"的新变种,在 2022 年 4 月

---

① Ralph Langner, "Stuxnet: Dissecting a Cyberwarfare Weapon", IEEE Security and Privacy, Vol. 9, No. 3, 2011, p. 49.

② Nicolas Falliere, Liam O Murchu and Eric Chien, "W32. Stuxnet Dossier Version 1. 4", Feb., 2011, p. 29.

③ David E. Sanger, "Obama Ordered Wave of Cyberattacks against Iran", The New York Times, Jun. 1, 2012.

④ Eric Byres et al., "How Stuxnet Spreads – A Study of Infection Paths in Best Practice Systems Byres", Tofino Security, Feb. 22, 2011.

⑤ Anton Cherepanov and Robert Lipovsky, "Industroyer: Biggest Threat to Industrial Control Systems Since Stuxnet", WeLive Security, Jun. 12, 2017.

8日，被沙虫组织（Sandworm Group）用来攻击乌克兰最大的能源公司的高压变电站，造成了变电站断电。① 可见，网络武器同样能够用来破坏、扰乱和摧毁现实世界中的目标。无论制造自主网络武器的成本是多少，都会远远低于常规的物理武器的成本。并且，自主网络武器可能会被国家、恐怖组织用来实现各自的目标。目前，各国已经对这种恶意软件或网络武器开始了新的军备竞赛，这无疑会对全球关键基础设施的安全造成严重影响。

（二）防御性自主网络武器

恶意软件是可以被探测到的，为了保护系统，需要设计复杂的机制来跟踪和消除恶意软件的威胁。② 防御性自主网络系统能够检测出针对计算机系统的攻击，然后通过对抗此网络攻击来保护系统。美国国防高级研究计划局正在开发保护美国数据、网络和国家安全的技术。例如，漏洞神器"Mayhem"是2016年美国国防部高级项目研究局举办的网络大挑战中的获奖作品。③ "Mayhem"是一个设计用于在专门为网络大挑战开发的简化操作系统中运行的原型，在网络防御能力方面表现卓著。"Mayhem"能够自主发现、修补漏洞，并且采取对抗措施，这一切都是在没有任何持续人工输入的情况下进行的。④ 据称，美国国家安全局正在落实一项名为"MonsterMind"的防御系统。"MonsterMind"防御系统通过监控和识别异常的流量模式，能够立即、

---

① ESET Research, "Industroyer2: Industroyer Reloaded", WeLive Security, Apr. 12, 2022.

② Michael Oreyomi and Hamid Jahankhani, "Challenges and Opportunities of Autonomous Cyber Defence (ACyD) Against Cyber Attacks", in Hamid Jahankhani et al. eds., "Blockchain and Other Emerging Technologies for Digital Business Strategies", Springer, 2022, pp. 243, 248.

③ Cheryl Pellerin, "DARPA Programs Create Defense Systems for Data, Networks", DOD News, Jun. 14, 2017.

④ Thanassis Avgerinos et al., "The Mayhem Cyber Reasoning System", IEEE Security and Privacy, Vol. 16, No. 2, 2018, pp. 52–60.

自主地消除对美国的网络攻击,也可以用于发动报复性打击。① 此类防御系统具有自主性,即其自身的决策能力,独立运行或监控、控制和修复自身的能力,评估其自身工作质量并在出现目标变差时调整其算法的能力,这些过程都不需要由人类操作员的控制。② 防御性自主网络武器所发挥的功能与防空和导弹防御系统相类似,能够发现威胁,并且作出反击。因此,防御性自主网络武器可以"采取直接的防御行动,摧毁、消除或降低敌方的网络行动对友军和友军资产造成的威胁"③。

二、国际法在网络空间作战中的可适用性

国际法适用于物理性的自主武器系统,这一说法具有广泛的共识;然而,国际法是否适用于自主网络武器却存有争议。物理性的自主武器系统是一种武器或武器系统,在武装冲突中使用自主武器系统自然属于国际人道法的管辖范畴。然而,自主网络武器在网络空间中活动,自主网络武器所发起的攻击能否构成国际人道法下的"攻击"存在争议。此外,自主网络武器所发起的冲突能否达到武装冲突的门槛,也是国际法能否适用的重要阻碍。笔者认为自主网络武器与物理性的自主武器系统都应同样受到国际法的制约。

(一) 自主网络武器作为"武器"

自主网络武器作为一种"武器"或"武器系统",是一种旨在或用于造成伤害或损害的工具,无论是用于攻击还是用于防御。自主网

---

① Kim Zetter, "Meet MonsterMind, the NSA Bot That Could Wage Cyberwar Autonomously", WIRED, Aug. 13, 2014.

② Paul Theron et al., "Reference Architecture of an Autonomous Agent for Cyber Defense of Complex Military Systems", in Sushil Jajodia et al. eds., "Adaptive Autonomous Secure Cyber Systems", Springer, 2020, p. 6.

③ U. S. Department of Defence, "Dictionary of Military and Associated Terms", Nov. 8, 2010, as Amended Through Feb. 15, 2016, JP. 1 – 02; Dorothy E. Denning, "Framework and Principles for Active Cyber Defence", Computers and Security, Vol. 40, 2014, p. 109.

络武器必然具备造成损害的能力，比如"震网"病毒。自主网络武器自身是否具有导致人员死伤的能力可能会受到质疑。前文提到，自主武器系统的"致命性"和"非致命性"的区分并无实际必要。因为这一区分无论是在技术还是医学方面都难以解决的。死亡率或杀伤力不仅取决于武器的技术，还取决于武器的使用方式。非致命性武器并不等于造成零伤亡，只是相较于致命性武器，造成的物理性损害的可能性较低。因此，强调自主网络武器的非致命性并不能改变它属于武器或武器系统这一事实。自主性才是体现其为自主武器系统的关键特征。因此，无论自主网络武器是否具有直接的致命性，在武装冲突中使用它们，都应受到国际人道法的制约。

（二）自主网络武器与"攻击"

国际社会对于什么构成"攻击"缺乏相对一致的理解。词典中"攻击"的字面解释是指主动进攻敌人的作战[1]，不包括防御行动。[2]不过，依据1977年《第一附加议定书》第49条的规定，攻击是指"在进攻或防御中对敌人的暴力行为"。这说明国际人道法中的攻击不仅包括摧毁敌军和占领阵地的进攻行为，还包括反击、以阻止敌人攻击为目的而采取的防御行为。[3] 自主网络武器可以兼具进攻和防御功能，这满足1977年《第一附加议定书》第49条对于"攻击"的情景

---

[1] 参见辛克莱尔编：《柯林斯COBUILD英语词典》，上海外语教育出版社2000年版，第95页；[英]特朗博、[英]史蒂文森编：《牛津英语大词典》（简编本），上海外语教育出版社2004年版，第144页；辞海编辑委员会：《辞海》（第6版缩印本），上海辞书出版社2010年版，第600页；《中国军事大辞海》编写组编：《中国军事大辞海》，线装书局2010年版，第1506页。

[2] 在汉语词典中，"攻击"一词一般包含双重意思，既包括军队主动进击敌人的作战行动，也包括战略防御中反攻、防御战役中的反突击、战术范围的反冲击等。《中国军事辞典》编纂组编：《中国军事辞典》，解放军出版社1990年版，第425页；辞海编辑委员会：《辞海》（第6版缩印本），上海辞书出版社2010年版，第941页。

[3] See Yves Sandoz, Christophe Swinarski and Bruno Zimmermann eds., "Commentary on the Additional Protocols of 8 June 1977 to the Geneva Conventions of 12 August 1949", Martinus Nijhoff Publishers, 1987, p. 603, paras. 1879–1880.

限定。此外，自主网络武器发起的攻击还需要构成暴力行为。简单来讲，攻击所使用的暴力行为应当意在伤害或杀死敌对方。① 自主网络武器发起的网络攻击可以造成无形的损害，也可以造成实质性的损害或者两者兼具。如果网络攻击能够产生物理性损害，那么将具备构成武装攻击的可能性。对于自主网络武器造成的非物理性的损害是否构成 1949 年《日内瓦四公约》之下的攻击，则有待证明。②

对于"攻击"这一概念选择狭义或广义的解释，将影响到国际人道法对平民和民用基础设施的适用及保护程度。对于导致功能丧失但没有造成物理损害的网络行动是否属于国际人道法所定义的攻击，各方持有不同的观点。一些国家主张对"攻击"采用狭义解释。例如，澳大利亚③、丹麦④、日本⑤、瑞典⑥、新西兰⑦、英国⑧等国。按照这些国家的立场，当自主网络武器导致人员伤亡，或者军事目标摧毁或失效，才构成国际人道法下的攻击。在武装冲突期间，管辖此类攻击

---

① Yves Sandoz, Christophe Swinarski and Bruno Zimmermann eds., "Commentary on the Additional Protocols of 8 June 1977 to the Geneva Conventions of 12 August 1949", Martinus Nijhoff Publishers, 1987, p. 482, para. 1606.

② 这里需要补充的是，依据 1945 年《联合国宪章》第 51 条，"使用武力""武装攻击"以及自卫权之间相联系，网络攻击是否达到"武装攻击"的标准，不在本节的讨论范围。

③ Australian Department of Foreign Affairs and Trade, "Australia's Position on How International Law Applies to State Conduct in Cyberspace", https://www.internationalcybertech.gov.au/our-work/annexes/annex-b.

④ Denmark, "Denmark's Position Paper on the Application of International Law in Cyberspace", Jul. 4, 2023, pp. 9–10.

⑤ Ministry of Foreign Affairs of Japan, "Basic Position of the Government of Japan on International Law Applicable to Cyber Operations", May 28, 2021, p. 7.

⑥ Government Offices of Sweden, "Position Paper on the Application of International Law in Cyberspace", Jul., 2022, p. 7.

⑦ New Zealand Foreign Affairs & Trade, "The Application of International Law to State Activity in Cyberspace", Dec. 1, 2020.

⑧ U.K. Foreign, Commonwealth and Development Office, "Application of International Law to States' Conduct in Cyberspace: UK Statement", Jun. 3, 2021, para. 24.

第四章
特定武装冲突背景下使用自主武器系统的限制条件

的国际人道法规则将适用。

与此同时，也有国家主张对"攻击"采用扩大解释。比如，在攻击的效果上，除了能够造成大规模的人员和财产损害之外，还包括对关键民用（卫生、运输、能源、银行、电信等）基础设施的完整性和可用性的破坏，或者意图删除、破坏和操纵对关键民用基础设施的平稳运行至关重要的数据的行为，又或者利用虚假信息传播恐惧和混乱等网络行动。持这一立场的国家包括巴基斯坦[①]、德国[②]、法国[③]等。红十字国际委员会认为，在武装冲突期间，旨在使计算机或网络失去效用的网络行动均构成国际人道法的攻击。如果仅将攻击理解为必须造成人员伤亡或实际损害的行为，那么旨在使民用网络（如电力、银行或通信）无法运转或预期造成此类附带损害的网络行动，将不受相关的保护平民和民用物体的国际人道法规则的限制。[④]

由自主网络武器发起网络攻击需要多大程度的死亡、伤害、损害或破坏，或者是否具有最低的限度，才可以构成国际人道法下的攻击，在法律上仍没有定论。根据《塔林手册2.0》对于网络攻击的解释，判断"攻击"和"暴力行为"的关键在于其所造成的后果。[⑤]《塔林手册2.0》将这种后果描述为"预计会造成人员伤亡，或物体损坏或破坏"。这与澳大利亚、丹麦和日本等国的立场基本一致。不过，巴基斯坦、德国、法国等国对于"攻击"结果的解释与《塔林手册2.0》有所不同。德国将网络攻击定义为在网络空间发起的行动，能

---

① UNODA, "Pakistan's Approach on the Application of International Law in Cyberspace", Mar. 3, 2023.

② Germany, "On the Application of International Law in Cyberspace: Position Paper", Mar., 2021, p. 9.

③ Ministry of Defence of France, "International Law Applied to Operations in Cyberspace", Sep. 9, 2019, p. 12.

④ ICRC, "International Humanitarian Law and Cyber Operations during Armed Conflicts: ICRC Position Paper", Nov. 28, 2019, p. 7.

⑤ Michael N. Schmitt ed., "Tallinn Manual 2.0 on the International Law Applicable to Cyber Operations", Cambridge University Press, 2017, Rule 92, p. 415.

够对通信、信息或其他电子系统存储、处理或传输的信息，或对实物或人造成有害影响。① 法国认为，即使没有人员伤亡或财产损失，1977 年《第一附加议定书》第 49 条意义上的攻击可能发生。在法国看来，大多数网络行动，包括法国在武装冲突情况下开展的进攻性网络战行动，虽然低于攻击门槛，但这种行动仍然受国际人道法的一般原则的管辖。② 因此，德国、法国并不仅仅根据物理性损害标准来定义"攻击"。事实上，《塔林手册 2.0》并不否认干扰网络行动或数据丢失导致的经济损失也可以被视为物质损害。③ 但是，《塔林手册 2.0》同时还指出，仅仅给平民带来不便或烦恼的网络行动不会上升到攻击的程度。④

由此可以推论，自主网络武器对民用物体造成的非物理性损害是否可以得到国际人道法的保护，将是问题的关键，也是最大的风险之一。按照澳大利亚、丹麦和日本等国的说法，可以推断出只有当自主网络武器造成死亡、伤害或身体损害，比如针对电网的网络攻击导致医院断电，造成重症监护室病人死亡，才有可能构成国际人道法下的攻击。然而，"攻击"仅被解释为造成死亡、伤害或有形损害的行动，那么自主网络武器旨在使民用网络（如电力、银行或通信）瘫痪或预测此类会附带损害的网络行动，将不在国际人道法的保护范围之内。保护平民和民用物体的国际人道法基本规则也将无法适用。

此外，如果仅将攻击的效果局限于物理性损害，这很可能会合法化自主网络武器针对平民的攻击，进而影响到区分原则、比例原则、

---

① Germany, "On the Application of International Law in Cyberspace: Position Paper", Mar., 2021, p. 9.

② Ministry of Defense of France, "International Law Applied to Operations in Cyberspace", Sep. 9, 2019, p. 12.

③ Michael N. Schmitt ed., "Tallinn Manual 2.0 on the International Law Applicable to Cyber Operations", Cambridge University Press, 2017, Rule 28, p. 144.

④ Michael N. Schmitt ed., "Tallinn Manual 2.0 on the International Law Applicable to Cyber Operations", Cambridge University Press, 2017, Rule 92, p. 418.

预防措施原则等国际人道法基本原则的实施。不可否认的是，任何针对平民的军事行动都将是非法的。如果自主网络武器以民用设施为目标发起攻击，那么将被视为不分皂白的攻击，为国际人道法所禁止。①从这一角度解释，自主网络武器发起的攻击是否构成国际人道法下的攻击，其实并不重要。也可以说，国际人道法对敌对行为施加的限制是否适用于自主网络武器，并不取决于有关行动是否构成攻击，而在于此类行动是否构成国际人道法意义上的"敌对行动"的一部分。②所以，开展敌对行动的形式并不重要，即便自主网络武器开展的网络行动不构成攻击，也不能说明此项网络行动就不受国际人道法的约束。然而，遗留的问题是，什么构成网络空间中的民用物体？这一问题直接涉及受国际人道法保护的民用物体范围。不过，仍然有待更多国际社会实践发展为法律，或者对现行条约相关条款进行重塑和解释。

（三）自主网络武器与武装冲突的定性

网络空间是一个可能发生武装冲突的地方，国际法可以用来限制武装冲突中的敌对行动。并非所有的网络行动都受到国际人道法的制约，国际人道法的适用取决于冲突是否到达武装冲突的门槛。诸如网络间谍、网络干扰、网络盗窃等行动，虽然被扣上了字面意义上的"战争"，但它们本质上并不属于国际人道法意义上的"战争"。③即使国家进行大规模网络监视和间谍活动、网络知识产权盗窃和网络非武装干预，合法的应对措施也应在有关执法、报复和反措施的法律中

---

① 参见1977年《第一附加议定书》第48条、第51条和第57条规定。
② Niels Melzer, "Cyberwarfare and International Law", UNIDIR, Nov. 2, 2011, p. 27.
③ Terry D. Gill, "International Humanitarian Law Applied to Cyber – Warfare: Precautions, Proportionality And The Notion of Attack Under The Humanitarian Law of Armed Conflict", in Nicholas Tsagourias and Russell Buchan eds., "Research Handbook on International Law and Cyberspace", Edward Elgar Publishing Limited, 2021, p. 460.

找到，而不是在有关使用武力或国际人道法中找寻。这些活动只有在达到国际性武装冲突或非国际武装冲突的门槛时，才会触发国际人道法的适用。

就国际性武装冲突的定性而言，除了需要满足国家与国家之间发生的冲突之外，还需要诉诸国家武装力量。这种武装力量可以是国家武装部队参与敌对行动的形式。如果国家武装部队利用自主网络武器开展单独的网络作战，那么能够构成国际性武装冲突。然而，现实的挑战是单独的网络作战难以跨越国际性武装冲突的门槛。迄今为止，没有一场国际性武装冲突被认为完全是在网络空间被引发的。此外，大规模独立的网络攻击也不是开展国际性武装冲突的唯一选择。因为国家间发生的武装冲突，通常不会局限于一种作战手段和作战方法。如果意图摧毁某一军事力量、平台或者重要设施，单靠网络手段很难确保对目标造成长期有效的破坏或削弱。因而，在这种情况下，将自主网络武器作为辅助手段，与传统的常规武器结合使用，作战效果会更加理想。[1]

就非国际性武装冲突的定性而言，政府武装部队和有组织的武装团体之间，或者有组织的武装团体之间，发生一定程度的激烈战斗，那么可以判定存在非国际性武装冲突。非国际性武装冲突中，冲突各方必须具备组织性，所发生的战斗可以包括或者限于网络行动，并且需要达到一定的激烈程度。[2] 因此，利用自主网络武器攻击造成的暴乱、孤立和零星的暴力行为不构成非国际性武装冲突。同样，网络恐怖主义也不会自动触发国际人道法的适用性。如果恐怖组织利用自主网络武器开展了一定激烈程度的恐怖行为，那么就具备引发国际人道法适用的可能。

值得一提的是，网络空间不像土地、海洋和空中那样具有有形的

---

[1] Terry D. Gill and A. L. Ducheine, "Anticipatory Self-Defence in the Cyber Context", International Law Studies, Vol. 89, 2013, p. 460.

[2] Michael N. Schmitt ed., "Tallinn Manual 2.0 on the International Law Applicable to Cyber Operations", Cambridge University Press, 2017, p. 385.

地理空间属性。这项差异导致在适用国际人道法时会面临一定的阻碍。例如，1977年《第一附加议定书》规定"攻击"的适用范围包括领土内的一切攻击①，并且明确适用于陆战、空战或海战。② 然而，在网络空间中施行类似的地理限制会非常困难。比如，自主网络武器从一个国家发起攻击，考虑到网络空间的开放性，自主网络武器可能会在多个国家（包括中立国）的网络服务器进行复制传播。显然，在1949年"日内瓦四公约"及其附加议定书在起草制定之时，并未将网络空间纳入考量范围。毋庸置疑的是，网络空间不完全是一个物理领域，但网络空间内的行为仍然会对现实世界中的人和物体产生影响。网络空间的活动是在地理和领土主权的基础上产生的，理应受到国家的监管。③ 因此，网络空间中发生的基于领土主权的敌对活动，应当受到相应的国际法规则的制约。

三、网络空间作战中冲突方使用自主武器系统应遵守的规则

自主网络武器作为一种武器、作战手段或作战方法，将受有关的国际法规则约束，尤其是1977年《第一附加议定书》的缔约国，应当在法律审查过程中确定自主网络武器系统能够遵守这些相关规则。虽然，真正意义上的网络空间作战很有可能发生，但交战方最有可能采用的作战方式仍然是各种作战手段和作战方法并用。自主网络武器的自主性并不会影响到国家责任的归责问题。因为自主网络武器仍是由人来研发、部署和使用的。例如，一个国家指示其武装部队指挥或控制网络安全公司研发、部署自主网络武器，那么自主网络武器所采

---

① 参见1977年《第一附加议定书》第49条第2款规定。
② 参见1977年《第一附加议定书》第49条第3款规定。
③ David Midson, "Geography, Territory and Sovereignty in Cyber Warfare", in Robert McLaughlin et al. eds., "New Technologies and the Law of Armed Conflict", T. M. C. Asser Press, 2014, p. 80.

用的行动可归于这个国家。① 国家责任仍然存在，且不可避免。在武装冲突中，使用各自主网络武器，将受到国际人道法有关敌对行动规则和原则的管辖。此外，网络空间互联互通，使得交战方和中立国义务的界定变得相对困难，尤其是在缺少专门应对网络空间作战的中立法的情况下。因此，探究现行规则以明确交战方和中立法的义务极为重要。

（一）冲突方在网络作战中应遵守的基本义务

关于如何将区分原则应用于自主网络武器是国际社会关注的焦点问题之一。区分原则要求冲突各方在任何时候都要区分平民和战斗人员，区分民用物体和军事目标。区分原则有两个要义。首先，禁止使用具有滥杀滥伤性质的作战手段和作战方法。② 其次，禁止将平民群体、平民个人或民用物体作为网络攻击的目标。③ 区分原则同样适用于网络空间作战手段和网络攻击④，这也包括自主网络武器。倘若自主网络武器本身具有不分皂白或滥杀滥伤的性质，那么将难以完全履行区分原则的要求。

从技术角度来看，研发能够遵守区分原则的自主网络武器是一项复杂而艰巨的任务。另外，鉴于网络空间作战的特殊性质，使得区分原则的实施变得更为困难。这些问题促使意图研发、部署和使用自主网络武器系统的各方重新审视区分原则，以确保自主网络武器能够遵守这一国际人道法基本原则。因此，在武装冲突中，冲突方有双重义务。首先，冲突各方尽可能不使用本质上具有滥杀滥伤性质的自主网络武器。此类武器无法有效地区分民用物体和军事目标，应当在武器研发和获取阶段就认定为非法。其次，冲突各方在使用自主网络武器

---

① François Delerue, "Cyber Operations and International Law", Cambridge University Press, 2020, p. 162.
② 1977 年《第一附加议定书》第 51 条第 4 款。
③ 1977 年《第一附加议定书》第 51 条第 2 款和第 52 条。
④ Michael N. Schmitt ed., "Tallinn Manual 2.0 on the International Law Applicable to Cyber Operations", Cambridge University Press, 2017, Rule 93.

第四章 特定武装冲突背景下使用自主武器系统的限制条件

进行攻击时，应当查明其意图打击的目标，并且确保使用的自主网络武器能够准确地识别、选择和攻击目标。

自主网络武器是否具有滥杀滥伤性质，需要结合自主网络武器相关的技术，判定其是否能够准确地识别出合法目标。网络工具不会偶然地不受控制地自我传播，它们很可能被故意设计成如此。[1] 所以，当自主网络武器被设计为一种能够自我复制、自我传播的恶意软件，那么自主网络武器将被判定为不分皂白性质的武器。[2] 为了确保自主网络武器的合法性，自主网络武器的研发者应当保证这些武器在操作环境中能够产生合法的结果。其实，"震网"病毒也无法区分军事目标和民用物体。自主网络武器应当具备识别、选择军事目标的能力，只对特定类型的军事目标进行攻击，这样才能够满足区分原则的要求。

不过，在网络空间，平民、民用物体和军事目标之间的区别已经被逐渐弱化。虽然，关于区分原则的规定简单明了，但在实践中往往难以实施。一方面，在网络作战中，计算机、互联网、电缆等网络基础设施往往具有双重用途，这些设施同时用于民用和军用通信，并且难以分割；另一方面，在网络环境中，民用物体多是虚拟形式的，如何界定其法律地位尚不清晰。这也是网络空间作战中，如何保护具有双重用途的网络基础设施所面临的关键难题。对于军事目标的判定，主要依据物体的性质、位置、目的或用途来判定是否对军事行动作出有效的、明确的贡献。然而，关于"有效的"或"明确的"军事利益的解释，伴随着主观因素。网络基础设施（如电缆、计算机、互联网等）是数字时代的脊柱。其中，海底数据电缆作为关键基础设施，将各大洲连接起来，支持和满足现代数字通信的需求，是全球互联网不

---

[1] ICRC, "International Humanitarian Law and Cyber Operations during Armed Conflicts: ICRC Position Paper", Nov., 2019, p. 5.

[2] U. S. Department of Defence, "Law of War Manual", Jun., 2015, updated Jul., 2023, § 16.6.

可或缺的组成部分。① 当同时被用于军事和民用目的时，是否可以视为军事目标，各国似乎持有不同的立场。② 一些国家认为，如果利用互联网传播与敌对行为有关的指令，那么这些与互联网相连的基础设施将可能成为合法的军事目标。③ 也有国家指出，传播宣传行为不属于国际人道法下的攻击④，相应地，与此相连的互联网基础设施应受到保护。导致此类争议局面已经显现出现行国际法需要填补之处。海底电缆作为在全球范围内发送数字信息的最快、最有效和最经济的方式，全球互联网对海底电缆的依赖也将大幅增加。然而，对于这些关键基础设施的保护存在许多不足。无论是早期的1884年《保护海底电缆公约》或是之后出现的1980年《联合国海洋法公约》将保护海底电缆的责任全权交由缔约国自主决定，而且仅适用于和平时期。⑤针对这些空白如何改进现行国际法规则体系将是国际社会关注的重点。

如今数据无处不在，是全球人们生活中必不可少的一部分，对于自主武器系统相关技术的发展也是必不可少的。丹麦国防部指出，电子数据、在国际人道法中不被视为"物体"。⑥ 数据是无形的，如果认定其不是物体，那么就不存在攻击；没有攻击，就没有区分原则的适用问题。不过，丹麦国防部并不否认，倘若损坏或删除某些类型的数

---

① Christian Bueger and Tobias Liebetrau, "Protecting Hidden Infrastructure: The Security Politics of the Global Submarine Data Cable Network", Contemporary Security Policy, Vol. 42, No. 3, 2021, p. 391.

② Michael N. Schmitt ed., "Tallinn Manual 2.0 on the International Law Applicable to Cyber Operations", Cambridge University Press, 2017, Rule 101, p. 445.

③ For instance, Ministry of Defense of France, "International Law Applied to Operations in Cyberspace", Sep. 9, 2019, pp. 13–14.

④ U.S. Department of Defence, "Law of War Manual", June, 2015, updated Jul., 2023, §16.5.2.

⑤ 例如，1884年《保护海底电缆公约》第15条规定："兹认为，本公约的各项规定毫不影响交战国的行动自由"。

⑥ Danish Ministry of Defence, "Military Manual on International Law Relevant to Danish Armed Forces in International Operations", Oct. 12, 2020, p. 292.

据对平民的影响可能与损坏一个物体的影响相同,也可以视为物体。[1]因为不可替代的数据可以直接转化为有价值的资产。《塔林手册 2.0》的实践与此类似。基于数据丢失导致的经济损失也可以被视为物理性损害[2],但如果攻击重要民用基础设施不造成有形损害,就不构成攻击。[3] 红十字国际委员会认为,危及民用数据给平民造成的伤害可能比其他物理性损害给平民带来的影响更大。[4] 因此,根据红十字国际委员会的立场,在网络空间作战中,民用数据应当作为受保护的对象,受到区分原则的保护。

与预期的"具体和直接的"军事优势相比,比例原则禁止发动是过分的攻击。如果自主网络武器发起的攻击造成的附带损害,与预期的军事优势相比是过分的,那么应当禁止此类攻击。不过,自主网络武器造成的附带损害与物理性的自主武器系统相比,更加难以预测、量化和评估。自主网络武器通常是为特定行动而设计的,例如,"震网"病毒主要用于工业控制系统,对于平民、民用物体造成的附带损害可以忽略不计。然而,这并不排除自主网络武器不会造成物理空间的平民伤亡和民用物体损坏。例如,在 2022 年俄乌冲突中,冲突双方使用的恶意擦除软件"WhisperGate""HermeticWiper"[5]

---

[1] Danish Ministry of Defence, "Military Manual on International Law Relevant to Danish Armed Forces in International Operations", Oct. 12, 2020, p. 310.

[2] Michael N. Schmitt ed., "Tallinn Manual 2.0 on the International Law Applicable to Cyber Operations", Cambridge University Press, 2017, p. 144.

[3] Michael N. Schmitt ed., "Tallinn Manual 2.0 on the International Law Applicable to Cyber Operations", Cambridge University Press, 2017, Rule 92, p. 416.

[4] ICRC, "International Humanitarian Law and Cyber Operations during Armed Conflicts: ICRC Position Paper", Nov., 2019, p. 7.

[5] 俄罗斯部署的"WhisperGate"和"HermeticWiper"破坏性的恶意软件,用来攻击乌克兰的组织,以破坏计算机系统并使其无法运行。See more "Update: Destructive Malware Targeting Organizations in Ukraine", America's Cyber Defense Agency, Apr. 28, 2022.

"RURansom"① 均具有严重的致命性和破坏性。这些恶意擦除软件可以在不留任何攻击痕迹的情况下摧毁系统恢复工具，擦除数据并阻止操作系统恢复，达到摧毁或瓦解受害者的系统和数据的目的。并且，这些恶意擦除软件并不能完全区分军用数据和民用数据。例如，"RURansom"主要基于受害者设备的 IP 位置，当检测到属于俄罗斯的 IP 位置时就会执行删除被感染的计算机中的数据，包括民用计算机。②虽然，目前还没有自主网络武器直接造成平民伤亡的案例，但造成民用基础设施遭受攻击的案例数不胜数。相较于财产而言，平民生命具有较高的价值，但没有人员伤亡本身并不是阻碍武装冲突门槛得到满足的唯一因素。鉴于网络作战中充满着人类不可控的因素，自主网络武器的设计者、操作者应当提前确定可接受的附带损害水平，并将其作为技术上可描述的限制导入自主网络武器的运行系统中。只有如此，才有可能保证部署和使用自主网络武器符合比例原则的要求。

计划或决定攻击的人必须采取可行的预防措施，以确保预定目标是合法的，使附带损害最小化。如果攻击明显不符合区分原则和比例原则，计划、决定或执行攻击的人应当取消或暂停攻击。当自主网络武器被设计用于实施特定攻击时，应当确保人类操作员对攻击的时间和环境能够进行一定程度的控制。另外，冲突各方在部署自主网络武器时，应当尽可能在攻击之前收集和查明信息，避免对平民生命和财产造成损害。值得注意的是，运行于网络空间的自主网络武器，特别是恶意软件，发现附带损害就暂停或取消攻击是难以从技术上完成的。与物理性自主武器系统相比，也很难给自主网络武器配备事先警告的功能。因为如果配备警告功能，自主网络武器会直接暴露，将难以发挥应有的作战效用。所以，冲突方在使用自主网络武器时，采取的预

---

① "RURansom"是专门针对俄罗斯系统的恶意软件。它像"震网"病毒一样在网络中或通过连接的 USB 设备传播，被故意设计来破坏受害者的备份和数据。

② Threat Analysis Unit, "Understanding the RuRansom Malware – A Retaliatory Wiper", VMware Security Blog, Apr. 12, 2022.

防措施是极为有限的。

（二）交战方和中立国在网络空间作战中应遵守的义务

中立法在国际人道法中占据重要地位，但中立法在很大程度上依赖于领土、领水和领空等有形结构。关于陆战和海战，都有着明确规定交战国和中立国的权利和义务的条约，如1907年《海牙第五公约》（又称《中立国和人民在陆战中的权利和义务公约》），1907年《海牙第十三公约》（又称《关于中立国在海战中的权利和义务公约》）。网络空间具有相互关联性，互联互通，针对某一国的网络行动很可能会对中立国产生影响。目前，没有专门的条约规范网络空间作战，包括网络空间作战中交战国和中立国应遵循的权利和义务。一些国家的军事手册[①]、《塔林手册2.0》[②] 等，通过解释性类比，并根据相关法律的目标和宗旨，指出中立法适用于网络空间发生的武装冲突。

海牙规则体系为网络空间作战中交战方和中立国的义务提供了大量的可供类比、参考的条款。其中，于1922年和1923年起草的《有关战时无线电报与空战规则》提供了最接近的类比。[③]《有关战时无线电报与空战规则》详细阐述了在中立国领土上建造和使用通信设备的各种规定，尽管这些规则从未获得各国批准，但其中很大一部分规则体现在1907年《海牙第五公约》和1907年《海牙第十三公约》中。《有关战时无线电报与空战规则》第3条规定，禁止交战国在中立国领土上安装或操作无线电台。[④] 当交战方的移动无线电台处于中立国

---

① For instance, U.S. Department of Defence, "Law of War Manual", Jun., 2015, updated July, 2023, §16.4.

② Michael N. Schmitt ed., "Tallinn Manual 2.0 on the International Law Applicable to Cyber Operations", Cambridge University Press, 2017, Rules 150 – 154.

③ 《有关战时无线电报与空战规则》是由设立在海牙的一个法学家委员会负责起草，全文参见：https：//ihl - databases. icrc. org/en/ihl - treaties/hague - rules - 1923。

④ 参见《有关战时无线电报与空战规则》第3条。

管辖范围内时，必须避免停止使用其无线设备。① 另外，中立国有义务避免此类行为在其管辖范围内发生。② 1907 年《海牙第五公约》中也有类似的规定。1907 年《海牙第五公约》同样禁止交战国在中立国领土上设立无线电台或与交战国陆、海军联系的任何通信装置；并且禁止交战国利用战前交战国在中立国领土上设立的纯为军事目的，并且还没有公开为公众通信服务的任何此类设施。③ 不过，依照 1907 年《海牙第五公约》，中立国没有义务禁止或限制交战国使用属于该国、公司或私人的电报或电话电缆以及无线电报器材。④ 可以发现，1907 年《海牙第五公约》和《有关战时无线电报与空战规则》关于中立国义务的规定不尽相同。同时，也可以看到，中立法所涉的义务并不仅限于交战方的行为，如果中立国允许违反中立行为的发生，同样也是一种违反中立法义务的行为。

　　海牙规则体系所规定的中立条款规定距今已有 100 多年，现代的网络技术、网络行动范式与以往有所不同，但也存在相似之处。计算机属于网络基础设施的一部分，这类似于无线电台；计算机病毒、恶意软件和其他用于网络作战的工具，包括自主网络武器，属于武器或战争手段的一种。在中立领土上为交战方研发、部署和使用自主网络武器的人员可能是合法战斗员，也可能是直接参与敌对行动的平民。在网络作战中，自主网络武器的运作的网络空间具有无形性、流动性，可能通过多个国家的互联网进行传输。网络空间中数据的易转移性以及其"位置"的偶然性，也使得服务器的位置不那么重要。⑤ 网络空间很难被领土化或地域化。但也应当注意到，领土不等同于主权，只

---

① 参见《有关战时无线电报与空战规则》第 5 条第 1 款。
② 参见《有关战时无线电报与空战规则》第 5 条第 2 款。
③ 参见 1907 年《海牙第五公约》第 3 条。
④ 参见 1907 年《海牙第五公约》第 8 条。
⑤ Uta Kohl, "Jurisdiction in Network Society", in Nicholas Tsagourias and Russell Buchan eds., "Research Handbook on International Law and Cyberspace", Edward Elgar Publishing Limited, 2021, p. 94.

是国家主权的一个方面，受到主权的保护；国家主权可以延伸到领土之外，国家主权的范围及其限制受制于主权本身，而不单单是领土。[1]在这种情况下，通过主权原则、互不干涉内政等原则来限制中立国和交战方的权利和义务也是说得通的。

交战国有义务尊重中立国的主权权利，并且禁止在中立国境内开展敌对行动。中立国境内的网络基础设施受到保护。无论是政府专用的网络基础设施，抑或企业或个人使用的网络基础设施，都应受到保护。交战国禁止对中立国的网络基础设施进行攻击，特别是禁止可能会造成网络基础设施物理性损害或破坏的网络行动。由于国际法不禁止间谍行动，入侵中立国网络基础设施的网络间谍活动不在禁止范围之内。[2] 另外，通过中立国的网络基础设施传输自主网络武器，一般不构成违反中立法的行为。[3] 虽然，按照1907年《海牙第五公约》第2条规定，"禁止交战国的部队和装载军火或供应品的运输队通过中立国领土"，但是自主网络武器和传统的军火弹药的传输方式并不能等同。1907年《海牙第五公约》主要适用于陆战，而且该《公约》第8条规定，交战国仍可以使用属于该国、公司或私人的电报或电话电缆以及无线电报器材。再者，审查或检查其公开提供的通信基础设施是否有交战国的自主网络武器是不切实际的。因此，如果对中立国没有造成破坏性影响，交战国可以通过中立国的通信基础设施传送自主网络武器。

中立国不得允许其管辖范围内发生破坏其中立地位的行为。[4] 允

---

[1] Nicholas Tsagourias, "The Legal Status of Cyberspace: Sovereignty Redux?", in Nicholas Tsagourias and Russell Buchan eds., "Research Handbook on International Law and Cyberspace", Edward Elgar Publishing Limited, 2021, p. 13.

[2] Wolff Heintschel von Heinegg, "Territorial Sovereignty and Neutrality in Cyberspace", International Law Studies, Vol. 89, 2013, p. 129.

[3] U. S. Department of Defence, "Law of War Manual", Jun., 2015, updated July, 2023, §16.4.

[4] 例如，1907年《海牙第五公约》第5条第1款规定："中立国不得允许在它的领土上发生上述第二条至第四条所指的任何行为。"

许的前提是中立国知情。但很难对网络活动进行高度精确的追踪,也确定行为的归属方①,这会给中立国带来不合理的负担。正如国际法院在"科孚海峡"案中所述,"不能仅从一国对其领土和水域行使控制这一事实得出结论,认为该国一定知道或应该知道在那里犯下的任何非法行为,也不一定知道或应该知道行为人"②。如果中立国探测到自主网络武器通过其国家网络基础设施进行传播,并且传播行为正在继续、造成一定的损害,那么中立国应当采取一切可行的措施终止这种行为。中立国使用武力捍卫其中立地位不应视为针对交战国的敌对或不友好行为。③ 中立国没有义务禁止或限制交战国使用位于中立国境内、但属于交战国的网络基础设施。④ 这种使用不应当包括研发、部署和使用自主网络武器的行为。

第四节　小结

通过分析,本章主要得出以下结论:

首先,自主武器系统会被广泛地应用于海战,从而引发一系列在海战中会面临的特殊问题。应用于海战中的自主武器系统或者自主航行器享有权利和义务需要依据其法律地位来定性。但面临的重要前置问题是,能否将自主航行器认定为船舶存在争议。现代的自主航行器可以完全不需要人员来控制,并且不需要人员在船上,这在一定程度上将会影响自主航行器能否归类为"军舰""辅助舰船"。当自主武器

---

① See Nicholas Tsagourias, "Cyber attacks, Self-defence and the Problem of Attribution", Journal of Conflict and Security Law, Vol. 17, No. 2, 2012, pp. 233-234.
② Corfu Channel case, Judgment of Apr. 9, 1949, I. C. J. Reports 1949, p. 18.
③ 参见1907年《海牙第五公约》第10条、1907年《海牙第十三公约》第26条规定。
④ 参见1907年《海牙第五公约》第8条规定。

系统被授予军舰的法律地位时，将享有军舰所享有的豁免权、航行权。另外，自主武器系统也可以作为辅助舰船和军事装置，共享军舰的法律地位。冲突各方使用自主航行器应当遵守海战中的特殊作战规则。作为武器、作战手段或作战方法，与海战法相关的条约和习惯国际法适用于自主武器系统。值得注意的是，在海战中，相关的国际人道法原则和规则在适用时有不同于其他作战区域的地方。在海战中主要关注平台而非个人的攻击。冲突各方使用自主武器系统时，能否满足区分原则、比例原则的要求也是现代海战所面临的难以克服的问题之一。

其次，自主武器系统在反恐中的应用会越来越多，这为各国开展反恐行动带来一定的优势，但也伴随着风险与挑战。目前，各国在反恐行动的定性问题上仍存在争议。但考虑到自主武器系统在反恐行动中的潜在应用，如果拒绝将恐怖组织视为非国际性武装冲突的一方，可能会削弱恐怖组织遵守国际法相关规则的动力。现代武装冲突法力图保护平民和没有直接参与敌对行动的人，如果恐怖组织与国家之间的冲突满足非国际性武装冲突的定性标准，那么应当受到国际人道法的制约。因此，无论是国家或是恐怖组织都可能成为自主武器系统的使用者，在使用自主武器系统时，国家和恐怖组织都应当遵守国际人道法的基本原则。同时，国际人权法为缔约国设定了更为严格的标准，这在一定程度上限制了自主武器系统在反恐作战中的广泛应用。鉴于恐怖组织可能会持有和使用越来越多的自主武器系统，以及恐怖组织履行国际法义务面临的现实阻碍，各国应当加强对军火制造商等企业的监督，避免更多的自主武器系统落入恐怖组织手中。

最后，自主网络武器已经被应用于网络空间作战中，国际法对规范自主网络武器的潜在应用仍具有可行性。网络空间并非法外之地，自主网络武器作为一种武器或武器系统，受到有关的国际法规则的管辖。目前来看，在武装冲突中，自主网络武器最有可能作为攻击的辅助手段削弱敌方的作战能力。国际社会对于自主网络武器发起的网络行动是否构成国际人道法下的攻击有着不同立场。迄今为止，还没有任何网络攻击达到了武装冲突的门槛。这并不影响国际人道法适用于未来在网络空间中发生的国际性武装冲突和非国际性武装冲突。冲突方在使用自主网络武器的过程中，应当遵守国际人道法的基本原则，这包括区分原则、比例原则和预防措施原则。然而，在网络空间作战中，如何解释和应用这些古老的原则仍将面临一定的挑战。网络空间的特殊性本身并不构成适用国际法的障碍，传统的中立法规则也具备适用于网络空间的可能，并且为网络空间中立法提供有益的参考。然而，考虑到自主网络武器以及网络空间与传统的武器和作战领域有所不同，仍需要澄清甚至修改现行的规则。

结　　语

在武装冲突背景下，自主武器系统存在合法性争议，但自主武器系统不会被禁止；同时，冲突各方使用自主武器系统会对现行国际法规则造成一定的影响和挑战，但仍受到现行国际法规则体系的制约。

自主武器系统的概念和范围应当如何界定，是国际社会规范自主武器系统面临的首要症结。自主武器系统的定义问题极为重要，但国际社会对于"自主武器系统"概念和范围的界定仍处于探索阶段。国家、国际组织等都在寻求建立一个符合其目标和利益的定义，这导致自主武器系统有着多种近似且本质并不相同的表述。自主武器系统带有一定的技术属性。一个具有普遍性的共识是将自主武器系统纳入法律语境中进行讨论的关键。本书第一章通过梳理并比较分析各方使用的不同的名词表述，确定本书将继续使用"自主武器系统"这一表述。"自主"包含在"自主武器系统"这一概念之中。"自主武器系统"与"无人武器系统""人工智能武器""高度自动化武器系统"等武器系统有所不同。第一章从典型国家的实践和立场文件着手，探索各国定义自主武器系统的方法和趋势，进而提出本书认为能够体现自主武器系统特征、相对客观的定义，即自主武器系统是一种能够在决策过程中，无需人类干预的情况下，识别、选择和攻击目标的武器或武器系统。自主性是自主武器系统的关键特征，但这一特征并不适宜完全从技术角度理解。自主性与人工智能技术相关，但人工智能并不必然导致自主武器系统具备自主性。自主性体现的是人机控制关系。自主性的高低取决于人类是否将决策权转交给机器。在范围上，自主武器系统不包含自动武器系统、高度自动化武器系统等。因为自动化武器系统依照既定的规则运行，行为和行动结果通常是可预测的。此外，需要强调的是，"致命性"和"非致命性"的区分并非完全没有意义，只不过在武装冲突背景下，区分"致命性自主武器系统"和"非致命性自主武器系统"对解决自主武器系统所引发的国际法问题而言，并无实质影响和必要。

通过分析发现，如果没有具体的规则对自主武器系统予以禁止，很难根据一般性的原则、规则来否定自主武器系统的合法性。诸如国际人道法下专门用于规范武器的基本原则，如"禁止使用引起过分伤害或不必要痛苦的武器"和"禁止使用不分皂白的武器"这两项习惯国际人道法原则，并不能起到禁止自主武器系统的作用。另外，"马尔顿条款"可以在国际人道法下发挥剩余规则的功能，但在规范自主武器系统方面发挥着十分有限的作用。值得一提的是，即便是在武装冲突背景下，武器、作战手段和方法的合法性并不完全取决于国际人道法，国际人权法也可以发挥重要的影响。国际人权法与自主武器系统的合法性相关。然而，厘清国际人权法和国际人道法的关系，是将相关的生命权、人格尊严等议题引入自主武器系统合法性辩论的前提。在自主武器系统本身是否构成"任意剥夺生命"的问题上，各国对国际人道法、国际人权法之间适用问题上的不一致，在一定程度模糊了生命权的相关性和可适用性。虽然，许多条约都规定了保护生命权，但是此项权利和义务不是绝对的，对自主武器系统合法性的评估也相对有限。从人格尊严的角度分析自主武器系统的合法性，在一定程度上将法律问题与伦理问题交织在了一起。自主武器系统存在违反人格尊严的可能性，但这一问题似乎并不是自主武器系统所特有的。其实，人格尊严问题是基础性的，也是开放性的。从维护人类共同安全和人格尊严出发，有效地管控自主武器系统可能造成的安全、法律、伦理、人道主义等风险，是各国维护安全与发展的需要，也是义不容辞的责任。人格尊严通常出现在条约的序言之中，是否产生具体的义务，还有待实践的进一步证明。目前，人格尊严似乎更适合可以作为一种社会价值，在行业伦理规范中进行讨论。不可否认的是，在调整和规范自主武器系统的问题上，相较而言，国际法在调整和规范自主武装系统问题上具有更大的影响力和权威性。这也是罗马教廷在1980年《特定常规武器公约》的谈判中，转向"马尔顿条款"以求保护人格尊严的原因之一。此外，自主武器系统可能会造成问责真空，但国际法并不禁止任何可能造成问责真空的武器和武器系统。自主武器系统可能引发的问责困境是法律架构本身存在不足所造成的。当然，法律不可能满足未来所有可能发生的意外情况。在当前技术发展不确定的情况下，追求个人责任和国家责任虽然不是百分之百有效，但仍可以缓解自主武器系统带来的问责真空问题。追责或问责其实是一种次级义务，在厘清其他重要的实体性义务之前，对这一问题最好留白。

在武装冲突背景下，使用自主武器系统面临的首当其冲的问题是对武装冲突的定性所产生的影响。基于国际性武装冲突和非国际性武装冲突这一典型分类，笔者发现自主武器系统将潜移默化地影响着二者的判定标准，尤其是针对非国际性武装冲突，自主武器系统的影响则更为明显。整体而言，自主武器系统的使用并不会影响非国际性武装冲突中的"组织性"标准和"强度"标准得到满足。但会使得这些判定标准中的指示性因素的判定权重发生变化。在对武装冲突分类以及判定标准分析的基础上，我们可以看出自主武器系统对武装冲突所带来的影响。这种影响并不能被评价为消极或积极的。另外，自主武器系统能否满足1949年"日内瓦四公约"及其附加议定书所规定的区分原则、比例原则以及预防措施原则的要求，是值得怀疑的。自主武器系统技术优势和缺陷并存，是其备受争议的主要原因之一。如本书绪论中所述，当前我们仍然处于弱人工智能时代，许多技术仍然不够完备。自主武器系统在识别阶段，可能难以有效地识别出未穿戴制服、未佩戴徽章的战斗员、丧失战斗力的人员、已经投降的人员等。当涉及价值判断、归纳推理时，往往需要依据人类经验判定，自主武器系统还不具备这种能力。虽然，自主武器系统能够运用附带损害估计方法来确定预期可能造成的附带损害，但这种过分简化的程序难以在比例原则与军事优势之间作出良好的平衡。这同样会影响预防措施原则的实施。

　　与海战相关的条约和习惯国际法适用于自主武器系统。自主航行器的存在本身并不违法；在武装冲突中，冲突各方使用自主航行器应当遵守相关的海战规则。海战是比地面作战更复杂的战场，相关的条约规则有着独特的适用背景和适用边界。海战规则适用于两个或两个以上国家之间发生海上敌对行动，对于非国际性武装冲突也会受到相关的习惯国际法规则的管辖。内水、领海、专属经济区、公海均可以作为作战区域，相关的海战规则也适用于这些区域发生的国际性武装冲突。自主航行器作为军舰，属于交战方的武装部队的一部分。指挥或预先编程设计自主航行器执行任务的人员应当受到正规武装部队的纪律约束，以确保冲突各方能够遵守适用于海战中的交战规则。在海战当中，相关的国际人道法原则和规则在适用时有不同于其他作战区域之处。以区分原则为例，在海战中，应当注意的事项与其他作战区域有些许不同。在陆战中，区分原则涉及区分战斗员和平民、军事目标和民用物体，以尽量减少对平民的伤害和民用物体的破坏。海战法则主要关注平台而非针对个人的攻击。冲突各方使用自主武器系统时，能否满足区分原则、比例原则的要求是现代海战面临的主要问题之一。依据区分原则的要求，自主航行器应当能够探测和识别敌方舰船是否失去战斗力或者投降，但自主武器系统能否作出准确的判断，有待验证。此外，对于应用海战中的自主武器系统而言，比例原则是一个比区分原则更加难以克服的问题。

　　值得关注的是，自主武器系统在反恐行动和网络空间作战中的应用也将越来越多。毫无疑问，国际恐怖主义已经对国际社会构成巨大的威胁。并且，恐怖组织也会成为大规模使用自主武器系统的一方。考虑到自主武器系统未来在反恐作战中的潜在应用，部分国家继续否定恐怖组织的法律地位，无疑会为平民保护带来巨大的风险。无论是国家或是恐怖组织，在使用自主武器系统的过程中，都应当遵守国际人道法下的基本原则和规则。此外，自主网络武器作为一种作战手段可以与传统的动能武器一起使用，国际法在规范自主网络武器的使用方面仍具有可行性。如果武装冲突正在进行，那么自主网络武器发起的攻击行为将受到国际人道法中关于攻击规则的限制，冲突方也应当遵守相关的国际人道法基本原则。不过，传统的国际人道法基本原则以及中立规则，在应对自主网络武器带来的挑战方面具有相当大的适用、解释和修改空间。

本书所讨论的自主武器系统是当前国际社会所关注的热点问题。自主武器系统作为新兴武器系统未来很可能会广泛使用，影响和重构作战模式。自主武器系统的使用能否符合国际法的基本要求，仍需要结合其应用加以判定。法律原则和规则不能简单用一个抽象的公式描述出具体的行动方针，所以很难被自主武器系统自身付诸实践。这也是未来制定任何关于自主武器系统的条约规范面临的挑战之一。当前，自主武器系统技术上的优势和短板并存。当然，笔者并不排除未来自主武器系统会变得更为先进。但是，自主武器系统是否能够满足国际法的各个分支领域的要求仍会不断被质疑。自主武器系统之所以存在争议，并不完全源自其技术上的问题。例如，能否将剥夺生命的决策权交给自主武器系统是始终要回应的法律问题之一。自主武器系统有其内在的技术优势，这并不意味着各国可以在战争中任意地使用它们。虽然，专门用于禁止或限制自主武器系统的条约尚未形成，但国际法已经对自主武器系统研发、部署和使用设置了一定程度的阻碍。值得关注的是，许多国家支持在1980年《特定常规武器公约》框架内制定专门的针对自主武器系统的、具有法律约束力的条约文书。然而，如本书第一章所述，各国对自主武器系统采用了不同范围的界定，难免令人怀疑是否真的想服从管制。这并不是理想的结果。关于自主武器系统的讨论其实缺乏的不是参与的热情和兴趣，而是诚意。否则，讨论将会不断地在自主武器系统的概念和范围问题上循环往复。确定自主武器系统的定义和范围仍然是国际社会是否以及应当采取何种规范措施的重要前提。对于自主武器系统，1980年《特定常规武器公约》政府专家组需要首先提出了一个具有共识基础的拟定义，然后考虑如何进一步完善和改进。考虑到1980年《特定常规武器公约》政府专家组的工作难度，未来能否成功地制定一项关于自主武器系统的议定书其实是有疑问的。许多利益攸关方可能不愿妥协。目前为止，1980年《特定常规武器公约》政府专家组一直是讨论自主武器系统的中心论坛，但并不排除此项议题转移到联合国内部或联合国之外的其他机构。

后　　记

　　本书主要得益于我在清华大学法学院攻读博士学位期间的研究工作。相较于我的博士学位论文，本书增加了网络空间作战这一小节，弥补了我的些许遗憾。另外，仍有一些有待探讨的细碎问题，会留待小论文中论述。

　　非常感谢清华大学法学院对我的培养和教育！清华大学法学院有着优秀的学者、丰富的图书馆资源、前沿的学术讲座和多元的交流机会，在清华法学院的每一天，我都感受到了浓厚的学术氛围和无尽的学习动力。这些都使得此书的完成过程更为顺利和坚定。无论未来我身处何地，清华大学法学院都是我的精神家园。

　　本书是我出版的第一本学术专著，它的完成和出版离不开我的博士生指导老师贾兵兵教授的指导和帮助！贾老师也是我在清华大学法学院攻读硕士学位期间的指导老师，可以说是我走上国际法学术道路的引路人。记得2016年秋季入学后，贾老师对我进行了一场"面试"，问题主要围绕我对国际法的认识，比如看过哪些教材、英语水平等，我的回答几乎都是消极的。相较于同期入学的其他研究生，我自认为基础较为薄弱，但贾老师对此并不介意，反而投入更多的精力耐心指导我。贾老师开设的"国际法研究"课程是国际法专业研究生的必修科目，课程采用研讨会形式，对于想要提高国际法专业能力的同学来说，是一门极有助益且又极具挑战性的课程。自2016年秋季入学后，每当贾老师开设这门课，我都会通过各种方式旁听。通过这门课程的学习，我对国际法基础理论知识有了更深层次的理解和把握，问题意识也不断提高。直至现在，我都会回顾学习并且使用贾老师所教授的方法。本书观点的建立和创新，也有赖于对贾老师的教材和他本人教授的国际法课程的基础知识的再认识。此外，本书的写作更加离不开贾老师对我的论文写作巨细无遗的指导和点化。每当我提交不成熟的小论文后，贾老师都会批阅，给予详尽的反馈意见。记得在我提交硕士学位论文初稿之后，贾老师指导我反复修改了7次，每次都会给予详尽到标点符号的意见。正是这些指导，为我博士论文的写作奠定了坚实基础。在学生学习和论文上，贾老师严格认真，直接体现他严谨的治学态度和独特的学术品位。贾老师是我极为钦佩的一位老师，他尊重学生们的时间、空间和专业兴趣，公平公正地对待每一位学生。我时常和师兄、师姐们发出类似的感慨——能够遇到贾老师何其有幸。

在我准备博士学位论文正式答辩之际，贾老师建议我将博士学位论文出版成书。由于是第一次出版专著，我缺乏相关的出版经验，贾老师给出了非常有用的建议，让我相对独立地摸索国内出版市场，并且有所收获。事实上，硕士和博士研究生阶段的生活和科研工作，无论是做人还是做事，我的收获以及从贾老师身上学到的智慧远远不止这些。文字虽显苍白，真的非常感谢贾老师的引领、教导、鼓励和帮助！

博士毕业后，我有了一段宝贵的陪伴家人的时光，思考了很多，逐渐过渡掉了学生身份，继续推进此书的出版。出版该书于我有两个意义：一是借此机会修订完善一下博士学位论文，送给贾老师一本，不尽完美，特别感谢贾老师推荐并赠送的许多文章和书籍，受益匪浅。二是该书的出版为我此前的科研工作画上一个小小的句号。我在毕业后的某个瞬间，终于感悟到贾老师所说的，"此时的学位，只是一个阶段而已，之后要做的事情还很多"。接下来，我会继续从事国际法的相关研究工作，不负老师教诲，不负自己，争取成为一名"国际法专家"。

我要感谢清华大学法学院的各位老师！非常感谢清华大学法学院车丕照教授、陈卫佐教授、李旺教授、杨国华教授、张新军教授在开题答辩和预答辩阶段给予的修改意见,也非常感谢各位老师给予的支持与帮助。同时,非常感谢论文公开评审专家车丕照教授、朱利江教授和匿名审专家对论文提出的修改意见。正是各位老师的支持、鼓励和谆谆教诲,我才能够在浩瀚的研究领域中找到方向,同时也激励着我在学术道路上不断前行。

2022 年,我在位于德国海德堡的马克斯·普朗克比较公法与国际法所进行访学交流,非常感谢国家留学基金委给予的奖学金支持!非常感谢安妮·彼得斯(Anne Peters)教授的关照和支持!马克斯·普朗克比较公法与国际法所丰富的馆藏资源以及定期的学术例会和讲座,都对该书的写作和完成有着很大的帮助和启发。

非常感谢时事出版社!很感恩能在机缘巧合之下找到时事出版社。时事出版社侧重于出版世界政治、经济、社会、军事等主题的书籍,基调与我的书的内容极为契合。非常感谢时事出版社的葛珍彤编辑热忱、认真、负责的工作态度,这些都对该书的顺利出版有着莫大的帮助!

非常感谢我的家人和朋友给予我无私的支持和鼓励!特别感谢我的母亲!

在我们的世界中,备受珍视的一切语言、文化等都是人类智慧所创造的,科技亦是如此。科技有着强大的自生能力,同时也"驯化"着人类。但其中人的创造力不可停止。我时常惊叹于人在"无知"状态下的创造力。有时过度依赖外部信息会产生一定的负面效应。所以,我们需要不断构建自己的知识体系,并且不断加深对重要知识的理解,这能够让我们提出搜索系统可能都难以解答的问题。由人所构筑的知识体系不会被任何机器智能所代替。因此,笔者也期待未来能有更多关于自主武器系统国际法问题的著作问世。